기독교와 종교사

슐라이어마허, 오토, 틸리히의 종교사 신학을 중심으로

위 거 찬 지음

기독교문서선교회

기독교문서선교회(Christian Literature Crusade: 약칭 **CLC**)는
1941년 영국 콜체스터에서 켄 아담스에 의해 시작되었으며
국제 본부는 영국의 쉐필드에 있습니다.

국제 CLC는 59개 나라에서 180개의 본부를 두고, 약 650여 명의
선교사들이 이동도서차량 40대를 이용하여 문서 보급에 힘쓰고 있으며
이메일 주문을 통해 130여 국으로 책을 공급하고 있습니다.

한국 CLC는 청교도적 복음주의 신학과 신앙서적을 출판하는
문서선교기관으로서, 한 영혼이라도 구원되길 소망하면서
주님이 오시는 그날까지 최선을 다할 것입니다.

Christianity and
A History of Religion

by
Keo-Chan Wee

Korean Edition
Ccpyright © 2011 by Christian Literature Crusade
Seoul, Korea

CHRISTIANITY AND THE HISTORY OF RELIGIONS

인사말
(회갑연 및 출판기념회를 맞이하여)

　저는 그저 앞만 바라보면서 오늘 여기까지 달려 오긴 했습니다만, 지나온 세월을 돌이켜 보면 정작 할 일을 제대로 하지 못했다는 아쉬움과 후회가 앞서 부끄러울 뿐입니다. 회갑이 옛날에는 노인 신고식이었다고 하지만, 우리나라에 80세 이상이 100만 명이 넘고 바야흐로 "100세 시대"를 향해 가는 지금은 61세 나이는 장년기 초기(마흔두세 살)에 속한다고 생각하여 별도로 수연을 베풀지 않습니다. 그렇지만 저의 네 자녀들(2남 2녀)이 친척들 중심의 조촐한 회갑 기념 모임을 계획하고 있다는 것을 알고 저는 이 모임을 계기로 그동안 차일피일 미루어 왔던 두 편의 박사학위논문을 책으로 발간하기로 결정했습니다.

　두 편의 논문 중 하나는 서울대학교 박사학위논문인 "종교 간의 대화를 지향한 종교사 신학"(1989년)이고 다른 하나는 풀러신학대학원(Fuller Theological Seminary) 박사학위논문인 "포스트모더니즘에 대한 복음주의의 대응"(2002년)입니다. 그러나 이날 배부된 두 권의 책은 두 논문을 약간 보완하여 각각 『기독교와 종교사』와 『기독교와 포스트모더니즘』이라는 제목으로 발간하였습니다. 부족한 글이지만 서재에 그냥 묻어 두기에 너무 아쉬워 회갑연을 계기로 세상에 내놓게 된 것을 송구스럽게 생각합니다.

　돌이켜 보면 제가 이 자리에 서기까지는 무엇보다도 하나님의 은혜와 많은 분들의 도움이 있었습니다. 세상에서는 그 누구보다도 부모님의 은혜가 가장 컸습니다. 부모님(위석진 장로, 김순학 권사)은 1950년 6월 25일 한국전쟁이 발발하자, 그해 12월 말 북한 공산당의 압제를 피해 자유와 신앙을 지키기 위해 교인들과 더불어 고향(함경남도 함주군)을 떠나 흥남 부두에서 미국 화물선을 타고 거제도로 피난을 떠나셨습니다. 4개월 동안에 거지와 다름없는 생활로 연명하시던 만삭의 어머니는 1951년 4월 3일 천신만고 끝에 저를 건강하게 낳아 주셨습니다.

　그 후 부모님은 교인들과 더불어 부산을 거쳐 서울로 이주하셔서 배고프고 고달픈 타향살이를 "오직 믿음"으로 이겨 나가셨으며 외아들인 저에게는 학교교육이나 신앙교육에서 남달리 각별한 정성과 사랑을 쏟아부으셨습니다. 조부(위병연 장로)의 자애로운 성품과 순수한 신앙은 저의 신앙에 자양분이 되어 저를 평생 "신앙의 터" 위에서 성령의 열매를 맺게 했고 아버님의 진실한 신앙 인격과 어머님의 눈물의 회초리는 저의 인생길에 이정표가 되었습니다.

　더욱이 부모님의 물질적인 후원은 저로 하여금 별 어려움 없이 4자녀들을 키우면서 학문연구에 매진할 수 있게 했고 방학 때마다 세계종교유적지를 답사하여 세계종교사를 생생하게 접할 수 있게 했습니다. 반면에 저에 대한 부모님의 편애 때문에 물질적으로나 정신적으로 불이익(?)을 당하면서도 저를 따뜻한 사랑으로 감싸준 두 누님(위혜순 집사, 위영순 권사)과 사랑하는 여동생(위경순 집사)에게 미안하면서도 고마운 마음을 금할 수 없습니다.

　한편 저는 용산중학교를 거쳐 서울고등학교에 입학한 후, 총학생회 부회장에 선출되면서 한때 간직했던 정치적인 꿈을 뒤로 하고 하나님의 인도를 따라 서울대학교 철학과에 입학(1970년)하여 신사훈 박사님으로부터 보수적인 신학과 신앙을 배울 수 있게 된 것은, 저에게 커다란 행운이 아닐 수 없었습니다. 더욱이 석사과정(종교학)을 마치자마자 명지전문대학에 취직(1978년)시켜 주신 신 박사님의 은혜는 평생 제 마음에서 떠나지 않습니다.

그 후 전임강사로 야간 강의만 담당하고 주간에는 총신대학교 신학연구원 및 합동신학대학원대학교(1978-1981년)에서 박윤선, 신복윤, 김명혁, 박형용 박사님으로부터 개혁주의 청교도신학과 신앙을 배울 수 있었던 것은 하나님의 큰 은혜였습니다. 나이가 젊었기 때문이기도 하지만 이른 아침부터 밤늦게까지 거의 매일 등교와 출근을 반복하면서 뛰어 다니던 일을 생각하면, 하나님의 크신 섭리와 강하신 이끄심이 작용한 결과라는 생각이 듭니다.

저는 신학대학원을 졸업하자마자 다시 서울대학교 종교학 박사과정에 입학하여 나학진 박사님의 훌륭하신 지도 아래 기독교 윤리와 종교철학에 관련된 깊은 가르침을 받고 박사학위(1989년)를 받게 되었습니다. 그 후 아내의 강권과 후원으로 풀러신학대학원에 입학하여 목회학 박사학위(2002년)를 받기까지, 목회적인 관점에서 신학의 지평을 바라볼 수 있게 하신 김세윤 박사님께 깊은 감사를 드립니다.

이 외에도 사회생활의 첫 발을 명지전문대학에서 시작하게 하신 故 유상근 박사님과 故 정동준 학장님의 은혜는 결코 잊을 수 없습니다. 특히 두 분은 목사안수도 받지 않은 졸업반 신학생인 저를 교목 대리 발령을 내리셔서 저의 인생의 커다란 전환점을 긋게 하셨습니다. 또 교수 초년생인 저에게 전문적인 영어원서를 번역하게 함으로써 저의 전공분야를 개척하고 넓히게 하신 CLC에 깊은 감사를 드립니다. 그분께 더 감사한 것은 이번에도 어려운 출판계 사정에도 불구하고 두 권의 난해한 전공서적을 출판하도록 배려하신 은혜는 평생 잊지 못하겠습니다.

마지막으로 가족들에게도 고마운 마음을 전하고 싶습니다. 먼저 인생의 동반자요, 영원한 친구인 아내(이명애 사모)는 초등학생 때부터 대학생 때까지 늘 함께했고 급기야 대학생 때(1971, 1972년) 약혼과 결혼의 모험(?)까지 감행했던 "현숙하고 어진"(잠 33장) 여인이었습니다. 아내는 결혼 후 지금까지 알뜰하게 살림을 꾸려 가면서 4자녀들을 신앙적으로나 인격적으로 잘 교육시켰으며, 작은 학원을 경영하면서 저의 각종 등록금과 비싼 원서구입비를 충당했고, 세계종교답사 비용을 별 불평 없이 후원하였습니다. 하나님이 선물로 주신 "배필"이 없었다면 지금의 제가 없었을 것입니다.

저는 4자녀들에게도 항상 고맙고 미안한 마음을 갖고 있습니다. 제가 바쁜 연구 활동 때문에 그들의 유년 시절에 함께 놀아주지 못하고 사춘기 때에 다정한 대화 상대가 되어 주지 못한 점은 두고두고 후회됩니다. 그런데도 바르고 훌륭하게 자라 주어서 너무 대견하고 든든합니다. 더욱이 지금은 온 가족들(4명의 손자 손녀 포함)이 같은 교회에서 매주 예배드리고 저녁 식사를 함께할 수 있어서, 저로 하여금 세상에서 가장 행복한 사람으로 착각하게 만듭니다.

특히 저는 34년째 몸담고 있는 명지전문대학에서 교수협의회장으로 선출되어 정년을 앞두고 마지막 봉사의 기회를 갖게 되어 무척 기쁩니다. 법인 교체의 위기 앞에서 우왕좌왕하고 있는 우리 대학을 안정 속에 더욱 새롭게 발전시키기 위해 최선을 다하겠습니다. 그리고 저는 정년 퇴임을 전후하여 그동안의 논문들과 강의내용들을 보완하여 "성서의 이해" 시리즈 및 "영원회귀의 신화와 종말론", "선교와 종교", "기독교의 정치사상", "어거스틴의 신학과 사상" 그리고 오랫동안 답사해 온 지역들을 중심으로 "세계종교사여행" 시리즈를 발간할 예정입니다.

앞으로 저는 예온 고임순 선생님이 작명해 주신 호(인산)의 뜻대로 "대의를 중히 여기고 집착함이 없이 중후하고 고요하게"(논어 옹야편), "하나님을 의지하여 흔들림 없이 영원토록 그분의 영광을 드러내면서"(시 125:1) 살겠습니다. 끝으로 여러분들의 하시는 일과 가정에 하나님의 은총이 충만하시기를 기원합니다.

2011년 4월 2일

仁山 魏 巨 燦 拜上

추천사

나학진 박사
전 서울대 교수

  학구적 생활을 하면서 연구한 결과를 일찍부터 쉽게 자주 출판하는 사람이 있는가 하면, 자신감이 생길 때까지 미루다가 출판하는 사람도 있는데, 위거찬 박사는 후자에 속하다고 본다. 그것은 이 글을 쓰고 있는 필자의 경우도 비슷하다.
  필자인 이 사람은 70세가 되어서야 책다운 책을 출판하기 시작했지만, 그래도 위 박사는 60세에 그런 시도를 했으니 필자보다도 앞섰다고 보면서 기쁨을 느낀다. 물론 위 박사는 두 개의 박사학위를 받고서도 시종 앞만 보고 연구만 계속했다. 그러다가 이제는 그동안의 결과를 발표하겠다고 결심한 것으로 생각되는데, 학문에 대한 꾸준하고 진지하며 겸손한 자세를 우선 높이 평가하고 격려할 뿐만 아니라, 신학의 발전적인 미래를 위해 크게 공헌할 수 있는 계속적인 업적을 크게 기대할 수 있으니 더욱 기쁜 것이다.
  모태신앙을 이어받은 위 박사가 60세가 되면서 지금까지 공부하며 연구할 수 있게 도와주신 부모와 부인의 노고에 대해 감사할 뿐만 아니라, 무엇보다도 하나님의 은혜에 대해 감사하는 귀한 마음을 갖은 것은 목사이면서 신학자로서의 기본적인 태도인데, 은혜는 하나님의 선물이며 동시에 임무임(task)을 절실히 느끼고 더욱 노력하려는 위 박사의 자세를 보면서 장차의 업적을 기대하게 됨은 당연한 귀결이라고 본다.

위 박사는 보수적인 신학과 신앙을 배웠다고 말하나 결코 맹목적인 보수가 아님을 알 수가 있다. '기독교와 종교사' 그리고 '종교사 신학'이라는 제목부터가 단순한 보수신학은 아니다. 쉽게 말해 신학과 종교사가 합쳐있음에 주목할 필요가 있는 것이며, 슐라이어마허(Schleiermacher)나 트뢸치(Troeltsch) 같은 자유주의 신학자와, 신정통주의 신학에 속하면서도 독특했던 틸리히(Tillich)와 신정통주의를 거쳐 넘어서려는 판넨베르그(Pannenberg)를 포함해서 논하고 있음은 중요하다고 본다.

무엇보다도 '기독교와 타종교의 관계' 또는 '종교다원주의'라는 제목을 제시하고 설명함에서, 슐라이어마허와 트뢸치로부터 시작함을 매우 적절하며, 틸리히와 판넨베르그에 연결하여 종교다원주의를 극복하려는 시도는 매우 건전한 신학적 접근이라고 보면서 격려하려는 것이다.

필자는 1980년대에 종교다원주의에 대해 쓴 논문이 있다. 기독교와 타종교와의 관계를 포용주의로 설명한 칼 라너(Karl Rahner)와 라이문도 파니카(Raimundo Panikkar) 그리고 좀 다르게 설명했던 한스 큉(Hans Küng)을 포함한 가톨릭신학의 입장으로 시작해, 종교다원주의를 적극적으로 옹호한 존 힉(John Hick)과 존 니터(John F. Knitter)를 비판하고 기독교의 독특성을 제시했는데, 위 박사에게 부탁하고 싶은 것은 이번의 책을 출판한 후에 종교다원주의에 대해 필자의 결론을 능가하는 글을 써주기를 바란다.

어려운 첫발을 내딛었으니 기대되는 미래의 활동(임무)으로 이어지기를 바라면서 격려와 기대의 글을 마치려고 한다.

CONTENTS

목차

인사말   7
추천사(나학진 박사)   11

제1장 서론   15

제2장 슐라이어마허에 있어서의 기독교와 종교사
1. 서론   31
2. 종교와 종교사   43
3. 기독교와 타종교의 관계   74
4. 결론   98

제3장 오토에 있어서의 기독교와 종교사
1. 서론   101
2. 종교와 종교사   107
3. 기독교와 타종교의 관계   137
4. 결론   163

제4장 틸리히에 있어서의 기독교와 종교사
1. 서론   171
2. 종교와 종교사   181
3. 기독교와 타종교의 관계   210
4. 결론   240

제5장 결론 243

부록
Ⅰ. 트뢸취의 종교사 신학 260
Ⅱ. 판넨베르그의 종교사 신학 315
Ⅲ. 틸리히의 종교사 신학 355

참고문헌 394

제 1 장
서 론

현대 사회의 특징 중의 하나는 다원주의적(pluralistic)이라는 점이다. 이제 인류는 본격적으로 정치 문화의 다양성, 사회 경제제도의 다양성, 윤리적인 가치 체계의 다양성, 풍속과 문화의 다양성 등을 그 깊이와 넓이에서 체험하는 다원주의 시대에로 돌입하였다. 종교의 세계에서도 다원주의는 찬반 이론을 넘어서 현대 세계의 엄연한 현실로서 체험되고 있다. 지구촌의 경제적인 교역 상담, 문화교류, 정치협상, 국제 체전 등을 통해서 싫든 좋든 기독교도, 불교도, 힌두교도, 이슬람교도 등은 서로 어울려 살아가야 한다. 스미스(W. C. Smith)에 의하면 그들은 이제 더 이상 저 멀리 변경에 떨어져 있는 자도 아니요 여행자들의 이야기에서 오르내리는 흥미거리가 아니라, 기독교의 이웃이고 동료이며 경쟁자요, 벗인 것이다.[1]

콥(John Cobb)은 이러한 다원주의 사회에서 기독교가 취할 수 있는 잘못된 다섯 가지 대안을 제시하면서 각각 비판하고 있다.[2] 첫 번째는 거부

---

1) Wilfred Cantwell Smith *The Faith of Other Men* (New York: Harper & Row Publishers, 1962), p.11.
2) John Cobb, "Is Christianity A Religion?" in *What is Religion? An Inquiry for Christian*

(rejection)의 입장인데, 여기서는 많은 사람들이 다른 방도들을 통해서 커다란 의미를 발견하고 있다는 명백한 사실에도 불구하고 그것들이 모두 근본적으로 잘못되었다고 단언한다. 이런 판단의 가혹성은 기독교의 사랑과 겸손에 덜 어울린다. 두 번째는 동일성(identity)의 입장인데, 여기서는 방도들의 명백한 다양성 이면에서 중요한 것은 사실상 똑같다고 주장한다. 그러나 동일성에 대한 어떤 만족스러운 공식화도 제공되지 않았다. 세 번째는 '똑같은 산 위로 오르는 통로들'(paths up the same mountain)이라는 입장이다. 여기서는 모든 방도들의 동일성에 반대하는 증거들이 너무나 강력하기 때문에, 다른 사람들은 그 방도들이 동일한 목적지에 이르는 다양한 길들이라고 주장한다. 그러나 브라만(Brahman)과의 통일이라는 목표와 인간 사회에 정의(正義)를 가져다주려는 목표가 똑같은 것이 아니다.

그리고 다원주의 사회에서 기독교가 취할 수 있는 네 번째 대안은 상대주의(relativism)의 입장인데, 여기서는 그 방도들의 상대적인 장점들을 평가할 만한 사실을 지적함으로써 그 방도들에 대한 일정한 다원주의를 취할 수 있다. 그것들은 모두 다르지만 동등하게 존중되며 심지어 가장 나쁜 제안들을 재가하기도 하여 결국 모든 방도들에 무관심하도록 이끈다. 다섯 번째는 혼합주의(syncretism)의 입장인데, 여기서는 가장 좋아하는 한 새로운 방도를 확립하기 위해서 모든 방도들을 종합할 수 있다. 그러나 그 과정에서 모든 것 중에서 대단히 가치 있는 것의 많은 부분을 잃게 된다. 여기서 새롭게 도출된 종교는 부여하고자 하는 그 이상의 깊이를 갖지 못할 것이며 또 그리 대단한 것도 못된다.

사실상 모든 종교인들은 자신들이 귀의하고 있는 종교적인 교의와 체계에 대해 절대적인 신뢰를 갖고 있다. 그렇다고 해서 모든 종교가 다 비진리요, 우상이라고 판단할 수도 없다. 따라서 자신의 종교 신앙이 변함없는 궁극적이고 최종적이고 유일한 진리라고 믿는 종교적인 신념이, 어떻게 다원주의와 공존할 수 있는가 하는 문제는 참으로 중요한 종교적이고 신학적인

Theology, ed. by Mircea Eliade & David Tracy (New York: The Seabury Press, 1980), pp. 8-9.

과제이다. 특히 예수 그리스도의 "내가 곧 길이요 진리요 생명이니 나로 말미암지 않고는 아버지께로 올 자가 없다"(요 14:6)는 말씀을 믿는 기독교인들에게 있어서, 현대 사회의 종교다원주의는 더욱 시급한 신학적 해석을 요청한다.

그런데 현대 다원주의 사회에서 기독교가 세계종교를 그 심층적인 차원에서 만나면서 보인 반응은 일반적으로 크게 세 가지 유형으로 나눌 수 있다. 즉 폐쇄적인 배타주의, 개방적인 포괄주의, 종교다원주의가 그것이다.[3] 첫 번째 유형은 오직 기독교만이 절대적이라고 주장하면서 타종교를 철저하게 배제하는 '폐쇄적인 배타주의'(closed exclusivism)이다. 이 유형에는 근본주의 신학으로부터 신정통주의 신학에 이르기까지 방대한 소위 보수주의적인 복음주의자들이 속해 있다. 이중에서 대표적인 신학자는 바르트(Karl Barth, 1886-1968)이다. 그는 "종교는 불신앙(unbelief)으로서… '신을 믿지 않는 사람'(godless man)의 관심이다…종교란 신적인 사역을 인간의 공작품(manufacture)으로 대치하려는 의도적인 시도이다"[4]라고 말한다. 그에 의하면 계시와 종교는 양립할 수 없으며 상호대립적이다. 계시는 종교 위에 내리는 하나님의 심판이요 종교로부터 인간을 구원하는 은총의 능력으로 하나님의 직접적인 계시 사건 밖에서는 구원이 없게 된다.

바르트는 일단 세계종교와 기독교를 동일한 범주 속에 넣지만 곧 이어 참 종교의 가능성을 기독교에서만 본다. 그가 세계종교 일반으로부터 참 종교의 가능성을 지닌 기독교를 구별하는 이유는 기독교가 예수 그리스도 (즉 죄인을 의롭다고 선언하시는 은총의 실재)를 알기 때문이라는 것이다. 우리는 바르트의 이러한 입장을 "그리스도 중심주의"(Christocentrism)라고 명명할 수 있다. 예수 그리스도 안에서 말씀하시는 하나님의 은총의 역사와 계시의 현존

---

3) Alan Race, *Christians and Religious Puralism, Patterns in the Christian Theology of Religions* (New York: Orbis Books, 1982). John Hick, *Problems of Religious Pluralism* (London: The Macmillan Press, 1985).

4) Karl Barth, *Die Kirchliche Dogmatik*, tr. by G. T. T. Thomson & Harold Knight (Edinburgh: T.&T.Clark, 1978), Vol. I 1/2. pp.299-300, 302.

사건이 왜 기독교 종교 안에서만 역사한다고 강변할 수 있을까? 하나님에 대한 기독교인들의 신앙고백과 기독교가 하나님을 독점하려는 발상법은 다르다. 우리가 바르트를 비타협적인 배타주의의 범주 속에 넣는 것은 계시의 역설적인 은총을 이해하고 또 그 은총의 능력 속에 현존할 수 있는 종교의 자격을 기독교에만 부여한다는 점에서이다.[5]

두 번째 유형은 세계종교의 구원능력을 인정하면서도 예수 그리스도 안에 나타난 구원 계시의 최종성·독특성·규범성을 주장하는 '개방적인 포괄주의'(open inclusivism)이다. 이것은 제 종교 속에서의 신의 사역을 인정하면서도 그것만으로는 충분한 구원이 불가능하므로, 기독교만이 인간을 구원할 수 있다고 주장하는 진보적인 자유주의 개신교 써클과 가톨릭 써클로 나눌 수 있다. 이중에서 대표적인 신학자는 제2차 바티칸 공의회의 가톨릭 교회 입장을 대변하는 칼 라너(Karl Rahner, 1904-1984)이다. 그의 네 가지 테제의 핵심을 요약해 보면 다음과 같다.[6]

첫째로 절대적인 종교로서의 기독교의 자기주장은 인간적인 주장이나 신학적인 확신에 근거하지 않고 신이 인간을 향해 주신 그의 자유로운 자아-계시에 기초한다. 둘째로 비기독교 종교에도 초자연적인 은총이 역사하고 있다는 의미에서 '정당한 종교'(lawful religion)이다. 셋째로 기독교는 타종교인들을 '익명의 그리스도인'(an anonymous Christian)이라고 생각할 수 있다. 익명의 그리스도인은 그리스도의 신비로운 몸과 교회 그리고 복음 속에서, 보다 명료하고 보다 순수하고 보다 자아성찰적인 방도로서 구원의 가능성이 열린 교회로 받아들여지는 것이다. 넷째로 역사적이고 사회적인 공동체

---

5) 최근의 신학자로서 배타주의를 주장하는 사람은 뉴비긴(Lesslie Newbigin)이다. 그에 의하면 기독교인의 입장에서 대화의 목적은 예수 그리스도에 대한 복종적인 증언 이외의 아무것도 아니다. 왜냐하면 복음의 신비는 오랫동안 은폐되어 오늘날에야 비로소 신앙의 눈에 명백해진 교회에 위임된 비밀이지만, 전세계에 공개적으로 알려져야 할 '공개적인 비밀'(open secret)이기 때문이다〔Cf. Lesslie Newbigin, *The Open Secret* (Michigan: Willam B. Eerdmans Publishing Company, 1978〕.

6) Karl Rahner, "Christianity and the Non-Christian Religions," in John Hick and Brian Hebblethwaite(eds.), *Christianity and Other Religions* (Philadelphia: Fortress Press, 1980), pp. 66-67.

의 형태로 존재하는 역사적인 기독교 그 자체는, 아직 감춰어져 있는 구원의 실재를 시공 속에서 앞당겨 증언하는 은총의 공동체로서 현존할 뿐이다. 따라서 우리는 라너의 포괄주의는 세계종교가 결국 그리스도의 참된 보편적인 교회 속에서 수렴되고 성취된다는 "교회중심주의"(ecclesiocentrism)의 입장이라고 말할 수 있다.[7]

세 번째 유형은 구원이 모든 위대한 종교 전통들 속에서 발생할 수 있다는 "종교다원주의"(religious pluralism)이다. 이것은 궁극적인 신적 실재에 대한 인간의 반응이 다양하기 때문에 '자아중심성'(self-centeredness)에서 '실재중심성'(reality-centeredness)에로 인간 실존을 변형시키는 것이 모든 위대한 종교 전통들 속에서 제각기 상이한 방식으로 발생한다는 주장이다. 이것은 기존의 그리스도중심적인 접근방법과 교회중심적인 접근방법을 전적으로 배격하고 신중심주의적(theocentric) 접근방법으로 전환할 것을 주장한다.

특히 힉(John Hick, 1922-)은 오늘날의 세계 신학은 신학적인 사고발상법에 있어서 '코페르니쿠스적인 혁명'(Copernican revolution)을 거치고 있으며 그리고 그 혁명이 옳다고 주장한다. 다시 말하면 코페르니쿠스 이전의 천동설(天動說)은 지구를 중심으로 모든 항성과 태양까지도 지구 주위를 돌고 있다고 생각한 반면에, 코페르니쿠스의 지동설(地動說)은 태양을 중심으로 지구가 회전한다고 주장하고 중세기적인 우주관에 혁명을 가져왔다. 이제까지 기독교를 선두로 해서 모든 종교들은 자기 종교를 우주의 중심별로 생각하

---

7) 라너 외에도 최근의 포괄주의자로서는 가톨릭 신학자 파니카(Raimundo Panikkar)가 있다. 그에 의하면 힌두교와 기독교가 모두 신을 믿는 종교이지만 인간을 신에게로 인도하는 것은 기독교이므로, 힌두교가 신을 믿고 신에게 기도하고 있다면 힌두교 내에 이미 그리스도가 있다는 것이 된다. 물론 힌두교는 그 사실을 알지 못하고 있지만 기독교인과의 만남에 의해서, 즉 명백한 신앙과 순수한 소망 및 초자연적인 사랑으로 만나는 경우에 힌두교도들은 그 자신들 속에 이미 존재하고 있는 그리스도를 발견하게 된다[Cf. Raymond Panikkar, *The Unknown Christ of Hinduism* (London: Darton, Lonman & Todd, 1964)]. 포괄주의를 주창하는 개신교 신학자로는 파쿠할(J. N. Farquhar)이 있다. 그에 의하면 기독교가 아니라 그리스도는 그 본질상 힌두교의 종교사에서 보여지고 있는 원망과 탐구의 성취이다. 그러나 현대와 같은 다원주의 시대에는 타종교 자체의 경험적인 주체에도 기초하지 않고, 하나의 종교가 종교적인 진리와 가치의 최고 표현이라고 말하는 것은 신학적인 제국주의라고 말할 수밖에 없다[Cf. J. N. Farquhar, *The Crown of Hinduism* (OPU, 1913)].

고 다른 행성들은 그 주위를 도는 별들로 생각했다는 것이다. 힉의 다원주의는 그의 책 제목이 암시하듯이 '신은 여러 이름을 갖는다'는 은유적인 표현으로 압축된다.[8] 즉 역사적이고 문화적인 배경과 기후, 풍토 그리고 생활양식의 다양성에 따라, 궁극적인 신비이신 신의 영적인 현존 체험과 계시 체험 그리고 그것에 수반되는 인간의 구원 체험이 다양하다는 것이다.

여기서 힉이 말하는 신은 유신론적인 신앙의 인격적인 신성을 가리키는 용어가 아니라, 다양한 형태의 종교경험을 통해서 다양하게 이해되는 무한한 실재를 가리키는 말이다. 그러나 이러한 신중심적인 접근방법은 기독교인이나 타종교인들로 하여금 공통적인 경험영역을 확인하게 하는 뛰어난 토대를 마련하고는 있지만, 여전히 다른 모든 진리들을 받아들여 자기 진리의 전말을 확대하면서도 자신의 독특한 계시에 대한 집착을 유지할 수 있는 문제에 대해서는 명쾌한 해답을 주지 못한다.

그런데 타종교에 대한 이들 세 가지 반응유형 모두는 니버(Richard Niebuhr)가 말하는 '신학적인 유니테리어니즘'(theological unitarianism)에 빠질 위험이 있다.[9] 즉 폐쇄적인 배타주의는 그리스도중심적이고, 개성적인 포괄주의는 교회중심적이며, 종교다원주의는 신중심적이라고 특징지울 수 있다. 이상적인 것은 종교다원주의의 입장을 기초로 하여 폐쇄적인 배타주의와 개방적인 포괄주의를 수정·보완하는 "신학적 다원주의"(theological pluralism)일 것이다.

근래에 신학적 다원주의의 입장에서 기독교인들이 역사상의 수많은 종교들에 대해 어떤 태도를 취할 것인가를 연구하는 '종교사 신학'(the theology of the history of religions)이 대두하였다. 아마도 개신교 내에서 종교사 신학의 필요성을 최초로 공언한 사람은 벤쯔(Ernst Benz)일 것이다.[10] 그는 마르부르

---

8) John Hick, *God has Many Names* (Phiadelphia:Westminster Press,1982), p.18.
9) H. Richard Niebuhr, "Theological Unitarianism," in *Theology Today* (July, 1983), pp.150-157.
10) 로마 가톨릭에서는 개신교의 이러한 종교사 신학과 유사한 의미로서, 1963년에 쉴레테(H. R. Schlette)가 『神學적 主題로서의 宗敎』(*Die Religionenals Thema der Theologie*)란 책에서 宗敎神學(the theology of religions)이란 말을 사용했다.

크대학의 교회사 교수이지만, 일반 종교사에도 깊은 관심을 가지고 1960년에 "종교사 신학의 이념"(Ideen zu einer Theologie der Religionsgeschichte)이라는 논문을 발표하였다.[11] 벤쯔에 의하면 현대신학의 가장 긴급한 과제의 하나는 종교사에 대한 새로운 신학적 이해를 확립하는 일이다.

우리는 이 종교사 신학을 근래의 신학사 조류 속에서 선명하게 파악하기 위해, 먼저 종교사 신학에 대한 트뢸치(E. Troeltsch), 스미스, 판넨베르그(W. Pannenberg) 등의 개념을 개관해 보기로 하겠다. 트뢸치는 『기독교의 절대성과 종교사』(Die Absolutheit des Christentums und die Religionsgeschichte, 1902)에서 근대 역사학을 근거로 하여 기독교는 모든 종교발달의 정점(Hoehepukt)일 뿐만 아니라 수렴점(Konvergenzpunkt)이라고 주장했다. 엄밀히 말하면 기독교는 '지금까지 달성한 정점'이라는 것이다. 그에 의하면 기독교가 그 궁극적인 정점이라고 말해서는 안 된다. 왜냐하면 역사학은 궁극적인 것이 무엇인지를 말할 수 없으며 또한 장래에 기독교보다 더 고등한 종교가 나타나지 않으리라고 단언할 수 없기 때문이다. 그러나 사후에 출판되었지만 생전에 준비한 그의 강연의 초고안인 『세계종교들 가운데에서의 기독교의 위치』(The Place among the World Religions, 1923)[12]에서는 기독교가 유럽문명과 불가분리적이라는 역사적 인식이 심화된 결과, 타종교와의 비교에서 그 최고 타당성을 주장하기가 쉽지 않다는 것을 예감하였다. 트뢸치는 기독교가 유럽 세계에서는 계속 타당성을 지닐지 모르지만, 비유럽 세계에서의 타당성에 대해서는 회의적이었다. 이리하여 기독교의 절대성에 관한 증명은 무의미하며 또한 타종교에 대한 기독교의 우월성 증명도 불가능하게 된다. 따라서 우리는 특히 만년의 트뢸치를 힉과 더불어 종교다원주의에 소속시킬 수 있다.

최근에는 스미스가 모든 전통의 형태를 띠고 인간 마음속에서 경험되는 초월(transcendence)을 세계종교사적인 관점에서 구체적으로 비교 분석

---

11) Ernst Benz, "Ideen zu einer Theologie der Religionsgeschichte," in Gerald H. Anderson (ed.), *The Theology of the Christian Mission* (New York: MaGraw-Hill Book Company, Inc., 1961), p.135.

12) John Hick & Brian Hebblethwaite (eds.), op. cit., pp. 11-31.

하여 일반화시키는 '비교종교 신학'(theology of comparative religion) · 세계 신학(world theology) · 종교사 신학(theology of history of religions)을 제창하고 있다.[13] 스미스는 세계종교를 '초월자와의 인간의 반응과 관계의 질'(the quality of man's response and relationship to the transcendent), 즉 신앙(faith)의 서로 다른 표현이라고 본다. 그리고 세계종교는 서로 다른 종교들로 고립되어 있지 않고 세계종교사의 맥락에 참여하고 있다. 그러므로 세계종교를 이해하려는 개인이나 집단은 자의식적으로 인류의 종교사에 신앙을 갖고 참여해야 한다. 그는 자기 자신도 세계적인 종교적 수렴 과정에 한 기독교인으로서 참여할 것을 선택한 것으로 보고 있다.[14] 따라서 '우리는 구원받았고 당신들은 지옥으로 떨어지는 저주를 받았다'라거나 '우리는 우리가 신을 알고 있다고 믿으며 또 우리가 옳다. 그러나 당신은 신을 알고 있다고 믿지만 그것은 전적으로 잘못된 것이다'라는 말은 도덕적으로 있을 수 없는 일이다.[15] 이 때문에 스미스의 입장은 "도덕적인 보편주의"(moral universalism)라고도 불리운다. 따라서 우리는 스미스도 힉과 트뢸치와 더불어 종교다원주의의 유형에 소속시킬 수 있다.

약간 다른 각도에서 판넨베르그도 인간의 자아-초월이라는 특별히 중요한 경험에 기초하여 종교사 신학을 주창하고 있다. 그에 의하면 종교사는 인간의 문제거리와 곤궁의 역사로서 나타날 뿐만 아니라 '참된 신의 자아-현시의 한 역사'(a history of the self-disclosure of the true God)로서 나타난다.[16] 판넨베르그는 심지어 모든 종교가 우연적이든 현시적이든 '모든 것을 결정하는 한 힘'(a all-determining power)으로서의 신의 실재를 주장하고 있다는 이유로 종교적인 통합이 발생할 것이라고까지 주장한다.[17] 따라서 역사적으

---

13) W. C. Smith, *Towards a World Theology* (Philadelphia: The Westminster Press, 1981). p. 123.
14) Ibid., p. 44.
15) C. W. Smith, *The Faith of Other Mens*, p. 130f.
16) Wolfart Pannenberg, *Basic Questions in Theology*, 2 Vols., tr. by George H. Kehm (Philadelphia: Fortress Press, 1971), vol. II, p. 233.
17) Ibid., p. 95f.

로 주어진 종교사에 대한 신학연구는 종교에서 실재로서 묘사되고 숭배되는 신이 과연 '모든 것을 결정하는 실재'라고 말할 수 있는가를 연구하는 것이다.

그런데 이스라엘 민족들과 그들의 종교와 달리 이스라엘은 특별한 신 경험 속에서 인간 존재의 실재를, 아직은 출현하지 않은 어떤 목표를 향해 돌진하는 역사로서 이해하는 방법을 배운다. 그러나 판넨베르그에 의하면 예수에게 이르러서 비로소 미래를 향한 근본적인 개방성이 나타났다고 한다. 예수의 메시지가 바로 이러한 변화를 초래했으며, 따라서 오늘날 '도래하고 있는 신에 대한 신뢰'(trust in the coming God)가 개인의 구원과 파멸에 유일하게 결정적인 요인일 수 있었다.[18] 그런데 미래 개방성의 원리로서의 예수는 기독교에게 늘 새로운 실재해석 속에서 자신을 끊임없이 초월하는 비판적인 능력을 부여하고 있다. 판넨베르그는 바로 이런 의미에서 스미스와 달리 기독교의 우월성을 주장하고 있다. 그러나 판넨베르그의 이런 규범적인 입장은 신학을 신앙고백이나 증언으로 보지 않고 증명 가능한 과학으로 보는 그 자신의 관점과 모순된다.

이들 세 사람들과 달리 특별히 신중심적인 종교본질에 근거한 종교사 신학을 제창하는 슐라이어마허(Friedrich E. D. Schleiermacher, 1768-1834), 오토(Rudolf Otto, 1869-1937), 틸리히(Paul Tillich, 1886-1965)는 종교들 간의 대화를 지향하는 신학적인 다원주의를 주장한다. 먼저 근대신학의 아버지인 슐라이어마허는 종교연구에 있어서 하나의 전환점을 이루고 있다. 그는 최초로 종교의 발전과 역사적인 현현 모두를 포괄하는 종교해석을 발전시켰다. 그에 의하면 종교들은 종교의 본질에 근거하고 있는 특수한 역사적 현현들인데, 종교의 본질이란 '우주의 직관과 감정'(Anschauung und Gefuehl des Universum), '무한자에 대한 감각과 취향'(Sinn und Geschmack fuers Unendliche), '신에의 절대의존감정'(schlechthinnige Abhaengigkeitsgefuehl von Gott)이라는 것이다. 그리고 각각의 실증종교들은 이러한 종교본질의 일부분을 포함하고

---

18) Ibid., p. 113.

있으므로, 종교의 본질은 특정한 종교들의 언어와 전통 속에서만 인식될 수 있다. 따라서 특정한 종교는 종교의 본질이나 원초적인 형식을 표현하는 데 성공할 수 있어야만 진정한 종교로 될 수 있다.

더구나 슐라이어마허는 종교사를 보다 고유하고 순수한 형식을 나타내는 점진적인 역사발달의 과정으로 본다. 따라서 보다 낮고 보다 높은 형식들의 척도는 그 밑바닥에 있어서는 주물숭배로 제시되며, 다음 단계에서는 민족적인 다신교들이 뒤따르고 그 후 유일신교들에서 정점을 이룬다. 기독교는 이런 관점에서 종교의 최고 발달 단계나 최종적이거나 최선의 형식으로 보여진다. 여기서 타종교들은 종교 발달의 불완전하거나 왜곡되거나 일차적인 단계로 이해되며 기독교 신앙을 위한 준비로서 기능할 수 있다. 물론 슐라이어마허는 모든 세계종교들을 객관적이고도 총체적으로 연구하지는 않았지만, 신중심적인 종교본질을 근거로 종교사 내에서의 기독교의 우월성을 정립한 종교사 신학의 가능성을 처음으로 보여주었다고 하겠다.

슐라이어마허 이후 루돌프 오토에 의해 종교는 결정적으로 새로운 방향으로 나가게 되었다. 그는 기독교의 독특성 요구에 반박하고 기독교 종교의 현상 복합체를 다른 많은 낯선 종교세계에서 도입된 요소들로 해소시키는 이른 바 종교사학파(Religionsgeschichtliche Schule)와 비기독교 종교들과 기독교의 모든 비교를 일체 거부하고 비기독교 종교들을 인간의 발명이거나 죄 많은 자아구원의 시도로 간주하는 변증학 신학(dialektische Thelogie)을 배격하고 종교사의 넓은 영역 위에서 삶과 체험을 파악하고 묘사하려고 했다. 특히 종교사학파가 종교사의 '평행적인 현상들'(parallele Phaenomene)을 과대평가하여 평행적인 것 속에서 본질적인 것을 찾은 데 반해, 오토는 종교의 본질이란 종교의 일반 개념이 아니라 '성스러움'(Das Heilige, 객관적으로 주어진 누멘적인 것)에 대한 감정, 즉 "전율적이고 매혹적인 신비"(mysterium tremendum et fascinans)를 서술함으로써 파악된다고 주장한다.

그러나 종교연구에 끼친 오토의 가장 독창적인 공헌은 성스러움이라는 종교적인 선험성 개념 속에 있는 원리들을 종교사와 비교종교에 적용하려는 그의 노력 속에 존재한다. 그에 의하면 특정한 종교현상들은 진행 중에 있는 성스러움이라는 종교적 선험성의 역사적 현현이기 때문에 상호 간의 비교가 가능하다. 오토에게 있어서 종교비교에서 가장 중요한 문제는 종교사에서의 '평행과 수렴'(Parallele und Konvergenz)의 문제이다. 그는 인도의 bhakti 종교와 기독교의 은총 종교 그리고 엑카르트와 샹카라의 신비주의에서 평행을 발견하고 그 평행 속에서 구원론과 신비주의라는 유형(Typus)의 수렴을 간파한다.

오토에 의하면 종교사에서의 유형비교는 종교를 비교하기 위한 것이다. 즉 성스러움의 경험으로서의 비합리적인 측면과 합리적인 측면의 완전한 발달은 오토에게 너무나 중요해서, 그는 그 속에서 종교들을 평가하는 가장 기본적인 기준을 발견한다. 즉 합리적인 요소들과 비합리적인 요소들이 건전한 조화 속에서 결합된 상태의 정도(程度)는 종교의 상대적인 순위를 측정하는 척도를 가능케 한다. 오토에 의하면 기독교야말로 비합리적-누멘적인 것과 개념적-윤리적인 의미 사이의 가장 밀접한 상호침투가 이루어지는 종교로서 가장 우월한 것이다. 이리하여 오토는 기독교의 배타적인 절대성을 요구하는 전통적인 주장을 극복하고 신중심적인 종교본질의 관점에서 종교사 내에서의 기독교의 우월성을 정립한 종교사 신학을 보다 객관적으로 시도했다고 할 수 있다.

그 후 틸리히(Paul Tillich)는 슐라이어마허와 오토의 종교해석을 적극적으로 옹호하면서 비판적으로 포용한 신학자이다. 틸리히는 종교사 신학을 정확히 취급하기 위해서 먼저 바르트의 신학과 사신신학(死神神學)을 거부하는 결단을 내려야만 했다. 왜냐하면 이 두 신학이 모두 종교에 대해 부정적이었기 때문이었다. 틸리히에 의하면 종교의 본질은 '궁극적인 관심'(ultimate concern)이다. 이것은 인간의 여타 모든 감정들을 결정하며, 신념이나 의지나 감정을 포함한 전인격(whole person)의 관심이며, 궁극자(the ultimate)로 경험되는 것에 대한 관심이다. 여기서는 인간에게 궁극적으로 관심을 갖게 하는 것은 무엇이든지 신이 된다. 따라서 유신론적인 신앙이 없는 초기 불교에서도 자체의 신으로서 열반(涅槃)을 상정하고 있으며, 돈·성공·진리·인간성의 완전 가능성을 믿거나 국가 등에게 자신의 궁극적인 충성을 바치는 사람들에게 있어서 그것들은 기능적인 의미에서 신으로 상정되고 있는 것이다. 이런 점에서 인본주의, 민족주의, 파시즘, 공산주의도 하나의 유사종교(類似宗敎, quasi religion)가 된다.

더구나 틸리히에 의하면 계시 경험은 인간에게 보편적이며 모든 종교 속에는 계시와 구원능력이 있게 된다. 그런데 계시는 유한한 인간에 의해 수용되기 때문에 항상 왜곡되며 신비적·예언자적·세속적인 종교비판이 가능하게 된다. 종교사는 바로 이러한 종교비판을 포함한 역사이다. 그런데 틸리히가 조직신학의 원천으로서 종교사를 포용하는 것은 이미 종교사를 비판적으로나 신학적으로 이용하고 있음을 의미한다. 여기서 조직신학은 종교사를 개관하거나 종교의 구체적인 역사단계를 보여 주는 것이 아니라 '전형적인 과정들과 구조들'(typical processes and structures)에 대한 서술이 된다. 그런데 그 구조들은 결코 어떤 구체적인 종교들에서 완전히 실현되거나 현현되지 않는다.

비록 성스러움의 경험이 종교의 기초이지만 여러 유형의 종교가 있다는 것은 그러한 경험 중에 세 가지 요소(성례전적·신비적·예언자적 요소)가 있고 또 그 속에 어떤 요소가 우세하게 되는가에 따라 특정한 종교가 발생한다는 것을 의미한다. 이들 요소들의 긍정적이거나 부정적인 관계는 종교사에게 역동적인 성격을 부여하여 여러 유형을 만들어 내고 있지만, 거기에는 모든 것이 진행해 가는 '내적 목적'(inner telos), 즉 '구체적인 영의 종교'(Religion of Concrete Spirit)가 있다. 그것은 단순히 막연한 장래에 기대되는 것이 아니라, 성례적인 요소의 악마화에 대항하는 곳에서나 성례적 기반에 대한 비판이 악마적이고 세속적으로 왜곡되는 것에 저항하는 곳에서 나타난다. 그리하여 틸리히는 전체 종교사를 '구체적인 영의 종교를 위한 투쟁' 혹은 '종교 가운데서 종교들과 싸우는 신의 투쟁'(the fight of God against religions within religion)으로 본다.

틸리히는 기독교 신자로서 이런 종교사 속에서의 결정적인 승리를 '그리스도로서의 예수'(Jesus as Christ)의 출현으로 보고 있다. 기독교는 타종교와 마찬가지로 하나의 종교이지만, 새로운 존재에 대해 명확하게 증언하고 있으므로 타종교들보다 우월한 지위를 차지하고 있다. 개신교 기독교의 이런 우월한 지위는 그것이 모든 교회적인 악마화를 비판할 수 있는 가능성을 갖는 동시에, 그것이 유일하고도 총괄적인 궁극자의 구체적인 상징을 인류에게 제시할 수 있는 가능성을 갖는다는 사실에서 잘 나타난다. 기독교의 이런 우월적이고 선택받은 지위는 "새로운 존재"라는 자신의 기준에서 연유하며, 기독교는 이런 기준 그 자체에 항상 종속되어 있고 또 조건지워져 있다.

  따라서 종교 진리의 기준인 '예수 그리스도 안의 최종적인 계시'와 종교사 사이의 관계를 근거로 전개되는 틸리히의 종교사 신학은 '그리스도로서의 예수 안의 새로운 존재'(New Being in Jesus as the Christ)가 인류의 종교들에 의해서 암시적으로나 공개적으로 제기한 물음에 대한 대답이라는 선교 원리에 비추어 연구되어야 한다. 선교의 진정한 목표는 종교들의 혼합도 아니고 한 종교의 일방적인 승리도 아니며, 오히려 자아 비판적인 대화를 통해 자기 종교의 심층을 향해 보다 더 확실하게 침투해 들어가는 것이다. 이런 대화적인 만남에서 참여자들은 자신들의 규범에 대해, 절대주의적인 주장과 상대주의적인 주장을 동시에 감지하게 된다. 이와 같은 만남에서 대화 주체들은 궁극자에 대한 각자의 상징적 해석에 따라 순응해 가는 자아-비판과 자아-수정의 과정에 참여하게 된다. 이로써 틸리히에 이르러 기독교를 포함한 모든 종교를 상대화시키면서 종교 간의 대화의 길을 여는 종교사 신학의 가능성을 비로소 확립하였다고 할 수 있다.

  이제까지 필자는 역사적인 발달의 관점에서 기독교의 탁월성을 주장하는 슐라이어마허의 종교사 해석과 '유형의 비교'의 관점에서 기독교의 우월성을 주장하는 오토의 종교사 해석을 살펴보면서, 두 사람 모두 역사적인 예수를 근거로 한 기독교중심적인 신학적 다원주의를 주창하였다는 사실을 알게 된다. 그러나 두 사람에게는 타종교와의 적극적인 대화적 만남을 위한 여지가 없다. 이에 반해 틸리히는 '대화적인 관심'(dialogical concern)의 관점에서 그리스도 중심적인 신학적 다원주의를 주창하였다.

물론 세 사람은 모두 기독교의 '배타적 절대성'(exclusive absoluteness)을 배제하고 있다. 그러나 슐라이어마허와 오토는 기독교의 탁월성(Vortrefflichkeit)이나 우월성(Ueberlegenheit) 및 고등성(Hoehengrade)을 강조하면서 기독교를 변증하는 반면에 틸리히는 그리스도의 '관계적 절대성'(relational absoluteness)을 강조하면서 종교 간의 대화를 중시하고 있다.[19] 이 관계적 절대성은 다른 종교를 배제하거나 포괄하는 능력에 의해서가 아니라 상호 관계를 맺는 능력에 의해서 입증되는 절대성이다.

그러나 틸리히는 말년에 '조직신학자를 위한 종교사의 의의'라는 강연에서 그리스도에게서 실현된 '구체적인 영의 종교'가 타종교에서도 단편적으로나마 실현되고 있는 계기들이 발생할 수 있다고 주장함으로써, 하나의 종교로서의 기독교는 물론 '그리스도의 상대화'를 시도한 인상을 준다. 어쨌든 그리스도의 관계적 절대성으로는 종교 간의 대화 문제가 충분히 해결될 수 없다. 왜냐하면 여기서 그리스도는 종교들의 타당성을 판단하고 완성시키는 최종적인 규범으로서 '종교들에 대항하거나 넘어서기'(against or above religions) 때문이다.

그러므로 필자는 '보완적인 독특성'(complementary uniqueness)만이 종교 간의 진정한 대화를 가능케 한다는 주장을 끌어 내려고 한다. 필자는 틸리히가 말년에 제시하려고 했던 '종교들과 더불은 그리스도'(Christ together with religions)를 강조하는 '신학적 다원주의'(theological pluralism)를 주창할 것이다. 이러한 '신중심적인 비규범적 기독론'[20]에 입각한 신학적 다원주의에서는 구원을 위해 필수적인 것으로서의 교회, 혹은 구원을 위해 필수적인 것으로서의 교회, 혹은 구원을 위해 규범적인 존재로서의 그리스도가 아니라,

---

19) Paul F. Knitter, "Christianity as Religion: True and Absolute? A Roman Catholic Perspective," in *What is Religion?* ed. M. Eliade & David Tracy, p. 19.

20) Paul F. Knitter, *No Other Name? A Critical Survey of Christian Attitudes Toward the World Religions* (New York: Orbis Books, 1985), p. 172.

궁극적인 실재로서의 신이 구원역사의 중심인 동시에 종교 간의 대화를 위한 출발점인 것이다. 여기서 특정한 계시자에 대한 종교인 자신의 '전적 헌신'(total commitment)은 다른 특정한 계시자 속에 있는 보편적인 신에게 이르는 총체적인 개방성을 배제하지 않고 세계종교들 상호 간의 풍요화와 협력을 이룩하게 된다.

CHRISTIANITY AND THE HISTORY OF RELIGIONS

제 2 장
슐라이어마허에 있어서의 기독교와 종교사

1. 서론

보버민(Georg Wobbermin)은 슐라이어마허(Friedrich Schleiermacher)를 통해 종교본질의 문제가 종교학의 근본문제가 된 이래 도입된 중요한 세 가지 연구방법을 제시했다.[1] 첫째는 종교의 본질을 '종교의 기원'(Ursprung der Religion)으로부터 규정하는 방법이다. 여기서는 종교가 어떻게 발생하며 또 어떤 발생원인을 갖고 있는가를 아는 것이 종교의 본질을 해명하는 데 결정적으로 중요한 일이 된다. 이 방법에는 옛 유헤게리즘(Euhemiristische Theorie)의 현대적인 변형, 정령숭배 이론(Animistische Theorie), 조상숭배 이론(Ahnenkult Theori), 토테미즘(Totemismus Theorie), 프리애니미즘(Praeanimistische Theorie)이 속한다.

그러나 보버민에 의하면 이 방법에는 두 가지 이의가 제기된다. (1) 정신

---

1) George Wobbermin, *Das Wesen der Religion* (Leipzig: J. C. Hinrichs'sche Buchhandlung, 1925), pp. 38-44.

사적인 생활영역에서는 어떤 현상의 발생과정은 '사상 자체'(Sache selbst)와 그 현상의 본질에 관해 아무것도 알려 주지 않는다. 즉 발생의 종류나 방식에 관한 물음이 단순히 본질에 관한 물음으로 대치될 수 없다는 것이다. (2) 우리는 종교가 발생한 인류의 태고 시대에 관해 확실한 것을 전혀 알지 못한다. 오늘날 우리는 그 시대에 관해서는 흔들리고 있는 지반 위에 있으며, 또 매우 넓은 범위에서 추측에 의존하고 있다. 따라서 이 방법은 본말(本末)의 전도인 것이다. 우리의 당면 사실은 종교의 기원이 아니라 '종교의 역사적인 현존재'(Religion selbst in geschichtlichen Dasein)이다. 보버민에 의하면 그럼에도 불구하고 종교 기원의 문제는 최초의 일회적인 종교발생에 관한 문제이거나 종교생활의 원시적인 시작에 관한 문제로서 긍정적으로 파악될 수 있는데, 특히 후자에 관한 연구는 종교의 본질을 연구하는 데 커다란 빛을 비춘다. 따라서 그에게 있어서 종교의 발달된 상태를 그 본질 인식의 원시상태와 비교하는 일이 장려되고 있다.

둘째로 역사적인 종교를 비교함으로써 종교의 본질을 발견하고자 하는 '종교사적인 방법'(religionsgeschichtliche Merhod)이 있다. 이 방법은 종교생활의 전역사적인 전개를 고찰하도록 요구하며, 역사적인 종교들의 '공통된 특징들의 종합'(Summe der geminsamen Merkmale)을 종교의 본질로 간주한다. 완전한 객관성을 종합적으로 추구하면서 전체 종교사를 가장 진지하고 공평하게 살펴보려고 한다. 그러나 이것은 여러 상이한 요소들이 복잡하게 결합되어 있는 역사적 종교들에서, 어떤 것이 특별히 종교적이고 본래적으로 종교적인 것인지에 대해 명확한 해답을 제시하지 못한다.

셋째로 '규범개념의 방법'(Die Methode des Normbegriffs)이 있다. 이것은 종교의 본질을 긍정하기 위해 우리 자신의 확신에 따라 '참 종교'(richtige oder wahre Religion)로 통용되는 종교 유형을 기초로 해야 한다고 주장한다. 예를 들면 기독교인에게는 물론 기독교가 규범 개념이 되고 타종교는 기독교에 의해 판단되고 평가되어야 한다는 것이다. 그리하여 타종교는 기독교의 '예비단계들'(Vorstufen)로 간주되며, 종교의 본질에 관해서는 기독교와 공통되는 만큼만 발견된다. 기독교와의 유사성의 정도가 다른 종교들의 진리와 진리 내부의 척도가 된다. 따라서 종교의 본질 규정에 대해서 기독교만이 '표준적이며 결정적인 규범'(die allein massgebende und ausschlaggebende Norm)으로 간주되어야 한다는 것이다.

보버민은 이 세 가지 방법이 모두 만족할 만한 결과를 제공하지 못한다고 보았다. 물론 이것들이 제각기 적당하고 중요한 진리 계기들을 포함하고 있기는 하지만 그래도 상호 태타적이기 때문에 이것들을 '하나의 통일된 방법론적인 전체의 방식으로'(zu einem einheitlichen methodischen Gesamtverfahren) 결합하는 것은 불가능하다. 그러므로 보버민은 종교심리학적인 방법을 통해서 이 세 가지 방법을 보완하려고 했다. 종교심리학적인 방법은 종교생활의 공통된 근본 동기 및 종교의 모든 표현형식들 속에서 종교의 본질을 고찰하는 것이다. 즉 인간 자신이 종교경험으로부터 낯선 종교생활을 이해하려면 '특별히 종교적인 것'의 고유성을 예리하게 관찰한 후, 자신의 종교의식을 추관찰(追觀察)하고 나서 종교생활의 '전체 역사적인 복합'(geschichtliche Gesamtkomplex)의 특별히 종교적인 동기를 순수하게 추출해 내야 하는 것이다.[2] 이런 종교심리학적인 방법은 위의 세 가지 방법들의 진리 계기로 통합됨으로써 그것들의 편파성과 결점을 피하게 된다.

보버민에 의하면 신학적인 과제를 종교학적인 관점으로부터 고찰하게 되는 것은 바로 이런 종교심리학적 방법으로부터 직접적으로 불가피하게 발생한다. 이 방법론은 경험상에서 나타난 사실들 가운데서 '본래적이고도 특별히 종교적인 것'을 탐구하기 위해 종교생활의 외면적인 형태로부터 그것의 궁극적이고 심오한 동기들에 이르기까지 꿰뚫고 들어가서 다른 유형의 동기가 첨가됨으로써 성립한 모든 낯선 혼합물로부터 그것을 떼어 내어 그 순수하고도 특별하게 '종교적인 피규정성'(religionse Bestimmtheit)에서부터 그것을 이해하고자 한다.[3] 보버민은 슐라이어마허가 "종교는 결코 순수하게 나타나

---

[2] Ibid., p. 56.
[3] Ibid., pp. 7-8, 45.

지 않으며 이러한 모든 것(희랍인의 아름다운 문학에서부터 기독교인의 성서에 이르는 모든 종교의 원전들)은 종교에 부가시킨 '외래적인 부분들'(fremde Teile)에 불과하며 이런 것들로부터 종교를 해방시키는 것이야말로 우리의 할 일이어야 한다"고 말함으로써 종교심리학적인 방법을 따른다고 지적했다.[4]

더욱이 오토(Rudolf Otto)에 의하면 슐라이어마허는 다양한 역사적인 현상들 가운데서 '통일적인 관념상의 진수'(der einheitliche ideelle Kern)를 추구하지 못했지만, 최소한 그 진수를 명제들과 개념들의 가능한 한 간단한 총계 속에서 보았으며 그리고 시공을 통해 나뉘어지는 종교들 속에서 '하나의 근본적으로 통일된 원리'(ein im Grunde einheitliches Prinzip)의 발달이 발견된다는 새로운 종교학적 견해를 공감하고 있다.[5] 그러나 슐라이어마허가 일반적인 종교 개념이 가능하다고 믿었지만 그는 근본 신념, 소망, 관념 등에 대해 어디서나 동일한 것을 추구하지 않고 그가 채택한 모든 종교와 종교들 속에서 움직이고 또한 무수하게 상이한 형식과 발전 속에서 작용하는 인간 정신의 '어디서나 동일한 독특한 심적 기능'(ueberall gleiche eigentuemlich psychische Funktion)을 추구했다.[6] 그러나 슐라이어마허는 그 기능의 본질을 인식이나

---

4) Ibid., p. 57.
5) Friedrich Schleiermacher, *Reden Ueber die Religion* (1799), hrsg. von Rudolf Otto (Goettingen:Vandenhoeck & Ruprecht, 1967-이후부터는 *Reden*으로 표기하겠음), pp. 207-208(Otto의 후기). 맥킨토쉬에 의하면 슐라이어마허가 그의 심리학적인 탐구에다 역사적인 고찰을 추가시키긴 했지만, 그가 모든 현실적으로 존재하는 종교들이 하나의 '보다 높은 류의 하부종들'(subspecies of a higher genus)이어서, 개별적이거나 우연적인 형태들이 본질적인 질의 차이를 잘 보여준다고 생각하는 경향이 있기 때문에 그는 역사를 진지하기 취급할 준비가 되어 있지 않았음이 밝히 드러난다[H. R. Mackintosh, *Types of Modern Theology* (London: Niesbet and Co. Ltd., 1945), p. 45, 57]. 그러나 니버는 맥킨토쉬가 "역사와 역사적인 것에 대한 슐라이어마허의 강력한 몰두를 소홀히 함으로써 슐라이어마허를 주관주의(subjectivism)의 죄책을 범한 사람으로 나타나게 되었다"[Richard Niebuhr, *Schleiermacher on Christ and Religion*(New York: Charles Scribner's Sons, 1964), p. 76]고 말하면서 맥킨토쉬를 비판하고 있다. 맥킨토쉬에 의하면 '쓸모 없는 경험주의'(jammerliche Empirie)를 거부한 슐라이어마허는 외래적인 것에서 본질적인 것을 그리고 세속적인 것에서 성스러운 것을 구별하기를 원하면서 '분석-비판적이고 정신과학적인 방법'(analytisch-kritische geisteswissenschaftliche Method)을 사용했다고 한다[Martin Redeker, *Friedrich Schleiermacher* (Berlin: Walteer de Gruyter & Co., 1968), pp. 35-36].
6) Ibid., p. 208.

욕구-행위 그리고 그것들의 어디서나 통일적이고 등일한 양(量) 속에서도 발견하지 않고 인식과 행위와 병존해 있는 제3자 속에서 발견한다.

오토에 의하면 슐라이어마허에게는 종교학의 두 가지 방법론적인 원리가 결정적인데, 그것은 바로 '심리학적인 분석'(psychologische Analyse)과 '역사적인 귀납'(historische Induktion)이다.[7] 브란트(R. Brandt)에 의하면 슐라이어마허의 종교 이해는 부분적으로는 심리학적인 분석과 가정에 의존하고 부분적으로는 종교사가 제시하는 자료들과 분류들에 의존한다.[8] 이런 방법은 종교를 포함한 모든 거대한 정신현상들이 인간 정신의 근원적이고 본질적인 충동들(Tribe)과 분투들(Strebungen)에 근거하고 있다는 그의 다음 주장에서도 보여진다.

> 인간 정신의 모든 창조물은 두 가지 관점으로 조사하고 이해할 수 있다. 당신은 그것을 그것의 중심점(Mittelpunkt)과 '내적인 본질'(innner Wesen)로부터 바라볼 수 있다. 그러면 당신은 인간의 필연적인 행동방식들이나 충돌들에 근거한 인간성의 소산으로서 그것을 볼 수 있다…아니면 당신은 그것이 여러 시대와 장소에서 획득한 특정한 형태와 관련해서 그것을 '외부로부터'(von aussen) 관찰할 수 있다. 그때 우리는 그것을 시대와 역사의 산물이라고 말할 수 있다.[9]

그리하여 바이서(F. Beisser)는 슐라이어마허의 『종교론』에서는 본질(Wesen)과 현상(Erscheinung)의 대립과 '사변적-경험적'(spekulativ-empirisch)이라는 개념쌍(Begriffspaar)이 나타난다고 말했다.[10] 모든 것에서 근본적인 본질 자체는 현상화되어 나타나지 않지만, 오직 그것으로부터 다양한 현

---

7) *Reden*, p. 209(Otto의 후기).
8) Richard Brandt, *The Philosophy of Schleiermacher* (New York: Harper & Brothers Publishers, 1941), p. 81.
9) *Reden*, p. 31(p. 22. 괄호 속의 숫자는 『종교론』 초판의 지면을 가리킴).
10) Friedrich Beisser, *Schleiermachers Lehre von Gott* (Goettingen Vandenhoeck & Ruprecht, 1970), p.13.

상들이 연관되어 있고 그리고 현상들 속에 있는 '구체적인 각인'(konkrete Auspraegung)은 우연적인 실재로서 그 본질로부터 연역해낼 수 없다. 따라서 사변적인 것은 본질에 주목하는 반면에 경험적인 연구는 각각의 개별적인 것을 파악하게 된다. 물론 본질과 현상은 결코 서로 내부에 용해되거나 서로로부터 도출되지 않는다. 그것들은 항상 상호 관련되어야 하며, 이런 '대립적 관련'(gegenseitige Beziehung) 속에서만 이해될 수 있다.[11]

바이서에 의하면 이런 본질과 현상 그리고 경험과 사변의 도식을 종교에 적용시키면 두 가지 측면이 반드시 상호 관련되어야 한다.[12] 첫째로 종교가 현실성 속에서 특정 종교들의 형식으로만 존재하기 때문에, 종교본질의 인식은 개별적인 것에서부터 증명되어야 한다고 주장한다. 슐라이어마허는 항상 『종교론』에서 '주어진 정황'(gegebenes Thatbestand)을 탐구했다. 즉 종교가 무엇인지를 경험하기 위해서는 종교인(특히 나)이 종교적인 한에서 자신을 관찰해야 하며, 인간 존재의 내면을 향한 어려운 길을 겁내지 말고[13] 또 외관상 '미형성된 요소들'(ungebildete Elemmenten)을 찾아야 하며,[14] 신의 영감을 받은 인간들의 모든 언사들(Aeusserung)과 고상한 행동들(Thaten) 속에서 발견되는 암시들과 접근들에 주목해야 한다는 것이다.[15]

둘째로 바이사에 의하면 다수의 구체적 종교들은 종교본질의 표현이기 때문에 진리의 담지자들이며, 인간적인 것에 영원히 관여한다. 이것은 상

---

11) 이런 의미에서 슐라이어마허는 타원형(Ellipse)의 비유를 사용한다. 이 비유에서는 두 개의 중심점이 있으며, 그 중심점들의 '합동유희'(Zusammenspiel)로부터 곡선이 생기게 된다. 바로 두 가지 출발점에 대한 관련이 사유를 움직이며 따라서 사유는 고요해질 수 없다. 슐라이어마허 사유의 끊임없는 진동도 바로 이런 '이중 극성'(Doppelpoligkeit)과 연관이 있다. 그러나 이 양극은 '대자적으로 존재하는 두 가지 소여성들'(zwei fuer sich bestehende Gegebenheiten)을 형성하지는 않는다. 그것들은 오히려 원래는 하나의 중심점(Mittelpunkt)을 나타낸다. 타원형은 '하나의 불완전한 원형'(ein unvollkommene Kreis)이다(Beisser, ibid., pp. 13-14).

12) Beisser, ibid., pp. 15-16; Eugen Huber, *Die Entwicklung des Religions-begriffs bei Schleiermanher* (Leipzig: Neudruck der Ausagabe, 1901), pp. 14-15.

13) *Reden*, p. 30 (p.20).

14) *Reden*, p. 34 (p.27).

15) *Reden*, p. 36 (p.30).

이한 역사 종교들의 확실한 병존을 위한 여지를 남긴다. 따라서 우리는 오직 '하나의 종교'(eine Religion)만 존재했으면 하는 헛된 바람을 포기하고 종교의 복수성(Mehrheit)에 대한 혐오를 거두어 들여서, 이미 인류의 변화하는 형태들 속에서 그리고 또한 여기 인류의 '전진해 가는 진행'(fortschreitender Lauf) 속에서 영원하고 풍부한 우주의 태(Schoss)에서부터 발전된 모든 것에로 가능한 한 주저말고 접근해야 한다.[16] 여기서 역사는 결정적인 기준이 되며, 그것의 본래적 기능은 지금 통용되고 있는 진리를 '현재화시켜 펴는 것'(gegenwaertiges Entbergen)이다. 따라서 슐라이어마허는 약간의 종교 실례를 관찰하고 그의 특별한 이념에 따라 그 소재를 정돈하고 편집했다. 이로써 선험적인(apriori) 방법과 후천적인(aposteriori) 방법 그리고 사변적인 방법과 경험적인 방법이 결합된 현상학적인 방법이 그에게 적용된 것이라고 할 수 있다.

이런 점에서 『신앙론』은 특히 현상학적인 태도와 방법을 취한 현상학자로서의 슐라이어마허의 작품이다. 기독교의 본질과 신 교리에 대한 여기서의 그의 분석은 '행동-객체(act-object)라는 상관성의 도식을 사용한다.[17] 기독교의 본질에 대한 그의 설명은 그 본질이 그 밖의 무엇과 관련되었든 의식이나 구속에 대한 일종의 의도적인 분석으로 이루어진다. 더욱이 슐라이어마허가 제시하는 세 가지 형식의 명제들(즉 인간적인 심정 상태들에 대한 서술들, 신적인 고유성들과 행위방식들에 대한 개념들, 세계의 실상에 대한 진술들)은 '현상학적 환원'(phenomenological reduction)과 유사한 기능에 봉사한다.[18] 특히 첫 번째 형식이 근본적으로 교의적인 형식이라는 그의 주장은 연구에 편견을 갖게 하고 왜곡시키는 것으로부터 예상되는 이론적인 도식을 명백하게 배제하려고 하는 것이다. 훗셀(E. Husserl)처럼 슐라이어마허도 추상적인 이론에 선행하고 독립되어 있는 것들 자체를 추구한다. 슐라이어마허는 다음과 같이 말한다.

---

16) Reden, p. 166 (p.242).
17) Robert R. Williams, *Schleiermacher The Theologian* (Philadelphia: Fortress Press, 1978), p. 6.
18) Ibid.

우리가 이러한 세 가지 가능한 형식들을 서로 비교한다면 이러한 내용의 인간적인 심정 상태들(Gumuetszustaende, 구속에 의해 한정된 절대의존과 신과의 상관성)에 대한 서술이 내적 경험의 영역에서만 끌어낼 수 있으며, 따라서 이런 형식 아래서는 어떤 낯선 것도 기독교 신앙론 속에 끼어들 수 없음은 분명한 사실이다. 대조적으로 '세계의 실상들'(Beschaffenheiten der Welt)에 관한 진술은 자연과학에 속할 지도 모르며 또한 '신적인 행위방식들'(goettliche Handlungsweise)에 대한 개념들은 순수 형이상학적일지도 모른다. 나머지 두 가지 형식의 개념 모두가 과학(Wissenschaft)을 토대로 산출되며, 따라서 그것들은 그런 내적인 경험이나 '보다 높은 자의식의 사실'(Tatsache des hoeheren Selbstbewusstseins)로부터 독립해 있다.[19]

첫 번째 형식의 명제는 기독교적인 종교경험에 관한 서술인데, 그 서술은 그러한 경험의 의미에 대한 이론적이고 형이상학적인 해석에 선행한다. 그런 현상학적인 서술은 종교경험의 객체에 대한 어떤 독특한 형이상학적이고 이론적인 설명과 재구성에도 선행적이며 중립적이다. 형이상학적인 설명과 명료화의 이러한 계기는 인류학과 우주론과 철학적 신학 같은 이론적이고 사변적인 분야의 작업에 우선한다. 이론적이고 사변적인 분야는 이론적인 구성과 추상적인 이상화 그리고 산 경험을 초월하는 개념들을 이용한다. 따라서 이것들은 산 경험과 독립해 있다. 이론적인 분야에 공통적인 것은 객체화하는 언어인데, 그것은 시공 속에서 사건들을 설명하고 묘사하기 위해 근본적으로 사용되고 있다.

특히 종교의식이 그런 언어에서 출발할 때, 의식과 그 객체들이 마치 외적이고 현세적이고 시공적인 실체들인 것처럼 묘사되기 때문에 왜곡이 생긴다. 이것이 바로 훗셀의 소위 '의식의 자연화'(naturalization of consciousness)나 '자연주의적인 곡해'(naturalistic misconstruction)인 것이다.[20] 그러나 자연화

---

19) Schleiermacher, *Der Christliche Glaube*, 2 Vols., hrsg. von Martin Redeker (Berlin: Walter de Gruyter & Co., 1960 - 이후부터 *Gl*(『신앙론』제2판)로 표시하겠음), Vol. I, §30, 2.
20) Williams, op. cit. pp 8-9.

는 일상경험의 소박한 선입관에 뿌리박고 있으며, 또 자연적인 입장은 과학에 의해 더욱 세련되게 확립된다. 자신의 신학을 반성의 첫 번째 형식에 근거시키려고 시도하는 슐라이어마허의 논점은 신학에서의 그런 왜곡되고 객체화하는 선입견을 교정하려는 것이다. 그런 선입견은 독창적인 종교경험에 대한 객체화하는 사변적인 사상의 침해를 나타낸다. 전통적인 철학과 신학은 인간과 신을 객체화했으며, 신과 인간 존재 그리고 구속에 대한 그릇된 설명을 낳았던 것이다.

그러나 슐라이어마허의 『신앙론』이 전통적인 신학에 대한 반환원적이고 반형식주의적인 수정을 뜻하려고 하는 한에서, 그것은 반형이상학적인 신학이 아니며 형이상학 자체의 대대적인 거부를 포함하는 것도 아니다. 오히려 기독교적인 종교의식은 형이상학적인 전제조건과 함축을 지니고 있고 형이상학적인 분석과 개념적인 공식화를 필요로 하고 있다. 비록 조직신학이 경험에 입각한다고 하더라도 그것은 본질적으로 지적이고 반성적인 계획으로 남아 있으며 관념과 형이상학적인 언어 없이 존재할 수 없다. 이것은 신학의 방법론적인 과업을 구성하는데, 그 과업은 형이상학적인 개념들과 언어를 배제하는 것이 아니라 그것들을 제어할 뿐이다. 과학적이고 이론적인 언어의 독특성은 만약 그것이 특별히 형식적이고 보편적인 용어로 해석하고 따라서 경험을 능가하는 것이라면, 그와 같은 형식적이고 추상적인 언어에 대한 신학적인 제어는 최초의 근본 형식으로부터 신학적인 명제(즉 두 번째와 세 번째 형식의 명백히 이론적인 명제)를 끌어냄으로써 발휘될 것이다. 슐라이어마허는 다음과 같이 말한다.

> 따라서 이런 두 가지 형식들과 그리고 또한 일반적으로 인류학적인 내용에 의한 모든 명제들이 첫 번째 말해진 형식에 속하는데, 그렇게 파악된 모든 명제들이 진정으로 교의학적이라는 어떤 확실성도 '즉자적대자로'(an und fuer sich) 보증되지는 않는다. 그 때문에 우리는 인간 상태에 대한 서술의 '교의학적인 근본 형식'(dogmatischer Grundform)에 대해 설명해야 한다.

반면에 두 번째와 세 번째 형식의 명제는 그것들이 첫 번째 형식의 명제로부터 발전될 수 있는 범위 내에서만 인정될 수 있다. 왜냐하면 오직 이런 조건 아래서만 그것들은 '경건한 심정 흥분들의 표현들'(Ausdruecke frommer Gemuetserregungen)로 간주될 수 있기 때문이다.[21]

위와 같은 것은 '상관성의 방법'에 대한 슐라이어마허의 소견이다. 기독교적인 종교경험은 그것을 표현하고 분명히 하기 위해 사용되던 추상적인 개념들에 의해 명료하게 되기도 하고 또한 그 개념들을 수정하기도 한다. 객체화하는 이론적인 담화가 그 신학적인 정당화를 받아들이는 것은 오직 그와 같은 상관성과 수정을 통해서인 것이다. 그와 같은 모든 언어는 헌신적인 종교경험의 독특한 내용을 나타내기 위해 수정되고 해석되어야 한다. 요컨대 그것은 종교경험으로부터 유래되고 또 그것을 추적할 수 있어야 한다. 슐라이어마허는 두 번째와 세 번째 형식의 명제를 현실적인 종교경험 자체에 대한 현상학적인 서술인 첫 번째 형식보다 더 추상적인 것으로 생각한다.

이런 이유 때문에 두 번째와 세 번째 형식의 명제는 첫 번째 형식보다 덜 직접적으로 기독교인의 신앙-확실성(faith-certainty)을 표현하고 있으며, 따라서 파생적이고 개념적으로 중재되었으며 심지어는 없어도 좋은 것이다.[22] 이처럼 슐라이어마허의 입장은 종교경험이 이미 신학적으로 구성되어 있다는 것이므로, 신은 첫 번째 형식의 명제 속에서 현상학적으로 설명되기 위해 주어진 일부분인 것이다. 슐라이어마허는 이런 사실을 다음과 같이 명백히 하고 있다.

첫 번째 형식에 따르면 매우 특정한 자의식에 대한 서술은 '세계와의 신의 관계'(Verhaeltniss Gottes zur Welt)에 대한 진술을 포함하게 되며, 두 번째 형식에 따르면 세계에 일반적으로 관련되는 '신의 고유성들'(Eigenschaften

---

21) Gl^e, § 30.
22) Williams, op. cit., p. 10.

Gottes)에 대한 진술을 포함하게 되고, 세 번째 형식에 따르면 '신에의 의존성'(Abhaengigkeit von Gott)을 통해 세계 속에 정립되는 실상들에 대한 진술을 포함되게 된다.[23]

이리하여 현상학적인 신학의 과제는 신과 세계의 현실적인 상관성을 종교의식 속에 직접적으로 주어진 것으로 기술하는 일이다. 이것은 신학 교의를 사변적인 자연신학으로부터 구별하고 있다. 왜냐하면 그러한 자연신학은 개념화에 고유한 보편화하고 있는 형식주의로 인해서, 보편적인 용어 속에서 추상적으로 상상된 신의 존재와 구체적으로 경험된 신의 행동 간의 추상적인 분열을 포함하고 있기 때문이다.[24] 슐라이어마허가 피하려고 결심하고 또 극복하려고 애쓴 신학상의 그의 악영향은 정확히 이런 추상적인 형식주의와 분열인 것이다. 그는 객체화하고 있는 것으로서 두 번째와 세 번째 형식의 명제들에서는 신과 세계만을 고찰할 것이 포함된다고 지적하고 있다. 그와 같이 분리된 고찰은 개념화를 위해 필연적이다. 그러나 그것은 종교의식 속에 주어진 신과 세계 간의 현실적인 상관성에서 나온 추상인 것이다.

그런데 종교의식을 구성하고 있는 신과 세계 간의 일반적인 상관성에 대한 『신앙론』 전반부에서의 슐라이어마허의 설명은 '신학적-인류학적인 주관적 직관학'(theological-anthropoligical eidetics)이며, 절대의존에 대한 그의 설명은 구속에 의해 한정된 역사적으로 결정된 기독교인 의식에서 추출되며 종교의식의 '국지적인 존재론'(regional ontology)을 밝히고 있다.[25] 이것은 종교적인 선험성에 대한 그의 소견이다. 그러나 종교의식의 가능성의 선험적인 전제조건인 바 신과 인간과 세계의 국지적인 존재론은 막연하며 추상적이다. 그것은 한편으로는 '죄의식', 다른 한편으로는 '은총이나 구속의 의식' 속에서의 구체적인 현실화로부터 추상화된다. 이와 같이 슐라이어마허는

---

23) *Gl*², § 42 Leitsats.
24) Williams, op. cit., p. 10.
25) Ibid., p. 11.

『신앙론』 전반부에서는 특히 그의 신 교리에서 순수한 서술의 불확정한 결과에 주의를 환기시키는 반면에, 그 후반부에서는 단순히 순수한 서술에서 추론할 수 없는 죄와 은총 속에서 새로운 연구를 개발하면서 사실적이고 시간적인 한정성의 조건들(brackets)을 제거한다.[26] 즉 인간은 근본적으로 자유롭지만 구체적으로는 죄의 굴레 속에 있거나 구속을 통해 그런 굴레로부터 해방된다는 것이다. 죄와 은총은 신과 인간과 세계의 국지적인 존재론을 전제하면서 그것을 다른 방식으로 수정하고 있는 것이다.

그리고 여기에는 주관적 직관학적인 분석과 실존적인 분석이라는 두 단계를 통합하고 주재하는 실증성의 원리가 있다. 즉 구체적인 것은 추상적인 것에서 유래하지 않는다는 것이다. 오히려 구체적이고 현실적인 것은 항상 단순히 추상적인 것 이상이다. 슐라이어마허가 모든 경건한 공동체 속에 동일한 내용이 있지만 각 공동체 속에서 다른 방식으로 존재하게 된다고 말할 때,[27] 그는 이런 실증성의 원리를 받아들이고 있는 것이다. 이와 관련해서 그는 다음과 같이 말하고 있다.

> '공동체적인 경건'(gemeinschaftliche Froemmigkeit)의 모든 개별 형태들은 외적으로는 하나의 특정한 시작으로부터 출발하는 '역사적으로 항존적인 것'(Geschichtlichstetiges)으로 보여지는 형태이며, 내적으로는 동일한 종류와 단계화의 모든 형성된 신앙방식들 속에서도 나타나는 모든 것의 '독특한 변경'(eigentuemliche Abaenderung)으로 보여지는 형태이다. 그리고 그 양자를 함께 볼 때 각각의 형태의 '독특한 본질'(eigentuemliches Wesen)이 간파된다.[28]

이리하여 필자는 슐라이어마허의 현상학적인 방법을 따라 『종교론』과 『신앙론』에 나타난 종교의 본질을 기초로 그의 종교사 해석을 살펴볼 것이다.

---

26) Ibid., p. 12.
27) Gl^e, § 10, 2.
28) Gl^e, § 10 Leitsatz.

2. 종교와 종교사

1) 종교의 본질

개신교 신학의 요람으로서의 슐라이어마허 신학의 본질은 종교개혁 이래로 점차 상실되어 간 종교의 자존성(Selbstaendigkeit)을 소생시키려는 데 있었다. 이러한 새로운 작업을 위해서 슐라이어마허는 종교개혁, 정통주의, 계몽주의, 경건주의, 낭만주의 등을 통하여 종교적으로 이루어진 모든 작업을 체계적으로 설정하고 파악해야만 하였다.[29] 특히 초기의 슐라이어마허는 경건주의와 낭만주의 사조의 중심주제인 영성과 내면성을 받아들이면서, 바로 이것들이 신(혹은 우주)과의 직관적인 관계를 근거지을 수 있다고 보았다. 이와 더불어 슐라이어마허는 종교를 정통주의의 객관적이고 초자연적인 교리 해석과 계몽주의의 형이상학과 도덕으로부터 독립시키려는 목적을 품게 되었다. 우리는 슐라이어마허의 『종교론』과 『신앙론』 각각을 통해서 종교본질의 이러한 특징을 살펴보기로 하겠다.

---

29) 종교개혁이 신의 계시로서의 성서의 권위를 인정하는 '복음으로만'을 근본 강령으로 삼은 이래 '계시와 이성 혹은 자연' 그리고 '교회와 문화' 사이의 내적 관계에 대한 물음은 개신교 역사의 발전과정에서 최고의 자리를 차지하게끔 되었다. 17세기의 구(舊)정통주의는 초자연적인 이원론적 세계관을 권위와 성서영감에 비추어서 철저하게 기초짓는 것을 필연적인 일로 생각하였던 반해, 그 이후에 탄생한 계몽주의 신학은 자율적이고 초자연적인 영역을 완전히 제거해 버림으로써 무엇보다도 피안적이고 도덕적인 영역(이신론)만을 근본으로 하였다. 다른 한편으로 이러한 계몽주의에 대한 역작용으로 시작된 경건주의 운동(17-18세기)은 영혼의 내적 수행을 주요 관심사로 삼았는데, 여기서 이 운동은 그 자체 속에 또 다시 정통주의적인 성서권위라는 계기를 품고 있었다. 이러한 교회내적인 발전과정들과 나란히 교회외적인 낭만주의(18-19세기)가 등장하는데, 이는 유한 속에서의 무한의 직관(곧 우주의 직관)을 그 본질로 삼고 있다. 슐라이어마허는 여기서 한 개인의 실증적이고 역사적인 본질적 특징을 볼 수 있었다(Jung Bae Lee, *Strukturen und Probleme des Neukonfuzianismus und des Neuprotantismus im Blick auf die Indigenisation des Christentums in Korea* (Basel: Inauguraldissertation Zur Erlangung der Wuerde eines Doktors der Theologie vorgelegt der theologischen Fakultaet Basel, 1986), pp. 57-58).

a. 우주의 직관과 감정

슐라이어마허의 『종교론』(1799)은 그 부제가 가리키듯이 '종교를 경멸하는 교양있는 자들에게 행한 강연'(Reden an die Gebildeten unter ihren Veraechtern)으로서, 그것은 문체상 설교도 개념적인 철학논문이나 전형적인 신학교의가 아니라 낭만주의의 시대정신 속에서 쓰여진 전형적인 문학작품이다. 슐라이어마허는 종교가 심정 속에서 가장 먼저 발생하는 '가장 내면적인 깊이'(innerste Tiefe)를 파헤치면서 종교의 독립성, 근원성, 불변성을 입증하려는 의도에서 종교를 '과학적인 사유'(wissenschafliche Denken)나 '도덕행위'(sittliches Handeln)와 대조시켰다.[30] 비록 이 세 가지가 동일한 대상, 즉 '우주 그리고 그것과의 인간의 관계'(das Universum und das Verhaeltnis des Menschen zu ihm)를 갖고 있다고 하지만,[31] 종교는 형이상학처럼 세계에 대한 이론적인 이해와 설명일 필요도 없고 도덕처럼 세계로부터 행위의 법칙과 목적을 연역해낼 필요도 없다.[32] 그러나 동일한 소재를 갖고 있기 때문에 형이상학과 도덕은 대량으로 종교 속에 스며들게 되었고 그 결과 종교에 속한 많은 것이 부적절한 형태로 형이상학이나 도덕 속에 숨어 버렸다.[33] 슐라이어마허는 이러한 혼합을 다음과 같이 묘사했다.

> 여러분은 선(das Gut)의 이념을 취하여 그것을 '하나의 무제한적이고 무결핍적인 존재'(ein unbeschraenktes und unbeduerftiges Wesen)의 자연법으로서

---

30) Martin Redeker, *Friedrich Schleiermacher* (Berlin: Walter de Gruyter & Co., 1968), p. 53.
31) *Reden*, p. 43(p. 41) 『종교론』에서 우주는 세계, '하나이면서 전체'(das Eine und Genze). 영원한 세계, 세계와 정신, '유한자 속에서 표현된 무한자'(das Unendliche im Endlichen sich darstellend), '천상적인 것'(das Himmlische), '영원하고 성스러운 운명'(das ewige und heilige Schicksal), '고귀한 세계 정신'(hoher Weltgeist), 영원한 오성, 우주의 정신, 우주의 신적인 삶과 행위, '영원한 섭리'(ewiger Vorsehung), '살아 있는 신성'(lebendige Gottheit) 등으로 나타난다〔*Reden*, p. 210(Otto의 후기)〕. 그런데 이 여러 개념들을 하나의 공통분모로 환원하는 것은 어려운 일이다. 그럼에도 불구하고 우주는 경험적으로 동일시할 수 있거나 시공적으로 지각할 수 있는 세계일 수 없으며 오히려 현세적-인간적 사건의 다양성과 대조되는 통일성(Einheit)과 전체성(Ganzheit)을 의미한다(Redeker, op. cit., p. 55).
32) *Reden*, p. 44(Otto의 註).
33) *Reden*, p. 43(p. 41).

의 형이상학 속으로 도입하고 그리고 '하나의 원존재'(ein Urwesen)의 이념을 형이상학으로부터 취해 그것을 도덕 속으로 받아들인다. 그러므로 이 위대한 작품이 익명으로 남는 것이 아니라, 너무나 위대한 법전(Kodex) 앞에 '입법자의 상'(Bild des Gesetzgebers)이 새겨질 수 있는 것이다…여러분은 최고 존재나 세계에 대한 의견(Meinung)과 인간적인 삶에 대한 경령들(Geboten)의 혼합물을 종교라고 부르며 그리고 그러한 의견을 추구하는 본능 및 이런 명령의 고유한 최후의 재가(Sanktion)인 어렴풋한 예감들(Ahndungen)을 종교성(Religiositaet)이라 부른다.[34]

그러나 종교는 단순한 편집(Kompilation)이나 '초학자용 선집'(Chrestomathie)이 아니라 '고유한 근원과 고유한 힘을 지닌 하나의 개체'(ein Individuum eigenen Ursprungs und eigener Kraft)이다.[35] 이 개체의 모든 요소들이 비록 형이상학과 도덕에 속한다고 하더라도, 양자에게 통일성을 부여하는 힘은 여전히 그 요소들보다 높은 어떤 것으로 존속하게 된다. 비록 희랍인의 아름다운 시가들에서부터 기독교인의 성서에 이르는 종교생활의 모든 원전들(Urkunden) 속에서, 형이상학적인 요소와 도덕적인 요소가 등장하고 있지만 그것들이 다 종교인 것은 아니다.[36] 따라서 종교는 그 자신의 재산을 점유하기 위해서는 형이상학이나 도덕에 속하는 것에 대한 모든 요구를 단념하고 종교에게 떠맡겨진 모든 것을 반환해야 한다.[37]

이제 우리는 슐라이어마허를 따라 종교가 형이상학과 도덕과 병존해 있는 인간 정신의 '본질적이고 필수불가결의 제3자'(das wesentliche und unentbehrliche Dritte)임을 밝히고자 한다.[38] 첫째로 슐라이어마허는 종교가 형이상학이 아니라고 주장한다. 형이상학이란 우주를 분류하여 이런저런 본질로 나누고 현존하는 것의 근거들로 다가가며, 현실적인 것의 필연성을

---

34) *Reden*, p. 44-45(p. 43-44).
35) *Reden*, p. 45(p. 44)
36) *Reden*, p. 47(pp. 47-48).
37) *Reden*, p. 49(p. 50)
38) *Reden*, p. 50(p. 52)

연역해 내고, 자기 자신으로부터 세계의 실재성(Realitaet)과 그 법칙들을 뽑아 낸다.[39] 슐라이어마허는 종교적이거나 비종교적인 사색가 모두 대체적으로 종교를 세계의 본질, 기능, 종말에 대한 지식 체계나 관찰모음집 또는 이론 체계로 간주하고 있다는 사실을 직시하였다. 그러나 형이상학으로서의 종교는 중대한 책임을 지고 있다. 적어도 협의의 의미에서 종교는 비경험적이어서 항상 순수 이성의 방해에 직면하여 자신을 보호하지 않으면 안 되는 것이다. 가장 최근의 시도에서 그것은 실패하였다. 더구나 진리 체계로서의 종교는 내적 일관성이 결여되어 있어서 종종 자기 모순적이었으며, 현대에 와서 그것은 그릇된 물리학, 그릇된 형이상학으로 입증되었다.

그러나 본질상 종교는 지식이 아니다. 개념 내용을 종교가 갖고는 있지만 그것의 사상 내용은 종교의 외적인 표현일 뿐이지 종교의 본질은 아닌 것이다. 종교를 안다는 것은 종교의 교의들이 나오는 보다 깊은 원천을 발견하는 것이다. 슐라이어마허는 이러한 형이상학에 반대해서 종교를 다음과 같이 정의하고 있다.

> 종교는 자연 속에서 그리고 '하나이면서 모든 것'(Eins und Alles)인 전체의 무한한 본성 속에서 그 전체 삶을 영위한다. 종교는 이 본성에 있어서는 모든 개별자와 인간이 어떤 가치를 갖는가 그리고 개별적인 형식들과 본질의 이런 영원한 비등(Gaerung)에 있어서 모든 것과 인간은 어디서 충동하고 머무를 수 있는가 하는 것을 '조용한 전념'(still Ergebenheit)으로써 개별자 속에서 직관하고 예감하려고 한다.[40]

둘째로 슐라이어마허는 종교를 도덕과 분리시키고 있다. 그에 의하면 도덕은 인간의 본성 및 우주와의 인간의 관계의 본성에서 의무들의 체계를 발전시키고 무제한적인 힘을 가지고 행위를 요구하고 금지한다.[41] 도덕의 이

---
39) *Reden*, p. 44(p. 42).
40) *Reden*, p. 50(p. 51).
41) *Reden*, p. 44(p. 43).

런 측면이 절대적으로 통용됨으로써 다른 모든 것은 여기에 동화되고 종속될 것이다. 즉 도덕은 자유의식으로부터 출발해서 자유의 왕국을 무한자에게로 확장하여 모든 것을 그 자유에 굴복시킬 것이다.[42] 더구나 그러한 법칙 윤리는 천편일률적으로 추상적인 것으로 남게 되며, 실천은 하나의 유일한 이상만을 앎으로써 그러한 이상을 모두에게 통용시키는 가련한 획일성(Einfoermigkeit)을 띄게 되었으며 따라서 인간을 참되게 교화하려는 일을 포기해야 했다. 결국 종교가 없으면 실천(Praxis)은 기괴하고 인습적인 형식의 평범한 영역을 더 이상 넘어서지 못한다.[43] 슐라이어마허는 이러한 도덕에 반대해서 종교를 다음과 같이 정의하고 있다.

> 종교는 자유(Freiheit) 그 자체가 이미 본성이 되어 버린 곳에서 호흡한다. 종교는 인간의 특수한 힘들(Kraefte)과 그의 인격성(Personalitaet)의 작용 저편에서 인간을 포착하고 인간이 바라든 바라지 않든 인간이 현재의 모습으로 존재해야만 하는 관점에서 인간을 바라본다.[44]

더구나 슐라이어마허는 도덕적인 결함의 근거를 종교에서 찾으면서 종교를 다음과 같이 정의하고 있다.

> 도덕은 자신의 법칙에 대한 외경(畏敬) 이외의 어떤 외경도 알지 못하며, 동정(Mitleid)과 사은(Dankbarkeit)에서 발생할 수 있는 것을 불순하고 이기적인 것으로 탄핵하며 겸손(Demut)을 경멸하고 그리고 참회(Reue)를 무익하게 쌓이는 잃어버린 시간으로 간주한다. 여러분의 가장 내면적인 감정 역시 이 모든 느낌들과 더불어 행위를 목표로 하지 않는다는 점에서 도덕에 찬성할 것이 틀림없다. 이들 느낌들은 여러분의 가장 내면적인 최고 삶의 기능들로서 스스로 나타났다가 자기 속에서 스스로 끝난다…도덕 속에서든 그 밖의 어디

---

42) *Reden*, p. 50(p. 51).
43) *Reden*, p. 51(p. 53).
44) *Reden*, p. 50(pp. 51-52).

에서든 비슷한 감정들을 발견했으면…종교에게 되돌려 주라. 이 보물은 종교에게만 속한 것이다. 이 보물의 소유자로서 종교는 도덕성이나 그 밖의 인간 행동의 대상이 되는 모든 것에 대해 하녀(Dienerin)가 아니라, 인류에게 필수불가결한 친구이며 유력한 조정자(Fuersprecherin)이며 중재자(Vermittlerin)이다.[45]

여기서 종교만이 인간에게 보편성을 부여한다는 사실이 설명될 수 있다. 인간의 모든 행위 작용은 한 특수자에게 방향을 맞추고 있지만 '우주에 대한 본능'(Instinkt fuer das Universum)으로서의 종교는 '전체의 직관'(Anschauung des Ganzes)을 통해 특수한 행동을 보충하고 또 그런 직관을 통해서 우리가 우리 행동성의 바깥 방향에 놓여 있는 것을 획득하게끔 한다.[46]

그런데 슐라이어마허에 의하면 '우주의 직관과 감정'(Anschauung und Gefuehl des Universum)으로서의 종교는 세 가지 특징을 갖고 있다. 첫째로 '개별적인 경우'(eizeln Vorgang) 속에서 우리로 하여금 우주의 행위를 포착할 수 있도록 하는 직관은 참으로 무한한 것이며 그 자체로서 완성되어진 것이며 또 자신 속에서 만족되는 것이기 때문에 심정(Gemuet)을 무제한적인 자유 속에 있게 한다는 것이다.[47] 이것은 슐라이어마허가 총체성(Totalitaet)의 이해에 도달했음을 의미한다. 감각은 전체적인 어떤 것에 대한 '분할되지 않은 인상'(ungeteilter Eindruck)을 획득하려고 하며[48] 또 그것 자체가 '제한되지 않은 보편성'(unbeschraenkte Universitaet)으로 돌진해 갈수록 그것은 더욱 더 뚜렷하게 세계를 전체로서 인식하게 된다.[49] 슐라이어마허는 다음과 같이 주장한다.

---

45) *Reden*, pp. 86-87(pp. 111-112).
46) *Reden*, p. 88(p. 114).
47) Wilhelm Dilthey, *Leben Schleiermachers*, hrsg, von Martin Redeker (Berlin: Walter de Gruyer & Co., 1870), p. 401.
48) *Reden*, p. 108(p. 149).
49) *Reden*, p. 132(pp. 186-187).

우주는 끊임없이 활동하고 있으며 각 순간마다 그 자신을 우리에게 계시하고 있다. 우주가 산출해 내는 모든 형식(Formel), 우주가 삶의 충만함에 따라 특별한 현 존재를 부여한 모든 존재(Wesen), 우주가 그의 풍부하고 언제나 다산적인 태로부터 쏟아내는 모든 소여성(Begebenheit)이 우주의 행위이다. 그리하여 모든 개체를 전체의 일부분으로 그리고 유한자를 무한자의 한 묘사로 받아들이는 것이 종교이다.[50]

둘째로 종교적인 직관은 항상 감정자극(Gefuehlserregung)과 연결되어 있지만, 직관이 우주의 본성을 진술해서는 안 되는 것처럼 감정자극도 행위하는 삶의 동인(Beweggrund)이 되어서는 안 된다는 것이다.[51] 즉 감정자극이 아무리 강압적일지라도 그것이 우리의 행위를 규정해서는 안 된다. 만약 격렬하고 격정적인 종교감정이 인간 행위를 지배하기에 이른다면 그것은 평온과 냉정을 잃게 된다. 그리고 그런 감정은 그 자신의 본성과 인간의 행동력(Tatkraft)을 마비시켜 인간을 '조용하고 몰아적인 향수'(stiller hingegebener Genuss)로 이끈다.[52] 그러므로 종교적인 감정들은 '성스러운 음악'(heilige Musik)처럼 인간의 모든 행동에 수반되어야 한다.[53]

이리하여 종교인은 모든 일을 '종교로부터'(aus Religion) 해서는 안 되고 '종교와 더불어'(mit Religion) 해야 한다.[54] 슐라이어마허에 의하면 인간의 숙달(virtuesitaet)은 삶의 선율(Melodie)에 불과하다. 삶에다 종교를 부가하지 않으면 단독음들(einzelne Toene)로 머무르는 데 지나지 않음으로 종교는 이 단

---

50) *Reden*, p. 53(p. 56).
51) Dilthey, op. cit., p. 402.
52) *Reden*, pp. 60-61(p. 69).
53) *Reden*, p. 60(p. 68). 오토는 이것을 다음과 같이 해석했다. "종교는 행위에 '동반되는 선율'(begleitende Melodie)로서 지극히 필수적으로 행위의 일부분을 이룬다. 왜냐하면 도덕이 이웃에 대한 엄격한 의무이행만 행할 때 '정이 있는 사랑'(affektvolle Liebe)을 부가하고 도덕이 '잘못에 대한 차가운 인식과 교정'(kalte Erkenntnis des Fehlers und Korrektur)을 알 때 종교는 참회를 부가하기 때문이다. 여기서 종교는 그 속에 도덕적인 계기가 씨실(Einschlag)을 그리고 고유하게 종교적인 계기가 날실(Aufzug)을 형성하는 '하나의 복합체'(ein Komplxum)로 된다"〔*Reden*, p. 225(Otto의 후기)〕.
54) *Reden*, p. 60(p. 69).

독음으로 하여금 전면적으로 종교로 돌리는 일 없는 모든 음조와 더불어 무한히 교차시켜, 결국 '단조로운 노래'(einfaches Gesang)를 바꾸어 '전음적인 훌륭한 화음'(vollstimmige und praechtige Harmonie)으로 만든다.[55]

셋째로 종교가 발생하는 경우 심정과 무한자와의 접촉은 우리에 대한 우주의 행위에 의해서 근원적으로 단순하다는 것이다.[56] 본질상 종교라고 할 수 있는 심정의 내적인 행위는 매우 단순하기 때문에 우리 자신 속에서 직관될 수 없다. 이런 단순한 경과 속에서 성립한 자료는 우리 영혼의 이중 기능과 일치하는데, 한 가지 기능은 이런 질료로부터 개별적인 우주의 직관을 형성하고 다른 기능은 이런 질료를 근원적인 충동과의 관련 속에서 놓으면서 그것으로부터 '무한자의 감정'(Gefuehlde Unendliche)을 발전시킨다. 슐라이어마허는 이런 종교 경험을 다음과 같이 '성적인 체험'(sexuell Erlebins)으로 비유하고 있다.

> 모든 감각적인 지각에서 나타나는 '최초의 비밀스런 순간'(erste geheimnisville Augenblick)은 직관과 감정이 분리되기 이전이며, 감각과 그 대상이 동시에 합류되고 하나가 될 때이며 양자가 근원적인 자리로 되돌아가기 이전이다… 그 순간은 첫 이슬처럼 덧없고 투명하다. 이것을 가지고 이슬이 다 자란 꽃들에 처녀의 키스처럼 수줍고 부드럽게 그리고 신부의 포옹처럼 성스럽고 풍요롭게 입김을 불어 준다. 나는 영원한 세계의 품에 안겨 있다. 내가 그것의 바로 모든 힘과 무한한 삶을 나 자신의 것처럼 느끼기 때문에 이 순가 나는 그것의 영혼(Seele)이며 그것의 근육과 사지로 나의 것처럼 들어가며, 또 그것의 내적인 신경이 나의 것처럼 나의 감각과 예감에 따라 움직이므로 이 순간 그것은 나의 육체(Leibe)이다. 가장 작은 진동 그것을 성스러운 포옹이 날려 보내며, 이제 비로소 직관이 고립된 형태로서 내 앞에 나타나며, 나는 그것을 측정하고 그것은 청년의 열려진 눈에 있는 떠나간 연인의 모습이 나

---

55) *Reden*, p. 89(p. 115).
56) Dilthey, op. cit., p. 403.

타나듯이 열려진 영혼 속에 나타나며, 그제서야 감정은 내면에서부터 솟아나서 그의 뺨 위에 수줍음과 쾌락의 홍조처럼 번져 나간다. 이 순간이 종교의 '최고 정화(hoechste Eluete)이다.[57]

그러나 이러한 순간에 대한 회상이 더 이상 지배하지 못하는 곳에서는, 종교의 직관과 감정은 단지 죽은 전설에 불과하다. 인간이 분해된 즙에서 심장의 피를 만들 수 없는 것처럼, 인간은 종교를 다시 개념과 감동으로부터 조립할 수 없는 것이다.[58] 더욱이 슐라이어마허는 우리가 형이상학과 도덕 외에 그의 종교를 가질 때 비로소 인간의 본성이 완성될 수 있다고 강조하고 있다.[59] 슐라이어마허는 다음과 같이 말한다.

> 양자(형이상학과 도덕)는 인간을 '전체 우주'(ganzes Universum)에 있어서의 모든 관련의 중심점, 그든 존재의 조건, 모든 생성의 원인으로 본다. 종교는 인간 속에서만큼 다른 모든 개별자와 유한자 속에도 있는 무한자(das Unendliche)와 그것의 복제(Abdruck)와 묘사(Daestellung)를 보려고 한다.[60] … 종교의 본질은 사유(Denken)도 행위(Handeln)도 아니라 '직관과 감정'(Anschauug und Gefuelhl)이다. 종교는 우주를 직관하고자 하며, 우주의 고유한 묘사와 행위 속에서 종교는 경건하게 우주에 귀를 기울이려고 한다. 종교는 '천진난만한 수동성'(kindliche Passivitaet) 속에서 우주의 직접적인 영향들에 의해 포착되고 충족되고자 한다.[61]

---

57) Reden, pp. 63-65(pp. 73-75).
58) Reden, p. 66(p. 77).
59) Reden, p. 50(p. 52).
60) Reden, p. 49(p. 51).
61) Reden, p. 49(p. 50). 오토에 의하면 우주는 존재와 사건의 전체성(Gesamtheit)으로서 세계, 자연, 인류, 역사 모두를 의미한다. 인간은 한편으로는 이 우주를 탐구하고 근원과 연관을 파악하는 것을 배워야 하고 다른 한편으로는 우주를 그 부분에 있어서 자신의 작용에 의해 계속 형성해야 한다. 그러나 그 외에도 제3의 것이 있다. 즉 우주를 순수하게 수동적으로 그것의 크기에 있어서 그리고 그것의 영원한 이상적인 내용과 본질에 따라서, 무한자 속에 있는 유한자의 현상으로서 그리고 시간적인 것 속에 있는 영원한 것의 현상으로서 체험하고 직관하고 느껴야 한다. 다른 둘 외에 이 제3의 것을 소유하지 못하는 사람은

따라서 '무한자에 대한 감각과 취향'(Sinn und Geschmack fuers Unendich)인 이러한 종교 없이 단독으로 과학(Wissenschalt)인 사변과 기술(Kunst)인 실천을 갖고자 하는 것은 뻔뻔스런 오만이며 신들에 대한 불손한 적대관계이다.[62] 오토의 말대로 지식과 도덕은 '영원성의 감정'(Ewigkeitsgefuehl), 외경(Ehrfurcht), 귀의(Andacht) 없이는 아무것도 아니며, 이리하여 종교는 다른 모든 정신적인 기능들의 근원으로서 참된 인간성을 완성시키며 또한 지식과 도덕 행위에게 그 참된 가치와 의의와 내용과 깊이를 제공해 준다.[63]

이런 점에서 슐라이어마허의 신비주의는 정신적인 신비주의라고 볼 수 있는데, 이것은 일반적인 신비주의와 유사하지만 상이한 두 가지 요소를 갖고 있다.[64] 첫 번째 요소는 외경(Ehrfurcht)이라는 동기인데, 이것은 경건의 요소로서 가장 근본적인 헌신이며 겸손 또한 내포하고 있다. 슐라이어마허는 이것을 『신앙론』에서는 절대의존감정으로 발전시킨다. 그리고 두 번째 요소는 우주의 직관과 감정이다. 여기서 우주는 통일성이며 전체성이요 절대적인 총체성으로서, 그것은 신비주의에서와는 달리 오직 경건한 직관을 통해서만 지각될 수 있으며 계시의 한정된 순간에만 파악될 수 있다.

인간 존재의 최선의 부분을 결여하는 것인데, 그 제3의 것은 종교이다(우주, 세계, 역사를 그렇게 체험할 수 있다고 할지라도 그것들은 내용 없는 기계적인 조직이어서 거기에서 아무것도 체험하거나 직관하거나 느낄 수 없는 그런 것들이 아니라 현실적으로 영원한 감각과 내용으로 가득 차 있고 유한자 속에 있는 무한자의 표현이라는 전제가 필요하다). 슐라이어마허와 그의 독자(칸트학파와 궤테학파로부터 나온 관념론자들)에 있어서 이 전제가 타당하다[Reden, p. 49(Otto의 註)].

62) Reden, pp. 50-51(pp. 52-53). 이에 대해 오토는 특히 도덕의 결함에 대해 다음과 같이 말하고 있다. "옛부터 신들은 자기들로부터 탈취한 인간 자신의 '무한성과 신과의 유사성의 감정'(Gerfuehl der Unendlichkeit und Gottaehnlichkeit)에 벌을 내렸다. 왜냐하면 다만 인간 정신의 (피히테적인) 자율적인 자기 지배만을 알 뿐이고 겸손하게 영원한 연관들 속에서의 인간의 종속성과 피결정성을 알지 못하는 도덕은 불손하게 일면적이며(인간을 도덕행위의 객체로서가 아니라 다만 주체로서만 보기 때문에 주요 사실, 즉 자아형성을 잇는다) 그리고 개체성이 다면성을 고려하지 못하고 불쌍한 전세계의 기계적인 방식을 통하여 개체성을 짓밟기 때문이다. 이것은 바로 도덕 속에 모든 개별자가 그 특수성과 함께 일부분을 이루는 바인, 무한한 존재에 대한 경외의 근본 감정이 결여되어 있기 때문이다"[Reden, p. 50(Otto의 주)].

63) Ibid., pp. 13-14(Otto의 서론).
64) Redeker, op. cit., pp. 62-63.

한 인간이 이들 우주의 직관 가운데서 어느 것을 취하느냐 하는 것은 우주에 대한 그의 감각에 의해서 결정되는데, 바로 그 감각이야말로 그의 종교성의 본래적인 척도인 것이다. 슐라이어마허에게 있어서 우주는 본질상 인격이 아니며, 결코 존재하고 있는 신도 아니다. 그리고 그가 그 직관 속에 신을 갖느냐 갖지 않느냐 하는 것은 그의 환상(Illusion)의 방향에 달려 있다. 종교에서 우주는 직관되고 우주는 인간에게 근원적으로 행위하는 것으로서의 위치를 차지한다. 여기서 우주는 세계의 밖이나 이전에 있지 않으며, 오직 세계와 함께 행위함으로써 항상 있게 된다. 우주라고 불리는 이러한 신은 세계의 신이며 그리고 세계의 존재는 모든 존재자의 총합이다. 따라서 세계가 없다면 우주도 있을 수 없다. 그러나 양자 사이에는 지양될 수 없는 차이점이 있다. 즉 우주는 존재자의 첨가물도 아니고 또 그것에 봉사하는 존재의 증여자도 아니라, 모든 존재자의 기초를 이루는 근거인 것이다.

b. 절대의존감정

우리는 이미 슐라이어마허가 『종교론』에서 종교는 형이상학이나 도덕과 달리 무한자 및 우주와의 직접적인 관계임을 살펴보았다. 그 후 그의 『변증법』(Dialektik)에서 이러한 직접적인 종교경험은 학문격-체계적으로 중요성을 띠게 된다. 변증법적 진행에 따라 감정은 더 이상 『종교론』에서의 무한자의 영향을 나타내는 것이 아니라, 자의식 속에서 선험적으로 주어진 절대적 통일성을 나타내며 신 개념도 그것과 함께 나타나게 된다. 『변증법』의 이러한 가정 이론은 보다 기독교의 본질에 접근하며 따라서 『신앙론』(1822-23)에 강한 영향을 미치게 된다. 슐라이어마허는 특히 『신앙론』 제2판(1830-31)에서 종교의 본질에 대해 '어떤 지식'(Wissen)도 행동(Tun)도 아닌 '감정이나 직접적인 자의식의 하나의 피규정성'(eine Bestimmtheit des Gefuehls oder des unmittelbaren Selbstbewusstseins)[65]이라는 새로운 공식을 제시한다.

여기서 우리는 종교에 대한 슐라이어마허의 초기 사상과 후기 사상 사이

---

65) Gl², § 3 Leitsatz.

의 일치점은 형이상학 및 도덕에 대한 종교의 경계설정에 있으며, 상이점은 종교라는 말이 경건이란 말로 대체되었으며 그리고 직관과 우주라는 말이 삭제되고 감정이란 말도 더 이상 직관에 대한 대립물이 아닌 채로 남아 있다는 사실에 있음을 알 수 있다.[66] 특히 슐라이어마허는 경건 자체를 완전히 자의식 속으로 받아들이려고 노력한 것처럼 보인다. 그래서 외적으로 우리에게 주어진 대상에 관련되는 직관이란 개념은 제거된다. 대부분의 슐라이어마허 해설자들은 그의 이러한 사상 변화가 두드러진 것이라는 점을 인정하지만, 그 변화가 지닌 의미와 중요성에 대해서는 달리 평가한다. 수스킨트(Hermann Suskind)와 렘프(O. Lempp) 등은 그것을 본질적인 역전으로 간주하는가 하면 후버(Eugen Huber), 푹스(Emil Fuchs), 바르트(Karl Barth), 부룬너(Emil Brunner) 등은 본래 관점의 단순한 수정 내지 강조점의 변화로 간주한다.[67]

　슐라이어마허에게 있어서 감정이란 무의식 상태 같은 둔감한 인간 이하적인 수고도 아니고 또한 인격을 잃어버리는 황홀경도 아니다. 즉 감정은 그 속에서 자아가 자기 자신과 더불어 완전한 최고점에 도달하여 있으므로 자의식인 것이다. 그러므로 우리는 이 감정은 '어떤 혼란된 것'(etwas Verworrenes)이나 '어떤 비작용적인 것'(etwas Unwirksames)으로 생각해서는 안 된다. 왜냐하면 그것은 우리들이 겪는 가장 생생한 순간들 중에서도 가

---

[66] 『종교론』 제2판(1806)에서는 『종교론』 초판에서의 직관과 우주라는 개념이 회피되었고, 『종교론』 제3판(1821)은 제2판보다 더욱더 회피한다. 특히 우주라는 말 대신에 세계, '세계 전체'(Weltall), 정신적인 세계, '전체의 통일성'(Einheit des Ganzen), 전체 역사, 발전과 감각, 무한자, 영원자, 지고자(das Hoechste), '신적인 것'(das Goettliche), 정신, 원천(Urquell), 근본 본질(Urwesen), 신성, 신 등이 나타난다. 또 직관이란 말은 요소들, 산물들(Erzeugnisse), '자신 속에 영접함'(In sich aufnehmen), 내면화함(Innewerden), 자극들(Regungen) 등으로 대체되며, 더 확실하게는 느낌(Empfindung), 흥분(Erregung), 감정(Gefuehl), 지각과 감정(Wahrenhmung und Gefuehl) 등으로 대체되고 있다. 한편 슐라이어마허는 직관의 대용에 의해 종교를 주체적인 영역으로 집어넣으려는 경향을 제2판보다 제3판에서 더 많이 보여준다. 그 증거로 그는 제3판에서 지각을 너무 객관적이라고 생각하여 자주 감정, 흥분, 사로잡힘(Ergiffensein) 등의 개념을 반복적으로 사용하고 있다(Huber, op. cit., p. 64).

[67] Mok Chang Gyun, *the Development of Schleiermacher's Doctrine of God* (New Jersey: Drew Univ. Ph. D. Dissertation, 1986), pp. 2-12.

장 강력한 것이며 직접적으로든 간접적으로든 '의지의 모든 언사들'(alle Willensaeusserungen)의 근처를 이루고 있기 때문이다.[68] 슐라이어마허가 말하는 감정은 삶을 성립시키는 바인 '내면에 머무름'(Insichbleiben)과 '밖으로 드러남'(Aussichheraustreten)의 통일성으로서의 주체 자신의 본질에 대한 의식이다.[69]

따라서 감정은 순수하게 반성된 자의식과 구별되는 근원적이고 직접적인 자의식인 것이다. 그것은 그 배후에 모든 사유(Denken)와 욕구(Wollen)가 물러나 있으면서도, 동일한 피규정성으로써 사유와 욕구와 일련의 상이한 행동들을 꿰뚫고 지속하고 있는 자의식인 것이다.[70] 슐라이어마허는 경건이 지식, 감정, 행위가 결합되어 있는 하나의 상황이라는 전제 아래, 이 세 가지 정신활동과 경건의 관계를 다음과 같이 나타낸다.

> 경건은 마땅히 지식(Wissen) 속에 존재해야 한다… (거기에는) 매우 상이한 정도의 경건이 그러한 지식의 동일한 완성과 함께 존재할 수 있고 그리고 매우 상이한 정도의 이러한 지식(교의학)이 똑같이 완전한 경건과 함께 존재할 수 있다…다른 한편으로 경건은 마땅히 행동(Tun) 속에서 존재하여야 한다…그에 따라서 하나의 행동은 자의식의 피규정성, 즉 감동(Affektion)과 충동(Antrieb)으로 이행되어진 감정이 경건한 것(윤리학)인 한에서 경건한 것으로 된다… (이리하여) 지식과 행동은 경건에 속하게 된다.[71]

그런데 슐라이어마허에 의하면 모든 자의식에는 두 가지 요소가 있다. 즉 '스스로 정립됨'(Sich selbstsetzen)과 '스스로 그렇게 정립되지 않았음'(Sich selbstnichtsogesetzthaben)이 그것이다.[72] 첫 번째 요소는 개별적인 것의 '대자적 존재'(Fuersichsein)이거나 '주체 자체의 존재'(Sein des Subjekts fuer sich)이

---

68) Gl², § 3, 5.
69) Gl², § 3, 3.
70) Gl², § 3, 2.
71) Gl², § 3, 4.
72) Gl², § 4, 1.

다.[73] 두 번째 요소는 '다른 어떤 것'(etwas anderes)과의 연관과 그것을 통한 규정을 의미한다. 자의식의 이 두 가지 요소는 감수성(Empfaenglichkeit)과 자아활동성(Selbsttaetigkeit), 달리 말하면 의존(Abhaengigkeit)과 자유(Freiheit)로 표현된다. 자의식은 다른 자의식과 상호 영향을 주고받는데, 다른 것에 대해 부분적으로는 자유롭고 부분적으로는 의존적이다. 이 다른 것이란 모든 유한자의 전체성으로서 우리는 이것을 세계(Welt)라고 명명한다. 이리하여 우리는 부분적으로는 이 유한한 세계에 의존하면서도 부분적으로는 그것으로부터 자유롭다. 슐라이어마허는 다음과 같이 말한다.

> 그러므로 우리의 자의식은 '세계 내에서의 우리 존재'(unseres Sein in der Welt)에 대한 의식이든 '세계와의 우리의 공존'(unseres Zusammensein mit der Welt)에 대한 의식이든, 그 속에서 자유감정과 의존감정이 양분되어 작용하는 일련의 과정인 것이다.[74]

더욱이 『신앙론』은 도덕적인 기초를 세웠다. 왜냐하면 행동의 동기가 '주체의 표출'(Aussichheraustreten)로서의 욕구라는 의미에서 경건 속에 내포되어 있기 때문이다.[75] 이리하여 감정은 매순간 행동을 목적으로 하고 있다. 따라서 이런 경건은 목적론적-도덕적인 것으로 나타나는데, 여기서 경건은 '피안적인 발전의 신앙'(dieseitige Entwicklungsglauben)과 연결된다.[76] 슐라이어마허에 의하면 이러한 목적론적 경건의 본질은 원인성(Ursaechlichkeit)과의 관련 속에서 고찰된다. 슐라이어마허는 다음과 같이 말한다. "경건의 자아동질적인 본질은…우리가 우리 자신을 절대의존적(schlechthinabhaengig)이라고 의식하거나 '신과의 관계 속에'(in Beziehung mit Gott) 있다고 의식하는 것이다."[77]

---

73) Ibid., Cf. Redeker, op. cit., p. 164.
74) Gl^2, § 4, 2.
75) Gl^2, § 59, 1.
76) Jung Bae Lee, op. cit., p. 80. Cf. Gl^2, § 3, § 4, § 32, § 59, § 74, § 80.
77) Gl^2, § 4 Leitsatz.

그러나 자의식이 세계와 관계를 맺고 있는 한에서, 우리는 절대의 존감정(schlechthinniges Abhaengigheitsgefuehl)과 절대자유감정(absolutes Freiheitsgefuehl) 모두를 찾아볼 수 없다. 슐라이어마허는 자연과의 우리의 관계 및 사회에서의 우리의 관계 속에서, 우리의 자유감정과 의존감정이 놀라운 평형상태를 유지하고 있는 무수한 대상물들을 발견하고 있다. 그는 다음과 같이 말한다.

> 의존감정은 '부모와 어린아이들의 관계'(Verhaeltnis der Kinder gegen die Eltern)나 '조국과 市民들의 관계'(Verhaeltnis der Buerger gegen das Vaterland)에서 주된 작용을 하게 된다. 그러나 개개인들은 그들의 관계를 잃지 않은 채 그들 조국에 대해 '수동적인 작용'(leitende Einwirkung)이나 반작용(Gegenwirkung)까지도 행사할 수 있다. 그리고 부모에 대한 어린아이들의 의존은 비록 그것이 얼마 안 가서 점차적으로 사라져 가고 소멸되어 가는 것으로 느껴지지만, 부모에게 향해진 자아활동성의 혼합이 처음부터 없는 것은 아니다. 마치 '가장 절대적인 군주국가'(absoluteste Alleingerrschaft)에서도 통치자는 약간의 의존감정을 갖고 있다는 것과 다찬가지이다. 그것은 자연의 측면 즉 천체(Weltkoerper)라고 불리울 수 있는 모든 자연력(Naturkraeft)에 대해서도 마찬가지이다. 우리들 자신은 그것들이 우리들에게 비록 미소한 것이라 할지라도 반작용을 행사하는 것이다.[78]

그러나 자유의 감정이 결국에는 완전히 사라지는 절대의존감정의 계기가 있다. 즉 "감수성의 '도처로부터의 직면'(ein Irgendwohergetroffensein)을 주로 진술하는 자의식의 모든 피규정성에서 공통적인 것은 우리가 자신을 의존적인 것으로 느낀다는 것, 즉 의존감정인 것이다."[79] 이와 같이 대립적인 상호작용을 넘어서서 우리 내부에 절대의존감정의 의식이 있다는 것은 의심

---

78) Gl², § 4, 2.
79) Ibid.

할 나위 없다. 이런 감정은 그것의 본질상 직접적이고 비대립적이다. 우리의 모든 일반적인 자아활동성에 있어서 그것이 지향하는 대상들은 이미 주어져 있는 반면에, 이 절대의존감정은 우리의 자아활동성이 다른 곳에서부터 주어지는 의식이다.[80]

이와 같이 직접적인 실존관계로서의 이런 감정은 우리의 일반적인 자의식 외부에 놓여 있는 총체적이고 감수성 있고 자아활동성을 수행하는 그러한 현존의 근원에 기인한다. 이때 이 타자(das Andere)는 주체의 산물로서나 자의식의 한 구성부분이라는 의미에서의 선험성(先驗性)으로서도 해석될 수 없다. 슐라이어마허가 절대의존성을 경건에 대한 모든 진술에 공통된 것으로 이해하는 것은, 확실히 이 감정이 당연히 모든 종교의 구성조건임을 말해준다. 그러나 그는 그것과 동시에 감정을 본질적으로 자의식의 구성근거가 되는 종교적 선험성으로 생각하고 있다. 우리의 감정은 의존적이지도 않고 신과 관련되어 있지도 않는데, 그것은 우리 자신이 절대의존적이며 신과 관련되어 있다는 것을 직접적으로 의식하고 있다. 다음의 인용문에서 우리는 감정과 신과의 관련을 아주 분명하게 인식할 수 있다.

> 우리의 명제에서 절대의존성(schlechthinnige Abhaengigkeit)과 '신과의 관련'(Beziehung mit Gott)이 동일하게 취급된다면 이것은 이 자의식에서 함께 정립된 우리의 수용적이고 자아활동적인 현존의 출처(Woher)가 신이라는 표현을 통해 나타나게 된다는 사실과 또한 이 출처는 우리에게 있어서는 신이라는 표현의 참된 근원적인 의미라는 사실로 잘 이해될 수 있다.[81]

여기서 신은 더 이상 『종교론』의 우주로 대치될 수 없다. 여기서 신은 단지 경건한 자의식이나 절대의존감정이라는 규정으로 표시된다. 이와 같이 신은 우리의 절대의존감정의 출처로서, 우리의 자의식 속에 함께 정

---

80) *Gl*², § 4, 3.
81) *Gl*², § 4, 4.

립된 것을 표시할 수 있는 관념이다. 이때 슐라이어마허는 '신의 의인성' (Personhaftigkeit Gottes)을 거부했는데, 왜냐하면 그는 그것이 본질상 대상적인 이념에 종속될 것이라고 믿기 때문이다.[82] 우리는 무엇보다도 이 출처라는 것이 시간적인 존재의 전체성이라는 의미에서의 세계가 아니며, 더구나 그 세계의 어떤 한 개별부분은 더더욱 아니라는 사실을 상기해야만 한다. 왜냐하면 비록 실제로는 그것이 제한된 것이기는 하지만 우리가 세계에 관련하여 갖고 있는 자유감정은, 한편으로는 세계의 보충적인 구성부분을 이루고 있기 때문이고 한편으로는 우리가 항상 세계의 개별부분에 대해 작용을 행사하고 있기 때문이다. 더욱이 우리가 세계의 모든 부분에 대해서 작용을 행사할 가능성도 있는데, 이것은 어떤 '제한된 의존감정'(begrenztes Abhaengigkeitsgefuehl)을 용인하기는 하지만 절대의존감정은 배척하고 있다.[83]

슐라이어마허는 절대의존과 '신에의 의존', 즉 '스스로 절대적으로 의존하고 있다고 느끼는 것'(Sichschlechthin-abhaengig-Fuehlen)과 '자기 스스로 신과 관련되고 있다고 의식하는 것'(sich-seiner-Selbst-als-in-Beziehung-mit Gott bewusstsein)을 동일시함으로써 인간을 신의 일부분으로 정립하는 파괴적인 범신론을 이미 배제한다.[84] 슐라이어마허는 모든 대조와 차별의 전체인 유한한 세계와는 대조적으로 절대적인 총체성인 신의 초월성을 견지하려고 노력했다. 즉 인간은 신에게 절대의존함으로써 모든 유한한 존재(심지어 세계)는 절대적으로 신에게 의존하고 있다는 것을 경험한다는 것이다. 그런데 절대의존감정 자체가 대상적인 것은 아니라고 할지라도, 그 감정의 출처가 신의 관념이나 교의라고 기술될 수 있는 근거에 대해 슐라이어마허는 다음과 같이 해명한다.

> 그 단어(절대의존감정)가 관념과 언제나 근원적으로 일치한다면 신이라는 표현은 하나의 관념을 전제한다. 따라서 바로 절대의존감정의 진술에 불과한

---

82) Lee Jung Bae, op. cit., p. 82.
83) Ibid.
84) Redeker, op. cit., p. 167.

이런 관념은 그 감정에 대한 '가장 직접적인 반성'(unmittelbarste Reflexion)이며 '가장 근원적인 관념'(urspruenglichste Voestellung)일 것이며…절대의존감정은 이 관념이 동시에 생성되어야 비로소 명확한 자의식이 되는 것이다. 인간뿐만 아니라 모든 유한한 존재까지도 특징 짓고 있는 절대의존과 더불어, 인간에게는 또한 신의식(Gottesbewusstsein)으로 되는 직접적인 자의식이 주어져 있다. 어떤 정도로든지 이것은 시간이 지남에 따라 인격의 과정 속에서 현실화되는데, 바로 그 정도에 따라 우리는 그 사람의 경건의 정도를 부여하게 된다.[85]

이리하여 절대의존성은 인간과 신 사이의 근본 관련이며 또한 인간에 대한 신의 근원적인 계시를 불러일으킴으로써 신의식과 자의식은 밀접하게 관련된다.

2) 개별종교들의 생성과 전개

종교성으로서의 종교가 『종교론』과 『신앙론』의 고유한 목표는 아니므로 이제 우리는 경험 속에서 마주칠 수 있는 종교형태들이 어떻게 평가될 수 있는지 그리고 어떻게 실증적인 종교들을 살아 있는 개별적 전체성으로 인식하며 또 어떻게 그것을 역사성 속에서 관찰할 수 있는지를 살펴보아야 한다. 슐라이어마허는 특히 『종교론』의 다섯 번째 강연에서 종교가 그 다원성 속에서 거의 도처에서 서로 만나고 있고 또한 분리 속에서도 불가분리적으로 결합되어 나타나고 있음을 지적하면서, 자신의 논증이 실증적인 방식으로 종교의 다원성을 필연적이고도 불가피한 것으로 전제하고 있음을 고백하고 있다.[86] 그에 의하면 이런 종교의 다원성 때문에 내적이고 참된 종교는 가능한 모든 종교를 포괄하는 하나의 공동체여야 한다. 왜냐하면 그

---

85) *Gl²*, § 4, 4.
86) *Reden*, p. 163(p. 238).

런 공동체 속에서간 우리는 낯선 종교 형태들을 직관할 수 있고 또 우리 자신에게 적합한 종교형태를 발견할 수 있게 되기 때문이다. 누구든지 외적이고 비본래적인 종교들과 하나가 됨으로써, 자신 속에 '잠자고 있는 맹아' (schlummernde Keim)와 동일한 형태의 종교를 찾아낼 수 있다.[87]

따라서 이런 종고현상을 단지 수적으로만 크기에 따라 상이한 부분들로만 생각할 수는 없으며 그리고 그것들을 결집하면 획일적이고 완성된 전체를 만들 수 있다고도 생각할 수 없다. 오히려 모든 인간 속에 있는 종교의 맹아가 개개인의 구체적인 성향에 기인하고 있으므로 종교의 부수성은 종교의 본질에 근거하고 있는 것이다. 인간은 유한하고 증교는 무한하기 때문에 종교를 완전히 소유할 수 있는 사람은 하나도 없다.[88] 따라서 종교 자체의 고유한 형태가 아닌 그것의 변화무상한 형태를 직관하는 것이 종교를 종교적으로 고찰하는 것이 된다. 슐라이어마허는 이와 관련해서 다음과 같이 말한다.

> 여러분은 종교에 대해 일반적으로 하나의 개념만을 지니려고 하지는 않을 것이다…더욱이 여러분은 종교를 그것의 현실성과 현상들 속에서 또한 이해하고 그리고 그것들 자체를 종교와 더불어 '세계정신의 무한히 전진해 나가는 작업'(ein ins Unendliche fortgehendes Work des Weltgeistes)으로서 직관하려고 할 것이다. 오직 하나의 종고만이 존재했으면 하는 헛된 바람을 포기하고 또 종교의 복수성에 대한 혐오를 거두어 들여서, 이미 인류의 변화무상한 형태들 속에서 그리고 또한 여기에서 인류의 전진해 가는 진행 동안에 영원하고 풍부한 태(Schoss)로부터 발전된 모든 것에 가능한 한 주저하지 말고 가까이

---

[87] *Reden*, p. 164(p. 239).
[88] *Reden*, p. 164(p. 240) 이런 이유에서 슐라이어마허는 『종교론』제2판 이후에서 다음과 같이 말한다. "교회의 본질은 공동체(Gemeinschaft)이다. 그리고 종교는 바로 그 부수성에 의해서 교회의 '최대한의 통일성'(moeglichste Einheit)을 가정하는데, 그 복수성은 종교의 완전한 현현에 필연적이며 따라서 종교는 개인뿐만 아니라 공동체 속에서도 그 명확한 성격을 추구하여야 한다"(*Reden*(puenjer편), p. 242).

접근하지 않으면 안 된다…[89] 우리에게는 어느 정도 평범하고 비속하게 보이는 것일지라도 그 속에서 '신적인 것'(Goettliches), '참된 것'(Wahres), '영원한 것'(Ewiges)의 흔적을 탐구하는 것과 그리고 가장 멀리 떨어져 있는 흔적까지도 숭배하는 것이 만물에 대한 고유한 종교적 견해이다.[90]

이와 같이 무한한 종교는 그 대상인 무한한 우주가 독특하고 다양하고 특정한 개별 현존재 안에서 계시되는 것처럼, 개별적인 종교형태들과 실증종교들 속에서 개별화된다. 슐라이어마허에 의하면 특히 종교의 본질은 종교들 속에서 실현되는 하나의 가능성에 불과하므로,[91] 그것은 자연종교(natuerliche Religion)의 추상적인 일반 개념이 아닌 것이다. 특히 계몽주의의 자연종교는 일반적으로 너무나 세련되고 철학적이고 도덕적인 방식을 취하기 때문에 종교의 독특한 성격을 거의 엿볼 수 없다. 오히려 현존하는 특정한 종교현상들은 바로 실증종교(Positive Religion)들인 것이다.[92] 그는 상이한 종교들과 그 직관들의 다양성에서 통일성이 추론되기 때문에 종교적인 현상세계에서 통일성이 발견될 수 있다는 자연종교이론을 매우 날카롭게 거부한다.

따라서 종교의 정신은 단지 종교를 자신의 근원적인 것으로 받아들이고 그 속에서 살며 특히 과거의 모든 종교를 완전히 통일할 수 있다는 망상을 품지 않으면서 다양한 종교 속에서 계속 활동하는 사람들에게 올바르게 나타내 보여질 것이다.[93] 따라서 종교적인 현실성의 역사를 분석하려면 우리

---

89) *Reden*, p. 166(p. 242).
90) *Reden*, p. 168(p. 247).
91) Charles Wayn Fox, *the Logic of Schleiermacher;s Interpretation of Religion* (Massachusetts: Havard Univ. Ph. D. Dissertation, 1978), p. 233.
92) *Reden*, p. 166(p. 243).
93) 슐라이어마허에 의하면 종교 판단에 있어서 합리주의적인 오해의 두 가지 방식이 존재한다. 하나는 교의의 절대화와 과대평가이고 다른 하나는 개체적-역사적인 형식들에 대한 과소평가와 무시이다. 그는 다음과 같이 말한다. "그러나 모든 것보다 더욱 여러분에게 바라고 싶은 것은 도처에서 거의 처음부터 모든 종교의 정신을 왜곡하고 그리고 이에 대하여 이러한 사실을 은폐하려고 해 온 두 가지 상반된 원리에 의해서 미혹에 빠지지 않도록 하는 것이다. 즉 그 한편은 종교의 정신을 개별적인 교조들 속에서 가두어 버리고 아직 그 정신에

는 실증종교들만 자료들로 갖게 된다. 이런 근거에서 슐라이어마허는 존재하지도 않는 자연종교를 옹호하면서 실증종교를 경멸하는 교양있는 자기 친구들에게, 모든 실증종교들 속에 종교의 본질이 있음을 보여주려고 했다.

그러므로 우리의 관심은 종교 자체의 본질이 아니라 구체적인 실증종교의 본질이 된다. 그런데 그것들은 직관과 감정(내지는 절대의존감정)에서의 직접적인 경건한 체험의 간접적인 표현으로서, 유한자와 영원자의 가능한 만남의 역사적으로 필연적인 방식들이다. 모든 종교는 유한하고 제한된 것 속에서 영원하고 무한한 종교를 필연적으로 받아들이는 특수한 형태들 중의 하나인 것이다. 따라서 모든 개별종교들은 종교의 본질에 활발하게 참여하게 되며, 유한자 속에서 본질적으로 분리되지 않은 채 무한자를 실현시키는 개별적인 형태들이 된다. 비록 개별종교들이 비종교적인 것으로 충만해 있다고 하더라도, 종교적인 시야는 그 타락의 중심에서도 영원한 것을 포착하게 된다. 슐라이어마허는 다음과 같이 말한다.

> 여러분이 특정한 명칭과 특성을 부여하기 아마 훨씬 전에 타락하여 '공터한 관습의 법정'(Kodex leerer Gebaeuche)이나 '추상적인 개념들과 이론들의 체계'(System abstakter Begrffe und Theorien)로 전락해 버린 모든 종교 및 인간이 신봉했던 모든 신에 대해 고찰하면 좋겠다고 나는 여러분에게 권유한다. 그것들의 원천으로 거슬러 올라가서 그 근원적인 성분을 검토해 본다면, 이 죽어 버린 석탄재들도 한때는 많든 적든 모든 종교들 속에 포함되어 있었던 '내적인 불꽃의 찬란한 분출들'(gluehende Ergiessungen des inneren Feuers)이 었으며 나는 그것들을 모든 종교의 참된 본질로 묘사했다.[94]

따라 형성되지 못한 것을 종교로부터 배제하려고 했던 사람들[교의신학자들]이며, 다른 한편은 논쟁을 싫어하는 마음으로 비종교적인 사람을 위해 종교를 보다 즐거운 것으로 만들어 주려는 마음으로부터든 사태에 대한 철저한 몰이해와 무지에서 감각의 결여에서 유래하였든 모든 독특한 것을 죽은 문자로서 욕하고 책망할 뿐인 규정할 수 없는 것 속에서 헤메고 있는 사람들[자연종교론자들]이 있다"(Reden., p. 285). 그러나 그러한 융통성 없는 체계가들에게도 그리고 깊이 없이 무관심한 사람들에게도 한 종교의 정신은 나타내보여지지 않을 것이다.

94) *Reden*, p. 169(p. 247).

여기서 슐라이어마허는 종교들의 다원성을 가정하는데, 그것은 개별종교들이 종교의 본질 속에 기초되어 있음을 발견했기 때문이다. 즉 종교의 다양한 형태들이 가능한 이유는 유한자 속에서의 무한자의 모든 개별적인 직관이 근본직관으로 체험될 수 있으며, 따라서 중심직관으로서 한 실증적인 종교형태의 규정적인 본질 중간(Wesensmitte)을 형성할 수 있기 때문이라는 것이다.[95] 슐라이어마허에 의하면 종교가 이처럼 다양하게 나타나는 이유에는 두 가지가 있다.[96] 첫째로는 무한자의 모든 직관은 완전히 독자적으로 존재하고 있으며 다른 것에 의존하지 않고 또 다른 것을 필연적인 결과로서 동반하지 않기 때문이며, 둘째로는 무한자의 직관들을 다른 시점에 놓고 바라볼 때 다른 직관과 관계를 맺게 될 경우 그것은 완전히 달리 보이게 되기 때문이다.

그런데 폭스(C. W. Fox)에 의하면 슐라이어마허에 있어서 하나의 개별종교의 본질과 그것의 생성과정을 상술하는 것까지 포함하는 검증은 다섯 가지로 세분되고 있다.[97] 첫째로 종교의 개별특징은 종교적인 소재들의 '특정한 양'(bestimmtes Quantum) 혹은 종교적인 직관들과 감정들의 특정한 총계(Summe)에 의해서 규정되지 않는다.[98] 왜냐하면 종교의 모든 직관에 대해서는 상이한 견해가 가능하고 또 그 직관들을 선택하는 데 있어서 어떤 것들을 상호 연결시키고 다른 나머지 것들을 배제시키는 내적이고 객관적인 연관을 필연적으로 취하기 때문이다.

그러나 개별현상들의 전체는 일반적으로 배제를 통해서 파악될 수 없다. 종교의 모든 부분을 하나의 특정한 형태로 만들어낼 수 있는 전체는 아니며, 단지 무한자로부터 총력을 다해 잘라낸 하나의 단편일 것이다. 이것은

---

[95] Klaus Eberhard Welker, *Die Grundsaetzliche Beurteilung der Religionsgeschichte durch Schleiermacher* (Koeln: E.J.Brill, 1965), p. 110.
[96] *Reden*, p. 170(p. 249). 슐라이어마허는 『종교론』 제3판에서 다음과 같이 첨언했다. "그러므로 모든 사람에게 자연스러운 '하나의 일반적인 종교'(eine allgemeine Religion)란 잘못된 것이다. 왜냐하면 종교가 모든 사람에게 동일한 것이라면, 아무도 자신만의 참되고 올바른 종교를 갖지 못할 것이기 때문이다"(*Reden*(Puenjer편), p. 248].
[97] Fox, op. cit., pp. 239-248. Cf. Dilthey, op. cit., pp. 420-422.
[98] Ibid., p. 239. cf. *Reden*, p. 171(pp. 250-251).

종교가 아니라 하나의 종파(Sekte)일 뿐이다.[99] 그 이유는 종교적인 소재들의 총계는 모든 개체에게 이미 우연한 것이 되고 따라서 거대한 종교적인 개별 형태들의 나머지 것을 나타낼 수 없기 때문이다. 이것은 무엇이 본질적으로 종교에 속하는지에 대한 영원한 논쟁을 통해서 증명된다.

둘째로 개체로서의 종교는 종교의 종(Art)이나 관념방식(Vorstellungsart)의 설정에 따른 종교 개념으로부터 도출해낼 수 없다.[100] 종교의 개별성격은 우주를 직관하는 세 가지 개별방식의 보류-즉 혼돈(Chaos), 체계(System), '요소적인 다원성'(elementarische Vielheit)-에 의해 규정될 수는 있지만, 종교적인 직관들의 이런 분류는 아직 개별적인 형태를 규정하지는 않는다. 다른 한편 종교적인 감정들에 대한 명상의 산물인 범신론과 인격주의라는 두 가지 관념방식의 대립 역시, 종고적인 개별형태 속에서 주어진 직관의 특정한 관련을 서로 해명하지 못하고 있다. 종교들의 특정한 유형들은 이 두 가지 관념방식과 위에서 말한 우주의 세 가지 직관양식들에 결합됨으로써 산출된다.[101] 폭스(Fox)는 여기서 슐라이어마허가 제시한 특징들에 기초한 규범적인 분류나 종교유형론을 다음과 같이 도해하고 있다.[102]

宗教의 段階들	직관 양식 (Mode of Intuition)	개념양식(Mode of Conception)	
		범신론	인격주의
	혼란스런 통일성 (chaotic unity)	맹목적인 운명 마나	우상이나 주물
	요소적인 다원성 (elemental diversity)	고도의 필연성 자연주의 비인격적인 다신론	고유한 다신론
	'다양성 내의 통일성' unity in variety)	고유한 범신론 스피노자주의	이신론이나 유신론

---

99) *Reden*, p. 172(p. 253).
100) Fox, op. cit., pp. 243-244.
101) *Reden*, p. 174(p. 256).
102) Fox, op. cit., p. 244.

셋째로 형식적인 개별종교가 발생하는 유일한 방식은 우주의 직관 중 어느 하나를 자유로운 자의(恣意)로부터 전체 종교의 중심점으로 만들고 그리고 전체 종교 속에 포함된 모든 것을 이 중심점과 관련되게 만드는 것이다.[103] 그렇게 함으로써 비로소 한 특정한 정신과 한 공통된 특성이 일거에 전체 속으로 침투해 들어간다. 모두 가능했고 서술되어야 했던 개별요소들의 무수히 상이한 통찰과 관련들로부터 그러한 형성작용을 거쳐 어느 하나가 완전하게 실현된다.[104] 여기에 대해 슐라이어마허는 다음과 같이 말한다.

> 종교의 모든 그런 형태에서는 하나의 중심직관(Zentralanschauung)과의 관련 속에서 모든 것을 보고 느끼게 되는데, 그것이 언제 어디서 만들어지며 무엇이 선택되든지 그것은 '하나의 고유한 실증종교'(eine eigene positive Religion)이다…또한 그것에 참여하는 모든 사람들의 공동체와 최초로 직관을 종교의 중심점에 놓음으로써 그 종교를 최초로 수립하게 된 사람 사이의 관계를 생각해 본다면 그것은 하나의 학파(Schule)이자 문하생(Juergerschaft)인 것이다.[105]

그리하여 유한자 안에서의 무한자의 일정한 체험과 일정한 직접적인 직관은 중심직관, 즉 한 인간이나 한 구체적-역사적 종교 공동체의 종교적 삶의 중심점이 된다. 그리고 그런 특정한 형식 속에서 그리고 그것을 통해서만 종교가 표현되었다고 한다면, 자신의 종교로서 그런 실증적인 형식에 정주하고 있는 사람들만이 확고한 거주지를 가지며 정당한 시민권을 갖는다. 오직 그들만이 전체의 한 고정된 특성을 갖춘 '한 독특한 종교적 인격'(eine eigne religioese Person)인 것이다.[106]

넷째로 모든 종교인들이 전체의 현존과 발전에 공헌하기 위해 어떤 실증

---

103) Ibid., pp. 245-246. Cf. *Reden*, p. 151(p. 219).
104) *Reden*, p. 176(p. 260).
105) *Reden*, pp. 176-177(pp. 260-261).
106) *Reden*, p.177(p. 261).

종교와 연합하여 있지만, 이 연합은 종교사와 종교유형론 속에 있는 한 종교의 위치와 유사하다.[107] 어떤 사람이 특정한 종교 형태와 연합해야 한다고 말한다고 해서, 반드시 모든 경건한 사람이 현존하는 종교형식들 중의 어느 하나와 연합해야 한다는 것을 의미하지는 않는다. 슐라이어마허는 다음과 같이 말한다.

> 이런 현존하는 형식들은 그것들이 가령 이전에 존재하지 않았다고 하더라도, 사람들이 자신의 본성과 감각에 적합한 하나의 종교를 발달시키고 형성해 나가는 것을 방해하지 않는다는 사실은 여러분에게도 충분히 이해될 수 있을 것이다. 그 중의 한 사람이 現存하는 宗敎들 중의 하나에 안주할 것인가 아니면 하나의 독특한 종교를 수립할 것인가 하는 문제는 단지 우주의 어떤 직관이 최초로 그를 진정으로 생생하게 포착했는가의 여부에 달려 있다. '심정의 내면'(das Innere des Gemuets)으로 스며들어와 인식되지 않은 채 또다시 사라져 버리는 어렴풋한 예감들은 아마도 이전에는 모든 사람의 주변에서도 종종 나타났던 것임에 틀림없지만 이제는 보통 소문으로만 생겨날 뿐 어떤 관련도 존재하지 않는다. 그렇다고 해서 그것들이 전적으로 개별적이라는 것은 아니다. '우주에 대한 감각'(Sinn fuers Universum)이 확실히 의식에 떠오르고 특정한 직관 중에서 영원히 개화하게 될 때에는, 그 이후 그는 일체의 모든 것을 그것에 관련시키고 그리고 모든 것은 그 주변에서 형성된다. 이것을 계기로 해서 그의 종교가 규정되는 것이다.[108]

다섯째로 개별적인 규범적인 관점을 채택하는 방식은 역사해석(특히 종교사 해석)으로 끝난다.[109] 그것은 모든 특정한 종교형식에 있어서 하나의 중심적인 직관에 대해, 단지 몇몇 한정된 직관들만이 아니라 무수한 직관들 전체가 동일한 통찰과 관련으로 형성된다는 것을 의미한다. 슐라이어마허는

---

107) Fox, op. cit., pp. 246-247.
108) *Reden*, pp. 177-178(pp. 262-263).
109) Fox, op. cit., p. 247.

다음과 같이 주장한다.

> 내가 생각하기에 단지 하나의 종교만이 종교의 전체 영역 중에서 광범위한 부분을 차지하고 또 만물을 그것의 정신에 따라 규정하고 표현하는 데 성공한 것 같지는 않다. 종교의 자유가 충분히 보장되었던 보다 좋은 시대에서도, 중심점에 가장 가까운 것만을 올바로 발달시키고 완성시키는 행운을 부여받았던 사람들은 극소수였다. '추수할 것은 많되 일군은 적다'(마 9:37; 눅 10:2). 그들의 종교 어디에도 끝없이 드넓은 들판이 그래서 무엇인가 독자적인 것을 만들어 내고 곳곳에 너무나 풍부하게 존재하고 있다는 사실이 발견될 것이다. '성스러운 꽃들'(heilige Blumen)은 그것을 고찰하고 향유하기 위해 들어가지 못한 그 모든 토지에서 고고한 향기를 피우고 뽐내고 있는 것이다.[110]

우리는 이제 우주와의 일정한 관계를 일정한 종교적 실현의 중심점으로 되게 하는 방법과 또한 그것을 이해하기 위해서 그 중심점에로 접근하는 방법을 더 자세하게 고찰해 보자. 슐라이어마허는 종교인이 최초로 종교에 발을 들여 놓게 된 숭고한 순간에 대해 다음과 같이 말하고 있다.

> 최초로 생겨난 특정한 종교적 견해는 겨우 한 번의 자극만으로도 그의 우주를 받아들이는 기관(Organ)에 생명을 불어넣고, 그 이후 그 속에서 계속 움직여 나가는 것인 만큼 강력한 힘으로 그의 심정 속에 스며들어온 것이기에 그것은 명확하게 그의 종교를 규정해 버리는 것이다. 그것은 인간이 모든 것을 그것에 결부시켜 바라보는 불변하는 '기초적-직관'(Funadamental-Anschauumg)이며, 종교의 모든 요소는 인간이 그것을 직관하자마자 그에게 나타나게 되는 미리 결정된 어떤 형태이다. 인간의 종교는 그것이 '무한한 전체'(unendliches Ganze)라는 관점에서 '완전히 완결된 개체'(voellig geschlossens Individuum)에 속한다…그러나 그것도 많은 단편들과 합일될 때

---

110) *Reden*, p. 178(pp. 263-264).

비로소 전체를 묘사할 수 있는 것이므로, 그것은 전체의 '한 불특정한 단편' (ein unbestimmtes Bruchstueck)이라고 규정될 수 있는 것에 불과하다. 이와 같이 인간의 종교성도 인류의 '종교적인 성향'(religioese Anlage)이 무한하다는 관점에서 볼 때, 그와 똑같은 계기에 의해서 하나의 완전히 독자적인 새로운 개체로서 탄생하는 것이다.[111]

이때 종교인은 하나의 독자적인 존재로서 저 최초의 계기에서 시작하여 그 이전의 것과의 독특한 관련 속으로 들어가게 된다. 이리하여 우주에 대한 특정한 의식이 시작된 모든 순간에 비로소 한 독특한 종교적 삶이 발생하는 것이다. 그러므로 우리는 가장 아득히 먼 시초에 나타난 '자의의 최초의 헌신'(erste Ausserung der Willkuer)으로까지 가급적 멀리 소급하지 않는다면 그것은 결코 완전하게 이해될 수 없다. 이와 같이 사람들 각각의 종교적인 인격성도 결국 '하나의 완결된 전체'(ein geschlossenes Ganze)이며, 그것을 이해하기 위한 기초는 그것의 최초의 제사들을 탐구하는 것이다.[112] 슐라이어마허는 종교 발달을 의식의 '전체 역사의 모체'(whole historical matrix)로부터 분리하지 않았다.[113] 비록 그 순간이 종교인의 생애에 있어서 하나의 특정한 시점이고 또 그에게 독자적인 일련의 '정신적인 활동성들'(geistige Taetilgkeiten)의 일환이지만, 그것은 다른 모든 소여성과 똑같이 과거, 현재, 미래에 대해 특정한 연관 속에 있는 하나의 소여성인 것이다.[114] 슐라이어마허는 종교의 실증적인 역사발달에 근거해서 종교를 비판적으로 해석하고 평가하는 방법론을 다음과 같이 제시하고 있다.

---

111) *Reden*, p. 179(pp. 264-265).
112) *Reden*, p. 181(p. 268). 슐라이어마허의 이런 입장은 '순간적인 회심'(sudden conversion) 이론의 뿌리를 뒤흔들어 놓는 반면에, 종교적인 삶의 '감지하기 힘든 점진적인 성장'(gradual inperceptible growth)을 강조하고 있다[*On Religion*, tr. by John Oman (New York: Harper Torchbooks, 1958), p. 259].
113) Fox, op. cot., p. 249.
114) *Reden*., p. 179(p. 265).

어떤 종교도 지금까지 완전히 현실적으로 되지는 못했으며, 제한된 공간에서 종교를 구하려는 데서 멀리 떨어져 이것과 저것이 어떻게 되는가 하는 문제를 종교의 시계(視界)가 미치는 한계 내에서 규정하여 종교를 보충할 수 있게 되기까지 여러분은 종교를 알지 못한다는 사실을 망각해서는 안 된다. 일체는 종교의 근본직관(Grundanschauung)을 여하히 발견해낼 수 있는가에 달려 있으며, 근본직관을 포함하지 않는 영역 속에서는 개별적인 것에 대한 그 어떤 지식도 아무런 소용도 없다. 또 모든 개별적인 것들은 '하나로부터'(aus einem) 설명할 수 있을 때까지는 그 근본직관을 갖지 못한다.[115]

그러므로 우리는 개별종교의 본질을 그 기원에서의 역사적인 세목들의 단순한 구체성과 연속과 혼동해서는 안 된다. 왜냐하면 한 종교의 근본직관이란 바로 유한자 속에 있는 무한자의 직관이며 종교의 한 일반적인 요소인데, 이 요소는 완전하려고 하는 다른 종교들 속에서 발견되기는 하지만 그 종교들의 중심점(Mittelpunkt)에 세워지지는 않기 때문이다.[116] 더욱이 우리는 한 종교 속에 나타나는 모든 것이, 종교의 특징적인 정신과 어떤 필수불가결한 관계를 견지하고 있다고 생각해서도 안 된다. 왜냐하면 그 속에 처

---

115) *Reden*, p. 188(pp. 281-282). 폭스는 위의 주장의 함축된 의미를 다섯 가지로 제시하고 있다. 첫째로 종교의 본질은 구체적인 형태들 속에서만 실현될 수 있는 가능성들이며, 그 실현은 생성과정과 역사적인 전개와 관련이 있다. 둘째로 종교의 본질은 언제나 육화되는 과정에 있으며, 따라서 각 종교는 의식되는 과정에 있고 또한 삶의 전체 형태로 되는 도중에 있는 '잠재적인 전체'(a whole in potentia)를 내포한다. 셋째로 특정한 종교의 본질이나 중심점을 파악하는 일은 단순히 구조적인 직관의 문제만은 아니며, 구조가 결여되어 있지 않은 상태에서의 그것의 역동성, 즉 종말론적인 직관, '방향이나 목적의 직관'(an intuition of direction or aim)을 파악하는 것이다. 넷째로 이 종말론적인 직관은 종교의 완성된 상태의 상상적인 재건이나 예기를 내포한다. 여기서 특정한 종교의 본질에 대한 이해나 직관은 종교의 내적인 목적이나 경향인 종교의 현실태(entelechy)를 파악하는 것이 되며, 따라서 종교인은 '철저하게 역사적'(durchaus historisch)이게 된다. 다섯째로 개인이 종교 공동체의 구성원인 이상에는, 종교들의 역사성은 그 공동체의 본질이나 방향이 그 역사적인 기원과 관련해서 그리고 그 공동체가 그 기원들에서 찬양하는 것들의 종류와 관련해서 식별해야만 한다〔Fox, op. cit., pp. 253-255〕.
116) *Reden*, p. 189(pp. 283-284).

세술, 도덕, 형이상학, 시가 혼합되어 있기 때문이다.[117] 이것은 보다 상세한 분류를 필요로 하는 특정 종교의 미래 발달(즉 연속성)의 문제를 제시하는데, 이 문제는 정신적인 역동성 속에서 동일성을 확인하는 문제인 것이다.

 슐라이어마허의 『신앙론』에 의하면 종교의 모든 개별형태들은 '역사적으로 항존적인 것'(Geschichtlichstetiges)으로서의 외적 통일성과 '특유한 변경'(eigentuemliche Abaenderung)으로서의 내적 통일성 모두를 지니고 있으므로, 이 양자가 함께 받아들임으로써 각 개별형태의 고유한 본질이 포착된다.[118] 따라서 예를 들어 기독교 종교가 그리스도로부터 비롯된 충격과의 모든 역사적인 연관 밖에서 저절로 발생할 수 있다고 한다면 외적인 통일성은 부정될 것이고 반면에 단일 상이한 형태의 종교들이 단지 시공적으로만 서로 떨어져 있을 뿐이고 어떤 '본래적으로 내적인 상이성'(eigentlich innere Verschiedenheit)도 존재하지 않는다고 주장한다면 내적 통일성이 부정될 것이다.[119]

 그리고 슐라이어마허는 『신앙론』에서 개별종교의 이런 특이한 통일성의 역사적 기원을 연구함에 있어서, 각 개별종교의 고유한 시작에 관심이 있지 않고 오히려 그것의 특이성을 구성하는 그 내적인 논리적 구조의 역사적 기원에 관심이 있다. 왜냐하면 종교란 오직 그것의 전달(Mitteilung)과 전승(Uebertragung)을 통해서만 발생할 수 있기 때문이다. 슐라이어마허는 이것을 최고 단계의 종교들에만 적용하면서, 모든 종교들 속에는 동일한 내용이 존재하고 있지만 각 종교들 속에서 그것이 상이한 방식으로 존재하고 있다고 주장한다.

> 모든 현실적으로 독특한 경건한 교제 속에서는 자의식 자체가 다르게 규정된 어떤 것이어야 하며, 따라서 이런 조건 아래서만 모든 경건한 흥분은 다르게 규정될 수 있다…그러므로 모든 신앙방식 안에 다른 것에는 전적으로

---

117) *Reden*, p. 190(p. 284).
118) *Gl*², § 10 Leitsatz.
119) *Gl*², § 10, 1.

결여되어 있는 어떤 것이 존재한다는 사실은 단지 가상(Schein)일 뿐이다. 왜냐하면 다른 신앙방식 속에서 일지라도 신의 '인간화'(Menschwerdung)가 나타나고 신적인 '정신전달'(Geistesmitteilung)이 나타나기 때문이다. 기독교에서 전적으로 새로운 것은 무엇인가? 그러나 그것은 일반적으로도 보여질 수 있다. 완전히 동일한 특정한 신의식을 전제하여 하나의 신앙방식 속에 다른 신앙방식에는 없는 어떤 것이 있다면 이것은 단지 상이한 경험 영역에 근거한 것이다. 따라서 경험이 동일선상에서 이루어진다면 그러한 전체 차이점은 틀림없이 없어질 것이다.[120]

이것은 동일한 종(Art)과 류(Gattung) 내의 모든 개체적인 구분에도 타당하다. 왜냐하면 모든 사람은 자신 속에 다른 사람들이 가지고 있는 모든 것을 다 갖고 있지만 그 모든 것은 다르게 규정되어 있다. 또 가장 거대한 유사성이란 단지 감소되어 가거나 상대적으로 소멸되어 가는 상이성일 뿐이므로, 모든 종은 그것의 류에 속한 다른 종들과 동일한 것을 가지고 있으며 따라서 본래적인 의미에서 볼 때 첨가된 것은 모두 우연적인 것에 불과하다. 그러나 슐라이어마허는 특수한 신앙에 대해 변증가들이 실수를 범하는 것을 더 줄일 수 있기 위해서 다음과 같은 공식을 제시한다.

신의식은 본질적으로 동일한 단계에 속해 있는 모든 신앙방식들에게 있어서 항상 동일한 것인데, 그 신의식은 자의식의 다른 피규정성들과도 합일될 수 있는 것이다. 그래서 다른 모든 것은 이런 관련에 종속되어 있는 것이며, 그것이 다른 모든 것들에게 있어서의 상이성보다 경건한 계기들을 연결시키는 상이한 법칙들을 단지 표현하고 있는 것처럼 보인다면 우리는 단지 모든 계기란 그것 자체가 하나의 연결이며…따라서 경건한 자의식은 또 다른 연결방식(Verknuepfungsweise)에 위치하고 있을 경우 또 다른 계기가 될 것이라는

---

120) Gl^2, § 10, 2.

사실을 언급해 주기만 하면 된다.[121]

슐라이어마허는 실증종교를 한 종교 교제 속에 있는 전체 경건한 삶의 계기들의 개별적인 내용이라고 명명하면서, 단지 이 내용이 어떤 '연관있는 역사현상'(zusammenhaengende geschichtliche Erscheinung)으로서 그 교제 자체가 기원하고 있는 '근원 사실'(Urtatsache)에 종속하고 있는 한에서 그렇다고 말한다.[122] 이와 관련해서 그는 계시에 대해 매우 실증적인 정의를 내리고 있다.

> [계시의] 개념은 어떤 종교 교제에서 발견되는 경건한 흥분들의 개별적인 내용들을 결정하는 것으로서의 이런 사실이, 거꾸로 이런 사실에 선행하는 '역사적인 연관(geschichtliche Zusammenhang)으로부터 설명될 수 없다는 한에서 그 교제의 근거를 이루고 있는 사실의 근원성(Urspruenglichkeit)을 나타내고 있다.[123]

하지만 슐라이어마허가 계시라고 부르는 그 근원적이고 창의적인 역사적 요인 속에는 신적인 내용이 결여되어 있지는 않다. 그 속에는 '신적인 인과성'(goettliche Kausalitaet)이 개입되어 있는데, 이 인과성은 전적으로 창조의 힘이 아니라 보다 중요하게는 인간 구원(Heil)을 목적으로 삼고 그것을 촉진시키는 활동이다.[124] 더욱이 신적인 인과성은 인식하는 존재로서의 인간에게 작용하지 않음으로써, 그것은 계시를 교리로 만들지는 않는다. 이런 견

---

121) *Gl²*, § 10, 3. 이것을 『종교론』과 비교해서 설명하면 다음과 같다. 개별적인 독특한 특성은 우주 자체와의 관계에 의해 결정되는 것이 아니라, 우리의 자의식이 우리가 처해 있는 전체 관계망과 연관하여 있는 구체적인 방식에 의해 결정된다. 따라서 자의식이 세계와 맺고 있는 어떤 관계에 대해 이야기하는 것은 우리가 세계 속에 처해 있는 어떤 위치들과 그것들에서 생성되는 자아의 다양한 태도 가능성들에 주목하는 것인데, 그때 쾌도라는 것은 어떤 주어진 개인에 의해 채택될 수도 있고 그렇지 않을 수도 있는 반면에 우리가 처해 있는 근본 관계는 모든 것에 공통되며 그리고 모든 것에 대해 회피할 수 없는 것이 된다.

122) *Gl²*, § 10 Leitsatz.
123) Ibid.
124) Ibid.

해는 기독교나 종교 전영역의 관점으로부터 변화될 수는 없다.

슐라이어마허는 이러한 계시를 '영웅적이며 사적인 영감'(heroische sowohl als dichterische Begeisterung), 즉 이상들에 대한 자연적이고 자발적인 인간 창조물로부터 구분하고 있다. 그는 이런 구분의 가능성과 관련해서 다음 두 가지를 제안하고 있다. 첫째로 영혼 속에서 생겨나는 모든 원상(Urbild) 은 그것이 행동을 위한 것이든 예술작품을 위한 것이든, 하나의 모방 (Nachahmung)으로 이해하거나 외적인 자극이나 이전 상태로부터 만족스럽 게 설명될 수 없는 것으로서 일종의 계시로 간주될 수도 있다. 둘째로 개별 적인 계기가 아니라 전체 실존이 그런 신적인 전달에 의해 규정될 때 그리 고 그때 그와 같은 실존에 의해서 고지되는 것만이 계시되는 것으로 받아 들여질 때에만 계시가 가정될 수 있다.[125] 슐라이어마허는 이것을 비판적인 종교사라는 문제에 적용시켜서 다음과 같이 말하고 있다.

> 심지어 경건의 불완전한 형태에 대해서도 그것이 전체적으로든지 부분적으 로든지 간에 어떤 '개별적인 시작점들'(einzelne Anfangspunkte)로까지 추적될 수 있는 한에서 그리고 그것은 내용을 그 시작점 저편에 있는 어떤 것에 의해 서 설명될 수 없는 한에서, 그것은 거기에 아무리 많은 오류가 진리와 혼합되 어 있다고 하더라도 계시에 기초하고 있다고 진정 말할 수도 있을 것이다.[126]

3. 기독교와 타종교의 관계

1) 종교의 발달단계

슐라이어마허는 처음으로 서양사상에 있어서 세계종교라는 문제에 부

---

125) Ibid.
126) Ibid.

딪힌다. 그러나 슐라이어마허는 『종교론』에서 풍요로운 거대한 개별종교들의 역사가 아니라 유대교와 기독교의 비교에 국한시켰으며, 그것도 기독교에 관한 완결된 묘사를 위해서만 유대교를 서술하였다. 슐라이어마허가 유대교를 '죽은 종교'(tote Religion)라고 명명하면서도 유대교를 서술하는 이유에는 두 가지가 있다.[127] 첫째로는 기독교와의 관련성 때문이다. 그는 기독교의 선구자로서 유대교를 평가하는 역사적인 연관을 거부하고[128] 오히려 그리스도가 유대교를 실제로 파기시켰다고 주장한다.[129] 둘째로는 구약의 종교 외에 어떤 '그리스도 외적인 역사종교'(ausserchristliche historische Religion)도 보다 자세하게 인식되지 않았기 때문이다. 사실상 『종교론』의 종교사적인 직관범위는 종교의 역사적인 현상방식과 관련해서 매우 좁게 재한되었다. 물론 그가 유대교와 기독교를 넘어서 역사적인 종교(즉 그리스와 로마)의 아름다운 신화를 다루었다는 점에서만 그는 자신의 공평을 솔직히 시인했다.

슐라이어마허는 비로소 『신앙론』에 와서 보다 많은 종교를 포함하는 종교사를 고찰하기에 이르렀다. 그것에 의하면 역사 속에서 출현하여 명확히 한정된 상이한 종교들은 두 가지 방식, 즉 '상이한 발달단계들'(verschiedene Entwicklungsstufen)과 '상이한 종들'(verschiedene Arten)로 상호 관련되어 있다.[130] 여기서 슐라이어마허는 가족종교를 비역사적이라고 배척하고 있으며, 따라서 개인적이거나 사적인 종교까지도 배제하고 있다. 그에 의하면 종교의 역사적인 출현은 '단순한 고립된 가정예배'(blosses isoliertes Hausgottesdienst) 보다는 더 높은 단계이며, 역사적인 현상에로의 시작은 대

---

127) Paul Seifert, *Die Theologie des jungen Schleirermacher* (Berlin: Guetersloner Verlagshaus, 1960), p. 162.
128) *Reden*, pp. 191-192(pp. 287-288). 슐라이어마허는 여기서 구체적으로 제자들의 질문('뉘 죄로 인함이오니까 자기오니까 그 부모이니까', 요 9:2)에 대한 여수의 대답('이 사람이 다른 사람보다 죄가 더 있는 줄 아느냐', 눅 13:2)을 예로 들면서, 이 물음은 예리한 형태를 지닌 유대교의 종교 정신이며 그리고 그 대답은 그것에 대한 그리스도의 논쟁(Palemik)이라고 말했다.
129) *Reden*, p. 200(p. 302).
130) *Gl*², § 7 Leotsatz.

규모적인 '가부장적인 가정'(patriarchalisches Hauswesen)으로부터 찾아볼 수 있다고 한다.[131] 이런 단계의 상이성은 종교 교제 자체의 범위나 형태에 의해 판정되는 양적인 문제만이 아니며, 오히려 그 근저에 놓여 있는 경건한 심정상태들의 상이한 구성임을 반영한다. 그리고 종교의 발달은 부분적으로는 정신력들의 전체발달에 의존하고 부분적으로는 전체성 속에서 최고 완성에 이르는 경건의 발달에 의존하고 있다.

그러나 모든 상이성들이 그러한 단계들로서 파악될 수 있는 것은 아니다. 왜냐하면 한 단계 속에 두 가지 변이들, 즉 상이한 류(Gattung)나 종(Art)이 존재하기 때문이다. 슐라이어마허는 역사 영역에서나 도덕적인 개인에서는 발달단계와 종에서의 구분이 자연계에서만큼 그렇게 명확히 유지되거나 관철되지는 않는다고 본다. 왜냐하면 우리가 여기서는 항상 동일한 방식으로 재생되는 불변적인 형태들을 취급하고 있지 않기 때문이다. 모든 개별종교는 그것들의 '류 특성'(類 特性, Gattungscharakter) 속에서 다소간의 발달능력을 갖고 있다.

우리가 이런 방식으로 개별자들의 보다 불완전한 종교 교제로부터 보다 높은 종교 교제로 전이할 수 있듯이, 하나의 개별종교도 그것의 류 특성(類 特性)에 관계 없이 그 최초의 단계를 넘어서 발달될 수 있으며 그리고 이러한 과정은 다른 모든 종교에게서도 똑같이 발생할 수 있다. 이런 경우 단계의 개념은 자연적으로 사라지게 된다. 왜냐하면 보다 낮은 종교의 최후 계기와 보다 높은 종교의 최후 계기는 끊임없이 관련을 형성하며, 그럴 경우 모든 종은 일련의 발달들을 통해 불완전한 것으로부터 보다 완전한 것으로 형성된다고 말하는 것이 더 정확할 것이기 때문이다. 이와 반대로 우리는 개별자가 보다 높은 종교형식 속으로 전이함으로써 새로운 인간으로 된다고 말하는 것처럼, 종교의 류 특성은 그것이 보다 높은 단계로 고양되고자 할 때는 상실될 수밖에 없다. 그럴 경우 한 단계 내에서 '내적인 발달'(innere Entwicklung)이 지속된다면, 그 단계는 더욱 강력하고 더욱 규정적으로 구분

---

131) *Gl²*, § 7, 1.

되는 것에 반해서 쿠 특성은 동요되고 일반적으로 견지되지 못할 것이다.[132]

역사상에 나타났던 모든 종교는 바로 이러한 이중적인 관계로 다른 종교들과 연관될 것이므로, 그것은 어떤 것들과는 대등한 관계를 유지하기도 하고 또 다른 것들에는 종속적이거나 우위적인 관계를 차지하기도 한다. 따라서 그것은 어떤 종교와는 이런 방식으로 다른 종교와도 저런 방식으로 구분된다. 만일 종교사와 종교비판에만 주로 몰두했던 사람들이 상이한 형식들을 이런 틀 속에 끼어 맞추는 작업에 거의 관심을 쏟지 않는다면, 그것은 한편으로는 그들이 개체에만 전적으로 머물러 있기 때문이기도 하고 다른 한편으로는 개별적인 경우에 있어서는 이런 관계를 알아내어 대등한 것들과 종속적인 것들을 올바르게 구별하고 나눈다는 것이 어렵기 때문이기도 하다.

슐라이어마허는 기독교와 다른 관련을 맺지만 동일한 발전단계에서 기독교와 동일한 방식을 갖고 함께 서 있는 또 다른 형태의 종교가 존재한다는 가능성을 암암리에 전제하고 있다. 그러나 그에게 있어서 이것은 기독교의 '배타적인 탁월성'(ausschliessende Vortrefflichkeit)에 대한 확신과 모순되고 있지는 않다.[133] 즉 종교의 더 많은 류(類)들이 기독교와 동일한 단계에 있다고 할지라도, 기독교는 그것들 중의 어떤 것보다 더 완전할 수 있다는 것이다. 단지 슐라이어마허는 기독교가 대부분의 다른 종교들에 대하여, 마치 참된 것이 거짓된 것에 대해 취하는 그런 태도를 배제하고 있다. 그는 다음과 같이 말한다.

> 만일 기독교와 동일한 단계에 서 있는 종교들이 전적으로 거짓이라면, 어떻게 해서 그것들은 그렇게 많이 기독교와 동등성(Gleiches)을 갖게 되어서 우리가 그것들을 동일한 단계의 것들로 분류하게끔 되었겠는가? 그리고 만일 해부단계를 취하는 종교들이 단지 착오들(Irrtuemer)만을 지니고 있다면, 거

---

[132] Gl^e, § 7, 2.
[133] Gl^e, § 7, 3.

짓된 것이 아닌 참된 것 속에서만 기독교의 보다 높은 진리에 대한 감수성(Empfaenglichkeit)의 기초가 놓여질 수 있다는 이유로 그런 종교들로부터 기독교로 전이한다는 것은 어떻게 가능했겠는가? 우리가 여기서 도입하고 있는 전체 묘사는 착오란 어디서도 즉자적대자인 것이 아니라 항상 어떤 참된 것에 있으며 그리고 우리가 그것을 완전히 이해하기 위해서는 그것과 '진리와의 연관'(Zusammenhang mit der Wahe-Maxime)에 기초하고 있다. 그리고 다신교를 그것의 근저에 놓여 있는 '근원적인 신의식의 전도'(Verkehrung des urspruenglichen Bewusstsein von Gott)라고 설명하고 또한 이런 창작들이 만족시켜 주지 못한 열망의 증거로부터 참된 신에 대한 '어두운 예감'(dunkle Ahndung)을 발견하게 되었다고 말하는 사도들의 언사들과도 이것은 일치하고 있다.[134]

슐라이어마허에 의하면 모든 경건한 심정상태들이 하나의 최고자이자 무한자에 대한 유한자의 의존을 표현하고 있는 '유일신교적인 경건'(monotheistische Froemmigkeit)들이 최고의 단계를 차지하며 그리고 그 밖의 다른 모든 것들은 그것들에 대해 종속적인 관계를 맺고 있으며 보다 높은 단계로 전이하도록 정해져 있다고 한다.[135] 슐라이어마허는 그러한 종속단계들로서 주물숭배라고 불리는 본래적인 우상숭배 및 다신교를 포함시키는데, 둘 중에서도 우상숭배가 훨씬 저급하다고 말한다. 사람들이 이 단계에 남게 되는 주된 이유는 그들에게 하나의 총체성에 대한 감각이 아직 발달되지 못했다는 점에 있다. 슐라이어마허는 다음과 같이 말한다.

> 본래적인 다신교는 단지 '국지적인 관련들'(lokale Beziehygen)이 완전히 사라진 곳에서만 비로소 존재할 수 있으며 그리고 정신적으로 규정된 신들이 '구분되어져 공속하는 다원성'(gegliederste Zusammengehoerige Vielheit)을 형성

---

134) Ibid.
135) *Gl*², § 6 Leitsatz.

한다. 그런데 그것은 '하나의 전체성'(eine Allheit)으로 보이지 않는다고 하더라도, 그럼에도 불구하고 그러한 것으로서 전제되고 또 그런 것으로 되기 위해 노력한다. 그렇다면 이러한 존재의 하나가 그것들의 '전체 체계'(ganzes System)에 더 관련될수록 그리고 마찬가지로 이런 체계가 그것이 의식 속으로 받아들여진 모든 존재에 더 관련될수록 모든 유한자의 의존은 한 최고자에 대한 것이 아니라 이런 '최고의 전체성'(hoechste Gesamtheit)에 대한 의존인데, 그것은 '경건하게 흥분된 자의식'(fromm errefetes Selbstbewusstsein) 속에서 더욱 분명하게 표현된다.[136]

그리고 경건한 신앙의 이런 상태에서는 여기저기는 아니지만 적어도 보다 높은 존재의 다원성 뒤에는 하나의 지고자의 통일성이 예감되며 따라서 다신교는 이미 사라지기 시작하여 유일신교에로의 길이 열린다.

슐라이어마허는 종교의 발달을 측정할 수 있는 올바른 척도로서 직접적인 자의식 내에서의 상이성을 제시하고 있다. 먼저 '본래적인 우상숭배'(eigentlicher Goetzendienst)는 인간의 가장 저급한 상태를 나타내는 자의식의 혼란 속에 근거하고 있는데, 그 이유는 거기에서는 보다 낮은 것과 보다 높은 것에 대한 구별이 모호해서 절대의존감정마저도 감각적으로 파악되는 개별적인 대상으로부터 우러나온 것으로서 반성되기 때문이다. 이것은 다신교(Polytheismus)에서도 마찬가지이다. 즉 다신교의 단계에서도 보다 높은 자의식과 보다 낮은 자의식이 명확히 구별되지 않고 있다. 이리하여 유일신교(Monotheismus)는 다음 두 가지 경우에만 출현할 수 있게 된다.

> 그러므로 오직 경건한 의식들이 그것들 자체가 감각적인 자의식의 모든 상태들과 아무런 상이성도 없이 합일될 수 있음을 나타내 보일 때에만 그리고 또한 후자로부터 명확하게 구별될 수 있음을 보일 때에만, 경건한 흥분들 자체 속에서도 '즐겁거나 기가 꺾인 색조'(Freuciger order niederschlagender

---

136) Gl^e, § 8, 1.

Ton)들 사이의 차이보다도 더욱 명확한 차이는 나타나지 않는다는 식으로 어떤 사람이 그러한 두 가지 단계를 성공적으로 뛰어넘어서 그의 절대의존 감정을 오직 '하나의 최고 존재'(ein hoechtes Wesen)에게로 향할 수가 있는 것이다.[137]

그러므로 슐라이어마허에 의하면 경건이 '하나의 신에 대한 신앙'으로 발달될 때에만, 인류의 나머지가 이런 방향으로 전진하리라는 것은 확실한 사실이다. 왜냐하면 이런 신앙은 항상 어디서나 최상의 방법은 아닐지라도, 그것 자체를 널리 전파하고 그리고 인간의 감수성에 자신을 드러내 보이기 위한 노력에 매우 적극적으로 참여하고 있기 때문이다. 여기서 슐라이어마허는 의식발달의 최고 수준에서 종교적인 실체는 모두 종교의 용해나 세소고하에도 불구하고 지속적이기 때문에, 비록 그 명백한 충성이 폐결핵을 앓았다고 하더라도 그 문화는 종교 발달에 유리한 방향으로 참여하게 된다고 강조한다.[138] 물론 우리는 경험적인 수준에서의 어떤 단선적인 진보도 거부한다. 그러나 유형적인 발달의 수준에서는 진보가 발생 가능하며 더구나 그러한 진보는 영구적이고 단선적이다. 이리하여 『신앙론』에서의 슐라이어마허의 입장은 『종교론』의 입장을 보완하고 있다.

그런데 이런 진화론적인 도식을 받아들일 때, 과연 우리가 주물숭배 이전의 선사시대의 종교 단계로 추적해서 추론할 수 있는가 하는 문제가 대두된다. 슐라이어마허는 이 문제를 단지 두 가지 방식으로 생각할 수 있었다. "하나는 매우 불명확하고 혼란된 상태를 갖고 있는 경건의 형태(즉 주물숭배)가 어디에서나 가장 최초의 형태였는데 소규모의 여러 부족들이 하나의 거대한 교제로 모여들음으로써 다신교로 진전하였다는 것이고 다른 하나는 유치한 상태의 유일신교가 가장 근원적인 단계였는데, 어떤 사람들 사이에서는 우상숭배로 완전히 암흑에 빠지게 되었고 다른 사람들 사이에서는 '순

---

137) Ibid.
138) Fox, op. cit., p. 289.

수한 신신앙'(reiner Gottesglauben)으로 선명하게 되었다는 것이다."[139]

더욱이 슐라이어마허는 최고 단계의 종교로서 유일신교에 속하는 유대교, 이슬람교, 기독교만을 발견했으며 그중에서도 기독교가 가장 높은 단계에 있다고 보았다. 왜냐하면 유대교는 그것의 선민사상에 보여지는 바와 같이 주물숭배족으로 항상 기울어져 있는 반면에, 이슬람교는 그것의 열정적인 성격과 감각적으로 강렬한 관념 내용을 가지고 있어서 그것의 엄격한 유일신교적인 신앙에도 불구하고 다신교의 형태를 취하게 되기 때문이다. 그러므로 기독교는 이들 두 가지 유형의 종교들 보다 더 높은 위치를 차지하고 있으며, 역사상에 나타났던 것들 중에서도 가장 순수한 유형의 유일신교라는 위치를 확고하게 유지하고 있다.

따라서 어떤 유일신교로부터 다신교나 우상숭배로 완전히 전락해 버리는 일이 결코 없듯이, 기독교로부터 유대교나 이슬람교로의 대대적인 전략도 결코 일어날 수 없다. 개별적인 예외는 항상 '병적인 심정상태들'(krankhafte Gemuetszustaenden)과 연관되거나 경건 대신에 비경건한 것의 형식만이 다른 것과 교환될 것인데, 이것은 배교자의 경우에 항상 일어난다. 그리고 이것으로부터 다른 종교들과의 기독교의 이러한 비교 자체가, 기독교라는 것이 '가장 발달된 종교형식들 중에서 가장 완전한 것'(die volkommenste under dan am meisten entwickelten Religionsformen)이라는 주장을 보증한다.[140]

또한 슐라이어마허는 어떤 종교가 타종교보다 더 합리적이고 더 도덕적이며 또 그런 의미에서 보다 참된 종교라는 것을 믿고 증명하려고 했으며

---

139) Gl^2, § 8, 3. 원시적인 유일신교에 대한 예상은 결코 비합리적인 것이 아니다. 그것은 오랫동안 쉬미트(W. Schmidt)의 『신이념의 근원』(Der Ursprung der Gottesidee) 내의 풍부한 경험적인 자료와 함께 논의되고 발달되었다. 그는 꽁트(Comte)의 단순한 종교분류에 부분적으로 반대하는 자신의 논제를 슐라이어마허가 사용한 것과 똑같은 주물숭배·다신교·유일신교의 3단계로 발전시켰다. 물론 원시적인 유일신교의 사상은 올브라이트(Albright)와 레우(Leeuw)가 충분히 밝혔듯이, 그것을 인간의 원초적인 힘에 대한 상징체계의 한 수단으로서만 해석함으로써 수정될 수도 있을 것이다. 그리고 이것은 마레트(R. R. Marett)의 『종교의 문지방』(The Threshold of Religion)에서 개발되었다. 이 모든 것은 슐라이어마허의 제안뿐만 아니라 힘으로서의 그의 신 개념과도 적절히 잘 들어맞는다(Fox, op. cit., pp. 291-292).

140) Gl^2, § 8, 4.

그러한 사실을 모호하게 하려는 어떤 거짓된 겸손도 허용하지 않았다. 그래서 슐라이어마허는 한 단계 내에서 여러 종(種)들을 분류하는 작업을 개발하기 시작했다. 그에 의하면 종교들에 있어서의 相異性은 경건한 흥분들과 관련해서 볼 때 인간 상태들 속에 있는 '자연적인 것'(das Natuerliche)을 '도덕적인 것'(das sittliche)에 종속시키는 형태들과 반대로 도덕적인 것을 자연적인 것에 종속시키는 형태들 사이에 존재한다.[141] 말하자면 종(種)은 객관적으로 결정되기보다는 의도적으로 결정된다. 그는 종(種)에 대한 철저한 유형론을 제시하려고 하지 않고 최고 단계의 기독교를 위해서 기독교와 동일 수준에 있는 다른 종교들과 기독교 사이의 차이점을 조사하는 개념적인 분류를 시도하고 있다. 그는 보다 본질적인 차이점을 살펴보기 때문에, 세 유일신교 종교들의 순수 경험적인 우연적인 특성들을 중요시하지 않는다.

그런데 절대의존감정은 그 본질상 단순하고 그리고 결코 상이성의 근거를 제시하지 못한다. 왜냐하면 그것은 감각적인 흥분들과 유사하며 또 이 모든 흥분들을 통해서 똑같이 흥분될 수 있기 때문이다. 물론 이러한 유사성은 현실적으로는 개인과 집단 모두 속에서 조금씩 차이가 있다. "어떤 사람에게는 감각적인 감정들이 쉽고도 확실하게 경건한 흥분으로 연결되어 나타날 수 있고 다른 사람에게서는 그러한 경우가 정확히 역전되어 있기도 하다."[142] 여기서 우리는 고유한 경건한 흥분들이 생겨나는 보다 높은 자의식과 보다 낮은 자의식 사이의 교류 속에는 양적인 일대일 공동작용이 존재하지 않는다는 사실을 알 수 있다.

중요한 문제는 이런 여러 대응들에 근거해서 종교의 다양성을 어떻게 설명할 것인가 하는 것이다. 더구나 슐라이어마허는 대응의 객관적인 측면으로서 종교의 차이를 설명할 수 없음을 익히 알고 대응의 주관적인 측면을 세밀히 분석하고 있다. "어떤 경우에서는 자의식의 '능동적인 형식'(taetige Form)이 보다 쉽게 경건한 흥분으로 고양되고 그 '수동적인 형식'(leidende

---

141) *Gl*², § 9 Leitsatz.
142) *Gl*², § 9, 1.

Form)은 감각적인 단계로 남아 있을 때도 있으며 또 어떤 경우에는 이러한 관계가 완전히 역전되기도 한다. 물론 이처럼 단순하게 이해되는 구별은 다소간의 차이 속에서 유동적인 것으로서 남아 있기 때문에, 동일한 계기가 어떤 것과 비교해 볼 때는 보다 수동적이고 다른 것고 비교해 볼 때는 보다 능동적인 것으로 받아들여질 수 있다."[143]

그러나 만약 경건의 여러 형태들을 전체적으로 구분하려면 위에서와 같은 유동적인 구분은 종속관계로 바뀌어야 한다. 이런 종속관계가 가장 강하게 한편으로 치우치는 때는 수동적인 상태들이 자기능동성에 관련되는 한에서만, 절대의존감정을 야기시켜서 그러한 상태로부터 나오는 행위가 신의식을 자극할 때인 것이다. 그리고 경건이 이런 형태를 취하고 있을 때 수동적인 상태들은 경건한 흥분으로 발달되어 그러한 신의식으로부터만 설명될 수 있는 어떤 특정한 활동성을 발달시키게 된다. 그러한 경건한 흥분들의 영역에서는 세계에 대한 인간의 모든 수동적인 관계들은 단순히 그의 능동적인 상태들의 전체성을 일깨우는 수단으로만 나타나며, 그리하여 거기에 있었던 '감각적인 유쾌와 불쾌'(sinnliches Angenhmen und Unangenehmen) 사이의 대립은 극복되어져서 뒷전으로 물러나게 된다.[144] 이와는 반대로 감각적인 감정이 경건한 감정으로 고양되지 않는 경우에서는 그 대립은 여전히 지배적이다.

슐라이어마허는 바로 이러한 종속관계를 '목적론적인 경건'(teleologische Froemmigkeit)이라고 명명한다. 이런 표현은 여기서는 단순히 도덕적인 문제에 대한 주된 언급이 경건한 심정상태들의 근본유형(Grundtypus)을 구성하고 있음을 나타내고 있다. 이제 만약 경건한 흥분 속에서 형성된 행위가 '하나님의 나라'(Reich Gottes)의 촉진에 실제적으로 공헌하고 있다면, 심정상태는 그것을 유발했던 감정이 유쾌한 것이었든 불쾌한 것이었든 '상승시키는 심정상태'(erhebender Gemuetszustand)인 것이다. 그러나 만일 그러한 행위

---

[143] Ibid.
[144] Ibid.

가 자신에로의 후퇴이거나 보다 높은 삶의 두드러진 억제를 지양하기 위해 필요한 도움을 구하는 것이었다면, 그 심정상태는 그것을 유발한 감정이 유쾌한 것이었든 불쾌한 것이었든 간에 '기세를 꺾는 심정상태'(demuetigender Gemuetszustand)인 것이다.[145]

결국 이런 종류의 모든 경건한 흥분들에 있어서 그러한 관계 자체는 주체에 대한 모든 사물들의 작용결과로써 이루어지는데, 그러한 작용은 최고 존재에 의해 명령되어진다. 그리하여 그것은 상승시키는 감정들 속에서는 개별적인 삶의 미(Schoenheit)라고 불리는 일치(Zusammenstimmung)로서, 반면에 불쾌하거나 기세를 꺾는 감정들 속에서는 불일치(Missstimmung)나 추함(Haesslichkeit)으로서 나타나게 된다. 슐라이어마허는 경건의 이런 형태를 '심미적인 경건'(aesthetische Froemmigkeit)이라고 명명하고 있는데, 거기에선 자아활동성의 계기는 전체 유한한 존재를 통한 개별자의 규정으로서만 그리하여 수동적인 측면에 관련되어 절대의존감정 속에서 받아들여지게 된다. 목적론적인 경건과 심미적인 경건이라는 두 가지 근본형식은 서로 명백하게 상반되는 것으로서, 공통적으로 존재하는 요소들의 종속관계에 있어서의 상반됨을 보여준다. 그리고 모든 경건한 동감(Mitgefuehl)은 개인적인 동감과 마찬가지로 이런 두 가지 경건에서 자연적으로 발견될 수가 있다. 왜냐하면 전자는 단지 화장된 자의식일 뿐이고 후자는 추수된 자의식일 뿐이기 때문이다.

슐라이어마허에 따르면 경건의 이 두 가지 유형은 오직 '일반적인 비판적 종교사'(allgemeine kritische Religionsgeschichte)에서만 실제로 역사적으로 출현했던 신앙방식들을 명료화하는 데 적용될 수 있다.[146] 사실상 기독교보다 낮은 단계인 그리스 시대의 다신교에서는 목적론적인 방향이 완전히 뒷전으로 물러나 있다. 또 거기서는 심미적인 견해가 대단히 성행하고 있으며, 신들까지도 내면적인 미의 독특한 형식을 묘사하도록 규정되어 있다.

---

145) Ibid.
146) *Gl*², § 9, 2.

반면에 "기독교의 영역에서는 신의식은 항상 하나님의 나라에 대한 이념 속에 있는 능동성 상태의 전체성과 관련되어 있다…하나님의 나라가 기독교에서 가장 중요하고 또한 모든 것을 함축하는 그림인데, 그것은 단순히 기독교에서는 모든 고통이나 기쁨이 "하나님 나라"에서의 능동성에 관련되어 있을 때에만 경건하다거나 혹은 수동적인 상태로부터 나온 모든 경건한 흥분들이 능동성에로의 전이에 대한 의식으로 끝나게 된다는 사실을 일반적으로 표현하고 있다."[147]

더구나 슐라이어마허는 모든 유일신교가 다 목적론적인 방향에 속하고 있는지를 탐구하고 있다. 특히 유대교에 대해서는 비록 그것이 권유와 교화의 수단으로보다는 신적인 벌이나 보상의 형식으로 수동적인 상태를 활동적인 상태와 관련시키기는 하지만, 그럼에도 불구하고 신의식의 주된 형식은 '명령하는 의지들'(gebietender Willen)의 형식을 띠고 있으며 따라서 바로 그것이 수동적인 상태에서 비롯된 것이라고 할지라도 그것은 필연적으로 능동적인 상태에 대한 수동적인 상태의 이런 종속관계를 전혀 보여주지 않고 있다. 그보다는 이런 형태의 경건에서는 영원히 변하지 않는 '신적인 섭리들'(goettliche Schickungen)에 대한 의식 속에 완전히 안주하고 있으며 또한 '자아능동성 의식'(Selbsttaetigkeitsbewusstsein)조차도 절대의존감정에만 결합되어 있는데, 여기서 그것의 피규정성은 그러한 섭리들 속에 안주하도록 되어 있다고 간주된다. 그리고 이러한 '운명론적인 특성'(fatalistischer Charakter)은 자연적인 것에 대한 도덕적인 것의 종속관계에서 가장 명확하게 드러나고 있다.

그러므로 유일신교적인 단계는 여러 가지로 세분되어서 기독교에서 '목적론적인 유형'(teleologische-Typus)이 가장 명확하게 나타나고 유대교에서는 덜 완전한 것으로 나타난다. 그리고 이슬람교에서는 그것이 완전히 유일신교적인 형태를 띠고 있음에도 불구하고 오히려 '심미적인 유형'(aesthetischer Typus)에 가깝다는 사실을 알 수 있다. 그러므로 기독고는 유일신교적인 단

---

147) Ibid.

계에서 끌어내릴 수 없는 것과 마찬가지로 목적론적인 방향에서 벗어나서는 안 된다.

2) 기독교의 탁월성

앞에서 살펴보았듯이 슐라이어마허에 의하면 종교의 본질은 항상 구체적인 역사 형태 속에서만 현현된다. 특히 『종교론』에서 우주의 직관은 항상 개별적이며, 종교의 모든 개별적인 형태는 우주에 대한 하나의 특별하고 근본적 직관에 의해서 규정된다는 것이다. 더구나 슐라이어마허는 이러한 근본직관을 비교함으로써 기독교의 절대성을 강조하고 있다. 그는 특히 구약의 유대교에서, 모든 역사적인 종교를 규정하는 근본직관에 관한 그의 논제를 발전시켰다. 그는 이것을 '일반적이고 직관적인 응보'(allgemeine unmittelbare Vergeltung)의 이념에서 발견했다.[148] 즉 유대교와 그 역사에서 근본적으로 우주의 이념은 '인간-우주'(Mensch-Universum)의 특정한 관련을 구성한다는 것이다. 그러나 자의(恣意)로부터 솟아나온 모든 개별적인 유한자에 대한 무한자의 고유한 반동은 그런 자의로부터 발전해 왔다고 볼 수 없다.

반면에 기독교의 근본직관은 더욱 화려하고 숭고하며 성숙한 인류에게 보다 가치 있으며 그리고 체계적인 종교의 저인 속에 보다 깊이 관통해 있으면서 전체 우주로 더욱 멀리 확장된다. 슐라이어마허는 물론 신적인 중보자가 나타난다는 것을 전혀 간과하지 않았다. 기독교의 근본직관은 "전체의 통일성에 대항하는 모든 유한자의 '일반적인 저항'(allgemeines Entgegenstreben)에 대한 직관이며 또한 그 신성이 이런 저항을 다루는 방식과 '그 자신에 대한 적대관계'(Feindschaft gegen sich)를 중재하는 방식에 대한 직관이다…'타락과 구석'(Verderben und Erloesung), '적대관계와 중재'(Feindschaft und Vermittlung)는 이러한 직관에 있어서 분리불가능하도록 결합

---

148) *Reden*, p. 192(p. 287).

되어 있는 두 가지 측면들이다."[149] 기독교의 이런 근본직관 속에는 두 가지 논쟁적인 원리가 있다. 즉 문화비판적이고 종교비판적인 원리가 그것이다. 슐라이어마허는 다음과 같이 말한다.

> [첫째로] 기독교는…종교 자체를 종교를 위한 소재로 다룸으로써 그것은 종교의 '보다 높은 잠재력'(hoehere Potenz)이다. 도처에는 '비종교적인 원리'(irreligioeses Prinzip)가 널리 확산되어 있다는 점을 기독교는 당연히 그 전제로 삼고 있다. 더욱이 그것이 직관의 본질적인 부분을 구성하고 그 밖의 모든 부분이 그것과 관련된다는 점에서 기독교는 철두철미하게 논쟁적이다…[둘째로] 종교에 있어서 모든 현실적인 것에 대항한 영속적인 논쟁은 결코 완전하게 충족될 수 없는 과제로서 제시되고 있다. 즉 '무한한 신성성'(unendliche Heiligkeit)이 바로 기독교의 목표이다. 기독교는 이미 도달한 것에 결코 만족하지 않고 그것의 순수한 직관이나 그것의 가장 신성한 감정들 속에서도 여전히 비종교적인 것의 흔적을 찾으며 또한 우주에 대립하여 그것으로부터 등을 돌리려고 하는 모든 유한한 것의 경향의 흔적을 더듬어 나간다.[150]

슐라이어마허가 우리에게 경건(Frommigkeit)은 결코 휴식해서는 안 된다고 말할 때처럼, 위의 진술들에는 '세계내적인 고행'(innerweltliches Askese)의 특성이 존재한다.[151] 우리는 종교적인 감정들과 견해들을 모든 심정의 느낌들과 행위들에 접근시킬 수 있어야 하는데, 바로 이것이 기독교에 있어서 대가(Virtuonitaet)의 최고 목표이다.[152] 슐라이어마허는 기독교의 이러한 끝없는 자아심판(selbstgericht)의 기본 감정을 '성스러운 비애'(heilige Wehmut)라고 명명했다. 이것은 기독교적인 감정 전체를 지배하는 근본색조(Grundton)인 것이다. 우리는 기독교적인 심정의 심층(특히 기독교 창설자)속에, 이런 느

---

149) Reden, pp. 193-194(p. 291).
150) Reden, pp. 195-196(pp. 293-294, 296).
151) Fox, op. cit., p. 263.
152) Reden, p. 198(p. 299).

낌이 철저하게 지배적임을 발견할 수 있다. 슐라이어마허에 의하면 기독교의 이런 직관적이고 감정적인 복합 특성은 그 창설자인 그리스도의 의식 속에서 철저하게 지배적이었다. 여기서의 우리의 주된 관심사는 슐라이어마허의 방법에 관한 논의의 맥락 속에서 그의 기독론을 주지시키는 데 국한한다. 그는 다음과 같이 말한다.

> 그(그리스도)에게 있어서 '참으로 신적인 것'(das wahrhaft Goettliche)은 위대한 이념, 즉 모든 유한자는 신성과 연관되기 위해 '보다 높은 중개'(hoehra Vermittlung)를 필요로 한다는 이념이 그의 영혼 속에서 형성되었으며 또 명백하게 밝혀졌다는 점이다. 그는 이 이념을 우리에게 주기 위해서 이 땅에 오셨던 것이다.[153]

따라서 인간의 타락은 오직 그리스도의 중재를 통해서만 극복된다. 중재자(das Vermittelnde) 자신은 변경되지도 않고 별도의 중개를 필요로 하지 않으므로 중개자는 단순히 유한하게 존재할 수는 없다. 중개자는 무한자와 유한자 모두에 속해 있음에 틀림없다. 즉 그는 신적인 본성에 관여하는 동시에 바로 이런 의미에서 유한자에 관여하고 있다. 그러나 물론 이런 사실은 예수에게만 독특한 능력이 아니라, 그것과 유사한 우리 자신의 능력을 실현시킬 수 있게 하는 그분 안에 있는 실재이다. 예수는 단순한 한 사람으로도 취급되지 않고 그리고 그에 관한 언어가 일상적인 인간 언어와는 전혀 관련되지 않는 방식으로도 취급하지 않는다. 원리상 예수는 모든 사람들이 그와 더불어 비로소 자의식적으로 깨닫게 되는 성스러운 것과 속된 것의 밀접한 통일성이다.

그러므로 종교 속에서 예수와 동일한 직관을 그 근저에서 갖고 있는 사람은 그 학파 여하를 막론하고 기독교인이며 그 종교를 역사적으로 자기 자신으로부터 이끌어 내거나 타인에게서 발전한 것으로 생각한다고 해도 변

---

153) *Reden*, p. 199(p. 301).

함없다. 이것은 종교의 모든 특정한 형태들의 '평화로운 전세계적인 통합'(a peaceful cosmopolitan union)의 근거가 될 수 있다는 의미이다.[154] 왜냐하면 그리스도와 인간 본성의 모순내향적이고 신비로운 관계는 절대로 일반적이고 무제한적이기 때문이다. 슐라이어마허는 다음과 같이 말했다.

> 그리스도 자신이 전달할 수 있었던 종교적인 직관들과 감정들이, 자신의 근본직관에서 출발하는 종고의 전체 범위라고 말하지도 않았다. 그는 항상 자신 이후에 올 진리를 가리켰으며 그의 제자들도 마찬가지였다. 그들은 성령(Heiliger Geist)에 결코 제한을 두지 않았다. 성령의 무한한 자유와 그 계시들의 '예외 없는 통일성'(durchgaengige Einheit)은 도처에서 그들에 의해 연정된다. 그런데 이는 절대적인 자유와 본질적인 무한성의 결과로 '신적인 중개력들'(goettliche vermittelnde Kraefte)이라는 기독교의 중요한 이념은 각종의 다양한 방식으로 발전하였다. 신적인 본성이 유한자 속에 내재하고 있다는 직관과 감정은 모두 기독교에 도달하였다.[155]

슐라이어마허는 비록 기독교를 위해서 종교 속에 있는 광대한 지역이 아직 경작되지 않았다고 보았고 그리고 사람들이 기독교가 곧 몰락할 것이라든가 빠른 시일 내에 몰락할 것으로 말했음에도 불구하고 기독교는 아직 오랜 역사를 갖게 될 것이라고 확신했다.[156] 기독교는 실증종교의 모든 직관이 관련되어 있는 중앙직관(Zent-ralanschaung)을 보다 높은 잠재력으로서 설명하는데, 그 중앙직관은 이런 개별종교들의 핵(核)으로서 고유한 전체의 중심점을 형성하고자 한다.[157] 달리 말하면 기독교는 종교 세계에 있어서 중심점이며, 다원성이 통일성에로 요약되는 '조직화의 중앙'(Organizationszentrum)이며, 종교라 불리는 개체의 '결정화의 핵'

---

154) Fox, op. cit., p. 269.
155) *Reden*, p. 201(pp. 304-305).
156) *Reden*, p. 202(pp. 306-307).
157) *Reden*, p. 204(p. 310).

(Crystalizationskern)이다.[158] 따라서 기독교는 그것에서 보다 더 완전히 이상화되는 곳이 없는 탁월한 종교라고 할 수 있다.[159] 여기서 종교의 무수한 형태는 기독교의 고유한 요소 이외의 다른 것이 아니게 된다.

물론 슐라이어마허는 종교가 '무한자 속으로 전진하는 세계정신의 한 작품'(ein ins Unendliche fortgehendes Werk des Weltgeistes)이기 때문에, 하나의 종교만 있기를 바라는 무모하고 어리석은 생각은 포기해야 한다고 주장한다.[160] 그는 분명히 절대적인 진리에 관한 그리스도의 주장을 받아들이지 않는다. 물론 그가 '개별성의 원리'(Individualitaetsprinzip)와 '역사적 진화의 사상'(Gedanken der geschichtlichen Evolution)을 통해 이런 진리 주장을 상대화시켰지만, 그에게 있어서 기독교는 '현재까지의 인류의 종교발달 가운데서의 최고 단계'(die bisherhoechste Stufe der religioesen Entwicklung der Menschheit)이다.[161] 즉 기독교가 다른 모든 종교를 능가하는 탁월한 절대종교라는 것이다.

그럼에도 불구하고 슐라이어마허는 기독교를 한 '일과성의 현상'이라고 했다. 그는 기독교가 그 영광 가운데서도 다른 종교보다 더욱 역사적이고 겸허하다고 말한다.[162] 그러므로 그는 종교의 발달이 최소한 기독교의 현재 형태를 넘어서리라고 기대한다. 그러나 이 새로운 발달시기는 기독교의 정신을 더욱 새롭고 정교한 형태로 인식시키는 기독교의 신생(Palingenesia)을 의미한다.[163] 모든 발달의 유한한 목표는 그에게 있어서는 '모든 시대의 바깥에'(ausser aller Zeit) 있다.[164] 그러므로 우리는 젊은 슐라이어마허에게서 바울의 종말론 개념과 결합된 인류의 무한한 역사 발달에 대한 확신을 발견할 수 있다. 그는 최소한 『종교론』에서 그리스도는 '유일한 중보자'(einziger Mittler)라고 주장하지 않았으며 또한 자신의 학파(Schule)를 종교와 혼동하

---

158) Serifert, op. cit., p. 168.
159) *Reden*, p. 196(p. 295).
160) *Reden*, p. 166(p. 242).
161) Redeker, op. cit., p. 73.
162) *Reden*, p. 203(p. 308).
163) *Reden*, p. 204(p. 209).
164) *Reden*, p. 204(p. 308).

지도 않았다.[165] 이와 같이 기독교를 경험적인 관점에서 본다면, 다른 모든 종교를 실제로 흡수하는 그러한 종교를 사실상 상상할 수 없게 된다. 슐라이어마허는 다음과 같이 주장한다.

> 기독교는 인류에게 있어서 종교의 유일한 형태로서 지배하는 전제주의(Despotismus)를 거부한다…기독교는 자체 내부에서 무한자에로까지 이르는 다면성(Mannigfaltigkeit)을 창출해 내려고 할 뿐만 아니라, 그것을 자신의 외부에서도 연관시키기를 원하고 있다…'종교들 중의 종교'(Die Religion der religionen)는 자신의 가장 내면적인 직관의 고유한 측면을 위한 소재를 충분히 모을 수 없다. 인류 일반으로부터 획일성(Einfoermigkeit)을 찾는 것만큼 비종교적인 것이 없다면, 이와 마찬가지로 종교에서 획일성을 추구하는 것만큼 비기독교적인 것은 없다. 우주는 모든 방식으로 직관되고 숭배될 것이다. 종교에는 무수히 많은 형태가 가능하며 그리고 모든 형태가 한 시대의 언젠가 실현되는 것이 필연적이라면, 어느 시대에서나 무수한 형태의 종교들이 예감될 수 있기를 최소한 바랄 수 있는 것이다.[166]

이와 같이 슐라이어마허는 『종교론』에서 기독교가 질적으로 절대적이라고 주장하고 싶지 않은 것 같다. 따라서 그는 기독교의 특유한 본질을 정의하기 위해 기독교를 초월한 입장을 취했다. 그는 『신앙론』 초판에서도 종교의 본질규정이라는 보다 커다란 틀 속에 독특하게 기독교적인 것을 포함시키고 있었지만, 『신앙론』 제2판에서는 자신을 기독교 신앙으로부터 분리시키지 않은 채 오히려 기독교 신앙의 질적인 독특성을 주장하고 있다. 슐라이어마허에 의하면 기독교 교리는 일반적인 종교의식에서만 발생하는 것

---

165) *Reden*, p. 201(p. 304). 『종교론』 제3판에서는 다음과 같이 첨언되었다. "그리스도의 학파와 그리스도의 종교의 차이점은 동일한 문제를 상이한 관점으로부터 상이하게 고찰하는 것에 불과하다. 그리스도의 종교란 구속(redemption)과 중재(mediation)의 이념이 종교의 중심이라는 것이며, 반면에 그리스도의 학파란 이들 이념이 역사과정을 통해서 개인에게 관련될 때의 이런 적용(application)이다"(Oman, *On Religion*, p. 264).
166) *Reden*, p. 205(pp. 310-311).

이 아니라 무엇보다도 예수 그리스도를 통한 구속의식에 의해 발생했으며 그리고 이러한 구속의식은 절대의존감정이 기독교라는 실증종교에서 표현될 때의 특별한 형태인 것이다.[167]

따라서 슐라이어마허는 마치 기독교가 내재적인 법칙에 따라 인간의 종교성이나 다른 특수종교들로부터 진화한 것인 양, 기독교를 인간의 종교성이나 다른 특수한 종교들에게 종속되어 있다고 주장하지는 않는다. 또한 그는 참된 종교는 기독교에서만 나타난다고 주장하지도 않는다. 그는 이미 『신앙론』에서 다른 종교들과 종교성 자체를 그 자신의 기독교적인 의식을 통해서 고찰하고 그리고 나사렛 예수라는 구속자에 의해 구속이 전달되는 중심적인 주변에서 종교의 자료를 수집했다.

여기서 기독교와 관련해서 다른 종교들이 분류될 수 있는 기준에는 두 가지가 있다. "첫 번째 기분은 문제의 종교가 신에 대한 절대의존감정과 부분적인 의존감정(및 부분적인 자유감정) 사이의 차이를 나타내는 상대적인 명확성이다. 이 두 가지 감정이 자의식 속에서 명확히 구별되면 될수록, 기독교의 중심에 놓여 있는 유일신을 인정하는 데로 보다 가까이 접근하게 된다. 두 번째 기준은 절대의존감정이 개인 속에 스며드는 상대적인 효능이다. 여기서는 신에 대한 모든 유한한 존재의 의존감정뿐만 아니라, 목적에 대한 개인의 느낌과 역사의 신적인 목표에 참여한다는 개인의 의식도 포함된다."[168] 슐라이어마허는 이 두 기준을 기독교 신앙 자체 속에서 직접 끌어 내었다. "기독교는 경건의 목적론적 방향에 속하는 '유일신교적인 신앙방식'(monotheistische Glaubenweise)이며 그리고 기독교에서는 모든 것들이 나사렛 예수에 의해 행해진 구속(Erloesung)과 연관되어 있다는 점에서 다른 경건들

---

167) 『신앙론』은 심오하게 그리스도로 채워진 책인데, 이러한 사실은 슐라이어마허의 20세기 비평가들이 종종 은폐시켰던 사실이다. 니버(R. R. Niebuhr)에 의하면 "이 저서에게 의미를 부여하는 것은 종교감정만이 아니다. 똑같이 중요한 것은…예수 그리스도라는 인물이 차지하는 위치이다"(*The Christian Faith*, 2 Vols.(New York: Harper & Row, 1963), Vol. I, P. xviii (Richard R. Niebuhr의 서문)).

168) R. R. Niebuhr, *Schleiermacher on Christ and Religion*, p. 232.

과는 본질적으로 구별된다."^169)

이러한 정의는 세계종교들 내에서의 기독교의 역사적인 위치를 설정하는 데 큰 도움이 된다. 여기서 우리는 오직 예수를 통해서만 또 기독교 속에서만, 구속이 경건의 중심점이 되고 있다고 말해야 한다. 종교에 대한 다른 모든 중요한 현현들은 이런 중심부 주변에 정열되고, 그것들이 그것에게 접근하는 정도에 의해서 정의된다. 다른 종교들은 각기 개별적인 회개나 정화를 지시하고 또 이것들이 그 교리나 조직체계의 개별부분만을 구성함으로써, 구속의 성취라고 하는 것이 주된 관심사가 되지 못한다. 타종교들의 주된 관심사는 특정한 교리 위에 특정한 형식으로 그것들의 종교를 세우는 데 있다.

반면에 기독교는 '그리스도의 구속하는 활동성'(die verloesender Wirksamkeit Christi)의 영향이 근원적인 한에서 그리고 그런 활동성의 '촉진과 전파의 수단'(Foerderungs und fortpflanzungsmittel)으로서만 존속된다.[170] 슐라이어마허에 의하면 우리는 그리스도에 대해서 '가장 무조건적인 경배'(loss unbedingteste Verehrung)와 '형제애적인 동료의식'(bruederliche Genossenschaft)을 느낄 수 있어야 한다.[171] 그의 이러한 기독론은 그리스도의 인격과 사명이 동일시되는 '아래로부터의 기독론'(christology from below)이라고 명명될 수 있다. 여기서는 구속자의 '독특한 활동성'(eigentuemliche Taetgkeit)과 '배타적인 존엄성'(ausschliessliche Wuerde)은 서로를 함축하며, 또 믿는 자들의 자의식 속에서 불가분리적으로 하나가 되어 있다.[172]

따라서 기독교에 있어서 교제 구성원들과 창설자의 관계는 다른 종교들에서의 그러한 관계와는 매우 다르다. 왜냐하면 타종교에서의 창설자들은 사실상 서로 비슷하거나 크게 다르지 않은 사람들의 집단 가운데서 자의적으로 선출된 사람으로 나타나고 있으며 또한 그 창설자들이 신적인 교리와 질서로서 받아들인 것을 다른 사람들도 마찬가지로 받아들이기 때문이

---

169) *Gl*², § 11 Leitsatz.
170) *Gl*², § 11, 4.
171) *Gl*², § 96, 1.
172) *Gl*², § 92, Leitsatz.

다. 물론 『종교론』에서 슐라이어마허는 신을 중재하는 것은 그 자체로서 중재를 필요로 하지 않아야 한다는 원리를 포기했다. 그러나 『신앙론』에서는 오직 그리스도만이 홀로 그리고 모든 구속자들에 대해서 다른 모든 사람들과 대립되며, 그 자신이 구속을 필요로 하고 있었다는 것은 도저히 용납되지 않고 있다. 우리가 신과 친교를 나누는 것이 그리스도와의 친교 속에서이며, 또 그리스도 속에서 변형된 존재의 이상적인 우리 자신의 상태를 발견하기 때문에, 우리는 그리스도에게 우리가 결여하고 있는 깨뜨릴 수 없는 이상성(ideality)을 귀속시켜야 한다. 이리하여 『신앙론』에 와서 그리스도는 근원적으로 다른 모든 사람들과 구별되었으며 그리고 그의 탄생에서부터 구속능력을 부여받았던 것이다.

이런 점에서 예수는 신·덕·불멸 등의 이념을 가르치는 교사가 아니다. 만약 그가 개념화된 신(즉 종교적이고 도덕적인 신)만 가르쳤다면 그는 인류를 그 죄에서 구속할 수 없을 것이다. 교회는 구속이라는 그의 중재 때문에 예수를 신이라고 불러왔다. 슐라이어마허에 의하면 '신의 본래적인 존재'(eigentliches Sein Gottes)를 구성하고 있는 구속자는 '그의 신의식의 부단한 능력'(stetige Kraeftigkeit seines Gottesbewusstseins)에 의해 전적으로 다른 사람들로부터 구별된다고 한다.[173] 따라서 나사렛 예수는 원형적인 인간인 것이다. 헤겔학파의 기독론에 반대하여 슐라이어마허는 그가 원형이라고 말한

---

173) *Gl*², § 94 Leitsatz. 『신앙론』 초판에서는 그리스도는 그 안에 내재하는 신의식이, 그 안에 있는 신의 참된 존재였다는 점에서 다른 모든 인간으로부터 구별된다고 말했다〔*Der Christliche Glaube*, 3 Vols. hrsg. von Hermann Peiter (Berlin: Walter de Gruyter, 1980), Vol II, § 116〕. 아마도 슐라이어마허에 대한 가장 끈질긴 오해는, 기독교 신앙에서 그리스도가 차지하는 위치에 대한 언급에 있다. 거기서는 슐라이어마허의 그리스도가 단지 여러 종교 창시자들 중에서 가장 높이 우뚝 선 존재에 불과할 뿐이며, 독특하고도 최종적인 구속의 진정한 중재자가 아니라는 슐라이어마허에 대한 비난은 옳은 것으로 실증될 것이다. 이렇게 되면 아마 슐라이어마허의 많은 그리스도들에 대해 이야기할 수 있을 것이며, 또 많은 중재자라는 것이 어떤 중재자도 없음을 의미함에 불과하다는 브룬너(Brunner)의 비난은 심각하게 고려되어져야 할 것이다〔Cf. Emil Brunner, *The Mediator* (Philadelphia: Westminster Press, 1957), chap. 1〕. 그러나 그런 식으로 슐라이어마허의 의도를 이해하는 것은 후기 자유주의 기독론들에 비추어 슐라이어마허를 이해하는 데서 결과된 오류이다. 반면에 그러한 이해의 타당성은 『종교론』의 미흡한 기독론이, 『신앙론』의 후반부가 19세기 후기의 기독론 사상에 끼친 영향보다 더 깊었다는 사실에 있다고 할 수 있다.

신의식의 최종적인 완전성이, 역사적인 예수의 개별적이고 구체적인 현상 속에서 현현된다고 주장한다. 그런데 나사렛 예수의 원형성(Urbildlichkeit)은 그의 모범성(Vorbildlichkeit)과 분리될 수 없다. 전자에 의해 그는 구속자가 되고 후자에 의해 그는 구속의 전달자가 된다.

이처럼 예수 안에 거하는 신의식이 신의 참된 존재라면, 그 신의식은 정도(程度)에서 뿐만 아니라 종류(種類)에서도 다른 모든 인간의 신의식과 분명하게 구별될 필요가 있다. 인간의 자연적이고 직접적인 자의식을 통해서 그들에게 주어진 신의식은 그것이 다시 감각적인 자의식(즉 세계의식)에 의해 계속 압도당하기 때문에 엄격한 의미에서 신의 존재라고 명명될 수 없다. 따라서 예수는 신의 존재가 발견되는 유일한 주관적인 장소이다. 왜냐하면 우리는 예수의 자의식 속에 있는 신의식을 매순간 끊임없이 배타적으로 결정하는 것으로 단정하고, 따라서 이 최고 존재의 완전한 내재를 그 자신의 독특한 존재요 가장 내면적인 자아로 단정해야 하기 때문이다.[174] 그는 다음과 같이 말한다.

> 참으로 거슬러 올라가 보면 우리는 이제 만일 인간의 신의식이 인간 본성 속에서 신의 한 존재가 된다는 것이 그를 통해서만 가능하다면 그리고 유한한 능력의 전체성이 세계에서 신의 한 존재가 된다는 것이 이성적인 본성을 통해서만 가능하다면, 그는 신의식의 능력을 포함하고 발달시키는 완전한 새로운 창조를 자신 속에 내포하고 있는 한에서 참으로 그만이 이 세계에서 모든 신의 존재를 중재하며 또 세계에 두루 두루 모든 신의 계시를 진리 속에서 중재한다고 갈할 수 있다.[175]

여기서 이성적인 본성이란 인류를 말한다. 즉 그리스도를 통하여 전체 인류가 신의 주권 아래 놓여지며, 이런 방법으로 세계의 모든 유한한 능력은

---

174) Gl^2, § 94, 2.
175) Ibid.

신에 대한 절대의존 속에서 계시된다. 이것은 또한 자연과 역사 속에서의 신적인 세계지배 그리고 세계의 전체성에서의 신적인 구속 행위가 그리스도를 통해 중재되며 또 신앙 속에서 경험된다는 것을 암시하고 있다.[176]

슐라이어마허는 기독교의 '배타적인 절대성'(exclusive absoluteness)을 배제하고 우주의 직관과 감정 및 신에의 절대의존감정을 통해서 인간의 보편성에 입각한 기독교 신앙을 정립함으로써 '종교적 상대주의'(religions relativism)에로의 길을 열어 놓았다. 슐라이어마허는 종교의식을 통해 드러나는 내재적이면서 초월적인 신이나 우주의 동일성의 원리를 기반으로 하여, 종교의 본질과 역사적 현현 모두를 포괄하는 종교사 신학을 통해 신학적 다원주의의 초석을 놓았다.

그는 전역사적인 종교의 발달과정을 세 단계(즉 주물숭배, 다신교, 유일신교)로 나누는 동시에, 모든 종교들을 목적론적 유형과 심미적인 유형으로 나눈다. 그렇지만 그는 모든 유일신교가 다 목적론적 유형에 속해 있다고는 보지 않는다. 왜냐하면 유일신교적인 단계는 여러 가지로 세분되어서 목적론적 유형인 기독교에서 가장 명확하게 나타나고, 유대교에서는 덜 완전한 반면에 이슬람교는 오히려 심미적 유형에 가깝기 때문이다. 슐라이어마허에 의하면 기독교는 목적론적 방향에 속하는 유일신교적 신앙방식이다. 바르트는 이러한 종교사의 유형론적 구성을 다음과 같이 도해하고 있다.[177]

목적론 (Teleologie)	심미학 (Aesthetik)
유일신교 (Monotheismus)	
다신교 (Polytheismus)	
주물숭배 (Fetishismus)	

분명히 이와 같은 도표는 경건감정의 보다 높은 구현들이 기독교 종교 자체에 가장 가까운 것들이라는 슐라이어마허 자신의 기독교적 확신을 반영

---

176) Redeker, op. cit., p. 194.
177) Karl Barth, *The Theology of Schleiermacher*, ed. by D. Ritschl tr. G. W. Aromiley (Grand Rapids: Williams B. Eerdmans Publishing Company, 1982), p. 228.

한다. 사실상 여기서 슐라이어마허는 확신에 찬 기독교인으로서 기독교 신앙의 '최종성'(finality)을 주장한다. 기독교는 모든 수동적인 종교감정을 목적적인 능동성으로 변형시키는 목적론적인 태도 때문에 그리고 하나님 나라의 개념 속에서 모든 감정을 통합하는 그 독특한 의식 때문에 다른 종교들과 다르다.

그리고 다른 두 유일신교(즉 유대교와 이슬람)에 대한 기독교의 우월성은 그 '기독론적인 구원론'에 의존한다. 구원사역은 충분히 발달된 종교의식의 소유자인 그리스도에 의해서 수행된다는 것이다. 슐라이어마허는 그리스도를 인간의 본질적인 보다 높은 의식의 원형(Urbild, archetype)으로 신의식의 가장 완전한 구현자로 그리고 그러한 의식을 남들에게 가장 완전히 환기시킨 자로 간주한다. 슐라이어마허는 나사렛 예수와 기독교가 종교적인 자의식의 진정한 본질을 구체적으로 나타낸 반면에, 다른 종교들은 그것을 왜곡시켰다고 믿는다.

슐라이어마허는 이것을 특별히 『신앙론』에서 전개하고 있다. 그리스도는 구속의 중재자이며, 인간은 그분 속에서 보다 높은 신의식을 표현하는 것을 방해하는 힘들로부터 구제받는다. 다른 종교들에서 이들 힘들은 직접적인 종교적 자의식의 활력성이 완전히 성숙하는 것을 방해한다. 타종교들은 감각적인 자의식(혹은 세계의식)과 보다 높은 자의식(혹은 신의식) 사이의 어떤 통합도 보여주지 못한다. 타종교들에서 신의식은 제의나 교의들에 의해서 억압되며, 따라서 구속이 중심적인 것으로 되지 못한다. 제의나 교의는 종교적인 자의식의 활력성을 인간 삶 속에서 완전히 해방시키지 못한다. 그런데 그리스도가 바로 이런 구속과 해방을 가져왔다. 그는 스스로는 구속을 필요로 하지 않았지만 신의식의 완전한 구현이었으며, 또 이것을 다른 사람들에게 전달해줄 수 있는 무한한 힘을 가지고 있었다. 이런 점에서 그리스도는 다른 모든 종교의 창설자들과는 구별된다.

4. 결론

슐라이어마허는 역사적인 기독교를 다른 모든 종교의 역사발달의 완성으로 간주함으로써, 타종교에 대해 기독교의 '배타적인 우월성'(exclusive superiority)을 선언하기에 이른다. 그에 의하면 유일신교로부터 절대로 다신교나 우상숭배로 완전히 전락해 버리는 일이 없듯이, 기독교로부터 유대교나 이슬람교의 전락도 결코 일어날 수 없다. 또 비록 기독교를 위해서 종교속에 있는 광대한 지역이 아직 개발되지 않았지만, 기독교는 더 오랜 역사를 갖게 될 것이며 최소한 기독교의 현재 형태를 뛰어넘어설 것이다.

그러므로 기독교 종교마저 완전한 진리를 주장할 수 없고 신적 계시의 이념이 자신에게 특별히 적용되었다고 배타적으로 주장할 수 없으며, 더욱이 다른 종교들을 허위라고 증언할 수 없다. 슐라이어마허는 인류의 무한한 역사 발달을 확신하기 때문에, 다른 모든 종교를 흡수하는 절대적인 기독교를 사실상 부정한다. 따라서 그는 종교의 유일한 형태로서 타종교를 지배하는 기독교의 전제주의(Despotismus)도 거부하는 동시에, 기독교와 타종교와의 대화의 필요성을 적극적으로 주장하지는 않는다.

슐라이어마허의 결정적인 과오는 보다 폭넓은 종교사에서의 평행을 간과함으로써 보다 객관적인 종교 비교를 불가능하게 만들었다는 점이다. 그는 기독교를 종교발달의 최고 최선의 단계로 보는 반면에, 타종교들은 종교발달의 불완전하거나 일차적인 단계인 바 기독교를 위한 준비로서 기능하고 있다고 본다. 현대와 같은 다원주의 사회에서 타종교의 경험적인 자료에 객관적으로 기초하지 않고 하나의 종교를 종교적인 진리와 가치의 최고 표현이라고 말하는 것은 '신학적 제국주의'(theological imperialism)라고밖에 말할 수 없을 것이다. 우리는 이러한 결함을 오토의 종교사 이해를 통해 보완하려고 한다.

슐라이어마허의 더 커다란 오류는 그리스도에게서 탁월성을 찾지 않고, 역사적인 예수의 인격 속에서 기독교 종교의 '배타적 탁월성'(exclusive superiority)을 찾은 점에 있다. 이리하여 그는 '신중심적인 규범적 기독론'(theocentric normative Christology)을 근거로 기독교의 배타적인 탁월성을 주장하는 신학적 다원주의를 처음 시도했던 것이다. 그러나 기독교와 타종교를 우열의 기준에서 평가하려는 주장은, 타종교에 대해 의사소통과 이해의 문을 닫고 만다. 그러한 주장은 다른 종교 전통에 속해 있는 구성원들이, 사회의 공통 목표를 위해 협력하는 것도 그리고 조화롭게 함께 살아가는 것도 어렵게 만든다. 우월성 주장은 신앙 공동체를 타종교인 이웃들로부터 고립시켜서 상호 간의 긴장을 일으키고 우호적인 관계를 방해한다.

따라서 한 특정한 종교의 독특성이 공개적으로나 비공개적으로 배타성을 배제할 때에만, 다른 공동체들과의 의미 있는 관계형성이 가능해진다. 필자는 우월성 주장의 이러한 결함을 틸리히의 종교사 이해를 살펴보면서 보완하기로 하겠다. 틸리히는 '그리스도로서의 예수'를 근거로 타종교와 상호관계를 맺는 능력에 의해서 입증되는 그리스도의 '관계적 절대성'(relational absoluteness)을 강조하고 있다. 그는 이러한 관계적 절대성으로 각 종교의 독특성을 인정하는 종교 간의 대화를 추진하면서 종교 상호 간의 풍요화와 협력을 도모할 것을 요청한다.

CHRISTIANITY AND THE HISTORY OF RELIGIONS

제3장
오토에 있어서의 기독교와 종교사

1. 서론

    종교연구는 오토(Rudolf Otto)에 힘입어 결정적으로 새로운 방향으로 나아가게 되었다. 그의 학문적 위치는 자유주의와 신정통주의의 양극 사이에 있다고 할 수 있다. 전자는 종교사학파(religionsgeschichtliche Schule)로서 기독교의 독특성 요구에 반박하여, 기독교의 복합적인 현상을 다른 수많은 낯선 종교들에서 도입된 요소들로 해소시키고 있다. 반면에 후자는 변증법신학(dialektische Theologie)으로서 비기독교 종교들과의 기독교의 모든 비교를 거부하고, 비기독교 종교들을 인간의 발명이거나 죄 많은 자아구원의 시도로 간주하였다. 이에 반해서 오토는 종교사의 보다 폭넓은 영역에서 삶과 체험을 파악하고 묘사하려고 했다. 멘슁(Gustav Mensching)에 의하면 오토의 종교연구는 원전 번역, 종교사 연구, 종교사 비교연구 등 세 부분으로 나눌 수 있다.[1] 그중에서 우리의 관심은 오토의 종교사 연구와 비교종교연구에 있다.

---

1) Gustav Mensching, "Rudolf Otto und die Religionsgeschichte," in *Rudolf Otto's Bedeutung fuer die Religionswissenschaft und die Theologie*, hrsg. von Ernst Benz (Leider: E. J. Brill,

오토의 종교사 연구에서 첫 번째 저술은 『초세계적인 것의 감정』(*Das Gehuehl des Ueberweltlichen*, 1932)인데, 그것은 성스러움과의 만남의 전형적인 체험방식과 표현방식을 종교사적으로 설명하는 논문들로 구성되었다. 두 번째 저술은 『아리아인의 신성과 신성들』(*Gottheit und Gottheiten der Arier*, 1932)이란 제목으로 출판되었다. 오토가 이 책에서 종교감정의 발생과 그것의 특수한 표현방식들에 관한 기본 직관을 초기 인도 신들의 세계에 적용하기 시작한다는 점에서, 우리는 이 저술을 그의 첫 번째 종교사 연구의 연속으로 볼 수 있다. 세 번째 저술은 '종교사적인 시론'이라는 부제를 가진 『하나님의 나라와 인자』(*Reich Gottes und Menschensohn*, 1934)라는 책이다. 여기서 그는 신약성서 연구에 참여하지 않고 단지 종교학적으로 의미 있는 두 가지 계기를 강조하고 있다. 그 하나는 예수의 가르침이 갖는 종교사적인 관련들에 대한 파악이고 다른 하나는 예수와 관련하여 오토가 카리스마적 유형이라고 부르는 것을 관찰하기 위한 환경연구이다.

이어서 오토는 비교종교연구를 통해서 종교의 축(軸)에로까지 전진해 갔으며, 거기에서 그는 외면적인 평행 현상들 속에 있는 중요한 구분을 발견했다. 우선 그의 대작인 『동서양의 신비주의』(*West-Oestliche Mystik*, 1926)는

1971), pp. 51-55. 오토의 원전 번역은 원전 속에 있는 독특한 종교적 삶을 주목했다. 첫 번째 번역은 인도의 구원론인 *Dipikâ des Nivasa* (1916)이었다. 오토가 이 원전에서 특별한 흥미를 느꼈던 것은, 인격주의적인 유신론과 비인격적인 신비주의 사이의 투쟁이었다. 이러한 투쟁은 인도에서는 특히 Shankara와 Rāmânuja라는 대표적 인물 속에서 묘사되었다. 두 번째 번역인 *Vishnu Narayana* (1917)는 비쉬누 신에 대한 생생한 믿음과 사랑의 헌신에 관한 중요한 체험 기록이다. 이 원전 속에서는 종교적 직관이 충만하게 보이는 동시에 기독교의 은총론과 유사한 것이 나타나며, 따라서 비기독교 종교(특히 인도 종교)와 기독교 사이의 관계가 새로운 측면에서 서술되고 있다. 세 번째 번역은 *Siddhârta des Ramanuja* (1918)인데, 여기서는 사변적인 비쉬누 스콜라주의가 해명되고 있다. 통찰력 있는 정의와 논증이 여기서 '구원의 형이상학'(Heilsmetaphysik)을 구성하는데, 그것은 기독교-서양적인 스콜라주의와 매우 유사하다. 네 번째 번역은 여러 해 동안 Bhagavadgîtâ와 그 주석들에 몰두하다가 말년에 이루어진 *Dar Sang des Hehr-Erhabenen* (1935)인데, 이것은 바가바드기타 전체에 대한 새로운 번역이다. 오토의 이 모든 번역들은 본질적인 것에 대한 직각적인 직관으로부터 나왔으며, 이들 원전 속에 언급되어 있는 종교생활의 생생한 인상을 전달해 주고 있다. 그의 번역은 다섯 번째 번역인 *Katha-Upanishad* (1936)로 끝나는데, 여기서도 구원의 이념 자체가 아주 명확하게 드러나고 있다.

'문제설명에 대한 비교와 구분'이라는 부제를 갖고 있다. 오토는 이 책에서 인도의 사변적인 Advaita-신비주의의 대표적인 인물인 Shankara와 기독교 중세 신비주의자인 Eckhart를 비교하면서 양자 사이의 공통점을 밝혔다. 그의 두 번째 종교 비교연구는 『인도의 은총종교와 기독교』(*Die Gnadenreligion Indiens und Christentum*, 1930)인데, 이 연구의 출발점은 신을 둘러싼 투쟁과 인도 토양에서의 구원이다. 즉 비쉬누 신에 대한 사랑의 헌신이라는 인격적이고 유신론적인 경건과, 두우주론적이고 비인격적인 Vedanta 사이의 대결인 것이다. 여기서는 Râmânuja 공동체 내의 bhakti 경건과 기독교의 관계에 대한 질문이 제기된다. 오토는 이러한 비교과정에서 인도의 은총종교가 기독교의 은총종교와 커다란 차이가 있음을 증명했다. 즉 기독교에서 보여지는 "죄와 죄책"으로부터의 구원은, 힌두교에서 보여지는 "가상세계에서의 유혹과 윤회의 불행"으로부터의 구원과 크게 대립하고 있다는 것이다.

맨성에 의하면 비교종교에 관한 오토의 위의 두 작품 속에서 이루어진 작업은 세 가지 관점(즉 종교사적인 토대 위에서의 종교의 본질 파악, 평행적인 현상형식들 사이의 체계적인 비교, 종교측정의 관점)에서 고찰될 수 있다.[2] 두엇보다도 오토의 기본 업적은 종교의 본질을 파악하려는데 있었다. 그는 『성스러움』 (*Das Heilige*, 1917)이란 책에서 성스러움에 의해 규정된 의식을 분석하려고 노력했다. 오토에 의하면 종교의 본질은 종교의 일반 개념에 의해 파악되는 것이 아니라, 성스러움(객관적으로 주어진 누멘적인 것)에 대한 종교체험을 서술함으로써 파악된다.[3]

---

2) Ibid., pp. 56-64.
3) 오토는 『성스러움』을 저술하기 훨씬 이전에도 『자연적이며 종교적인 세계관』에서 종교의 본질을 유사하게 파악하고 있었다. 즉 종교의 본질은 "경이롭고 가장 비밀스런 것에 대한, 모든 사물과 존재 일반의 숨겨진 양식과 심연에 대한, 우리에게 미해결된 채로 있는 말로 표현할 수 없는 신비에 대한, 우리를 지탱하고 있는 밑도 없는 깊이에 대한 감동(Ergriffensein)이다"(Rudolf Otto, *Naturalistische und Religioese Weltansicht* (Tuebingen: Verlag von J. E. B. Mohr, 1904), p. 33). 그리고 오토는 『칸트-프리스의 종교철학』에서 종교를, 사물의 깊이 및 세계와 생명의 신비에 대한 느낌으로서의 '전적인 비밀의 체험'(Erleben des Geheimnisses schlechthin)이라고 정의하였다(Rudolf Otto, *Kantische-Friessche Religionsphilosophie und ihre Anwendung auf die Theologie* (Tuebingen: Verlag von J. E. B. Mohr, 1921). p. 75, 105f. 이리하여 오토에게 있어서 종교는 지금까지의 모든

따라서 오토에게 중요한 것은 객관적이고 초주관적인 성스러움의 체험, 즉 누멘적인 것의 감정이나 '실재성 감정'(Realitaetsgefuehl)의 파악인 것이다.[4] 바로 이것이 종교학에 대한 새로운 시야를 열어 준다. 일반적인 종교학(특히 종교사학파)은 종교사에서의 '평행적인 현상들'(parallele Phaenomene)에 얽매여 있었기 때문에 평행적인 것 속에서 본질적인 것을 찾은 데 반해, 오토는 본질이 평행적인(Parallel), 즉 상동적인(homolog) 것 속에 있지 않다고 주장했다.[5] 오히려 그는 종교의 본질을 해당 종교에서 파악된 객체의 고유성과 객체에 대한 파악 및 그것과의 관련 속에서 찾았다. 따라서 오토에게 있어서 종교의 본질은 합리적인 개념으로 파악되지 않고 구체적인 특징 속에서 파악된다.

오토는 종교의 본질에 대한 자신의 종교학적인 인식을 종교사(특히 인도의 종교사)에서 증명하려고 했는데, 이러한 작업은 누멘적인 것과 그것의 표현형식들에 대한 뛰어난 연구영역이었다. 그러한 연구의 근거는 기독교 바깥에서(특히 인도에서) 여러 형태의 종교가 앞서 나타난 것처럼 보였다는 사실에 있다. 더욱이 오토는 종교로서의 기독교가 종교사의 커다란 연관 속에 내포되어 있기 때문에, 기독교는 자체의 특수한 형태 속에서 이런 연관으로부터 비로소 충분히 이해될 수 있다는 사실을 발견한다.

이리하여 오토에게는 종교사가 기독교 신학연구의 일부분이 되었다. 이것은 한편으로는 기독교 이외의 종교사 현상들을 긍정적으로 평가하는 일과 그것들이 기독교와 원칙적으로 대등하다는 점을 강조하고 다른 한편으로는 종교사와 종교학을 신학적인 보조 학문으로 만들었다. 물론 순수한 종

것과는 '전적으로 다른 것'(das ganz Andere)과 '절대적으로 규범적인 것'(das schlechthin Massgebende)인 어떤 정신적인 상황과 체험을 추구하고 개혁해 나가는 것이다(Ibid., p. 199). 이와 유사하게 분트의 『민족심리학에서의 신화와 종교』에서 종교는 '신비의 체험과 신비에로의 견인과 충동'(Erleben des Mysteriums und Zug und Trieb zum Mysterium)으로 정의되었다. Rudolf Otto, "Mythus und Religion in Wundt's Voelkspsychologie(이후부터는 MRWV로 표기하겠음), in *Theologische Eundschau* 13(1910): 304f.
4) Rudolf Ott, Das Heilige, *Ueber das Irrationale in der Idee des Goettlichen und sein Verhaeltnis zum Rationalen* (Muenchen: Biederstein Verlag, 1947 - 이후부터는 *DH*로 표기하겠음), p. 11.
5) Mensching, op. cit., p. 57.

교학의 입장에서 볼 때 종교학이 신학적인 목적에 의해 규정되어서는 안 되지만, 오토의 견해는 분명히 종교학의 중요성이 신학적인 작업의 준비에서 성립한다는 것이었다.[6]

비교종교연구에 관한 오토 연구의 두 번째 특징은, 여러 종교현상을 '상동적인 것'(Homologes)과 '유사한 것'(Analoges)을 구분했다는 사실이다. 오토 이전의 종교학은 기독교로부터 알려진 직관들과 타종교들에서의 예배를 비교하는 과정에서 발견된 평행들을 무턱대고 동일한 것으로 간주하려는 위험에 자주 빠졌으며, 결국 종교현상들 속에서 상동적인 것과 유사한 것을 혼동하였다. 즉 상동적인 것은 여러 종교들에서 서로 유사하기 때문에 동일한 명칭으로 불리우기는 하지만 무엇인가 상이한 것을 내포하고 있다. 예를 들면 소승불교의 신성들과 기독교의 신은 서로 상동적인 것이긴 하지만 유사하지 않다는 것이다. 오히려 기독교와 소승불교가 유사한 것은 열반(Nirvana)에서이다. 따라서 본질적으로 유사하지 않음에도 불구하고 동일하다고 말해지는 것을 비교해서는 안 되며, 오히려 완전히 상이한 것으로 불리더라도 본질적으로 유사한 의미를 갖는 것들을 비교해야 한다. 바로 이것이 오토의 종교연구에서 처음으로 이루어졌던 것이다.

이리하여 오토는 종교를 비교하기 위한 견고한 방법론을 제시하기 이르렀으며, 더욱이 그는 규범론으로서의 종교측정(Religionsmessung)을 주창하기에 이르렀다. 물론 종교비교가 종교측정을 돕고 있기 때문에 역사적인 종교연구는 종교측정에서 절정에 달한다. 즉 오토는 우리가 종교사를 객관적

---

6) 이와 관련해서 오토는 다음과 같이 주장한다. "종교의 전반적인 문제에 접근하는 두 가지 방법을 구별할 필요가 있다. 왜냐하면 그것들은 자주 혼동되기 때문이다. 그 두 가지 방법들은 한편으로는 순전히 현상학자의 견해인데, 여기서 종교는 하나의 현상으로 취급되며 말하자면 외부로부터 검증되고 그 자체로서 비종교적인 범주들 아래서 취급된다… 다른 한편으로 그것은 내부로부터의(즉 종교 자체의 관점에서의) 접근방법으로서, 종교의 본질에서 생긴 여러 범주들을 사용하는 사상가에 의해 실천에 옮겨지는 방법이다. 이것을 우리는 신학적인 방법이라고 부를 작정이다"(Rudolf Otto, "In the Sphere of the Holy," in *The Hibert Journal* 31(1932-33): 416. Philip C. Almond, *Rudolf Otto, An Introduction to His Philosophical Theology* (Chapel Hill: The Univ. of North Carolina Press, 1984), p. 86에서 재인용).

으로 연구함에도 불구하고 가치평가의 척도를 갖고 종교비교를 수행할 수 있다고 주장한다. 그는 『성스러움』에서 다음과 같이 기술했다.

> 우리가 종교들을 서로 비교하고 측정하고자 할 때 우리는…어느 것이 그 가운데서 '가장 완전한 것'(die volkommenste)인가를 물어야 할 것이다. 문화에의 교화…이성 및 인간성의 경계와의 관련, 종교의 외적인 것 등은 하나의 종교를 종교로서 평가하는 척도의 마지막 근거가 될 수는 없다. 오로지 종교의 '가장 본래적이고 내면적인 것'(eigenstes Innerstes), 즉 『성스러움』의 이념 자체가 얼마나 많이 있으며 그리고 하나의 주어진 개별 종교가 얼마나 그것에 완전하게 충실하고 있는가만 그런 척도를 제공한다.[7]

오토에 의하면 한 특정 종교의 발생이 종교의 가치를 결정하는 것이 아니라, 종교 속에 내재하는 『성스러움』의 이념을 실현하는 정도가 그것을 결정한다. 따라서 오토는 『성스러움』의 이념을 하나의 규범으로 간주한다. 그리고 그 규범이 객관적인 척도이기 때문에 그것에서 우리는 종교의 가치를 읽을 수 있는 동시에 종교의 진리를 판단할 수 있다.[8] 이와 관련하여 훗셀(Edmund Husserl)은 다음과 같이 요약하고 있다.

> 『성스러움』은 수년 동안 어떤 다른 저서도 줄 수 없었을 정도의 커다란 감동을 나에게 주었다…그것은 종교현상학 제1보적인 시작이다…내가 보기에는 형이상학자(신학자)가 현상학자인 오토를 날개를 매달아 멀리 날려 보낸 것

---

[7] *DH*, pp. 193-194.
[8] Menshing, op. cit., pp. 62-63. 멘슁은 오토의 이런 입장을 다음과 같이 비판한다. "우리는 우선 성스러움의 이념이 규범 개념인지 혹은 오히려 존재 개념이 아닌가에 대해 논쟁할 수 있다…두 번째로 성스러움의 이념에서 등급질서가 가치 요소에 객관적으로 주어졌는가에 대해(의문을 제기하고 있다)…마지막으로 종교의 진리에 대한 물음도 이런 방식으로는 결정될 수 없다…우리가 학문성의 특성을 단념하지 않으려고 하는 한, 어떤 방식으로든 이런 분야에서 한 종교나 다른 종교의 진리가 아주 없는가 미미한가 혹은 훨씬 더 큰가 하는 것에 대한 진술은 불가능하다. '규범적인 종교학'이라는 개념은 그 자체가 모순인 듯이 생각된다"(Ibid., p. 63).

처럼 보인다. 그러나 그렇다고 할지라도 이 책은 참된 종교철학이나 종교현상학의 역사에서 영속적인 위치를 차지하게 될 것이다.[9]

이리하여 우리는 오토가 자신의 신학적인 현상학의 입장에서 어떻게 종교의 본질을 규정했으며, 또 그것을 토대로 그가 어떻게 종교사를 규범적으로 이해하는지를 살펴보기로 하겠다.

2. 종교와 종교사

1) 종교의 본질

오토에 의하면 종교는 합리적인 요소들과 비합리적인 요소들로 이루어져 있다. 『성스러움』의 부제가 경시하듯이, 그 저서에서 오토는 종교의 비합리적인 요소를 연구하고 나아가 그것이 합리적 요소와 어떤 관계를 갖는지 연구하고 있다. 왜냐하면 그에게 있어서 종교의 지시 대상인 성스러움은 합리적이면서 비합리적인 대상이기 때문이다.

우선 성스러움은 합리적인 본성을 갖기 때문에 합리적인 대상으로 생각될 수 있다. 말하자면 신성이 정신, 이성, 목적, 의지, '목적설정적인 의지'(Zwecksetzender Wille), 선한 의지, 전능, '본질 동일성'(Wesenseinheit), 의식성(Bewusstheit) 등의 속성으로 특징지워질 수 있는 곳에서는 인간의 합리적이고 인격적인 본성과의 유추에 의해 사유되기 때문에 어떤 의미에서 이 신성은 오성(悟性)의 영역 속에 들 수 있다고 한다.[10] 다른 한편 성스러움은 비합

---

9) Letter from Edmund Husserl to Otto, March 5, 1919, HS 797. Philip C. Almond, *Rudolf Otto*, p. 87에서 재인용.
10) *DH*, p. 1. 알몬드(P. C. Almond)는 이것을 다음과 같이 요약한다. "신과 인간 존재는 모두 합리적 대상이며, 따라서 인간 본성의 속성들은 신성에도 적용할 수 있다. 인간 존재는 정신, 이성, 목적 등을 갖고 있는 존재로 생각될 수 있기 때문에, 그런 속성들은 이성에 의해 강요된 한계들이 제거되는 곳에서만 신에게 적용될 수 있는 것으로 생각될 수 있을

리적인 대상이며 사실 이 점이 더 우세하다. 실제로 오토는 신성의 합리적인 속성들이 사실상 개념적인 사유로는 접근 불가능하고 단지 느껴질 수만 있는 비합리적인 것에 의해 통용된다고 주장한다.[11]

그렇지만 오토에 의하면 감정은 합리적인 대상과 비합리적인 대상 모두를 지칭할 수 있다. 감정이 정확한 개념적인 용어로써 밝혀질 수 있는 대상에 대해 지칭될 수 있는 한에서 그것은 합리적인 것의 영역 속으로 들어오게 되지만, 그것이 비합리적인 대상에 의해 야기되는 것이라면 그것은 질적으로 특유한 것이다. 비합리적인 감정과 합리적인 감정 사이에는 유사점이 있기는 하지만, 비합리적인 감정의 특이성과 환원불가능성은 그 감정이 비합리적인 대상에 의해 야기된다고 하는 사실에서 기인한다. 오토는 이와 관련해서 다음과 같은 실례를 들고 있다.

> 평범한 공포의 경우에는 나는 내가 두려워하고 있는 것이 무엇인지를 개념적으로 제시할 수 있으며 또한 말할 수 있다. 예를 들어 해를 당한다거나 몰락한다는 것 같은 것들이다. 또한 도덕적인 경외의 경우에서도 나는 무엇이 그것을 불러일으키는지 말할 수 있다. 즉 영웅성(Heldenhaftigkeit)이나 '성격의 강도'(Charakterstaerke) 같은 것들이다. 그러나 종교적인 두려움에서 내가 두려워하고 있는 것이 무엇이며 또 내가 장엄한 것으로 찬양하고 있는 것이 무엇인지 하는 것은 어떤 존재 개념이라고 말할 수 없다. 그것은 모든 합리적인 분석과 개념화를 벗어나서 작곡(Komposition)의 아름다움과도 같은 비합리적인 것이다.[12]

것이다"(Almond, op. cit., p. 56).
11) *DH*, p. 2. 오토는 다른 곳에서는 다음과 같이 말한다. "우리가 신적인 것의 이념에서 합리적이라고 부르는 것은 그 이념 가운데서 우리의 파악 능력으로 분명하게 파악할 수 있는 것을 의미한다. 그리고 우리는 이러한 개념적인 명증성 주변에는 우리의 개념적인 사유로는 잡히지 않지만 감정 속에 주어지며 또 그러는 한 우리가 비합리적인 것이라고 부르는 비밀스럽고 어두운 영역이 존재한다고 주장하는 것이다"(*DH*, p. 71).
12) *DH*, pp. 71-72.

따라서 종교적인 감정의 독특한 본성에 대한 오토의 주장은 주로 그 감정들이 독특한 비합리적 대상에 대한 이해와 밀접하게 연관된다는 사실에 근거하고 있다. 그리고 종교적인 의식과 합리적인 의식에 대한 그의 심리학적인 비교는 바로 이 점을 전제로 하고 있다. 그러므로 경험적인 종교들은 특이한 합리적인 요소들과 특이한 비합리적인 요소들의 복합체이다. 오토에 의하면 이러한 복합체들은 종교적인 영역에서만 가능한 독특한 가치평가에서 발생한다.[13] 즉 종교는 성스러움이라는 정신 범주의 작용에 의해 신성성을 어떤 것에 귀착시킴으로써 비로소 발생한다. 이것은 신성성이 신들과 악마들에 대한 믿음, 명상, 창조신화, 희생제사 같은 종교현상들에 불과한 것이 아니라는 사실을 의미한다.[14]

그런데 성스러움의 합리적 요소들은 인간 본성의 요소들과 유추적인 관계를 갖는다. 마찬가지로 비합리적인 요소들은 합리적인 감정들과 비슷하지만, 그럼에도 불구하고 독특하며 따라서 종교의 핵(核)을 형성한다. 오토에 의하면 비합리적인 요소가 모든 종교들 가운데서 독특하게 가장 내적인 것으로서 살아 있는 것이며 그리고 그것이 없다면 어떤 종교도 가히 종교가 아닐 것이다.[15] 오토는 이 종교의 핵이라고 하는 것에, 신성을 나타내는 라틴어 numen에서 파생된 '누멘적인 것'(das Numinose)이라는 용어를 적용한다. 그는 후일 종교를 비종교적인 용어로 환원시키는 것에 반대하면서 다음과 같이 말한다.

> '종교는 자신과 더불어 시작된다'고 하는 나의 주장은 그것(환원주의)과 대립된다. 이 말은 종교가 처음부터 완성되어 있었다고 하는 뜻은 아니다. 그것은 누구나 '초보적인 유신론'(elementarer Theismus)과 더불어 종교가 시작되었다고 하는 뜻도 아니다. 그 말이 의미하는 바는 우리가 종교의 모든 단계에서 또 주로 그것의 '경쟁적인 특징들'(rivalisierende Anoraegung) 속에서

---

[13] *DH*, p. 5.
[14] David Bastow, "Otto and Numinous Experience," in *Religious Studies* 12 (1976):165.
[15] *DH*, p. 6.

직선적인 기본요소로서 발견될 수 있는 종교의 본질을 철저히 규정해야 하며, 종교발전 자체의 시초에 결코 동화되지 않는 하나의 요소를 두어야 한다는 것이다. 그것은…신에 대한 매우 성숙된 신앙 속에 존재한다. 그리고 그것은 초기 단계에서의 전적 타자에 대한 완전히 고유한 '원시-경험'(primitiv-Gefuehl)에 있어서의 기본적이며 조야한 형식 속에서 이미 나타나고 있다. 우리는 이 계기를 '누멘 감정'(das numinose Gefuehl)이라고 부른다.[16)]

오토는 다른 곳에서는 종교 경험의 대상에 대해 다음과 같이 기술하고 있다.

> 누멘(numem)이란 말은 종교 경험의 대상을 가리키는 말로서는 보다 더 기분 좋은 것이리라. 그것이 무엇인지 우리로서는 설명할 길이 없다고 하는 바로 그 이유만으로, 누멘들의 뿌리는 영혼 개념 속에는 존재하지 않는다. 경외의 감각을 불러일으키고 자극하는 것으로서 전 세계인들에게서 찾아볼 수 있는 비밀스런 공포에 찬 동굴 속에서 어슬렁거리는 누멘, 사막과 테러 지역 및 산과 골짜기 그리고 악마가 출몰하는 장소와 엄청난 자연현상 등의 누멘은…오직 상상력을 한껏 동원해야만 영혼이란 이념이나 어떤 다른 명료한 개념을 지칭하는 것으로 될 수 있다.[17)]

그렇게 해서 누멘 경험의 "전율"(tremendum) 요소는 그 최초의 표현에 이르게 될 뿐만 아니라, 누멘적인 것은 매혹(fascinans)과 신비(mysterium)로 이해된다. 즉 이 경외는 처음부터 어리둥절한 갈망의 감각에 사로잡힌 사람들을, 저 무섭고 말로 표현하기 힘들도록 놀랄 만한 것에로 이끌고 가는 특별한 매혹인 것이다.[18)] 그리고 처음부터 줄곧 종교는 신비의 경험이며 신비로

---

16) Rudolf Otto, *Das Gefuehl des Ueber-Weltlichen* (Muenchen: C. H. Beck'sche Verlagsbuchhandlung, 1932 - 이후부터는 *GU*로 표기하겠음), pp. 1-2. 7.
17) *MRWV*, p. 301.
18) *MRWV*, p. 303.

기꺼이 다가서고 또 다가서게 만드는 충동으로서 초월자에 대한 감정이며 또한 외적인 자극과 우연의 결과로 감정의 삶의 심층에서 갑자기 일어나는 경험이다.[19] 이제 종교의 본질에 대한 오토의 특별한 규정인 '전율적이고 매혹적인 신비'(mysterium tremendum et fascinans)를 각각의 특징을 따라 살펴보기로 하자.

a. 신비(mysterium)

누멘적인 신비의 결과로 생기는 정신적인 반응은 기이한 것, 불가사의한 것, 흥미(stupor)로서 우리로 하여금 입을 딱벌리게 하는 '아연한 놀라움'(das starre Staunen)과 '절대적인 의아스러움'(das absolute Befremden)을 뜻한다.[20] 그 결과 신비로운 것은 '전적 타자'(das Ganz Andere, thateron, anyad, alienum, aliud valde)이며 '낯설고 의아스러운 것'으로서 일상적인 것, 이해되는 것, 친숙한 것(따라서 내밀한 것의 영역을 벗어나는 것)이며 그리고 이러한 것들과 대조적으로 정립된 것(따라서 심정을 아연한 놀라움으로 가득 채우는 것)이다.[21]

그런데 우리가 신비라고 부르는 누멘적인 것의 이러한 요소는 거의 모든 종교사적인 발전선상에서 좀 더 그 기이한 것의 특성이 상승되고 강화되는 자체 내의 발달을 거치게 된다. 오토에 의하면 거기에는 세 가지 단계가 있다. 즉 '단지 의아스러운 것'(Nur-Befremdliches)의 단계, 역설(Paradox)의 단계, '이율배반적인 것'(Anti-nomisches)의 단계가 그것이다.[22]

첫째로 전적 타자로서의 기이한 것은 우선 불가해한 것이며, 크리소스톰(Chrysostomus)이 말한 것처럼 '파악할 수 없는 것'(ἀκατάληπτον)으로서, 우리들의 범주를 초월하기 때문에 우리의 파악에 잡히지 않는 어떤 것이다. 그러나 이 '부정신학'(negativa theologia)은 신앙과 감정이 일소되고 무(無)로 환원된다는 것을 뜻하지는 않고, 그 반대로 거기에는 가장 고상한 헌신

---

19) *MRWV*, pp. 304-305.
20) *DH*, p. 28.
21) *DH*, p. 29.
22) *DH*, p. 34f.

의 정신이 내포되어 있다.[23] 그런데 부정적인 의미에서 긍정적인 의미에로의 이런 비약적인 이동을 내포한 신비라는 표의문자(Ideogramm)의 사용 가능성은, 종교 언어에 대한 오토의 개념에서 매우 두드러진 '감정 연계법칙'(Gesetz der Gefurhlsgesellung)을 예증하고 있다. 오토는 그것을 다음과 같이 설명했다.

> 이런 '전적 타자의 감정'(Gefuehl des ganz Anderen)은 그 자체가 이미 자연적이며 수수께끼 같은 대상들 혹은 의아스럽게 작용하든지 놀라게 하는 것들과 연관되어 있거나 아니면 때로는 그것들을 통해 함께 자극된다. 예를 들어 그것들은 자연이나 동물들 그리고 인간들에게 있어서 의아스럽거나 눈에 띠는 현상들이나 경과들이나 사물들 같은 것이다. 그러나 여기서도 역시 중요한 것은 '누멘적인 감정계기'(numinose Gefuehls-moment)라는 특별한 것이 자연적인 계기와 연계되어 있다는 것이며, 결코 후자가 어떤 '정도상의 고양'(Gradsteigerung)을 통해 전자로 바뀌는 것은 아니라는 사실이다. 자연적인 의아스러움으로부터 초자연적인 대상 앞에서 느끼는 의아스러움에 이르는 어떤 '정도상의 이행'(Graduebergang)도 있을 수 없다. 그리고 초자연적인 대상 앞에서의 의아스러움에 관해서만 신비라는 표현은 비로소 그 완전한 의미를 나타내게 된다.[24]

둘째로 기이한 것은 우리의 범주를 벗어날 뿐만 아니라, 때로는 그것에 역행하며 그것을 해제시키고 혼란시키는 것처럼 보인다. 따라서 그것은 단지 불가해할 뿐만 아니라 이제는 곧 바로 역설로 되어 버린다. 모든 이성을 '넘어서'(ueber) 갈 뿐만 아니라 이성에 '거슬러'(wider) 가는 것처럼 보인다.

셋째로 이 역설의 가장 예리한 형식은 우리가 이율배반이라고 부르는 것이다. 이것은 단순한 역설 이상의 것이다. 왜냐하면 이제는 이성에 거슬리

---

23) Rudolf Otto, *The Idea of the Holy*, tr. by John W. Harvey (New York: Oxford Univ. Press, 1958 - 이후부터는 *IH*라고 표기하겠음), p. 184(번역자의 註).
24) *DH*, p. 30.

고 그 척도와 법칙부여를 무시하는 듯한 진술들이 나올 뿐만 아니라, 이러한 진술들은 그 자체 속에서 엇갈리고 또한 그것들이 언급하고 있는 대상 자체에 대해서도 서로 합치될 수도 배격될 수도 없는 대립을 진술하고 있기 때문이다. 여기서 기이한 것은 비합리적인 것의 가장 신랄한 형식으로 나타난다. 오토에 의하면 이러한 계기는 신(神) 이념에서의 비합리적인 것을 강조하는 '신비주의 신학'(mystische Theologie) 속에 잘 나타날 것임에 틀림없다.[25]

신비주의에서 말하는 피안(beyond, epekeina)이라는 것도 역시 모든 종교 속에 이미 존재하고 있는 비합리적 계기가 극도로 긴장된 것을 의미한다. 신비주의는 전적 타자로서의 누멘적인 대상의 이런 대립을 극도로 진전시키되, 단순히 자연적이고 세속적인 모든 것과의 대립으로 만족하지 않고 급기야 존재나 존재자 자체와 대립시킨다. 결국 신비주의는 그것을 무(無)라고 부른다. 여기서 무라는 것은 단지 어떤 것으로도 표현할 수 없다는 것을 뜻할 뿐만 아니라, 존재하고 있거나 생각될 수 있는 모든 것과 본질적으로 다르며 대립적이라는 뜻이다. 그러나 신비주의는 신비의 계기를 파악하기 위해서 개념이 행할 수 있는 유일한 방법인 부정과 반대정립을 역설에로까지 고양시키는 동시에, 전적 타자의 적극적인 방식을 감정(더구나 감정의 통일) 가운데서 지극히 생동적으로 포착하고 있다.

서양 신비주의자들에 있어서의 무(無)에 대한 고찰은 불교 신비주의자들이 말하는 '비움'(Leeren, sunyam)과 '공'(Leere, sunyara)에 대해서도 타당하다. 신비주의자들이 사용하는 '신비-언어'(mysterien-sprache)나 표의문자(Ideogram)에 대하여 아무런 내적 감정도 느껴 보지 못한 사람에게는 '비움'과 '공화'(空化, Leerwerden)에 대한 불교 신자의 추구는 서양 신비주의자들에게 볼 수 있는 무(無)와 무화(Zunichte-werden)에 대한 추구와 마찬가지로 일종의 어리석음으로 보일 것이다. 그리고 불교 자체도 병든 마음에서 나오는 허무주의처럼 보일 것이다. 그러나 사실은 무(無)와 마찬가지로 공(空)도 전적 타자의 누멘적인 표의문자인 것이다. 공(空)이란 '기이한 것'(mirum) 그 자

---

25) *DH*, p. 34.

체요, 그러면서 동시에 역설과 이율배반적인 것에로까지 고양되는 것이다. 이런 의미에서 신비주의는 '역의 일치'(coincidentia oppositorum)라는 논리로 흐르는 것이다.[26]

b. 전율(tremendum)

비록 누멘이 이와 같이 전적 타자이긴 하지만, 그것은 그럼에도 불구하고 양극적인 특징을 지니는 것으로 나타난다. 이것은 전율의 대상으로서 이것을 경험하는 사람 속에서 끝없는 경외와 놀라움을 불러일으키는 한편, 매혹적인 대상으로서 개인의 넋을 빼앗고 사로잡는다. 이리하여 경외와 공포의 계기는 갈망과 욕구의 동시적인 계기에 의해 균형을 이룬다.

먼저 전율(tremendum)의 특징을 살피면 다음과 같다. 오토에 의하면 전율의 계기에는 세 가지 요소가 있다. 몸서리침(Schauervolles), 압도성(Ubermaechtiges) 혹은 위엄(majestas), 활력성(Energisches). 전율의 첫 번째 요소인 몸서리침은 '절대적인 불가접근성'(schlechthinnige Unnahbarkeit)이라는 표의문자로 특징지워질 수 있다. 그것은 무서움(Grauen), 무서워짐(Sich grauen), 몸서리치다(erschauern), 몸서리(Schauer), '종교적 두려움'(religioese Scheu) 등으로 표현된다. 누멘적인 전율은 그 유사물인 공포(Furcht)라는 자연적인 감정을 통해 유추적으로 암시될 수 있지만, 공포를 느낀다는 것과는 전적으로 다른 것이다. 그것은 제아무리 위협적이고 위압적인 피조물이라 할지라도, 자아내지 못할 '내적 무서움으로 가득찬 경악'(Schrecken voll innerem Grauen)으로서 무언가 '유령적인 것'(Gespenstisches)을 지닌 어떤 것이다.[27]

달리 말하면 전체 종교사 진행의 최초이자 전적으로 독특하고 다른 어떤

---

26) *DH*, pp. 33-34. 오토는 사람들이 보통 신비주의와 대립된다고 간주하는 구약성서의 욥(Job) 같은 인물에게서도, 위에서 언급한 신비주의의 계기들이 발견된다고 주장한다. "이 장(욥 39장)은 궁극적으로 우리의 합리적인 관념들로는 측량할 수 없는 전적으로 다른 어떤 것에 기초하고 있다. 곧 모든 개념 더구나 목적 개념들까지도 초월하는 절대적인 놀라움 자체이며, 순수하게 비합리적인 형태로서의 그리고 기이함과 역설로서의 신비인 것이다"(*DH*, p. 94).

27) *DH*, p. 14.

것으로부터도 도출될 수 없는 근본 요소이자 근본 충동인 몸서리침은 '악마적인 두려움'(daemonische Scheu)의 감정과 '유령적인 두려움'(gespentische Scheu)이라는 '섬뜩함'(Unheimliches)의 감정 속에서 처음 싹트기 시작한다.[28] 오토는 이러한 종교적 두려움이 자연적인 공포나 경외에서는 결코 발견되지 않는 독특한 신체 부작용을 자아낸다는 사실을 다음과 같이 주장하고 있다.

> 사지에 '차가움이 흐른다'(es lief eiskalt)든가 등골에 '소름'(Gaensehaut)이 끼쳤다는 표현들은 이것을 말해준다. 여기서 소름이란 초자연적인 어떤 것이다. 더 날카로운 영혼적인 분석을 할 수 있는 능력이 있는 사람은 누구든지 그러한 두려움이 자연적인 공포와 비교해 볼 때, 단지 그 '정도와 강도'(Grad und Steigerung)에 차이가 난다거나 혹은 그것이 유별나게 강도를 지닌 것이 아니라는 사실을 알 것이다. 왜냐하면 그것의 본질은 강도와는 전혀 무관한 것이기 때문이다.[29]

비록 악마적인 두려움이 나중에 누멘 감정의 보다 높은 단계들과 발전형식들을 통해 극복되고 제거되지만,[30] 악마라는 개념이 보다 차원 높은 신들의 수준에 도달하는 곳에서도 신들은 언제나 누멘들(numina)로서 어떤 유령적인 것(즉 섬뜩하고 공포적인 것)의 독특한 성격을 지니고 있으며 그리고 이 성격은 숭고성(Erhabenheit)에 의해서 완성되거나 도식화된다. 그리고 이러한 요소는 최고 단계인 순수한 '신 신앙'(Gottesglauben)의 단계에서도 사라지지 않을 뿐만 아니라, 본질상 사라질 수도 없으며 단지 부드러워지고 세련될 뿐이다.[31]

오토에 의해서 가장 중요하고도 일관성 있게 종교문헌에서의 전율을 지적하는 것은 신이나 신들의 진노(Zorn), 분노(Grimm), 질투(Eifern)에 대한 강

---

28) *DH*, p. 15.
29) *DH*, p. 17.
30) *DH*, p. 16.
31) *DH*, p. 18.

조이다. 특히 '야웨의 진노'(οργήθεού)라는 성경적 개념과 힌두교의 manyu 개념은 똑같이 몸서리침의 이런 요소를 나타내는 표의문자들이다.³²⁾ 오토에 의하면 구약성서에서 이것들은 도덕적인 속성들과 원래부터 전혀 무관했다고 한다.

> 이른 바 숨겨진 자연력과 함께 있거나 그것에 너무 가까이 접근하는 자는 누구든지, 감전시키는 축전된 전기와도 같이 진노는 타오르는 수수께끼같이 나타난다. 그것은 예측할 수 없고 자의적인 것이다. 신성을 합리적인 술어들에 따라서만 생각하곤 하는 사람들에게 있어서 이 진노는 하나의 변덕이거나 자의적인 열정으로 보일 것이다.³³⁾

그리고 비록 진노가 나중에 가서는 실천이성에서 생기는 용어들, 즉 도덕적인 오류에 대한 상벌 같은 '신적인 정의'(goettliche Gerechtigkeit)에 의해서 합리화되기는 하지만, 신의 진노 속에는 언제나 비합리적인 어떤 것이 작동하고 번뜩이고 있어서 자연적인 인간으로서만 느낄 수 없는 어떤 경악을 제공하고 있다.³⁴⁾ 기독교 신비주의에서도 전율의 계기가 완화된 형식이기는 하지만 전혀 없는 것은 아니다. 그것은 신비주의자들이 말하는 음침함(caligo), '깊은 침묵'(altum silentium), 심연, 밤, 영혼이 견뎌야만 하는 지루함, 자아상실로부터 오는 몸서리치는 소름끼침, 이탈과 무화(無化) 그리고 '일시적인 지옥'(infernum temporale) 같은 것 속에 살아 있는 것이다.³⁵⁾ 오토에 따르면 '십자가의 성 요한'(Joannes a Cruce)은 이것을 다음과 같이 묘사하고 있다.

> 그(신)는 영혼을 파괴하고 분쇄하며 깊은 암흑 속으로 침몰시켜 버려서 영혼은 마치 녹아 버린 것처럼 느끼며, 그 처참함이 무서운 영(靈)의 죽음에 의

---

32) *DH*, p. 19.
33) Ibid.
34) *DH*, p. 20.
35) *DH*., p. 125.

해 파괴된 것 같다. 마치 아주 흉포한 짐승에게 삼켜서 위 속에서 씹히는 것 같은 느낌이다.[36]

　오토가 누멘적인 전율을 발견한 다른 부분들은 사자(死者)에 대한 대응에서이다. 그에 의하면 죽은 자에 대한 두 가지 중요한 자연적인 감정대응(Gefuelsantwort)이 있다. 한편으로는 부패하고 악취가 나고 역겨운 것에 대해 혐오감이 있는가 하면, 다른 한편으로는 죽음에 대한 공포로서 자기 부류에 속하는 죽은 자를 볼 때 직접 수반되는 그리고 자기의 삶의 의지를 위협하고 저지하는 감정으로서의 경악이 있다. 동물조차도 이런 자연적인 대응을 결정할 수 있다. 그리고 두렵고 섬뜩한 존재로서의 사자에 대한 대응은 혐오감이나 경악 같은 자연적인 심정기능들과 더불어 이미 주어진 것도 아니고, 또 그것들로부터 분석적으로 얻을 수 있는 감정이 결코 아니라 전혀 독자적인 방식을 지닌 두려움이다.[37]
　오토에 의하면 종교감정의 독자적인 시초가 비로소 형성되는 것은 선하거나 악한 것으로 아직 구별되지 않은 악마의 이념이 발생할 때이다. 악마에 대한 두려움은 누멘 감정을 자발적으로 자극하는 데 효과적이다. 그것이 종교발달에 있어서 그렇게도 특별한 의미를 갖는 이유는 그 경우에는 종교감정이 처음부터 자연대상을 누멘적인 것으로 오인함으로써 그리로 탈선하는 일이 없다는 사실이다. 왜냐하면 거기에서는 공황적인 경악에서처럼 관념적인 객관화 없이 종교감정이 순수하게 감정만으로 남아 있든지, 아니면 고유한 환상적인 산물들을 통해서 그 감정에 관련되고 있는 불분명한 점들을 상징적으로 나타내고 있기 때문이다. 그런데 바로 이 후자의 경우는 어느 정도 우리가 느끼고 침투해 볼 수 있는 경우이며, 단순한 감정이 점차

---
36) *DH*, p. 126.
37) *DH*, pp. 139-140. 우리는 유사한 구별을 다음 둘 사이에서도 찾을 수 있다. 첫째로 피가 흐르는 것을 볼 때의 혐오와 무서운 감정이요, 둘째로는 오염되었거나 속되다고 믿어지는 것 앞에서 느끼는 누멘적인 전율이다. 이것들 사이에서도 매우 유사성이 크므로, 비록 하나가 다른 하나를 연상시키지만 그것들은 여전히 전혀 다른 성질의 감정인 것이다.

밝혀지고 고유한 관념형식들을 산출하기까지의 과정도 우리에게 접근 가능한 것이다.[38]

전율의 두 번째 요소인 '절대적인 위압'(schlechthinniger Uebergewalt)이나 위엄(majestas)은 객관적으로 느껴진 압도성과 대조되는 것으로서 '고유한 침잠 내지 무화(無化)의 감정'(Gefuehl eigenen Versinkens, Zunichtewerden) 그리고 '티끌과 재가 되고 나아가 무가 된다는 감정'(Gefuehl Erder-, Asche und Nichts-Seins)을 지닌다.[39] 오토의 이런 입장은 슐라이어마허의 의존감정에 대한 오토 자신의 세 가지 비판을 통해 비교되고 있다.

첫 번째 비판은 슐라이어마허가 경건한 의존감정을 다른 의존감정들로부터 구분하고 있지만, 이것은 단지 절대적인 것과 상대적인 것 혹은 완전한 것과 단계적인 것과의 구별이지 특별한 성질(Qualitaet)을 통한 구별은 아니라는 것이다.[40] 오토는 모든 자연적인 의존감정들을 훨씬 능가하는 동시에 그것들과 질적으로 다른 감정인 '피조물 감정'(kreaturgefuehl)을 강조하는데, 이것은 모든 피조물을 초월하는 존재를 대할 때 자신의 고유한 무(無) 속으로 함몰되고 사라져 버리는 피조물들의 감정을 말한다.[41]

두 번째 비판은 슐라이어마허가 의존감정을 직접적으로 그리고 일차적으로, 나 자신의 어떤 독특한 피규정성이나 의존성에 대한 감정으로 규정한다는 것이다. 그러나 오토에 의하면 종교감정은 누멘적인 대상의 '전적인 우

---

[38] 오토는 구약성서에서 그 분명한 실례를 들고 있다. "창세기 28:17에서 야곱은 '두렵도다 이곳이여 이는 하나님의 전이로다'라고 말하고 있다. 이 구절은 종교심리학적으로 매우 시사하는 바가 풍부하다. 이 구절의 첫 문장은 분명히 반성을 통과하지 않은 직접성 속에서, 아직 자기 해명이나 자기 명료화 없이 심정인상 자체를 나타내고 있다. 이것은 다름 아닌 원초적인 누멘적 몸서리를 나타내는 말이다. 그리고 아직도 전혀 밝혀지지 않은 감정으로서의 이런 원초적인 몸서리는, 틀림없이 많은 경우에 있어서 (이런 몸서리처짐의 인상이 그곳에 거하는 누멘에 대한 구체적인 관념으로 바뀌지 않고도, 혹은 그 누멘이 어떤 이름을 지니거나 단순한 대명사 이상의 것이 되지 않고도 성스러운 곳들을 구별해 주며 두려운 숭앙, 아니 발전해 가는 예배 장소들을 만들기에 충분했던 곳이다. 그러나 야곱의 두 번째 문장은 더 이상 원초적인 체험 자료만을 말하고 있지는 않으며, 그것이 반성되고 또한 구체적으로 밝혀지고 해석된 것을 말하고 있다"(*DH*, p. 147).
[39] *DH*, p. 21.
[40] *DH*, p. 9.
[41] *DH*, p. 10.

월성'(schlechthinnige Ueberlegenheit)과 불가접근성(Unnahbarkeit)의 감정을 전제한다.[42]

세 번째 비판은 슐라이어마허가 자신을 의존적인 것으로 느낀다는 말을, 자신을 조건지워진 것으로 느낀다는 말로 해석했다는 것이다. 인간의 의존성에 대한 신성 측에서의 반대어는 인과성, 즉 '만물 근원성'(Allursaechlichkeit)이나 '만물 조건성'(Alles-bedingendheit)일 것인데, 이러한 계기는 귀의하는 순간이 주어지는 경건한 감정에서 발견하는 최초의 가장 직접적인 계기가 아니다.[43] 그것은 사실 누멘적인 것이 아니라 신념의 합리적 측면에 철저히 속하는 것으로서, 개념적으로 정확하게 발전시킬 수 있는 것이며 또한 전적으로 다른 원천으로부터 발생되는 것이다.

그러나 아브라함의 신앙고백("티끌과 같은 나라도 감히 주에게 고하나이다", 창 18:27) 속에 표현되고 있는 의존성은, 피조성(Geschaffenheit)의 의존성이 아니라 피조물성(Geschoepflichkeit)의 의존성이며 또한 압도적인 것 앞에서 느끼는 무기력이며 고유한 무성(無性)인 것이다. 이러한 고백 속에는 원인관계(Ursachverhaeltnis)가 문제되지 않는다. 여기서는 절대의존감정이 아니라 절대우월감정이 사변의 출발점이 되고 있으며 그리고 이 사변이 존재론적인 용어로 진행되면 전율의 '힘의 충만'(Macht-Fuelle)이 '존재의 충만'(Seinsfuelle)으로 바뀌는 것이다.[44] 따라서 슐라이어마허는 그 자체로서 절대적인 가치

---

42) *DH*, p. 11.
43) *DH*, pp. 21-22.
44) *DH*, pp. 22-23. 동일한 비유는 오토의 『동서양의 신비주의』(*Mysticism East and West*, tr. by Bertha L. Bracey & Richenda C. Payne (New York: The Macmillan Company, 1970 -이후부터는 *MEW*라고 표기하겠음)) 속에서도, 인도의 마야(maya) 개념에 관한 논의에서 사용되고 있다. 거기에서 오토는 피조물이라는 단어를, 다음과 같은 두 가지 의미를 지닐 수 있는 것으로 이해하고 있다. 하나는 창조주에 의해 초래된 어떤 것 따라서 자체 내에 실존과 긍정적인 가치를 지니고 있는 어떤 것으로서의 의미이다. 다른 하나는 불쌍히 여길 만하며 무가치한 어떤 것이며, 실재성과 가치의 부정인 어떤 것으로서의 의미이다. 그는 엑카르트(M. Eckhart)와 상카라(Sankara)를 해석하면서, 피조물이란 신과 존재 자체에 참여하기 때문에 실존과 가치를 지닌다고 주장한다. 그러나 이것들이 신적인 것으로부터 떨어져 나온다면, 이것들은 실존하는 것도 아니게 되고 어떤 적극적인 가치도 지니지 않게 된다(Ibid., p. 115).

인 누멘에 대한 인간의 실재적인 반응을 적절하게 설명할 수 없었다고 할 수 있다.

전율의 세 번째 요소는 활력성(Energisches)의 계기이다. 오토는 이미 이것이 전율과 위엄의 계기 속에 내포되어 있으므로, 그것을 누멘적인 것의 활력(Energie)이라고 부른다. 그것은 특별히 전에 언급한 진노에서 생동적으로 느낄 수 있으며 생동성, 정열, '감동적인 존재'(Affektvolles Wesen), 의지, 힘, 운동, 흥분성, 활동성, 노도(Drang) 등과 같은 표의문자들로서 표현된다.[45] 그런데 오토는 철학자의 신과 종교가의 신을 구별짓는 중요한 경계로서, 누멘 경험의 이런 요소의 인식을 설정한다. 즉 신적인 것의 이념이 지속적인 지적 형태를 취하여 합리적으로 인지될 수 있으며, 그 이념은 생동성과 활력을 지닌 것으로 끊임없이 인간의 사변적 이해를 뛰어넘어 유사하고 복잡한 상징, 유추, 역설의 언어를 통해서만 언급될 수 있다는 것이다. 철학자들은 이러한 신적인 것의 이념의 비합리적 요소가 등장할 때마다 언제나 그것을 의인주의(Anthropomorphismus)라고 공박했다.

그러나 이러한 과오에도 불구하고 그것들이 누멘의 한 순전한 계기인 비합리적인 계기를 올바로 감지하고, 그러한 표의문자들을 통해 종교를 지적인 합리화로부터 보호했다는 점에서 그 비판은 정당한 것이 못된다. 왜냐하면 살아 계신 신과 주의주의(Voluntarismus)를 위한 투쟁이 있는 곳에서는, 루터가 에라스무스에 대항했던 것처럼 언제나 합리주의자들에 대항하여 비합리주의자들이 투쟁했기 때문이다. 루터가 그의『의지의 예속성』(De Servo arbitrio)에서 말하고 있는 '신의 전능'(omnipotentia dei)은 다름 아닌 절대 우월로서의 위엄에 불과하며 그리고 부단히 몰아치고 활동적이며 강요하며 생동적인 존재로서의 이런 활력과의 결합에 지나지 않은 것이다.[46]

표의문자로서의 신이나 신들의 진노는 누멘적인 것에 대한 몸서리침일 뿐만 아니라, 그것의 넘치는 활력성과 생동성으로서 한계를 모르는 변덕스

---

45) *DH*, p. 25.
46) *DH*, p. 26.

럽고 좌절케 하는 만행으로 경험된다. 이런 경험들로부터 루시퍼(Lizifer)가 유래하며, 그 요소는 종교에서 볼 수 있는 악마적인 성격의 시초가 된다. 외관상으로 그것은 '끔찍한 신비'(mysterium horrendum)로 불리거나 '부정적인 누멘'(Negativ-Numinoese)이라 불린다.[47] 그것은 신적인 것에 대한 반대일 수도 있지만 그것과 매우 많은 공통점을 갖고 있다.

그리고 절박성이나 활력의 이념이 신적인 것에 대한 담화로 들어가는 특별히 중요한 한 가지 방식은 뵈메(Jacob Boehme), 엑카르트(Meister Eckhart), 스코투스(Duns Scotus), 루터 같은 주의주의적인 신비주의자(및 신학자)에 의해 신의 의지에게 주어진 비중 속에 있다. 그것은 뵈메에게 있어서 "존재나 초존자(Uebersein)라기보다는 충동과 의지이며, 선과 초선(招善, Uebergute)이라기보다는 하나의 비합리적인 무차별(Indifferenz)이요, 그 안에서 선과 악의 가능성이 모두 발견될 수 있는 동일성(Identitaet)이다. 따라서 신성도 동시에 선과 사랑뿐만 아니라 분노와 진노의 이중 형태를 지니고 있는 것이다."[48]

그러나 신학이 비합리적인 측면을 지나치게 강조하다 보면 오류에 빠지기 쉽다. 오토는 신이 '도덕법칙을 벗어나 있다'(exlex)그 지적하면서 다음과 같이 말하고 있다. "신(神)이념에서 비합리적인 것의 계기를 표현하고 고정시키려는 궁핍한 신학적 수단의 하나는 종종 신의 '절대적인 우연적 의지'(absolute Zufallswill)에 대한 꺼림칙한 교리(즉 어떤 것이 선이기 때문에 신이 그것을 원하시는 것이 아니라 신이 어떤 것을 원하시기 때문에 그것이 선이라고 하는 가르침)로서 이 교리는 사실상 신을 하나의 '변덕스러운 폭군'(launischer Despot)으로 만들어 버린다."[49] 오토는 이슬람에서 이런 특징을 보고 있다. 즉 알라(Allah)에게는 누멘적인 것이 절대적으로 지배적이어서, 이슬람에서도 도덕적인 요구가 우연적인 성격을 띠고 있으며 그리고 신성의 우연적인 의지를

---

47) *DH*, pp. 126-127. 註4를 참고하라.
48) *DH*, p. 126.
49) *DH*, p. 120. Cf. *IH*, p. 101.

통해서만 타당성을 갖게 되는 것이다.[50] 그런데 도덕이 변덕스러운 신의 의지의 결과라면 그 절대성이 파괴되기 때문에, 오토는 도덕의 자율성(간접적으로는 신의 선)을 수호하는 데 커다란 관심을 둔다.

c. 매혹(Fascinans)

신비성(mysteriosum)의 형식을 띠고 있는 누멘적인 것의 질적 내용은 한편으로는 위엄을 가진 전율의 압박하는 계기이고, 다른 한편으로는 분명히 독특하게 끌어당기고 매료시키고 매혹시키는 어떤 것으로서 전율의 계기와 묘한 '대조-조화'(Kontrast-harmonie)를 이루게 된다. 오토에 의하면 대조-조화라는 이중성격은 악마적인 두려움의 단계로부터 시작되는 전체 종교사가 증언하고 있다.

> 악마적인 것과 신적인 것은 우리의 심정에 그렇게 무시무시하고 공포적인가 하면 또한 매우 유혹적이고 매혹적일 수 있는 것이다. '지극히 경솔한 낙담'(demuetigstes Verzagen) 속에서 그 앞에 떨고 있는 피조물은 동시에 언제나 그 앞으로 나아가려는, 아니 그것을 어떻게 해서든 소유하려는 충동을 느낀다. 신비는 단순히 '놀라운 것'(Wunderbares)일 뿐만 아니라 '경탄스러운 것'(Wundervolles)이기도 한 것이다. 감각을 혼란케 하는 것과 더불어 감각을 흘리고 빼앗아 가고 이상하게 황홀케 하여, 흔히 도취와 흥분으로 고양시키는 누멘의 작용들이 '디오니소스적인 것'(Dionysisches)으로 나타난다.[51]

이리하여 매혹은 구원과 속죄 추구의 원천이며 또한 누멘에게로의 누멘과 자아의 동일시, 황홀경에서의 자기완성의 원천인 것이다. 매혹은 기다림 속에서든 예감 속에서든 혹은 이미 현재적인 체험 속에서든, 어떤 이상하게 강력한 선의 체험이 내적으로 친숙해져서 나타난다. 오토는 이런 매

---

50) *DH*, p. 107.
51) *DH*, p. 39.

혹의 요소 가운데서 구별하기 어려운 두 가지 가치가 있다고 본다. 첫 번째는 누멘적인 것의 주관적인 가치로서 그것이 인간에게 약속하거나 가져다주는 지복(Beseligung)이다. 매혹은 극치에 이르면 '충일적인 것'(das Ueberschwengliche)으로 되며, 이것은 신비적인 계기로서 바로 초세계적인 것의 선상에 있는 피안에 해당된다. 이 충일적인 것은 우리가 은총, 개종, 중생의 체험을 관찰해 보면 가장 분명히 알 수 있다.[52]

매혹이 갖고 있는 두 번째 가치는 누멘적인 것의 객관적인 가치로서, 원래 인간의 충성을 요구할 수 있는 매우 존경할 만한 초월적 가치를 지니고 있다.[53] 이것은 압도성의 상관물로서의 피조물감정과 자비의 상관물로서의 혼미와 비교될 수 있다. 오토에 의하면 매혹 속에 있는 개관적 가치는 장엄(Augustum)이라는 말로 가장 잘 지칭될 수 있다. 이런 장엄이 누멘적인 것의 본질적인 계기인 한에서 종교는 그 본질상 '가장 내면적인 의무감'(innerlichste obligatio)이며 양심을 위한 구속(Verbindlichkeit)과 양심의 결박(Verbundenheit)이요, 압도적인 것의 단순한 강요로부터가 아니라 가장 성스러운 가치에 대해 인정하는 굽힘으로부터 오는 '순종과 섬김'(Gehorsam und Dienst)인 것이다.[54] 이리하여 누멘의 객관적인 가치에 대한 인식에는 자아와 실존 일반의 평가절하가 수반된다.

그런데 신학적으로 표현하자면 누멘의 객관적인 가치의 인정 및 자아에 대한 평가절하는 원죄(Urschuld)이다. 이런 이론이 생성되는 유래는 개체의 절대적인 무가치성에 대한 경험이다. 그 '고전적인 좌소'(locus classicus)는 이사야 6장이다.[55] 오토는 이것에 대해 다음과 같이 말한다. "자신의 몸서리침과 위엄을 자신의 신적인 에너지를 통해 세계로 돌리게 하는 신은 참되고 살

---

52) *DH*, p. 46.
53) *DH*, p. 64.
54) *DH*, p. 65.
55) "거룩하다 거룩하다 만군의 여호와여 그 영광이 온 땅에 충만하도다 이같이 창화하는 자의 소리로 인하여 문지방의 터가 요동하며 집에 연기가 충만한지라 그때에 내가 말하되 화로다 나여 망하게 되었도다 나는 입술이 부정한 사람이요 입술이 부정한 백성 중에서 거하면서 만군의 여호와이신 왕을 뵈었음이로다"(사 6:3-5).

아 있으며 질투심 많은 신, 기적적인 권능을 지닌 신, 타오르는 분노와 이해하기 힘든 은총을 지닌 신이다. 그리고 누멘적인 것의 활력이 고도로 풀리는 행동의 신이며 그 활력의 방출도 그러한 신의 특징을 형성하고 있다."[56]

이사야의 이러한 신앙고백 속에는 원죄의 자각과 모든 인간 실존의 신비에 대한 이해가 표현되어 있다. 그런고로 이사야의 경험은 인간의 보편적인 실존상황을 전형적으로 말해주며 또한 그 실존적인 지위가 구체화되는 누멘적인 자아 평가절하의 계기라는 실존적인 상황을 전형적으로 말해준다. 오토는 다음과 같이 기술하고 있다.

> 그는 원죄에 관한 어떤 이론의 근거에 의거하여 이와 같은 신앙고백을 하는 것이 아니라, 자기 자신의 자발적인 감정으로부터 우러나오는 고백을 하고 있는 것이다. 이 자발적인 감정은 이론과는 아무런 상관이 없는 거의 '반사적인 감정 표현'(reflex expression of feeling)이다. 그가 표현하는 것은 일차적으로 불경(profanity)에 대한 자신의 감정인데, 이러한 자신의 불경은 그를 신격(godhead)으로부터 멀리 떼어 놓으며, 그것도 어떤 개인적인 허물을 근거로 하거나 또 어떤 도덕의식에서가 아니라 피조물로서의 자기 자신의 본질 및 종교적인 의미에서의 자신의 불순성(impurity)을 통해서이다. 그래서 신격은 이제 접근 불가능하고 접촉 불가능한 것이 되며, 그 자신 속죄(expiation)와 성별(consecration)의 요구 속에 있게 된다.[57]

또한 오토에 의하면 죄는 장엄으로서의 누멘의 성격이란 관점에서 설명될 수 있다. 왜냐하면 그것은 본질적으로 누멘을 등한히 하는 것이기 때문이다. 그것은 겸손과는 반대되는 것이거나 겸손을 소홀히 하는 것, 즉 교만

---

56) Rudolf Otto, *Religious Essays* (London: Oxford Univ. Press, 1931 - 이후부터는 RE로 표기하겠음), pp. 38-39. 이 책은 오토의 다음 네 에세이를 중심으로 뽑은 것이다. Aufasetze das Numinose betreffend, Das Gefuehl des Ueberweltlichen, Suende und Urschuld, Daewinismus und Religion.
57) Ibid., pp. 25-26.

(superbia)이다. 죄의 도덕적인 측면은 죄의 본래적인 요소도 아니며 결정적인 요소도 아니다. 죄는 도덕적으로 잘못된 것과 무관하게 존재할 수 있으며, 심지어는 신 개념이 명확히 형성되지 않은 곳에서도 존재할 수 있다. 오토는 이것을 다음과 같이 설명하고 있다.

> 죄는 종교적인 개념이지 도덕적인 개념이 아니다. 종교적인 죄 개념과 도덕적인 범죄를 혼돈한 결과, 같은 기독교 이론이 지니는 본래적인 의미와 목적을 흐리게 했던 도덕적이고 율법적인 오해가 기독교 교의학에서 발생하게 되었다. 죄(Suende), 속죄(Suehne), 방황(Verlorenheit), 방황으로부터의 구제(Rettung), 타락(Suendenfall)과 원죄(Erbsuende) 등이 도덕적이거나 율법적인 영역으로 끌어들여진다면, 그만큼 신구약에서의 고대의 누겐적인 영역 속에 전적으로 놓여 있는 근원적인 의미를 상실하는 것이다.[58]

죄의 개념이 도덕과는 별도의 것이긴 하지만 오토는 신적인 것이 합리화되어 감에 따라, 죄 개념은 도덕적인 개념과 필연적으로 연결된다고 주장한다. 왜냐하면 한편으로는 죄가 잘못된 행위로 인식되며, 다른 한편으로는 잘못된 행위가 죄로 되기 때문이다. 종교적인 죄의 영역이 도덕 행위의 영역보다 더 넓지만 후자는 전자가 된다.[59] 그러므로 죄는 장엄으로서의 누멘 의식을 위반하는 것으로 한다. 그러나 그 의식은 물론 합당한 합리적 관념을 부여받았을 때 장엄한 누겐의 도덕법칙의 입법자가 되는 것처럼, 성스러움이라는 복합적인 범주의 작용을 통해서 합당한 합리적 관념을 부여받을 때에 잘못된 행동에 대한 기득교적인 의식이 되는 그러한 의식이다.

그런데 오토에 의하면 개체의 무가치성과 누멘의 지고 가치를 깨닫는 즉시, 구원과 구속 혹은 대속의 필요성에 대한 각성이 생겨나게 된다. 그것은 피조물과 '속된 자연존재'(profanes Naturwesen) 자체로서의 현존재와 더불어

---

58) Rudolf Otto, *Suende und Urschuld* (Muenchen: C. H. Beck'sche Verlagsbuchhandlung, 1932-이후부터는 SU로 표기하겠음), p. vii.
59) *RE*, p. 5.

주어진 이러한 '분리시키는 무가치'(trennendes Unwert)를 지양하려는 갈망인 것이다.[60] 이리하여 오토는 구원의 경험을 다음과 같이 종교의 품질 증명표라고 특정짓는다. "구원은 일반적으로 정의의 여지를 허락하지 않으며, 종교적으로 경험되어야 하는 것 그리고 질적이며 특정한 종교적 계기인 어떤 것으로서 감각과 무관한 어떤 황홀한 기분 속에서 경험되는 어떤 것이다. 그러나 그러한 경우 불교는 그 창시된 때로부터 의심의 여지 없이 종교인 셈이다."[61] 기독교를 위대한 세계종교로 특징 짓는 구원은 이제 동양의 위대한 종교들과 기독교의 동등성을 보장해 준다. 오토는 다음과 같이 말한다.

> 우리가 기독교에서 은총의 체험과 중생으로 알고 있는 경험은, 기독교 이외의 숭고한 정신적인 종교들에서도 그 유래를 찾아볼 수 있다. 구원을 가져다 주는 깨달음(bodhi)의 열림, '천상적인 눈'(himmlisches Auge)의 개안(開眼), 무지의 어두움을 몰아내며 비할 데 없는 체험으로 비추어 주는 지혜(Jnana) 혹은 '신의 은총'(Jsvara's prasada) 등은 그러한 예들이다. 여기서도 우리는 지복의 체험이 갖고 있는 전적으로 비합리적이고 전적으로 특별한 그것을 항시 직접적으로 알아볼 수 있다. 이 요소는 물론 그 방식에 있어서 다양하며 기독교에서 체험된 것과는 아주 다르다. 그러나 그 체험의 강도에 있어서는 어디서나 비슷한 것이며, 어디서나 하나의 절대적인 매혹이며 구원으로서, 모든 자연적으로 말할 수 있고 비교할 수 있는 것과는 반대로 하나의 충일적인 것이거나 그러한 자취를 강하게 띠고 있다…하나의 위대한 것으로서 사실적으로 존재하는 세계종교로서의 기독교는…본래적이고 원초적인 의미에서 하나의 구속종교(Erloesungsreligion)이다…기독교는 예리하고 확실하게 전형적인 구속의 종교로서의 특징을 지니며, 이 점에서 구원(Heil)과 비구원(Unheil)의 예리한 이원론적인 대립을 주장하는 동양의 위대한 종교들과 대등한 위치에 놓인다.[62]

---

60) *DH*, p. 67.
61) Rudolf Ott, "Parallelen und Wertunterschiede," p. 3. Almond, op. cit., p. 78에서 재인용.
62) *DH*, p. 48.

이리하여 신성함에 대한 감각, 죄의식, 구속의 확신, 누멘의 경험에 따라 생기는 구원 등은 누멘적인 경험의 결과들이다. 이것들은 더 환원할 수 없을 정도로 특수하게 종교적인 의미와 가치에 대한 이해로 가득 차 있다. 오토에 의하면 이런 기본적인 요소들에 대한 발견은 전체 종교사의 과정을 전적으로 결정한다고 한다.

2) 종교사에 있어서의 평행

오토에 의하면 성스러움의 비합리적인 측면과 합리적인 측면 중에서, 비합리적인 측면은 합리적인 의미가 나타날 수 있는 근거나 토대를 제공하기 때문에 합리적인 측면에 대해 우월성을 갖는다. 달리 말해서 표의문자적으로 표현된 누멘적인 경험과 의식은 종교에 있어서 '합리적인 도식화' (rationale Schematisierung)를 위한 전제조건이다. 그러나 성스러움의 두 가지 측면에는, 상호 관통하고 그리고 각각 다른 쪽을 발전시키는 중요한 의미가 있다. 종교의 합리적인 측면과 비합리적인 측면이 너무나 필수적이어서, 오토는 빈번히 합리적인 측면을 탄탄히 짜여진 직물의 날줄(Zettel)에 그리고 비합리적인 측면을 씨줄(Einschlag)에 각각 비유하고 있다.[63]

그러나 『성스러움』에서 언급한 오토의 중요한 관심은 성스러움의 합리적 측면과 관련된 비합리적인 측면을 묘사하는 동시에 그것에 못지않게 종교의 자율성을 실증하는 일이다. 따라서 그는 종교를 철학적이거나 도덕적인 것으로 환원시키려는 환원주의에 강력히 반대하면서, 누멘 경험에 대한 도덕적, 심미적, 철학적 해석이 결코 그런 누멘 경험이 갖는 의미를 대신하거나 고찰할 수 없다고 주장한다. 그런데 종교의 자율성에 대한 그의 옹호는, 성스러움의 개념이 선험성(apriori)이라는 그의 주장과 밀접하게 연결되었다. 오토는 다음과 같이 말한다.

---

63) *DH*, p. 174.

성스러움이란 따라서 그 말의 완전한 의미에서 하나의 '합성된 범주'(zusammengesetzte Kategorie)이다. 그것을 합성하는 계기들은 합리적인 부분과 비합리적인 부분들이다. 그러나 이 두 가지 계기 모두에서 이것은 모든 감각주의와 진화론에 반대하여 아주 엄격하게 주장되어야 할 것인데, 그것은 '하나의 순수하게 선험적인 범주'(eine Kategorie rein apriori)인 것이다.[64]

우선 우리는 합리적인 선험성의 문제로 넘어갈 수 있다. 오토에 의하면 신이 합리적인 성격을 지니고 있음이 확실한 이상, 인간 본성과의 유추에 의해 신도 사유될 수 있는 것이다. 이성에 의해 인간 속성에 부과된 제약이 제거되고 그 속성들이 절대적으로 되었을 때, 합리적인 선험성의 내용은 인간 본성에 대한 유추에 의해 설정된다. 오토는 다음과 같이 말한다.

"한편으로는 절대성, 완성, 필연성, 본질성 그리고 이에 못지않은 객관적인 구속력과 타당성을 지닌 객관적인 가치로서의 선 같은 합리적인 이념들은 어떤 감각적인 지각들로부터도 진화되어 나올 수 없다. 그리고 후생(後生, Epigenesis)과 타생(他生, Heterogonie) 혹은 여타의 모든 타협적인 표현들이나 곤혹스러운 표현들도 문제를 은폐할 따름이다…우리는 여기서 문제해결을 위하여 모든 감각 경험으로부터 돌이켜서 그리고 어떠한 지각으로부터도 독립해서, 우리의 정신 자체 속에 있는 순수이성 속에 가장 근원적으로 마련되어 있는 것에로 눈을 돌리게 되는 것이다."[65]

그런데 이런 선험적인 인식은 합리적인 사람이면 누구나 현재 소유하고 있는 선천적인 것이 아니라, 누구나 다 소유할 수 있는 인식인 것이다. 즉 선험적인 인식은 누구나 소유할 수는 있되, 더 높은 성향을 부여받은 다른 사람에 의해 각성되는 것이다. 일반적인 성향이란 여기서 단지 감수성의 일반적인 능력과 판단원리를 뜻할 뿐이지, 모든 사람이 독립적으로 그와 같은 높은 인식을 산출할 수 있는 능력이 있음을 말하는 것은 아니다.[66] 오토는

---

64) *DH*, p. 132.
65) Ibid.
66) *DH*, P. 139.

이러한 능력을 신비주의자들에 의해 언급된 영혼의 구원(즉 감각 경험과 독립되어 있는 인간 영혼의 가장 내뜰 깊이)와 동일시한다.

이어서 오토는 비합리적인 선험성을 취급한다. 비합리적인 선험성은 합리적인 선험성보다 자아 속에서 더 깊은 곳에 존재하며 또한 인간 존재의 가장 궁극적이고 최고의 부분인 것이다. 오토는 칸트의 격언에 의거하여 다음과 같이 말한다.

> 경험적인 인식과 관련하여 이미 칸트는 우리가 감각인상을 통하여 수용하는 부분과, 그것에 의해 다만 촉발되기만 할 뿐이고 더 높은 인식능력이 공급해 주고 있는 부분을 구별하고 있는 것이다. 누멘적인 것의 감정은 후자의 경우이다. 그것은 영혼 자체의 가장 깊은 인식근원인 '영혼의 근거'(fundus animae, Seelengrund)로부터 생겨나는 것으로서, 물론 세속적이고 감각적인 소여성 경험들을 통해 자극되고 촉발되거나 혹은 그 이전에 생기는 것이 아니라, 그것들 가운데서나 그것들 사이에서 주어지는 것이다. 그러나 그것은 그것들로부터 생기는 것이 아니라 그것들을 통해서 생길 따름이다. 그것들은 스스로 자신을 움직이도록 하는 매력과 유인이 되는 것이다.[67]

이와 같이 오토에게 있어서 인간이 종교경험을 갖는다는 것은, 순수 이론적이거나 순수 실천적인 이성에 속하는 이념과 구별되는 관념과 감정을 토대로 종교적인 판단을 내리거나 종교적 실재에 반응할 수 있는 능력을 가지고 있음을 의미한다.

종교연구에 끼친 오토의 가장 독창적인 공헌은, 바로 이런 종교적 선험성의 개념 속에 들어 있는 원리들을 종교사와 비교종교에 적용하려고 애쓰는 그의 노력 속에 존재한다. 그래서 오토에게 있어서 종교 일반과 여러 다양한 종교 전통들의 특수한 현상들 사이의 관계는 상호작용의 관계이다. 이것

---

67) *DH*, p. 133.

은 다음 두 가지 사실을 의미한다.[68] 한편 종교현상의 보편성(즉 종교가 어느 시기 어느 장소에서도 발생한다고 하는 것)은 오토에게 있어서 특정한 종교현상들이 종교를 위한 인간의 보편적인 능력의 무수한 현현들이라는 사실에 의해 설명된다. 다른 한편으로는 각각의 역사적 진화들 속에서 종교들의 유사성을 인정한다는 것은, 곧 개념적인 통합의 방식으로(즉 종교적 선험성의 작용의 무수한 현현들로) 종교들을 이해해야 할 필연성을 가리킨다.

사실상 특정한 종교현상들이 종교적 선험성의 현현이기 때문에, 그 현상들을 비교하는 것은 가능한 일이다. 다른 말로 표현하자면 그 특정한 현상들이 종교현상들이며 또 인간 실존의 분리된 양상들만인 것은 아니라는 사실이, 곧 그 현상들이 성스러움(즉 종교적인 선험성)을 이해할 수 있는 인간 정신의 능력과 밀접하고도 불가피하게 결부되어 있다고 하는 점에 기인한다는 이야기가 된다.[69] 어떤 종교든지 그 종교를 하나의 종교로서 그리고 다른 종교들과의 관계 속에서 이해될 수 있도록 하는 유일한 수단은, 종교적 선험성과 해당 종교를 연관시키는 것이다.

말하자면 종교적인 선험성은 종교연구를 가능하게 하는 논리적 가능성이다. 오토는 기독교를 이해하기 위해서는 종교 일반과 기독교가 어떻게 관련되고 있으며, 또 다른 종교들과 기독교가 어떤 관계가 있는지를 관찰하는 것이 필연적이라고 주장하고 있다. 오토에게 있어서 종교연구는 그 자체로서 목적이 아니라, 오히려 기독교 신학의 중요한 일부분인 것이다. 따라서 그는 『성스러움』에서의 주도적인 관심은 종교사적(religionsgeschichtlich)이거나 종교심리학적(religionspsycholigish)인 것이 아니라 신학적(theologische) 그것도 기독교 신학적인 것이었다고 회고한다.[70]

따라서 오토에게 있어서 종교사와 비교종교는 신학적인 목적을 가지며, 기독교 신학의 필수적인 서문인 것이다. 게다가 오토에게 있어서는 종교사

---

(68) Almond, op. cit., p. 111.
(69) Ibid., p. 112.
(70) Rudolf Otto, *Aufsaetze das Numinose betreffend* (Stuttgart Gotha: Verlag Friedrich Andreas Perthes, 1923 - 이후부터는 *Aufsaetze*라고 표기하겠음), p. 136, Cf. *RE*, p. 30.

와 비교종교가 적어도 종고 자체로부터 나오는 용어로 행해진다면, 그것은 그 자체로서 신학적인 활동인 것으로 보인다. 신학, 종교사, 비교종교는 성스러움이라는 범주의 작용을 통해서 효과적인 종교의식에 대한 분석 속에서 만난다. 말하자면 종교격인 선험성은 이 선험성을 통해서 이해된 성스러움과 또한 이 이해의 다양한 표현들로서의 여러 종교들 사이의 연관점인 셈이다.

따라서 종교적인 선험성은 다른 종교 전통들을 상호 비교하고 평가하는 수단으로서의 기능을 수행하고 있다. 종교의 상대적인 가치는 해당 종교가 종교적인 선험성을 현실화시키고 있는 정도에 따라 측정될 수 있다. 이 평가의 기준은 종교 내부로부터 결정된다. 즉 성스러움이 각각의 전통 속에서 계시되는 정도에 따라 결정된다. 따라서 종교적인 선험성은 그것의 다양한 현현들을 측정할 수 있는 객관적인 기준으로 기능하며, 결국 종교사와 비교종교는 종교사 신학이 될 수 있다.

그러나 종교적인 선험성이 여러 종교를 비교할 수 있는 가능성을 허용하기는 해도, 이 가능성은 종고를 진행 중에 있는 그 선험성의 현현들로 간주할 것을 요구한다. 오토에 의하면 동양과 서양의 종교는 모두 평행적이다. 오토는 종교사에서 네 가지 상이한 평행적 발전을 식별할 수 있다고 주장한다. 우선 첫째로 선종교(Vor-eligion)에서의 평행들이 있는데, 이것은 문명발달의 시초 어디서든지 나타난다. 오토는 다음과 같이 갈한다.

> 고등종교의 희미한 토대들로서 악마적인 공포, 샤머니즘적인 신들림(Besessenheit), 악마적인 황홀경과 자아도취적 춤의 조야한 원시 신비주의, 마술적이고 예배적인 실험들 등의 감정들과 상태들이 있다. 그리고 이것들로부터 정령숭배, 사자숭배, 영혼예배, 토테미즘, 마녀와 점복술(占福術), 예언, 순수한 것과 불순한 것, 생성되어 가는 예배 행위, 원시적인 금욕, 희생제사적인 신비주의, 주물숭배 등의 관념들이 희미하게 솟아나온다…이것들을 넘어서서 자연만물(Naturmagie)과 자연 및 자연적인 대상이나 힘들에 대한

악마적 영활(惡魔的 靈活, daemonische Baseelung) 등의 관념들이 생긴다.[71]

오토에 의하면 원시종교의 모든 현상들은 누멘적인 것에 대한 감정이라는 공통요소를 지니고 있다. 그러나 악마주의를 제외한 이 모든 요소들은 단지 종교감정의 앞뜰(Vorhof) 같은 것에 지나지 않으며, 아직은 다른 연관된 감정들과 섞여서 등장할 누멘 감정의 '최초의 자극됨'(erstes Sich-Regen)인 것이다.[72] 악마주의에 이르러서야 비로소 종교가 무대에 등장하게 된다. 이리하여 선종교의 현상들이 완전한 의미에서의 종교와 구별되는 세 가지 기준이 있다.[73] 첫째로 그 현상들은 각각 누멘적인 것의 일부분만을 구체화시켰고 따라서 매혹의 요소를 결여하고 있으며, 둘째로 선종교에서 누멘 감정은 자연적인 감정과 병합되고 혼돈되어 있으며, 셋째로 선종교가 지상적인 대상을 지향하는 것과는 대조적으로 종교는 비지상적인 초월적인 대상을 지향하고 있다.

따라서 종교발달에 있어서 중요한 것은 '악마적인 두려움'(daenonische Scheu)의 단계인 것이다. 왜냐하면 바로 여기에서 종교감정이 초월적인 누멘적 대상을 발견하게 되기 때문이다. 오토는 다음과 같이 말한다.

> 원시종교의 조야성은…누멘 감정이…'세계내적인'(innerweltlich) 대상들과 현상 혹은 실체들 자체에 부착되어 있다는 사실에 기인한다. 사람들이 자연상태(Naturdienst)나 '자연대상들의 신격화'(Vergoetterung von Naturgegenstaendem)라고 부르는 것은 무엇보다도 이러한 상황에 뿌리박고 있는 것이다. 오직 점차적으로만 이런 자연대상들과의 연결은 누멘 감정 자체의 압력에 의해 시간과 더불어 영화(靈化, vergeistigen)되거나 마침내 전적으로 배격되고 초세계적인 절대적 실체와 관여하고 있는 누멘 감정의 어두

---

71) Rudolf Otto, *Vischnu-Narayana*, *Texte zur Indischen Gottesmystik* (Jena: Eugen Diderichs, 1923), pp. 205-206.
72) *DH*, p. 142.
73) Almond, op. cit., p. 80.

운 내용은 비로소 독립적으로 순수하게 드러나게 된다.[74]

이와 같이 종교감정은 그 최초의 발달 단계에서는 악마적인 두려움의 형태만을 취했다. 그런데 그 두려움 속에서는 누멘이 단순히 공포와 전율의 대상으로만 경험된다. 따라서 그것은 인간의 자연적인 목적을 위해서 마술적이거나 주술적인 시도의 단계로까지 진행된다. 오토는 이러한 두려움만으로는 누멘에 적극적으로 귀의하려는 감정으로 이행할 수 없었다고 주장한다. "그것(악마적인 두려움)으로부터는 단지 속죄(Suehnung)와 화해(Versoehnung), '진노의 달램'(Zorn-Stillung)과 '진노의 회피'(Zorn-Abwendung)의 형식으로 소재(消災, apaiteisthai)와 '괴재'(壞災, apoterpein)의 형태 속에서 제식만이 나올 수 있을 뿐이다. 그것으로부터는 누멘적인 것이 우리가 찾고 바라고 갈망하는 대상이 된다는 사실이 결코 설명되지 못할 것이다. 갈망도… 합리적인 제식형식들뿐만 아니라 사람들이 그것들을 통해서 누멘적인 것을 소유하고자 했던 저 이상한 '성례전적인 행위'(sakramentale Handelung), 의례(Ritus), '성찬식 방법들'(Kommunions-methode)로써 갈구되고 있다."[75]

둘째로 시간에서의 평행이 있다. 선종교(先宗敎)로부터 고등종교에로의 이행은 다른 여러 주도적인 '문화인류군'(Gruppen der Kulturmenschheit) 속에서 놀랍게도 동시에 수행된다. 먼저 오토에 의하면 그리스 사상에서는 로고스가 신화(Mythos)에서 해방되었고 신학이 신화학에서 분리되었다. 신학은 여기서는 '신들에 대한 학문'이지만 점차적으로 '한 신에 대한 학문'이 된다. 이리하여 신학은 형이상학의 최고점이 되는 동시에, 물리학과 신비주의를 내포하는 우주론(Kosmologie)으로 발전하게 된다. 그것은 점점 신화적인 것을 제거하거나 신들의 예배를 억누르거나 정신화하는 경향이 있다.[76]

더욱이 극동아시아에서도 우리는 그와 똑같은 과정이 진행됨을 알고 있다. 즉 종교는 명백히 도덕화되고 정신화되는 한편, 신화적인 작업은 사라

---

74) *DH*, p. 154.
75) *DH*, pp. 40-41.
76) Otto, *Vischhu-Narcyana*, p. 207.

지고 절대자에게로 향하게 되었다. 오토는 이러한 과정 속에 있는 두 가지 사상노선을 동서양 모두 속에서 지적하고 있다.[77] 한편으로 그리스에서 그 과정은 아낙사고라스(Anaxagoras)를 거쳐 아리스토텔레스(Aristoteles)에 이르는 합리주의적 유신론으로 귀결되는 노선을 따라 전개되어 왔다. 동양에서는 공자가 전적으로 이 노선을 따르고 있다. 다른 한편 그리스에서 그 과정은 엘레아학파의 '전체-일자'(All-One) 교리와 헤라클레토스(Herakleitos)의 로고스 및 스토아학파의 후기 범신론과 또한 플라톤(Platon)의 절대자로서의 이데아 등에서 예시된 것과 같은 보다 신비주의적인 노선을 따라 전개되었다. 동양에서는 노자의 도가 헬라클레토스의 로고스 및 플라톤의 이데아와 상관관계를 이룩하고 있다.

역시 이스라엘에서도 이 기간은 원시종교로부터 신지자들(엘리야에서부터 제2이사야와 에스겔에 이르는)의 종교로 전이하고 있는 시기였다. 이 기간 동안에 고대 이스라엘의 보다 원시적인 '야웨 신앙'(Jahveh-Glaube)의 잠재적인 유신론이 표면으로 드러났다. 그리하여 야웨의 '자연신화'(Naturemythus)는 거의 전부 버려지고 놀라운 생명력을 가지고 '신 신앙'(Gottesglaube)이 이룩된다. 특히 이 기간의 마지막에서 예레미아와 에스겔은 '부족적이고 민족적인 종교'(tribal and national religion)로부터 개인적-주체적-내면적 종교로 전환하기 위한 길을 닦아 놓았다.[78]

또한 오토는 페르샤 종교가 조로아스터교로 개종한 시기를 위와 같은 시기(B.C. 800에서부터 고레스 시대)로 측정한다. 이 개종은 악마주의와 다신교의 안개를 뚫고 나타난 본래적인 심오성 돌파의 또 다른 예인데, 이 종교는 참으로 진기할 정도의 순수성과 힘을 지니고 있으며 또한 고양된 '신 감정'(Gottesgefuehl)과 '지고자와의 도덕적으로 인격적인 친교'(sittlich persoenliche Gemeinschaft mit dem Hoechsten)를 가지고 있다.[79]

그러나 이런 시간상의 평행주의는 인도에서 가장 명확히 나타난다. 오토

---

77) Re, p. 98.
78) Otto, Vischnu-Narayana, p. 208. Cf. RE, p. 99.
79) Ibid., p. 209.

에 의하면 브라만(Brahman)의 교리, 사변, 종교라고 불릴 수 있는 것의 기초가 닦여진 시기는 더 오래된 우파니샤드 문헌의 편찬 시기이며 대략 B.C. 900-800부터 부처(Buddha)의 시기까지가 된다. 그는 다음과 같이 말한다.

> 물론 이 문헌(Upanishad)은 처음에는 그리스에서처럼 조야한 신학이다. 그것은 '원시적인 희생제사적 신비주의'(primitive Opgermystik) 및 희생제사적 사변과 신들에 대한 사변들으로부터 발전되어 나오며…이런 시대의 말엽에 이르러서 이제껏 준비되어 온 '전체-일자-사변'(All-Eins-Spekulation)이 엘레아 학파 철학에서 그 서구적 평행을 갖게 된다. 모든 다원성이 단지 감각의 가상이며 무지일 뿐이라는 것, 참된 인식은 미몽자의 생각과는 정반대라는 것, 참된 인식은 두 번째 것이 전혀 없는 일자로 되며 시공을 초월하고 움직임도 변화도 특질들도 없다는 것 등의 사실은 크세노파네스와 파르메니데스와 제논의 가르침에 일치한다. 긴도인들에게 있어서 이런 모든 관념들은 순전히 종교적인 직관에 의존해 있으며, 이것들은 틀림없이 본질적으로 '신비적인 자아-침몰'(mystisches Sich-versenken)이라는 독특한 체휼의 완곡한 표현일 뿐이다. 하지만 파르메니데스에게 있어서도 근본 특징은 신비적-종교적이다. 그리고 크세노파네스에게 있어서는 종교적 감정과 신학이 철학을 여전히 완전하게 압도하고 있다.[80]

셋째로 이런 시간상의 동시성과 더불어 종교적인 이념형성에 있어서의 평행이 있다. 가령 노자의 도와 헤라클레토스의 로고스는 인도에서는 브라만(Brahman)이란 개념 속에서 절대자의 이념 발현에 상응한다. 오토는 다음과 같이 말한다.

> 브라만이란 원래는 '마술적인 찬가'(magisches Kultlied), 기도문(Gebet), '신성신화'(Sakralmythus) 등에서의 '신령한 단어'(das sakrale Wort)이었을 뿐이다…

---

80) Ibid.

이와 유사한 것을 우리는 동양과 서양에서 또 다시 볼 수 있다. 노자의 도도 거의 신비적-마술적 사상권들(Gedankenkreisen)에서 생겨났음에 틀림없다…아마도 여기에서 마술적-신성한 힘은…이념과 신성 사이를 배회하면서 '모든 존재와 생성의 원리'(Prinzip alles Seins und Werdens)가 된다…서양에서 노자의 도에 대한 가장 정확한 평행은 헤라클레토스의 로고스이다…그에게 있어서의 로고스도 명백히 신비적인 감정들로 에워싸여져 있다.[81]

그리고 오토는 헤라클레토스 이전에 노자의 도(道)와 브라만 교도들의 브라만(Brahman)이란 용어를 기초짓는 것과 유사한 로고스란 용어의 기초를 구성하는 발달 역사가 있었다고 가정한다. 즉 그러한 발달 역사는 악마적이고 원시적인 신비주의로부터 신비주의적인 우주 원리에 이르는 발달의 한 과정이라는 것이다. 더구나 오토에 의하면 '비쉬누-종교'(Vischnu-Religion)와 '크리쉬나-숭배'(Krischna-Kult)의 구세주 신비주의가 서구의 그리스도 신비주의와 상응한다.[82]

넷째로 종교적인 이념 형성에 있어서의 이런 평행들은 모든 인류의 근저

---
81) Ibid., pp. 210-211.
82) 오토는 다음과 같이 말한다. "보다 포괄적인 '신 신비주의'(神 神秘主義; Gottesmystik)는 동양과 서양의 한정된 '구세주 신비주의'(Heilandsmystik)의 형식들에서 결국 가장 두드러지게 된다. 전자는 그 녹아 들어가고 달콤한 감정자극과 황홀을 지닌 신비주의적인 '신 사랑'(Gottesliebe)이라는 종교성의 변종이다. 또한 서양에서도 그것들은 쉽사리 애욕적인 상들과 색채들을 띤다. 이 경우에 있어서 이것들은 동시에 '신 신비주의'(神 神秘主義)의 보다 추상적인 세계에서부터 구세주(즉 인간적인 객체)로 전이된다. 〔인도의〕 비쉬누-종교에서 그러한 감정들은 이미 Bhagavad의 구원육체(Heilsleib)에 고착되어 있다. 그러나 달콤함과 부드러움을 가진 본래의 구세주-숭배는 Krischna와 Rāmā의 형태에 고착한다. 신성의 성육신인 Sri-Krischna는 열광적이고 기쁘고 친밀한 귀의(Andacht)의 객체가 되는데, 이 귀의는 한편으로는 애욕주의(Erotik)의 자극을 물리치거나 정화시키지만 종종 그것들에 굴복한다. 동양에서는 Rādhā와 Gopi와의 Krischna의 관계는 〔서양〕 구세주-신비주의를 위한 아가서에서의 솔로몬과 술람미 여인에 해당한다. 진정 크리쉬나 숭배도 그 어린아이와의 '애정 깊은 정담'(zaertliche Gekose), 즉 Bambino 숭배를 알고 있다. 그런 〔신비주의가 가미된 이런 종류의 정신적인〕 경건주의는 Ramayana에 대한 Tulsidas의 힌두어 번역에서의 특히 순수하고 감동적인 형태에서 나타나고 있다. 여기서 구세주-숭배는 Rāmā의 사랑스런 형태에 집중되어 있다. 그리고 Tulsidas는 그의 구세주에 대한 말들과 기도들을 발견하는데, 이것들은 그 진정성과 순전성에 있어서 우리의 예수에 대한 찬가들 중 많은 것들에 비견될 만하다(GU, pp. 294-295. Cf. RE, pp. 105-106).

를 이루고 있는 통일적이고 공통적인 성향을 계시하고 있으므로 그것은 고도의 유사성(similarity)에 도달할 수 있다. 그런데 이 사실이 종교발달에 일반적으로 타당하다면, bhakti의 구속론과 기독교의 구속론 사이에 유사성이 나타날 수 있다. 오토는 이러한 유사성을 해명하기 위해서 종교의 발달과정 속에 때때로 나타나는 '유형들의 수렴'(Konvergenz der Typen)을 활용하고 있다.[83]

3. 기독교와 타종교의 관계

1) 종교의 유형

종교발달에 있어서의 평행들에 대한 오토의 인식과 분석은, 종교사와 비교종교의 예비적인 부분에 불과한 것으로 보인다. 그의 가장 중요한 과제는 어떤 한 종교가 다른 종교들보다 어떤 점에서 결정적으로 우월한 것인지를 밝히는 일이다. 이를 위해 비교종교 부분에서의 오토의 세 가지 저술(즉 『동서의 신비주의』, 『인도의 bhakti 종교와 기독교』, 『하나님 나라와 인자』)을 중심으로 신비주의와 은총종교라는 두 가지 유형을 따라 종교들(특히 힌두교와 기독교)을 비교하는 오토의 견해를 밝혀 보고자 한다.

---

[83] 오토는 이것을 생물의 발달 역사와 비교해서 다음과 같이 말한다. "동식물의 매우 상이한 유(Gattung)와 강들(Klassen)의 유형들은 그때 그때에 따라서 변종과정을 거쳐 나갈 수 있는데, 그런 과정들의 결과 그것들은 내적으로 통일적인 삶의 원리의 외화(外化)로서의 유사성과 유추들을 나타낼 뿐만 아니라, '고양되는 상동'(in sich steigernder Homologie) 속에서 서로서로 그 형태와 기능에서 더욱 가까워지고 결국 최종적인 형식에서는 '놀라운 일치'(ueberraschende Uebereinstimmung)들로부터 나온다. 그 일치들을 통해 보면 우리는 이것에 대해서 쉽사리 그리고 재빨리 다른 것들로부터의 하나의 '실재적인 혈통관계'(reale Deszendenz)의 연관들을 가정하게 된다…역사적인 발달에서도 우리는 그런 오류를 행했으며 계속했다. 상동형성(Homologbildung)과 수렴형성(Konvergenzbildung)은 진실로 선취되었던 것이다"(*GU*, pp. 296-297).

a. 동서의 신비주의

오토에 있어서 신비경험은 누멘경험의 한 형태이며, 인격적인 경건으로서의 신앙 속에서도 신비적인 요소들이 내포되어 있다. 따라서 신비주의와 신앙을 절대적으로 대조시키는 것은 불가능한 일이다. 더욱이 신비주의와 신앙의 관계는 종교의 대상에 근거하고 있다. 즉 성스러움은 그 비합리적인 특성 때문에 비인격적인 절대자로서 경험되기도 하고 합리적인 특성 때문에 인격적인 주(主)로 접근될 수도 있다. 이리하여 신앙과 신비주의는 종교의 서로 다른 형태나 단계가 아니라, 종교적인 삶의 두 가지 본질적이고 필연적인 구성요소인 것이다.[84]

오토는 『성스러움』 이후에 신앙과 밀접하게 관련된 신비주의의 본질을 밝히는 데 많은 논문을 할애하지만, 그중에서 가장 중요한 분석은 중세의 기독교 신비주의자인 엑카르트(Meister Eckhart)와 인도 철학자인 상카라(Shankara) 사이의 유사점과 차이점에 대한 비교분석이다. 오토에게 있어서 신비주의의 중심 특징은 특별한 『신 이념』(Gottesidee) 속에 존재한다. 신비주의적이란 말은 신적인 것과의 관계를 나타내는 술어가 아니라 『신 이념』 자체에 대한 술어로서 '신비주의적인 것의 경험'(Erfahren des Mysterioesen), 즉 '신 이념'의 합리적인 계기들의 틀로부터 나와서 그것의 비합리적인 측면을

---

84) *IH*, p. 199, 202. 스마트는 오토가 신비경험과 누멘경험의 관계를 종교의 발달단계와 관련해서 어떻게 보고 있는가를 다음과 같이 묘사하고 있다. "구약과 초기 이슬람교에서 누멘적인 것에 대한 감각은 가장 강렬한 방식으로 존재하지만 그러나 신비적인 탐구는 없다. 반면에 초기 불교와 대승불교 그리고 자이나교에서는 신비적인 탐구가 중심을 이루고 있으며, 누멘적인 것의 종교를 위한 여지는 거의 없다. 그러나 우파니샤드들에서 그리고 대부분의 힌두교 역사에서의 다양한 방식들에서는, 두 가지 종류의 신앙들 간의 혼합이 있다. 이와 같이 이슬람교는 번영했다가 수피(Sufi) 운동을 거쳐 두 가지 요소를 통합하는 하나의 종교로 된다. 또한 우리는 기독교에서 신비주의를 발견하기도 한다. 아이러니칼하게도 불교는 그 발달과 전파의 과정에서 그 특성이 바뀌었다. 소승(Mahayana)으로 알려진 신앙형식에서는 부처들이 숭배대상이 되었으며, 또 우주 뒤에 놓여 있는 한 초월적 실재의 표현들로 되었다. 게다가 소승의 보다 극단적인 종파에서는, 신앙으로 부처의 이름을 부름으로써 구원이 온다는 교리를 발견한다. 이것은 구원이 인간의 노력에 의해서 아니라 자비로운 신에 의해 가능하다고 주장하는 기독교(특히 개신교)와 매우 흡사하다"(Ninian Smart, *Philosophers and Religious Truth* (London: SCM Press Ltd., 1964), p. 114].

형성하는 것에 대한 경험을 가리킨다.[85]

본질상 신비주의는 비합리적인 누멘적 요소가 우세한 종교경험 자체이다. 이것은 신비주의에는 종교 대상을 합리적으로 결정하는 것을 부정하는 경향이 상존하고 있음을 의미한다. 그는 특히 엑카르트와 샹카라에게 있어서 존재(Being)에 대한 명상이 어떠한지를 다음과 같이 기술한다.

> 엑카르트나 샹카라 모두에 있어서 이러한 보다 높은 가치 단계로부터 볼 때 '전체-존재-사변'(ganze Seins-Spekulation)은 더 이상 주요 사실 자체로 나타나는 것이 아니라 본래적으로 더 높고 다른 이념을 위해 받아들여진 봉사 속에 있는 것으로서 나타난다. 그 속에서 조명해 보면 존재 자체는 동시에 독특한 방식으로 채색된다. 존재는 처음에 아무런 의문없이 그것이 속했던 합리적인 영역으로부터 밀려 난다. 그리하여 존재는 '전적 타자'(anyad, alienum, dissimile)와 같이 ··표의문자가 된다.[86]

엑카르트와 샹카라는 형이상학자도 아니고 단순한 사변철학자도 아니며, 구원을 위한 탐구(즉 자기들에게 진실로 가치있는 것의 자각 및 그것에의 참여를 위한 탐구)에 자극받았을 뿐이다. 두 사람은 전적으로 모든 과학적이고 형이상학적인 사변 바깥에 놓여 있는 한 가지 이념에 대한 관심에 의해 이끌린다. 이 이념은 '순수 환상적으로'(rein phantastisch) 나타남에 틀림없으며 따라서 전적으로 비합리적인 이념이다. 즉 구원(Heil, salus, sreyas)의 이념이며 그리고 구원이 획득될 수 있는 방법에 대한 관심이다.[87]

오토는 엑카르트와 샹카라의 저술들을 해석하는 일을 통해서, 양자에게서 발생하는 두 가지 형태의 신비경험, 즉 내향적인 방식으로서의 '자아몰두의 신비주의'(Mystik der Selbstversenkung)와 외향적인 방식으로서의 '통일성

---

85) Otto, *Aufsaetze*, p. 72.
86) Rudolf Otto, *West-Oestliche Mystik* (Muenchen: Verlag C. H. Beck, 1971 - 이후부터는 *WOM*으로 표기하겠음), p. 28.
87) *WOM*, p. 20.

직관의 신비주의'(Mystik der Einheitsschau)를 식별해 낸다.[88] 전자가 외부 사물의 세계로부터 시선을 거두고 자아의 가장 깊은 곳에 숨어 있는 실재적인 것을 찾는 반면에, 후자는 유한성과 다양성의 세계를 직시하면서 유한자 속에서 무한자 그리고 일시적인 것 속에서 영원자 그리고 분명한 다양성 아래서 통일성을 지각한다.

오토에 의하면 통일성 직관의 신비주의에는 논리상 세 가지 발달 단계를 식별해 낼 수 있다고 한다. 가장 최초의 단계에서는 지각된 세계가 그 안에서 시공이 초월되는 통일성 속에서 변형된다. 거기서는 전체가 하나이며 하나가 전체이다. 자기 바깥 세계의 '차이성 내의 통일성'에 대한 이런 직관과 함께 신비주의자는 그 자신이 이러한 통일성의 일부라는 사실을 깨닫는다. 즉 인식자와 인식대상 간의 차이가 붕괴되는 것이다. 이런 취지에서 오토는 플로티노스(Plotinos)를 다음과 같이 인용한다.

> 통일성(Einheit)과 이상성(Idealitaet) 속에서 보여진 그러한 세계의 아름다움이 자신의 영혼을 꿰뚫고 지나가도록 했던 사람은 이제 더 이상 그것에 관해서 단순한 관찰자일 수 없다. 왜냐하면 '직관된 대상'(geschautes Objekt)과 '직관하는 영혼'(schauende Seele)이 더 이상 서로 분리된 두 가지 사물이 아니며 직관하는 영혼은 이제 그 자신 속에 직관된 대상을 지니게 된다.[89]

그러나 제일 낮은 단계에서 통일성과 다양성이 '역의 일치'(coincidentia oppositorum)를 형성하는 반면에, 두 번째 단계에서는 통일성이나 일자에 강조점이 주어진다. 일자는 실체적이고 영구적인 것이며 그리고 변화하고 순간적으로 지나가는 다수를 초월하는 항구적인 것이다. 그러니까 그것은 다수의 안과 뒤에 있는 '본래적인 가치충만'(eigentlich Wertvolle)인 것이다.[90]

오토에 의하면 일자와 다수의 관계는 두 가지 형태 중 어느 하나의 모습을

---

88) *WOM*, p. 43.
89) *WOM*, p. 55.
90) *WOM*, p. 56.

하고 있는 것 같다. 첫째로 신비주의적인 직관의 이런 단계가 유신론에 접목된다면 그 일자는 신이라고 불리워지며 그리고 신과 세계는 평범한 용어로 이해된다. 여기서 비합리적이며 정의하기 힘든 신비주의적인 직관은 합리적인 절대자와 결부되어 있으며 그리고 신의 초월적인 '창조자성'(creatorhood)이란 이론이 생겨나게 된다.[31] 둘째로 비합리적인 것이 우세한 상태일 때에는, 일자가 다수를 제약하는 곳에서 내재성 개념이 생겨날 수 있다. 여기서 '제약한다'는 말은 '원리로서의 사물의 근거에 놓여 있다는 것'(prinzipielles In-Grunde-Liegen)과 그것을 '포괄한다는 것'(Befassen)을 의미한다.[92]

또 세 번째 단계에서는 일자가 유일하게 참으로 현실적인 것으로 나타난다. 오토에 의하면 "다수는 처음에는 일자와 동일하며 또 일자와 긴장 속에 빠지고 사라진다. 이것은 엑카르트의 경우에서처럼 '불리 불가능한 일자'(Untrennbar-Eins) 속에 그것이 가라앉거나 아니면 일자의 어둡게 하는 장막(즉 상카라에게 있어서 Avidya 속에서의 maya의 환영)으로 됨으로써 사라진다."[93] 이 단계에 관한 오토의 설명이 너무나 간결하기 때문에 약간 불명료하지만, 사물 속에서의 일자의 내재성은 상카라의 경우 신성의 유일한 실존을 주장함으로써 초월되고, 엑카르트에게 있어서는 비록 일자가 내재적으로 남아 있다고 하더라도 그 내재적인 일자를 초월하여 그 안에 구분도 다원성도 결코 나타나지 않는 완전히 초월적인 일자의 '고요한 황야'(stille Wueste)가 나타나는 것이다.[94]

반면에 자아몰두의 신비주의는 내적인 탐구를 위해서 외부 세계를 부정한다. 이 내적인 탐구는 엑카르트의 경우에는 심정(Gemuet)으로 발전하며 상카라의 경우에는 아트만(atman)으로 발전한다. 오토는 다음과 같이 기술하고 있다.

---

91) *MEW*, p. 267. Cf. Almond, op. cit., p. 117.
92) *WOM*, p. 57. Cf. *MEW*, pp. 267-268.
93) *WOM*, p. 59.
94) Ibid.

아트만과 영혼은 그것들을 둘러싸고 있는 것으로부터 스스로를 떼어내고 풀어내야 하며, 감각과 감각인상으로부터 물러나서 감각대상에 '부착되거나 애착이 없게'(nicht-anhaftend, ohne Hamg) 되어야 한다. 그럼으로써 동시에 스스로를 모든 대상들(더 나아가서는 사유 대상)과 동시에 모든 다양성(Mannigfaltigkeit), 다원성(Vielheit), 상이성(Verschiedenheit)으로부터 스스로를 떼어낸다.[95]

그런데 이렇게 해서 획득된 상태에서는 지각자와 지각대상 그리고 지각행위 사이의 구별이 말소된다. 엑카르트의 경우 영혼은 완전히 하나가 되었으며 따라서 그것은 일자이다. 이 내성적인 상태는 무차별적인 통일 상태이기 때문에, 아마도 일자와의 통합이나 동일성이 획득되는 상태로 보여질 수 있을 것이다. 외향적인 방법을 통해서 실현된 것은 내향적인 방법으로 실현된 것과 동일한 것으로 간주될 수 있는 것이다.

오토는 신비경험의 이런 두 가지 형태로 인식된 것 사이에는, 어떤 필연적인 연관성도 존재하지 않는다고 주장한다. 사실상 그는 내성적인 경험이 만일 신과 영혼의 통합을 수반하거나 그 둘의 본질적인 동일성을 수반하는 것으로 생각할 수 있다면, 신이나 일자가 중요시되는 신비주의에 대해 설명할 수 없다는 사실을 인정한다. 오토는 내성적인 경험이 가령 요가 체계의 무신론적인 용어로 개념화될 수 있다고 지적하고 있다.

> 우리는 '신-있는-요가'(sa-isvara-yoga)와 '신-없는-요가'(an-isvara-yoga)를 구별한다. 후자가 신과의 '신비주의적인 통합'(unio mystica)일 수 없음이 확실하지만, 전자의 경우에도 신 그리고 신과의 하나됨(Einung)이 구원과정(Heilsvorgang)의 목표인 것은 아니다. 후자에서는 그러한 신과의 신비적 통합을 위한 어떠한 노력도 없으며, 신이 단순한 원조자에 불과한 '아트만의 고

---

95) *WOM*, p. 93.

립'(Isolierung des Atman)을 추구하고자 하는 노력이 있을 뿐이다.[96]

이와 같이 자아 몰두의 신비경험이 일자나 신을 언급하지 않고서도 공식화될 수 있기 때문에, 엑카르트의 신성과 상카라의 브라만(Brahman) 사이에 논리적으로 필연적인 관계가 존재하는 것은 결코 아니다.

그러나 오토에 의하면 영혼과 신성 간의 연관은, 적어도 신비주의자에게 있어서는 선험적인 것이라고 하는 사실을 지적하는 것이 중요하다. 성스러움 속에 있는 합리적 요소와 비합리적 요소의 선험적인 연관처럼, 영혼과 신성의 필연적인 연관은 신비주의자에게는 진리 감정 속에 근거해 있다. 오토는 창조적인 종합 속에서의 그 두 가지 형태의 신비경험의 연관을 설명하기 위해 다음과 같이 감정연계법칙을 도입한다.

> 신비주의자에게는 본질적이고 필연적인 공속성(Zusammergehoerigkeit)인 것이, 우리에게는 다만 심리학적인 법칙에 따른 '상호적인 매력'(gegenseitige Attraktion)으로 나타날 수 있다. 예를 들면 어떤 환경에서는 다르고 다른 환경에서는 유사한 경험들이, 그것들의 유사상의 압력 아래서 경험하는 심정 속에 혼합할 수 있다는 법칙이 있다. 그리고 혼합할 뿐만 아니라 경우에 따라서는 서로를 부를 수 있으며-abyssus in vocat abyssum-서로를 유발할 수 있으며 일깨울 수 있고 또한 상호작용 속에서는 서로 고양될 수 있다.[97]

그러면 신비주의자의 경우 이 두 가지 신비 경험의 필연적인 연관을 주장하는 쪽으로 발전시키는 유사성이란 무엇인가? 그것은 영혼과 정신 그 자체가 누멘적인 실체들이라는 사실이다. 왜냐하면 고유한 가슴(Herz) 속에 있는 고유한 영혼의 '놀라운 깊이'(Wundertiefe)와 신을 발견하는 것과, 통일성과 일자 속에 있는 세계의 놀라운 깊이를 발견하는 것이 아무리 다르다고

---
96) *WOM*, pp. 164-165.
97) *WOM*, p. 252.

할지라도 그 둘 모두가 기적이기 때문이다.[98] 더욱이 영혼은 인간 속에 있는 신적인 형상이기 때문에 누멘적인 실체라는 것이다. 즉 인간 속에 있는 신적인 형상은 단순히 인간이 합리적이고 윤리적이며 지적이라고 하는 사실뿐만 아니라, 우선적으로 그 가장 깊은 차원에서 그의 존재가 종교의식의 관점에서 볼 때 진정으로 누멘적인 것이라고 하는 사실(즉 영혼이란 신비이며 경이라고 하는 사실)에 있는 것이기 때문이다.[99]

오토에 의하면 영혼 그 자체를 통해서 세계의 신적 통일성의 직관이 획득된다고 한다.[100] 가령 인간 속에 있는 신적인 것이 세계 속에 있는 신적인 것을 이해할 수 있게 하는 것이다. 이것은 신비주의자들이 이른 바 '영혼의 근거'(fundus animae, synderesis, 불꽃 혹은 내적인 심연 등)로 이해하고 있는 바가, 누멘적인 것(즉 비합리적인 종교적 선험성)을 경험할 수 있는 인간의 보편적인 능력과 동일한 것임을 의미한다. 그런데 영혼의 근거가 비합리적인 선험성과 동일하기 때문에, 신비주의나 신비적으로 경험할 수 있는 능력은 인간 영혼 자체의 본질적인 요소인 것이다.

오토는 엑카르트와 상카라 사이에 이런 유사성들이 있음에도 불구하고 양자 간의 본질적인 차이점을 발견한다. 먼저 엑카르트는 신적인 활력성을 강조하는 반면에, 상카라는 브라만이라는 절대적 개념을 지니고 있는 것이다.[101] 그러나 가장 중요한 차이점은 그들의 가르침이 지닌 윤리적인 내용 속에 있다. 이 윤리적인 차이점은 구원 속에서 추리되는 가치의 본질 속에 존재한다. 그것은 누멘을 매혹(fascinans), 즉 주관적인 가치로 이해하는 것과 장엄(augustum), 즉 객관적인 가치로 이해하는 것의 차이이다.[102] 오토에 의하면 상카라의 경우는 객관적인 가치를 사실상 배제하면서까지 주관적인

---

98) *WOM*, p. 253.
99) *IH*, p. 194.
100) *MEW*, p. 280.
101) 오토에 의하면 "엑카르트가 주장하는 신성의 '영원한 고요'(ewuge Ruhe)는 '고요한 존재'(ruhendes Sat)의 그것과는 다른 의미를 지닌다. 그것은 커다란 내적 운동(즉 자신 속에 흐르는 삶의 영원한 과정)의 원리이면서 종결이기도 한 것이다"(*WOM*, p. 196).
102) Almond, op. cit., p. 122.

가치를 강조하고 있으며, 엑카르트의 경우는 객관적인 가치가 가장 중요한 것이라고 한다. 오토는 다음과 같이 주장한다.

> 그(상카라)를 괴롭히는 악(Uebel)들은 죄나 무가치나 불의 등이 아니라 윤회(Samsara)의 괴로움이며 허풍(Wind)·원한(Galle)·수다(Schleim)·고령(Alter)·무한한 재생(Wiederwerden)이다. 그러나 바로 전자의 것들이 엑카르트의 신비주의가 갖는 의미이다…그(엑카르트)에게 있어서도 스스로 존재하는 피조물은 고통에 차 있다. 유한성은 불만족과 고통에 차 있다. 그러나 그는 모든 다른 것들의 바로 전면에 전적으로 다른 어떤 것이 존재한다고 생각하는 것이다. 그것은 단순한 '본질적인 창조물'(creatura, sicut est in se)의 가치상실(Wertlosigkeit)과 존엄상실(Wuerdelosigkeit)과 대조를 이루는, 절대적인 객관적 가치인 본질적인 공의(Gerechtigkeit) 자체로서의 존재의 획득이 바로 그것이다.[103]

그런데 오토가 이처럼 누멘의 객관적 가치를 강조하게 된 뿌리는 '팔레스타인적-성서적 종교성'(palaestinisch-biblische Religiositaet)의 토양에서 발견될 수 있다.[104] 이 경우 상카라에 의해 예증된 인도 전통에 대한 오토의 비판 요점은 인도 전통이 『성스러움』에 대해 불충분한 개념을 지니고 있다는 사실이다. 인도 전통은 신적인 것이 지니는 윤리적인 함축에 대해 충분히 설명하지 못한다. 특히 상카라의 신비주의는 무도덕적(amoral)이다. 왜냐하면 영원한 브라만은 그 자체가 모든 선악을 초월한 것이기 때문이다.[105] 이것과는 대조적으로 엑카르트의 신은 인격적인 소수성(Reinheit)과 완전성(volkommenheit) 및 인간과 세계와 피조물들에 대한 '사회적인 이상'(soziales

---

103) *WOM*, pp. 223-2240. 여기서 오토는 엑카르트의 신비주의 이론을 바울과 루터의 가르침과 통합하려고 시도한다. 오토에 의하면 엑카르트의 가르침들은 이신득의와 성화(聖化)라는 교의들의 신비주의적인 형식이다. 악인(homonobilis), 즉 '신과 통합되지는 않았지만 신과 하나가 된 자'(homo justificatus)이다(*WOM*, p. 228).
104) *WOM*, p. 241.
105) Almond, op. cit., p. 123.

Ideal)의 요구를 갖춘 모든 '도덕적인 이상'(sittliches Ideal)의 신인 것이다.[106] 그는 다음과 같이 주장한다.

> 인도적인 토양 속에서는 심정(Gemuet)과 양심(Gewissen)의 삶으로서의 영혼의 삶에 대한 이와 같은 내면적인 문제와 본래적인 의미에서의 '영혼의 돌봄'(Seelsorge)이 결코 발전될 수 없었다. 그것〔영혼의 돌봄〕은 기독교에서 비로소 특징적이고 필연적으로 되었으며, 기독교 신비주의(특히 엑카르트)는 그것을 그들의 본래적인 본성(Hauptberuf)으로 인정했으며 또한 실행했다.[107]

여기서 우리는 나중에 오토가 보다 완벽하게 발전시킬 종교와 윤리의 관계에 관한 이념들을 미리 보게 된다. 다시 말하면 그는 기독교와 힌두교의 중대한 차이가 성스러움이 기독교의 경우 모든 도덕적인 가치의 원천이자 근거라는 사실을 발견하게 된다.

b. 기독교 및 힌두교의 bhakti 전통

인도의 종교 전통에 관한 그의 모든 저술에서 오토는 한결같이 기독교가 비교적 더 발달된 신성성, 죄, 구원 등의 개념을 갖고 있으며, 따라서 보다 발전된 의미의 성스러움을 지니고 있다는 사실을 강조한다. 이러한 강조는 특히 구세주 존재에 대한 충실성과 사랑스런 헌신에 관한 기독교와 힌두교의 bhakti 전통을 비교하는 부분에서는 더욱 그러하다. 사실상 오토는 인도의 bhakti 전통에 관한 연구 부분에 있어서 독일의 선구자적인 존재였다. 이것은 특히 오토가 관심을 갖기 이전에는 독일의 종교사상에서 실질적으로 알려져 있지 않았던 종교철학 전통인 Ramanuja의 Vishishitadvaita Vedanta에 관한 그의 연구에서 더더욱 그러하였다.[108]

---

106) *WOM*, p. 242.
107) *WOM*, p. 248.
108) 롤만(Hans Rollmann)은 다음과 같이 논평하고 있다. "철학을 그 역사적인 맥락 속에 위치지우고 또 Vaisnava 사상가의 종교철학 임무가, 그의 철학을 샹카라의 일원론적인

비록 오토에게 있어서 샹카라의 보다 추상적이고 사변적인 체계보다 bhakti 전통이 기독교에 대항하는 경쟁자로 보이기는 했지만, 오토는 샹카라의 추상적이고 사변적인 체계 속에 있는 유신론적 요소의 의의를 인정하였다.[109] 기독교 및 인도의 bhakti 전통은 모두 적대자, 세계, 영혼, 신에 관한 물음을 제기하여 구원이란 주제를 발전시키는 본질상 구원론이기 때문에 서로 비교할 만하다.[110] 그러나 유형상의 수렴 현상이야말로 양자의 여러 유사성 중에서도 가장 놀랄 만한 특징이다. 오토는 다음과 같이 기술하고 있다.

> [인도의] 이런 bhakti 종교에는 의심할 여지없이 '하나의 현실적인 구원신'(ein wirklicher Heilsgott)이 추정되고 믿어지고 추구되며 경험되어진다. 그리고 바로 그 때문에 그것은 나에게 가장 놀랍고 진지하게 받아들여질 경쟁자(Konkurrent)였으며 오늘날도 또한 그러한 것으로 보인다.[111]

그러나 오토는 이 두 종교 사이에는 정신(sprit)에 있어서의 어떤 차이점 같은 것이 느껴진다고 주장한다. 한편에서는 인도의 정신이 숨쉬고 있고 다른 한편에서는 비교할 수 없을 정도의 활력이 넘치는 팔레스타인 정신이 있다는 것이다.[112] 그런데 이러한 차이점은 두 종교들 사이에 존재하는 축(軸)의 변화에서 기인한다. 가령 한 종교에서 핵심적이었던 이념들이 다른 종교에서는 단편적이거나 부분적으로 결여되어 있는 것으로 된다.

도전에 대한 '변증학적-유신론적 반대'(apologetic-theistic reflex)로 생각함으로써 모두 설명될 수 있다는 주장을 일소하였다는 점에서 오토는 신뢰를 받아 마땅하다"[Hans Rollmann, "Rudolf Otto and India," *Religious Studies Review* 5(1979): 200. Almond, op. cit., p. 124에서 재인용].

109) Rudolf Otto, *Die Gnadenreligion Indiens und das Christentum* (Gotha: Leopold Klotz Verlag, 1930 - 이후부터는 GRIC라고 표기하겠음), p. 7.
110) *GRIC*, p. 4, 6. 오토에 의하면 기독교의 독특한 표리로 간주되는 것들[위격(hypostases), 성육신, 종교적인 지식과 은총과 선택과 배타성의 적절한 원천으로서의 말씀에 대한 평가의 교리]로까지 확대되기도 하는 bhakti 전통과 기독교의 광범위한 일치가 존재한다.
111) *GRIC*, p. 10.
112) *GRIC*, p. 66.

특히 오토는 특별한 이스라엘 예언주의와 종교사 내에서의 예언주의 사이의 관계를 해결하기 위해 종교사에 대한 세 가지 신학적 고찰방법을 제시하고 있다.[113] 첫째로 그는 합리적인 정신 그 자체의 능력보다 인류의 일반적인 종교적 성향에서 신학적으로 일반계시를 인식한다. 또한 구속 신앙이나 구속 경험 같은 고등종교라 할지라도 이미 발전된 종교적 성향의 전제 아래서만 가능하기 때문에, 이런 성향의 자아실현과 누멘 감정의 폭발은 초기 단계에서부터 그러한 일반계시(revelatio generalis)로서 특별계시(revelatio specialis)에 대한 예비적 의미를 얻게 된다.[114]

둘째로 결국 종교적 성향은 계시 위에 부여된 것을 의미한다. 종교적 성향이 예언(성스러움의 현상 속에서 순전하게 인식할 수 있는 능력)으로 변하는 '종교사적인 발전'(religionsgeschichtliche Entwicklung)은 신학적인 결정자인 계시 아래서 통일된 과정이다. 그래서 종교사적인 발전은 인간 심정 가까이에로 초월적인 것이 단계적으로 계시하는 것으로 인식된다. 여기서 이전 단계는 미래적인 것에 대한 실제적인 예언이 되고 인간과 인류의 생산적인 종교적 성향은 계시에 대한 순수한 수용성의 능력으로 된다.[115] 이것은 신앙인과 관련하여 볼 때 종교의 최초 단계에서부터 신 자신은 자아 계시적인 활동을 한다는 것을 뜻한다.[116] 여기서 종교의 그때 그때의 단계는 자신을 넘어서서 예언적으로 향한 심오한 예언이 된다.

셋째로 동시에 종교사는 어떤 곳에선 그리스도를 향한 실재적인 개척이다. 왜냐하면 신약에 있는 왕국의 종말론에 대해 동양의 영향이 함께 작용해 왔기 때문이다. 그리하여 종교사적인 발전의 중요한 부분은 구속사(Heilsgeschichte) 자체 속에 포함되며, 구속사의 종교적 이념은 이제까지 갖지 못했던 폭을 지니게 된다. 예를 들면 베들레헴의 아기를 경배하는 동방

---

113) Wilhelm Haubold, *Die Bedeutung der Religionsgeschichte Fuer die Theologie Rudolf Ottos* (Leipzig: Leopold Klotz Verlag, 1940), pp. 69-70.
114) *GU*, pp. 8f., 63.
115) *GU*, p. 3.
116) *WOM*, p. 168.

박사들은 아기에 대하여 스스로 거의 예언자적인 상징인 것이다.[117]

이리하여 종교사는 신앙의 관점에서 볼 때 그리스도를 향한 발전이라고 하는 가장 깊고도 최종적인 의미를 지니게 된다. 특히 오토는 예수의 『하나님 나라』예고의 이전 단계를 최종적으로 연구했다. 다만 종교사학파가 기독교의 형성과정에서 유대교, 헬레니즘, 이집트, 메소포타미아, 시리아의 종교들이 끼친 영향을 밝히려고 한 데 반해서, 오토는 예수의 케류그마에서 중심을 이루었던 신적인 이념에 끼친 이런 종교들의 영향에 대해 집중적으로 논의했다. 오토는 예언적인 종말 기대 속에는 어느 정도 종말론적 의미를 갖는 하나님 나라에 대해 알고 있는 이스라엘 유대고적인 발전노선 이외에도 아리안적인 발전노선이 있다고 주장한다. 즉 하나님 나라 이념의 원천은 베다(Veda)에서 그것의 침전물을 발견했던 아수라(Asura) 종교에 있다는 것이다.[118] 거기서 절대적인 아수라로서의 바루나(Varuna)는 위엄 있는 왕의 칭호를 갖게 되고 동시에 왕의 통치권이 미치는 그의 나라를 소유한다. 오토에 의하면 그것은 힘과 권력 그리고 강제적이고 지배적인 권력 그리고 특히 적과 반대세력을 압도하고 강력한 영향을 미칠 수 있는 '승리의 힘'(Siegesgewalt) 그리고 특별히 '신의 권력'(Gottesmacht)으로서 명령하고 형성하고 창조할 수 있는 승리의 힘이다.[119]

그런데 인도에서 기초를 닦은 아수라 종교는 이란에서 짜라투스트라를 통해 승리를 쟁취하게 되는데, 여기서 아수라 종교는 종말론적인 성격을 얻게 된다. 왕국은 사람들이 갈망하고 염원하며 추구하는 종말론적인 구속선(Heilsgut)으로 된다.[120] 더욱이 오토에 의하면 이란적인 종말 기대와 이스라엘적인 종말 기대는 후기 유대교의 묵시문학 속에서 결합되었으며, 그리하여 에녹서의 종말론은 예수가 성장한 종교권을 형성하며 예수는 그 에녹적

---

117) *GU*, p. 112.
118) Rudolf Otto, *Reich Gottes und Menschensohn* (Muenchen: C. H. Beck'sche Verlagsbuchhandlung, 1934 - 이후부터는 *RGM*으로 표기하겠음), ᄀ. 9.
119) *RGM*, p. 14
120) *RGM*. p. 19.

인 묵시문학 전통의 이념 속에서 살게 되었다.[121]

여기서 신과 인간 사이의 중재자(그것보다는 한 초월적인 존재의 아리안적인 동양에서 유래한 이념과 옛 이스라엘적인 독특한 메시야 이념 사이의 종합)로서,[122] 그의 권력을 피하여 신에게 숨었다가 언젠가 힘있게 나타날 그리고 구세주 형태로 그것을 바라고 그의 말에 따르는 모든 자에게 구속을 가져다주는 인자(人子, 즉 한 매개인 존재)의 형태가 뚜렷해진다.[123] 오토는 다음과 같이 말하고 있다.

> 정의와 '다가올 심판'(kommendes Gerecht) 그리고 '복된 종말'(selige Endzeit)의 강력한 설교자, 즉 그의 인생 역정의 마지막에 와 있는 인자의 최종 형태의 예언자(Prediger)가 신에게로 옮겨 스스로 그가 예고했던 사람에게로 높여지지만 그러나 말 그대로 그에게로 높여지며 그리고 그 자신은 그가 고지했던 사람으로 된다는 사실은, 동시에 그의 사역이 확실히 그가 속세의 삶을 영위했던 동안에 다름 아닌 이러한 구속자 자체의 '예기된 사역'(anticipiertes Wirken)이었음을 뜻한다.[124]

이와 더불어 예수 자신의 소명의식을 표현한 이념이 시사된다. 예수 또한 우선은 하나님 나라의 예언자이다. 순수한 기적물인 피안은 그것의 미래성에서 벗어나 세계에 영향을 미치고 예수 자신의 인물과 사명 그리고 그의 축귀적(逐鬼的, exorzistisch) 활동은 진입 중에 있는 하나님 나라의 일부분이다.[125] 예수 자신은 이런 진입하고 구제하는 '권력 영역'(Krafsfaere)의 일부분이며, 그 자체로 구제하는 종말론적인 '구속 인물'(Heilsgestalt)인 것이다.[126] 예수는 자신을 에녹적인 묵시문학의 의미에서 인자로 규정된 자로 알고 있으며, 이런

---

121) *RGM*, p. 176.
122) *RGM*, p. 154.
123) *RGM*, p. 156, 158.
124) *RGM*, p. 175f.
125) *RGM*, p. 42, 55f.
126) *RGM*, p. 62.

의미에서 그는 '인자의 청구자'(Praetendent auf den Menschensohn)이다.[127]

확실히 그가 떠맡은 이런 메시아성(Messianik)이 이란적인 동기에서 유래한 초월적인 중보자 형태와 다윗적인 메시아의 옛 이스라엘적 이념의 종합을 의미한다면, 예수는 혁명적으로 '신명기-이사야'(Deutero-Jesaja)로부터 그리고 고난받고 죽어가는 여호와의 종과의 새로운 종합을 통해 그것을 변형시킨다.[128] 이러한 고뇌는 인자로 규정된 예수에게, 그가 메시아 소명을 수행하는 동안에 닥쳐온다. 더구나 그의 독창적인 구상으로부터 성찬 행위의 의미가 명백해진다. 즉 예수는 메시아적인 고통을 감수하고 또 그러한 고통 속에서 신으로부터 왕국을 물려받은 자로서, 자신의 신봉자들에게 왕국의 이러한 유산을 남겨 준다.[129]

이처럼 예수의 임무와 인물이 오토에게는 통일성으로서 보여진다. 인자가 신국에 소속되어 있다는 종말론적 논리는 오토의 방법론적인 출발점을 이루고 있다. 이런 출발점은 예수라는 카리스마적 인물을 다룸으로써 확증된다. 예수에게 있어서 카리스마와 하나님 나라는 본질상 필연적으로 공속적이며, 카리스마와 하나님 나라에 속하는 종말론적인 구속 형태 자체도 공속적이다. 오토는 다음과 같이 말한다. "예수가 누구였다는 것을 말하고자 한다면, 그에게서 축귀적인 측면과 카리스마적인 측면을 진지하게 받아들여야 한다. 그의 '카리스마적인 능력'(Charisma)은 그에게 있는 우연적인 것이 아니고 본질적으로 그의 인물에 속하는 것이며, 또 그의 인물의 의미를 발견하도록 도와준다. 그래서 그의 인물과 그것의 의미를 통해서 비로소 하나님 나라에 대한 그의 임무의 의미가 해명된다."[130]

여기서 오토의 종교사적인 시도의 이런 신학적 의미는 종교사적인 연구가 신앙의 확신에 대한 종교사적인 유례를 달성시키기 때문에 가능하다. 즉 예수가 하나님의 그리스도였는가 하는 질문은 결코 종교사적인 질

---

127) *RGM*, p. 140.
128) *RGM*, p. 205f.
129) *RGM*, p. 245f.
130) *RGM*, p. 324f.

문이 아니라 '신앙적인 물음'(Glaubensfrage)이므로, 예수의 메시아적 소명의식에 대한 질문은 예수가 그리스도인가라는 질문에 대한 종교사적인 유례이다.[131] 오토는 예수가 스스로를 '구제하는 종말론적인 구원 인물'(rettende eschatologische Heilsgestalt), 즉 인자(人子)로 이해하고 또 예수가 그의 죽음을 필연적인 메시아적인 것(말하자면 구제하고 속죄하는 고통)으로 인식하고 그리고 최후 만찬에서 이러한 고통의 속죄력을 그의 신봉자들에게 할당하면서 하나님 나라의 유산을 남겨 주려고 했다는 사실을 보여주었기 때문에 오토는 '예수-종교'(Jesus-Religion)로 이해될 수 있는 권리를 기독교에게 신학적으로 부여하고 있는 것이다.[132]

여기서 종교사는 사실상 그리스도를 목표로 하고 그리스도 안에서 종교사의 완성을 발견하게 되는 그러한 발전으로 보인다. 다시 말해서 고대의 인도-아리안의 경건에서는 이미 역동성(즉 지배하고 강요하는 힘이자 승리의 힘)인 Asura 왕국의 직관이 두드러지는데, 이러한 왕국은 짜라투스트라(Zarathustra)를 통해 종말론적인 구원선으로 관찰되며 그리고 왕국은 후기 유대교 묵시문학에서의 야웨 왕권의 이념과 결합된다. 그리고 이제 이러한 왕국 개념과 결합된 풍부한 연상들 속에서 왕국은 예수에 의해 그의 '이미 밀어닥침'(Schon-Hereinbruch)에서 구상되고 예고된다.[133] 여기서 구원사의 기독교적인 이념은 엄청나게 확장되는 동시에, 약속과 성취의 범주가 종교사 일반에 대해 의미를 얻게 된다. 이리하여 에녹적인 묵시문학에서 볼 수 있는 아리안적 종말론과 이스라엘-유대교적 종말론 사이의 종합은 예수의 소명의식을 저장하고 있는 '관념의 의복'(Vorstellungs Gewalt)을 만들고 있다.[134]

이리하여 우리는 종교사 현상을 통해서, 기독교의 수많은 개념들이 인도의 전통과 전적으로 양립할 수 없는 것들 중에서 가장 뛰어난 예의 하나가

---

131) *RGM*, p. 127.
132) Haubold, op. cit., p. 75.
133) Ibid., p. 76.
134) *RGM*, p. 159.

바로 기독교의 하나님 나라 교리임을 알게 된다. 오토는 예수의 케류그마 (kerygma)에서 중심을 이루었던 하나님 나라 개념에 영향을 끼친 신학 개념으로 슈바이쳐(Albert Schweitzer)의 『철저한 종말론』을 제시하고 있다. 세례 요한이 그러했듯이 오토는 예수 안에서 철저한 종말론자를 본다. 그러나 그는 선구자의 메시지와 새로운 메시지를 대조시킨다. "하나님의 나라가 가까웠다"는 예수의 설교는 "심판 날이 가까왔다"는 세례 요한의 설교와 다르다는 것이다. 물 서 례라는 요한의 종말론적 성례전의 위치는, 왕국이 이미 여기에 왔다는 종달의 정신적 힘의 도래로 대치된 것이다. 그리하여 그리스도의 참된 의미를 이해하려면, 그리스도가 그의 영광과 능력 속에서 그의 추종자들에게 말과 행위로 기적을 베풀 수 있는 카리스마를 지녔다는 사실을 간파해야 한다.[135]

이리하여 예수는 그의 인격과 사역이 그의 출현과 더불어 역사 속으로 돌입한, 신적인 구속 행위의 종말론적이며 카리스마적인 설교자가 된다. 그는 도래할 하나님 나라를 선포할 뿐만 아니라, 자신의 현재에 의해 그것의 도래를 나타내시기도 한다는 것이다. 오토는 다음과 같이 주장한다. "[예수는] 어떤 복합 사상들을 창설한 단순한 종말론적인 설교자가 아니며, 그의 인물과 사역은 '하나의 포괄적인 구원 사건'(ein umfassendes Erloesungsgeschehen)의 일부분이다. 이 구원 사건은 그와 함께 진입해 들어오는데, 그는 이것을 '하나님 나라의 도래와 이미-왔음'(Kommen und Schon-gekommensein des Gottesreiches)이라고 부른다."[136]

더욱이 오토는 이런 이념이 인도의 경전과는 완전히 정반대의 것이라고 주장하고자 한다. 왜냐하면 인도의 종교에는 실재적인 세계관뿐만 아니라

---

135) Joachim Wach, *Types of Religious Experience* (Chicago: The Univ. of Chicago Press, 1951), p. 224.
136) *RGM*, p. 81. 일찍이 『성스러움』에서도 오토는 예수의 가르침에서 중추적인 요소들 중의 하나가 바로 하나님 나라의 선포였다고 주장한 바 있다. "그리스도의 최초의 직접적인 업적은…자신의 신과 그의 나라에 대한 신앙 각성을 통하여 '소망과 소유 속에서 구원을 성취하고 부여하는 것'(Wirkung und Spende von Heil in Hoffnung and Besitz)이었다"(*DH*, p. 189).

긍정적인 세계평가가 완전히 결여되어 있기 때문이다. 오토는 다음과 같이 주장한다.

> 인도는 세계의 순전한 가치를 알지 못한다. 왜냐하면 세계의 목적(telos)을 알지 못하기 때문이다. 세계는 진행되고 있지만 그 세계는 '하나의 완성목표'(eines Vollendungsziel), 즉 변용(Verklaerung)에로 이끌어지지 않는다. 그리하여 세계는 하나의 목표를 향한 진화로 생각되지 않으며, 또 위로부터의 규정에 의해 그 목표에 도달하는 것도 아니다. 세계는 창조하고 유지하며 다시 해체하시는 신의 실재적인 창조물이기는 하지만 이러한 창조, 유지, 해체, 재창조는 Isvara의 lila[즉 그의 영원한 유희(Spiel)]이기 때문에 그의 전능에 의해 어떠한 저항도 없이, 즉 그의 순전한 의지에 의해 수단이나 도구 없이) 영위되어진다. 또한 그것은 지혜와 미(美)가 스며 있으며, 다른 어떤 것을 위해서가 아닌 그 자체로 현존하며, 그리하여 끊임없이 다시 사라지며 그 자신의 '무한하고 획일적인 반복'(unendliche und gleichfoermige Wiederholung) 속에서 새롭게 성립된다. 세계는 결국 그때 그때마다 소실되며 결코 변용되지 않는다.[137]

따라서 인도의 종교에는 기독교적인 창조교리가 없을 뿐만 아니라, 세계가 하나님 나라에서 신의 위치가 되도록 예정되었다는 기독교 교리 같은 것은 존재할 여지가 없다. 힌두교에서의 세계에 대한 이런 부정적인 평가는 힌두교가 완전한 윤리 종교가 될 수 없음을 의미하는 것처럼 보인다. 왜냐하면 세계에 대한 기독교의 긍정적인 평가에 의해서만, 비로소 세계가 신적인 의지에 봉사하는 영역이 될 수 있기 때문이다. 즉 신적인 것은 그 자체로서 가치 있을 뿐만 아니라, 모든 세속적인 가치들의 근원이나 원천으로 간주될 때에만 제대로 이해되었다고 할 수 있다. 요컨대 인도의 전통은 성스러움을 합리적인 요소와 비합리적인 요소의 복합으로 평가하지 못하고 있는 것이다. 오토는 다음과 같이 말한다.

---

137) *GRIC*, pp. 52-53.

그것(Isvara의 예배)은 한 으연한 질료를 위한 형식으로서의 '신 의지'의 순수한 누멘적 가치만을 안다. 그러나 그것은 우리의 가치인식의 합리적 내용을 지닌 누멘적-비합리적 형식의 충족을 통해서 항상 비로소 성립되는 성스러움(Sanctum)의 가치는 갖지 못한다…인도종교는 비도덕적이지는 않다고 하더라도 무도덕적(amoralisch)이다.[138]

이리하여 힌두교와 기독교의 축은 매우 상이한 것이 된다. 힌두교는 세상에서 도피할 수 있는 방벽에 큰 관심을 둔다. 즉 윤회(samsara)는 해방(moksha) 속에서 해결을 요구한다. 반면에 기독교는 세상에서의 죄인의 의인(義認)이란 문제에 관심을 돌린다. 즉 복음의 신은 성성의 수레바퀴로부터 구출해 주시는 분이 아니라 죄인을 찾아다니시는 분이시다. 바로 이러한 사실은 그리스도의 십자가 고난 속에 명확하게 드러나 있다. 오토는 『성스러움』에서 다음과 같이 말한다.

> [그리스도의] 십자가는 '영원한 아버지의 거울'(speculum aeterni patris)뿐만 아니라 성스러움 자체의 거울이다…그리스도의 십자가에서 이루어진 성스러움의 합리적 계기와 비합리적 계기의 얽힘 속에서 그리고 계시적인 것과 예감에 찬 비계시적인 것 및 지고한 사랑과 몸서리치는 누멘적 진노 등의 혼합 속에서, 기독교적인 감정은 성스러움의 범주를 가장 상동적으로 적용했으며 이와 더불어 일찍이 종교사의 영역에서 찾아볼 수 있었던 가장 심오한 종교적 직관을 산출한 것이다.[139]

이와 같이 인도의 bhakti 전통과 기독교 정신 속에서 윤리와 은총의 의미는 다르게 된다. 예를 들면 '탕자의 구제'가 힌두교에서는 윤회 속에서 노예화되어 있는 존재들로부터의 구제를 말하는 데 반해 기독교에서는 실존으

---

138) *GRIC*, p. 61.
139) *DH*, p. 193.

로부터의 면죄 · 죄의 속박으로부터의 탕자의 해방 · 성스러움에로의 개방의 재설립 · 모든 실존에게 의무지워진 역사 조건들 속에서의 중생 등을 의미한다.[140] 오토는 이것을 다음과 같이 특징 짓는다.

> 기독교는 '실천적으로'(per substantiam) 양심 종교이고 bhakti 종교는 '우연적으로'(per accidens) 양심 종교이다…기독교는 양심 종교를 넘어선다. 그것은 속죄되고(entsuehnten) 화해된(versuehnten) 양심의 종교이다. 그리스도가 중보자라는 사실이 그를 크리쉬나나 라마로부터 본질적으로 구분해 주는 것은 아니다. 왜냐하면 크르쉬나나 라마도 중보자이기 때문이다.[141]

2) 기독교의 우월성

오토에게 있어서 세계종교는 누멘적인 것과 도덕적인 것 사이의 커다란 편차를 보여주지 않으며, 오히려 그 자신의 독특한 역사 속에서 양자의 상관성을 이해하고 발전시키고 있다. 여기서 기독교와 타종교 사이의 차이점은 기독교의 보다 뚜렷한 도덕적인 요소에 있으며 이 사실은 바로 기독교의 우월성과 절대성을 수반한다. 그는 다음과 같이 주장한다.

> 우리는 바로 한 종교가 개념들을 갖고 있으며, 초감각적인 것에 대해 개념적인 인식, 즉 '신앙인식'(Glaubenserkenntniss)들을…갖고 있다는 사실은 그 종교의 우월성(Ueberlegenheit)과 고유성(Hoehengrade)의 표시로 간주한다. 그리고 기독교가 개념들을 월등히 분명하고 명료하고 풍부하게 갖고 있다는 사실은 실로 다른 종교 단계와 종교 형식들에 대해 기독교가 갖는 유일하고

---

140) Jack Boozer, "Rudolf Otto(1869-1937): Theologe und Religionswissenschaftler," in *Marburger Gelehrte in der ersten Haelfte des 20. Jahrhunderts*, ed. by Ingeborg Schnack (Marburg: Historischen Kommission fuer Hessen, 1977), p. 372.
141) *GRIC*, p. 81.

주된 우월성은 아니지만 그래도 매우 본질적인 우월성의 표시이다.[142]

특히 오토는 유대교와 관련시켜 이것을 다음과 같이 설명하고 있다.

> 영예로운 모세의 종교와 더불어 누멘적인 것의 도덕화(Versittlichung)와 일반적인 합리화(Rationalisierung)는 점점 상승적인 경과를 시작했으며, 그리하여 누멘적인 것은 본래적인 완전한 의미에서의 성스러움으로 되게끔 충족되었다. 이러한 경과는 예언자들과 복음서에서 완성되며, 확실히 여기에 성서적인 종교의 특별한 숭고성이 있는 것이다. 이 숭고성은 제2이사야의 단계에 와서는 이미 성서적인 종교로 하여금 '일반적인 세계종교'(allgemeine Weltreligion)라는 주장을 정당화하도록 만들고 있다. 그러나 이러한 도덕화와 합리화는 누멘적인 것 자체의 극복은 아니었고 다만 그것의 '일방적인 우세'(einseitiges Vorwiegen)만 극복된 것이었다. 이러한 극복은 어디까지나 누멘적인 것에서 이루어지는 것이며 누멘적인 것에 의하여 포섭되는 것이다.[143]

그런데 기독교의 우월성에 대한 오토의 주장을 뒷받침해 주는 근거는 종교적인 선험성의 본질에 대한 그의 규정에서 생겨난다. 성스러움의 선험적인 범주는 종교들의 비교가치를 두 가지 서로 결부된 방식으로 평가할 수 있는 수단이 되는 객관적인 기준을 제공해 준다. 첫째로 종교적인 선험성은 종교가 종교에서 외적인 범주가 아니라 종교 자체의 분석에서 파생되는 용어로서만 평가될 수 있기 때문에 객관적이다. 오토는 다음과 같이 말했다.

> 우리가 종교들을 서로 비교하고 측정하고자 할 때…어느 것이 그 가운데서 가장 완전한 종교인가를 물어야 할 것이다. '문화에의 공헌'(Leistung fuer Kultur), 이미 종교 없이도 정할 수 있다고 믿는 '이성과 인간성의 한계'

---

142) *DH*, p. 1.
143) *DH*, p. 90.

(Grenzen der Vernunft und Humamitaete)와의 관련, 따라서 종교의 그 어떤 외적인 것도 한 종교를 종교로서 평가하는 궁극적인 척도가 될 수 없다. 오로지 종교의 '가장 본래적이고 내면적인 것'(eigenstes Innerstes), 즉 『성스러움』의 이념 자체만이 그리고 하나의 주어진 개별 종교가 얼마나 완전하게 그것에 충실하고 있는가만이 척도를 제공하는 것이다.[144]

둘째로 종교적인 선험성의 작용 속에 성스러움에 대한 참된 이해가 존재하기 때문에 종교적인 선험성은 객관적인 것이다. 합리적이며 비합리적인 신적인 것을 가장 완벽하게 이해하는 그 종교가 바로 다른 종교보다 우월한 종교인 것이다. 이와 같이 종교적인 선험성은 여러 종교들을 비교 평가하는 데 필요한 객관적 기준을 제공해 주며 그리고 이런 비교 평가는 동시에 신학적인 것이기도 하다. 신적인 대상을 인식할 수 있는 종교적인 선험성 덕분에, 종교를 비교 평가하는 행위는 동시에 계시로서의 그 종교들의 가치를 측정하는 것이기도 한 것이다. 오토는 다음과 같이 말한다.

그것('이념적인 전체성의 이념'(Idee idealer Ganzheit))을 볼 때 인간심정에 대한 '초월자의 단계적 계시'(stufenweise Offenbarung des Transzendenten)에 대한 확신으로 변화된다. 거기서는 선단계(先段階)가 미래의 것에 대한 실제적인 예언으로 되며, 인간과 인류의 생산적이고 종교적인 성향은 '계시에 대한 순수한 수용 능력'(Faehigkeit der reinen Rezeptivitaet fuer Offenbarung)으로 된다.[145]

여기서 종교사는 종교적인 선험성의 통합된 발달과정을 반영하고 있기 때문에 종교사는 인간 정신에 대해 초월적인 것의 점진적인 계시인 것이다. 오토에 의하면 종교사에서의 합리적인 발달은 초기에는 신이나 신들의 벌

---

144) *DH*, pp. 193-194.
145) *GU*, p. 3.

로서 진노라는 도덕적인 도식화로 누멘적인 발전과 평행하다가 자비, 수고, 절대성이라는 성스러움의 속성이 출현하는 후기 시대에 의해 계승된다. 그런 합리화 과정은 새로운 내용으로 누멘적인 것을 완성하고 충족시키는 것이다. 오토는 다음과 같이 말한다.

> 악마적인 두려움은 스스로 여러 단계들을 거치면서 '신들에 대한 공포'(Goetterfurcht)와 '신에 대한 공포'(Gottesfurchr)로 발전한다. 악마적인 것(daimonion)은 '신적인 것'(theion)으로 되고 두려움은 귀의(歸依)로 변한다. 산발적이고 혼란되고 깜짝 늘라게 하는 감정들이 '의무감정으로서의 종교'(religio)가 되며 무서움은 성스러운 떨림으로 바뀐다. 누멘에 대한 의존성과 누멘 안에서의 복됨에 대한 상대적인 감정은 절대적인 것으로 변하며, 그릇된 상응들과 결합들은 해체되고 제거된다. 누멘은 신과 신성으로 된다. 그리하여 '성스럽다'(qadosch, sanctus, hagios, heilig)라는 말은 그 일차적이고 직접적인 의미에서 이 절대적인 누멘으로서의 신에게 속하게 되는 것이다.[146]

성스러움의 경험으로서의 비합리적인 측면과 합리적인 측면의 완전한 발전은 오토에게 있어서 너무나 중요해서, 그는 그 속에서 아마 종교 제도들을 평가하는 데 사용되기 위한 가장 기본적인 기준을 발견한다. 합리적인 요소들과 비합리적인 요소들이 연결되고 건전하고 사랑스런 조화 속에서 결합된 정도는, 종교의 상대적인 순위를 측정하는 척도를 가능하게 한다. 오토는 다음과 같이 말한다.

> 한 종교에 비합리적인 계기들이 항상 일깨워져 있고 살아 있다는 것은 그것으로 하여금 합리주의(Rationalismus)에 빠지지 않도록 보호해 준다. 한 종교가 합리적인 계기들로 풍만하다는 것은 그것을 광신주의(Fanatismus)나 신비주의(Mystizismus)에 빠지지 않도록 보호해 주며, 그것으로 하여금 '특질적이

---

146) *DH*, p. 129.

며 문화적이며 인류적인 종교'(Qualitaets-Kulter-und Menschheits-religion)가 되도록 한다. 그리고 이 두 가지 계기들이 병존하며 상호 간에 건전하고 완전한 조화를 이룬다는 것은 그것으로써 한 종교의 우월성(Ueberlegenheit)을 가늠할 수 있는 척도가 되며, 이것이 실로 본래적인 종교적 척도인 것이다.[147]

이러한 기준에 의하면 이슬람, 도교, 동서 신비주의 등의 형태는 합리적인 요소에 대한 비합리적인 요소의 우월성을 보여주므로 부족함을 드러낸다. 특히 오토에 의하면 신비주의는 비합리적인 요소가 지배적인 종교이며 동시에 그 요소가 충일적인 것으로까지 극대화되는 것이다. 하나의 종교성이 이런 성향을 지닐 때에 신비주의적인 색채를 띠게 되는 것이다. 이런 의미에서 바울과 요한 이래의 기독교는 신비주의는 아니지만, 신비주의적인 색채를 지닌 종교라 할 수 있다. 오토는 다음과 같이 말한다.

> 신 개념(Gottesbergriff)과 신감정(Gottesgefuehl)의 충일성은 바울에게 있어서 신비적인 체험으로 이끈다. 이러한 체험은 그에게서 일반적인 열광적인 고조된 감정들과 그가 사용하고 있는 영적인 말들 속에서 살아 있으며, 이 양자는 모두 기독교적인 경건이 지니고 있는 합리적인 면을 훨씬 초월하고 있다. 감정 생활의 이러한 격변과 파국, 죄와 죄책의 이런 비극, 이러한 지복 체험의 열화(Glut)는 오직 누멘적인 기반 위에서만 가능하고 이해될 수 있는 현상들이다. '하나님의 진노'(orge theoy)가 바울에게 있어서 단순한 '응징적인 공의'(strafende Gerechtigkeit)의 결과 이상이며 오히려 누멘적인 것의 전율로 침투되어 있듯이, 다른 한편으로는 그의 영혼으로 하여금 그 한계를 초월하여 삼층천으로 데려가는 '신의 사랑'(Gottesliebe)의 체험이 지니고 있는 매혹 또한 인간적이고 자연적인 '어린아이-감정'(kindes-gefuehl)의 단순한 절대화 그 이상인 것이다.[148]

---

147) *DH*, p. 163.
148) *DH*, pp. 100-101. 오토에 의하면 단순한 인격적인 경건으로서의 신앙 속에는 신비적인 요소들이 내포되어 있다. 오토는 다음과 같이 말한다. "가장 단순한 현실적인 귀의

제3장 오토에 있어서의 기독교와 종교사   161

그리고 이슬람에 대한 오토의 입장은 다음과 같다.

> 신이념에 있어서 비합리적인 것의 계기를 표현하고 고정시키려는 궁핍한 신학적인 수단의 하나는, 종종 신의 '절대적인 우연적 의지'(absoluter Zufallswille)에 대한 꺼림칙한 교리로서 이 교리는 사실상 신을 하나의 '변덕스러운 폭군'(launischer Despot)으로 만들어 버린다. 이러한 교리는 이슬람 신학에서 특히 강하게 등장한다. 이것은 쉽게 이해될 수 있는 현상으로서 그러한 교리는 신성의 비합리적이고 누멘적인 면에 대한 곤경스러운 표현이며, 이슬람에서는 이러한 면이 지배적인 위치를 지니고 있다는 우리의 주장을 기억하면 이해될 것이다.[149]

반면에 오토는 반대쪽 요소(즉 합리적인 요소)를 첨가한 예로서 특히 루터교를 들고 있다. 그것은 합리적인 부분을 지나치게 강조한 나머지, 성스러움의 비합리적인 측면이 실질적으로 상실되었기 때문에 부족함이 발견된다. 왜냐하면,

> 루터파 자체는 기독교의 신 개념에 있어서 누멘적인 것에 대하여 충실치 못했기 때문이다. 루터파는 신성성과 '신의 진노'(zorn Gottes)를 도덕적인 해석

과정(Andachtsvorgang) 속에는 이미 계기들이 놓여 있는데, 이 계기들은 그것들이 고양되어져 나타날 때에는 '신비적인 사건'(mystische Vorkommnisse) 자체를 바로 나타내거나, 혹은 여하간 이 사건들에 상응하는 영혼적인 사실들의 '인력의 법칙'(Gesetz der Anziehung)에 따라 그 사건들을 유발시켜서 그 사건들로 이행할 수 있다"(Aufsaetze, p. 71). 따라서 신비주의와 신앙을 절대적으로 대조시키는 것은 불가능한 일이다. 누멘의 비합리적인 깊이의 하나로서의 신비 경험은, 결국 종교 자체의 핵심에 의해 전제되는 것이다. 더욱이 신비주의와 신앙의 관계는 종교의 대상에 근거하고 있다. 성스러움은 그 비합리적인 특성 때문에 비인격적인 절대자로서 경험되는 경우도 있으나, 합리적인 본성도 있기 때문에 인격적인 주님으로서 접근할 수도 있는 것이다. 오토에 의하면 신앙과 신비주의가 종교적인 삶의 두 가지 본질적이고 필연적인 구성요소라고 한다. "그 두 가지 종교의 서로 다른 형태들이 아니며, 하물며 종교에 있어서의 다른 단계(즉 하나가 다른 것보다 더 높고 나은 그런 단계)인 것도 아니며, 단지 기본적인 단 하나의 정신적인 태도(즉 종교적인 태도)의 논질적으로 통합된 두 개의 양극일 뿐인 것이다"(IH, p. 202).
149) DH, p. 120.

을 통해 일방적으로 왜곡했다. 이미 요한 게르하르트(Johann Gerhardt) 때부터 루터파는 무감동(apatheia) 교설을 다시 받아들였다. 그들은 제식(kultus)으로부터 점점 더 그 고유하게 명상적이고 특수하게 귀의적인(andaechtig) 계기들을 제거했으며, '교리'의 이상인 개념적인 것과 교의적인 것이 오로지 감정에만 살아 있는 것, 불가언적인 것, 가르침으로써는 전수할 수 없는 것 등을 압도하게 되었다. 교회는 학파가 되었으며 교회의 메시지 전달은 티렐(Tyrell)이 말한 것처럼 사실상 점점 더 오성의 조그마한 틈바구니를 통해서만 심정에 와 닿게 되었다.[150]

오토에 의하면 가장 가치 있는 종교란, 누멘적인 것과 개념적-윤리적인 의미 사이에서 가장 밀접한 상호 침투가 이루어지는 종교일 것이다. 오토는 기독교야말로 이러한 역할을 가장 완벽하게 수행하는 종교라고 믿고 있다. 그는 다음과 같이 말하고 있다.

> 기독교가 지닌 순수하고 분명한 개념과 감정과 체험들의 밝은 건축물은 깊은 비합리적인 기초 위에 서 있다. 그러나 기독교의 비합리적인 계기들은 기독교의 '기초와 테두리와 씨줄'(Grund und Rand und Einschlag)일 따름이므로 항상 기독교로 하여금 '신비적인 깊이'(mystische Tiefe)를 보존케 하되, 기독교가 신비주의 자체로 끝나거나 창궐함이 없이 기독교에게 신비주의가 지닌 무거운 음조와 짙은 그림자를 제공해 주는 것이다. 그리하여 기독교는 그 구성요소들의 건전한 관계 속에서 고전적인 종교의 형태를 띠며, 이것은 우리가 정직하고 자유롭게 종교들 비교해 볼수록 우리의 감정에 생생하게 확증된다. 그리하여 우리는 기독교에서 하나의 특별한 뛰어난 방식으로 인간의 정신적 삶의 한 계기가 완숙하게 되었다는 것을 알게 되는 것이다.[151]

---

150) *DH*, p. 128.
151) *DH*, p. 164.

오토는 절대성을 요구하는 전통적인 주장을 극복하고 구속사의 입장에서 종교사의 통합적인 이해로 나아가려는 기독교적인 종교사 신학에 접근을 시도하고 있다. 통일성에 관한 현저한 직관능력의 덕분으로 그는 개인적으로 동양사상에 매우 가까웠으며 동양사상의 비유적인 표현방식에도 가까웠다. 그의 『비쉬누-나라야나』속에는 다음과 같은 기록이 있다.

> 나는 기독교가 다른 특수한 여러 종교 형식에 대하여 결정적으로 우월하다고 확신하고 있다. 그것은 기독교의 많은 의심스러운 역사적 첨가물의 측면에서가 아니라, 오히려 기독교의 특수한 이상적 내용(즉 그것의 고도로 개별화된 독특한 정신 유형)과 관련해서이다. 다른 종교에 대한 기독교의 우월성의 관계는 허위에 대한 진리의 관계가 아니라 오히려 아리스토텔레스에 대한 플라톤의 관계와 같은 것이며, 노예에 대한 주인의 관계가 아니라 다른 형제들에 대한 장남의 관계와 같은 것이다.[152]

4. 결론

이렇게 볼 때 종교연구에 끼친 오토의 가장 독창적인 공헌은 역사발달의 관점에서 종교를 비교하는 슐라이어마허와 달리, 성스러움이라는 종교적 선험성의 개념 속에 들어 있는 원리들을 종교사에 적용하려는 그의 신학적 다원주의 속에 존재한다. 오토에 의하면 특정한 종교현상들은 진행 중에 있는 종교적 선험성의 현현이기 때문에 상호 비교가 가능하다. 그의 종교비교 방법에 있어서 가장 중요한 문제는 종교사에서의 평행(平行)과 수렴(收斂)에 대한 문제이다. 특히 종교적인 이념 형성에 있어서의 평행은 '고도의 유사성'(hochgradige Aehnlichkeit)에 도달할 수 있다. 그런데 그 유사성을 해명하기

---

152) Otto, *Vischnu-Ncrayana*, p. 155. Cf. Gerald H. Anderson, *The Theology of the Christian Mission* (New York: McGraw-Hill Book Company Inc., 1981), p. 147.

위해서는 발달과정 속에서 때때로 나타나는 '유형들의 수렴'(Konvergenz der Typen)을 발견해야 한다.

그러나 오토가 사용하는 종교사적인 비교방식에 있어서는 '유사한 것과 상동적인 것의 구분'(Unterschied von Analogem und Homologem)이 특별히 중요하다. 두 종교에 있어서 외적으로 상동적인 것이 반드시 본질적으로 유사한 것은 아니다. 따라서 먼저 종교적으로 본질적인 유사성을 확립해야 종교 간의 현실적인 비교가 가능하게 된다. 아마도 오토는 축의 시대에 고등종교가 거의 동시에 출현했음을 인식한 최초의 사람이었으며, 특히 노자의 도(道)와 헤라클레이토스의 로고스(logos)와의 유사성을 명확하게 인식한 최초의 사람일 것이다.[153] 여기서 다시 오토는 인도의 종교와 기독교 사이에서 평행을 발견하고 구원론과 신비주의라는 유형의 수렴을 간파한다. 그러나 오토는 종교사에서의 유형들은 종교를 비교하기 위한 것이었다.

무엇보다도 오토는 인도의 **bhakti**와 기독교의 은총 사이에는 본질적인 차이가 존재함을 명확히 하고 있다. 그 차이란 피조물의 불완전성과 대비되는 도덕적으로 성스러운 신에 대한 기독교 신앙에서 비롯되는 한편, 인도의 절대적인 신성은 기독교의 신과 대비해 볼 때 선악을 초월한 존재라는 점에서 비롯된다. 특히 기독교와 힌두교의 차이는 기독교의 "하나님 나라" 교리에서 볼 수 있는데, 오토에 의하면 카리스마적인 힘을 가진 예수의 인물과 그 의미로부터만 하나님 나라에 대한 그의 복음의 의미를 이해할 수 있게 된다. 그리고 오토는 상카라와 엑카르트 사이의 놀라운 유사성을 인식하면서도, 후자는 기독교의 신을 그리고 전자는 힌두교의 절대자를 각각 생각하고 있다는 사실에서 기인하는 상당한 상이성도 알고 있다. 그러나 엑카르트의 주장이 아무리 범신론에 접근하고 있다고 하더라도 그는 신적인 초월에 대한 유대-기독교적 의식을 위해서, 신비주의자의 황홀경의 절정에서도 신은 신으로 남고 영혼은 영혼으로 남게 될 것이라고 주장하고 있다.

---

153) A. C. Bouquet, *The Christian Faith and Non-Christian Religions* (Connecticut: Greenwood Press, 1958), p. 358.

따라서 종교 발달 속에서 볼 수 있는 이런 평행들에 대한 인식과 분석은, 오토에 의하면 종교사와 비교종교의 예비적인 부분에 불과한 것으로 보인다. 가장 중요한 과제는 그 종교들을 대조시키는 것이며, 그렇게 해서 어떤 한 종교가 다른 종교들보다 결정적으로 우월한 것인지 어떤지를 보여주며, 또 어떤 한 종고가 다른 종교들보다 우수하다면 그 사실이 어떤 방식으로 밝혀질 수 있는가를 보여주는 일이다. 오토에 의하면 종교발전은 합리적-도덕적인 것을 통해 누멘이 점진적으로 은폐되는 것도 아니고 또 합리적인 것으로부터 누겐(혹은 비합리적인 것)이 분리되는 것도 아니다. 종교 발전은 오히려 종교가 합리적인 것과 비합리적인 것을 포괄하고 있으며 따라서 종교의 우월성을 측량할 수 있는 척도인 것이다. 그러나 오토는 명확한 객관적 판단 근거를 확립하지 않고 기독교가 여타 종교보다 우월하다고 주장한다. 이리하여 우리는 기독교의 우월성이나 고등성에 대한 오토의 주장이, 그 자신 기독교에 소속되어 있다는 사실에서 출발하는 판단이라는 결론을 내리지 않을 수 없다. 즉 기독교 신자로서의 위치가 종교학자로서의 본분을 압도하는 셈이다.

비록 오토가 기독교와 비기독교 사이의 차이점을 다무리 많이 발견하고 설명하더라도, 『성스러움』 속에서는 기독교의 독특성을 완전하게 확립할 수 없다. 즉 누멘적인 것의 전개 속에서 아들(Sohn)은 최고의 범주로서 나타나지만, 이것은 왜 오직 '하나의 아들'(der Sohn)만이 존재해야 하는지를 보여주지 못한다. 일찍이 오토는 『성스러움』에서 역사적인 예수를 종교사 내에서의 종교현상의 최고 단계로서 제시하고 있지만,[154] 그러나 거기서 부족했

---

154) "종교에 있어서 이러한 [예언·Divination), 즉 '성령의 내적 증거'(testimonium spiritus sancti internum)의] 단순한 감수성(Empfaenglichkeit)이라는 첫 번째 단계로부터 도출될 수 없는 보다 높은 잠재력과 단계는 예언자(Profet)로서, 그는 내면으로부터의 소리를 들을 수 있는 능력과 예언의 능력 그리고 이 모두에 근거한 종교적인 산출능력으로서의 영(靈)을 소유한 자이다. 이 예언자의 단계를 넘어서서 한 단계 더 높은 세 번째 단계가 생각되고 예견될 수 있다. 이것 역시 두 번째 단계가 첫 번째 단계로부터 도출될 수 없듯이, 두 번째 단계로부터 도출될 수 없다. 그것은 한편으로는 영을 충만히 소유한 존재이자 다른 한편으로는 그 자신의 인격과 사역 속에서 현상하는 성스러움을 느낄 수 있는 예언의 객체(Objekt)가 되는 단계인 것이다. 그러한 존재는 예언자 그 이상이다. 그는 아들(Sohn)인 것이다"(*DH*, pp. 197-198).

던 점은 그 아들은 죽음을 향해 가는 고통받는 인자(人子)로서 예언자와 하나님 나라 보지자를 통일했다는 사실을 강조하지 못한 점에 있다.

그러나 오토는 『하나님 나라와 인자』에서 예수를 아들로 인식함으로써 기독교적인 감정을 성령의 범주에 가장 생동감 있게 적용했으며, 종교사의 영역에서조차 발견될 수 있던 가장 심오한 종교적 직관을 이끌어 내었다. 그러므로 오토는 자기 자신이 가장 고귀하고 일회적인 단계로서 묘사한 아들로서의 성스러움의 현상을 통해서, 특별한 기독교 계시 요구마저 타당한 것으로 나타난다고 주장한다. 오토에 의하면 종교 일반에 부여된 것이 역사적인 예수의 인격 속에서 순수 행위가 되는 한, 기독교는 완전한 종교이며 타종교보다 우월하다.

그러나 오토는 역사적 기독교를 중심으로 종교들 간의 연대를 요청함으로써 기독교의 '우애적 우월성'(friendly superiority)을 주장한다. 그는 '신중심적인 규범적 기독론'(theocentric normative Christology)을 근거로 기독교의 우애적 우월성을 주장함으로써 슐라이어마허보다 신학적인 다원주의를 좀더 진전시켰다고 볼 수 있다. 그렇지만 이러한 입장에서는 기껏해야 타종교를 기독교로 개종시키기 위한 '변호적인 대화'(defensive daaligue)가 요청될 뿐이다.

비록 오토가 모든 종교가 공통된 본질을 가지고 있다고 보았기 때문에 '종교적인 인류연대'(Religioeses Menschheitbund)를 제의했지만[155] 그는 세계주

---

155) 오토는 종교적인 인류연대의 의도를 다음 네 가지로 약술하고 있다. "① 사태의 목적과 의미는 인류 양심을 창조하고 이 양심을 널리 유효하게 만들며, 민족들 간의 관계 속에서 전세계의 양심을 하나로 묶어 세우는 것이다. 여러 계층과 계급은 서로 정의의 법칙과 상호 간의 책임감을 강요해야 하고 문화 인류의 새롭고 거대한 도덕적인 집단 과제는 연대 활동을 통해 해결될 수 있다. ② 우리는 사적인 도덕 요구에만 관심을 기울이고, 공공생활이나 사회관계 그리고 민족이나 사회계층 간의 교류에 있어서 도덕적인 요구의 침투를 회피하려고 하는 것을 충분히 양심적이라고는 간주하지 않는다. ③ 우리는 단호하게 유토피아(Utopia)를 마음속에 소중히 품고 있다. 그것은 양심의 환기와 연대를 통해 가능하며, 일반적인 사건과 세상 돌아가는 형편을 맹목적인 사회법칙의 암울한 지배와 집단 이기주의의 악마적인 힘으로부터 끌어 내고, 그것들을 합리화하고 또 공통 이해의 이념과 정의에 복종시켜야 한다. 우리는 '세계 양심'(weltgewissen)을 산출하는 데 성공하는 만큼 그리고 모든 세계 속에서 양심적인 것이 이런 과제를 위한 연대를 맺는 정도 만큼 이런 것이 성공하리라는 믿음을 가지고 있다. ④ 우리는 '선한 의지'(guter wille)를 가진 모든 사람들을 출신에 관계없이 환영한다. 그러나 우리는 올바른 욕구의 강렬한 원천은 종교적인 것에 속에

의자도 결합주의자도 아니었다. 그는 '하나의 세계 신앙'(a world faith)을 원하는 것이 아니라, 서로 다른 각 전통들의 대표자들이 유물론이나 세속적인 공통의 적에 대처하여 단합할 수 있는 세계적 광장을 원했던 것이다. 샤페(Erich J. Sharpe)는 오토의 이러한 입장이 1928년 예루살렘에서의 제2차 '세계선교협의회'(International Missionary Council)와 혹킹(William Ernest Hocking)이 의장으로 있었던 '평신도 외국선교 연구회'(Laymen's Foreign Missions Inquiry)의 보고서인 『선교 재고』(Re-thinking Mission)에 영향을 미쳤다고 본다.[156]

제2차 세계선교협의회의 보고서는 기독교가 유럽인이나 미국인들에게 속한 것과 똑같이 아프리카인이나 아시아인들에게도 속해 있으며, 모든 사람들이 그리스도 안에서 동등한 교제를 갖기를 호소한다. 그러나 이 예루살렘 선교대회에는 복음의 절대성을 강조하면서 타종교에 대해 배타적인 태도를 취한 사람도 있었지만, 타종교에도 진리가 있지만 기독교보다 열등하며 기독교가 그 부족함을 완성시켜 준다는 '성취설'(Fulfillment Theory)을 주장하는 사람도 있었다.[157] 예루살렘 대회는 타종교에 대해 다음과 같은 성명서를 채택하였다.

> 타종교의 모든 진리들이 기독교 속에 있을 뿐만 아니라, 기독교는 타종교의 진리보다 더욱 균형이 있으며 정확하다. 힌두교는 신이 가까이 있다고 가르치지만 신이 거룩하시다는 것을 말하지 않는다. 이슬람교는 신이 위대하다고 가르치나 신이 사랑이라는 것을 가르치지 않으며, 또 왕으로서의 신을 말하나 아버지로서의 신을 말하지 않는다. 불교는 이 세상은 헛되다고 가르치지만 신이 우리를 세상에 보내어 일하라는 것을 말하지 않는다. 유교는 인간을 거룩한 관계라는 사회구조 속에서 산다고 가르치지만, 신과의 살아 있는

있다고 생각하고 그 때문에 특히 종교적인 열광으로 가득 찬 사람이나 혹은 종교만이 만들어 낼 수 있는 내면이 불타오르는 사람들을 찾는다"(Reinharf Schinzer, "Rudolf Otti-Entwurf Einer Biographie," in *Ernst Benz* op. cit., p. 21).
156) Eric J. Sharpe, *Comparative Religion* (New York: Charles Scribner's Sons. 1975), p. 258.
157) 전호진, "기독교와 타종교와의 대화의 문제," 한철하 박사 회갑기념 논문집 (아세아연합신학대학, 1984), p. 235.

교제와 도움을 말하지 않으며 또 신이 영원히 거하시는 곳이 우리의 집임을 말하지 않는다. 타종교가 가르치지 않거나 모르는 것을 기독교는 진리의 성취로서 우리에게 모든 것을 가르쳐 준다.[158]

이리하여 예루살렘 대회는 기독교와 타종교의 관계를, 진리와 거짓으로 보다는 우월과 열등으로 해석하고 나름대로 대화를 촉구하였다고 볼 수 있다.[159] 그러나 비기독교 종교 속에 숨겨진 복음을 발견하거나 예수 그리스도의 종교를 다른 종교들의 완성으로 보려는 시도는, 종교 상호 간의 대화의 정직성을 위협할 수 있다. 입장을 바꾸어서 헌신적인 힌두교 유신론자들로 하여금 크리쉬나의 종교가 예수 그리스도의 종교를 완성했다거나, 불교도들로 하여금 부처에 의해 발견된 진리가 그리스도의 교훈을 완성했다고 주장할 수 있지 않을까? 결국 성취설은 공감을 통해 폭넓게 수용된 종교전통을 반대하기에 이르게 된다.[160]

---

158) International Missonary Council, *The Christian Life and Message in Relation to non-Christian Systems of Thought and Life* (London: Oxford University, 1928), pp. 356-357. 전호진, op. cit., p. 235에서 재인용.
159) 재너(R. C. Zaehner)의 접근방식도 기독교 전통과 다른 종교 전통 사이의 유사성을 근거로 하여 기독교를 다른 모든 종교의 성취나 완성으로 보려고 한다. 예를 들면 '바가바드 기타'(Bhagaved Gita)에서 크리쉬나(Krishna) 신앙이 승리한 것이 마하바라타(Mahabharata)에서 크리쉬나의 생명이 지속된 것을 근거로, 재너는 예수의 고난과 부활과 승천을 상기한다[R. C. Zaehner, *Christianity and Other Religions* (Hawthern Books, Inc., 1964), p. 40]. 평행(paraller)에 의해 기독교와 인도의 종교 전통 간의 차이를 메우려는 재너의 노력에도 불구하고, 끝까지 그는 두 종교를 동일한 것으로 취급하려 하지 않는다. 그러므로 바가바드 기타에서의 크리쉬나의 메시지는 나중에 그리스도가 완전히 선포해야만 했던 메시지였던 것이다(Ibid., p. 38). 예수 그리스도의 종교를 다른 종교의 성취로 생각하는 재너의 가장 포괄적인 진술은 다음과 같다. "사실상 그리스도는 이스라엘의 율법과 예언자뿐만 아니라 아리안족의 율법과 예언자를 완성하기 위해 오셨다. 그는 히브리 예언자들과 조로아스터에게 독자적으로 계시된 신 개념을 완성하거나 마무리 짓는다. 그리고 그리스도는 십자가의 고난, 죽음, 부활, 승천에 의해, 만약 영혼이 자아(atman)나 보다 높은 자아를 초월하여 신과의 예정된 재결합에 이르게 될 경우에 그 영혼이 걸어가야 할 신비로운 행로를 지적해 준다"[R. C. Zaehner, *The Comparison of Religions* (Beacon Pressm Inc., 1962), p. 180].
160) 예루살렘대회 이후 타종교와의 대화를 유도한 것은 혹킹의 『선교 재고』인데, 이것이야말로 서구의 기독교가 자신의 절대성을 포기하고 동양 종교를 노골적으로 인정한 대표적인 보고서이다. 『선교 재고』에서는 오늘날의 선교가 먼저 그 주위에 있는 종교를 알고

이렇게 볼 때 슐라이어마허와 더불어 오토는 기독교를 '하나의 종교'(a religion)로 파악한 후에 기독교의 탁월성과 우월성을 일방적으로 주장한 기독교 변증학자였다. 이러한 변증적인 입장은 종교 상호 간의 지적 수준에서의 회의, 경청, 토의를 동반하는 '토론적인 대화'(discursive dialogue)에로 이끌리게 된다.[161] 그러나 이러한 입장은 비기독교 종교의 독특성을 수용할 수 없다. 기독교를 변증하기 위한 오토의 이러한 '우애적 우월성'의 주장은 틸리히에 의해 비판적으로 수정되고 있다. 틸리히에 의하면 '최종적인 계시'(final revelation)로서의 그리스도는 기독교를 포함한 모든 종교를 심판하는 위치에 있다. 틸리히는 그리스도를 통해서 타종교와 상호 관계를 맺는 능력

이해한 다음에, 유사한 요소가 있으면 무엇이든지 그것을 인식하고 선교 자체와 그것을 관련시키려고 적극적으로 노력해야 한다고 주장했다[Laymen's Foreign Missions Inquiry, *Commission of Appraisal, Re-thinking Mission: A Laymen's Inquiry after 100 Years* (New York: Harper & Brothers, 1932), pp. 326-327. John B. Cobb, Jr., *Beyond Dialogue* (Philadelphia: Fortress Press, 1982), p. 16에서 재인용]. 특히 혹킹은 종교의 본질을 우주적인 요구로 인식되는 '정의와 그 전파를 위한 한 열정'(a passion for righteousness and for the spread of righteousness) 속에서 발견했다[William Ernst Hocking, *Living Religions and a World Faith*(New York: Macmillan, 1940), p. 26]. 그에 의하면 모든 종교가 자신의 본질을 평가함에 따라 자신을 점진적으로 더 잘 이해할 때, 그 종교는 모든 종교의 본질을 파악하게 되며 또 종교의 다양한 형태를 해석할 능력을 획득하게 된다[Ibid., p. 198]. 더욱이 혹킹은 모든 종교가 종교의 본질을 지향하여 성장할 수 있기 때문에, 한 종교가 다른 모든 종교의 의미를 통합하는 데 성공할 수 있다고 생각한다. 왜냐하면 그에 의하면 기독교는 그 이상적인 성격으로 보아 모든 종교의 본질을 앞지르고 있으며 또한 모든 역사적인 종교가 갖고 있는 것을 잠재적으로 내포하고 있기 때문이다[Ibid., p. 249]. 그러나 한 역사적 종교로서의 기독교의 보편성은 아직 완전히 성취되지 못했다. 기독교는 이슬람에서의 신의 위엄, 힌두교에서의 깊은 숙고, 불교에서의 궁극적인 진리의 비인격적 요소, 유교의 자연성 등 다른 종교에 내포되어 있는 특정한 요소들을 결여하고 있다는 것이다. 그럼에도 불구하고 기독교는 세계신앙을 주도적으로 탐구해 나갈 자격을 갖추고 있으며, 또 도래할 문명의 종교문제를 해결하는 데 주도권을 맡게 된다[Hocking, *The Coming World Civilization* (New York: Harper & Brother, 956) p. 136]. 문제는 기독교가 종교의 본질을 나타낼 수 있느냐 하는 것이다. 혹킹에 있어서 종교의 본질은 보편적인 정의이며, 종교들의 다원성은 역사적인 우유성(偶有性)의 산물이다[Donald K. Swearer, *Dialogue: The Key to Understanding Other Religions*(Philadelphia: Westminster Press, 1977), p. 35]. 따라서 기독교는 질적으로 최고 종교인 것이 아니라, 자신의 역사가 종교본질의 가장 완전한 의미를 평가하는 자격을 자신에게 부여해 주기 때문에 최고 종교인 것이다[Ibid.].

161) Eric J. Sharpe, "The Goals of Inter-Religious Dialogue," John Hick(ed.)m *Truth and Dialogue: Conflictiong Truth-Claims* (Philadelphia: Westminster Press, 1974), p. 82.

에 의해 입증되는 그리스도의 '관계적 절대성'을 강조하면서 타종교와 상호 간의 풍요화와 협력을 이룰 것을 강조하고 있다.

제 4 장
틸리히에 있어서의 기독교와 종교사

1. 서론

틸리히(Paul Tillich)에게 있어서 현상학적 방법은 근본적으로 신학연구에 적용해야 하는 수단이다. 그에 의하면 현상학적 방법의 목적은 의미들이 나타내는 실재의 문제를 잠시 미루어 두고 그 의미들을 서술하는 것으로서,[1] 이것은 훗설(Ednund Husserl)이 '순수하거나 선험적인 현상학'(pure or transcendental phenomenology)이라고 지칭한 것이다. 그것은 '현상학적인 환원'(phenomenological reduction)에 의해서 구체적인 현상들의 모든 국면에 집중하여 그것들의 본질을 직관하고 그리고 그 실재에 대한 아무런 고려도 없이 현상을 분석하고 서술할 수 있기 위해서 모든 초월적인 주장들(즉 실재에 관한 주장들)을 보류시킨다.[2] 결국 현상학적 방법은 현상세계

---

1) Paul Tillich, *Systematic Theology*, 3 Vols.(Chicago: Univ. of Chicago Press, 1951-1963 - 이후부터는 *ST*라고 표기하겠음), Vol. I, p. 106.
2) Herbert Spiegelberg, *The Phenomenological Movement, A Historical Introduction*, 2 vols.(The Hague: Martinus Nijhoff, 1960), vol. I, p. 135, 126.

(Erscheinungswelt)에 등을 돌리고 사물들의 '내적 본질'(inneres Wesen)을 지향하는 표현이다.[3]

그러나 틸리히는 이런 순수한 현상학을 거부하였다. 왜냐하면 어떤 사물의 내적 본질이 그것의 현상세계와 불가분리적으로 결합되어 있으므로, 현상들로부터 분리되어 있는 본질을 적절하게 이해할 수 없기 때문이다. 틸리히는 이와 관련해서 다음과 같이 말한다.

> 모든 형태인식(Gestalterkenntnis)에 있어서 두 가지 요소가 또한 구분되어져야 한다. 즉 현상(Erscheinung)의 지각과 수용 그리고 본질(Wesen)의 이해와 파악이 그것이다. 본질은 현상들의 총합으로부터 생겨나는 것이 아니기는 하지만, 현상들을 도외시하고는 관찰될 수 없다. 오히려 본질은 현상들 속에서 또 그것들을 통해서 감각원리들(Sinnprinzipien)을 수단으로 하여 관찰한다. 형태인식에서 함께 영향을 미치는 두 가지 행동이 있는 것이 아니라 한 가지 행동이 있는데, 그것은 동시에 지각(Wahrnehmung)이자 이해(Versteben)이다.[4]

그러므로 누구든지 본질과 현상들 사이의 밀접한 관계를 망각해 버린다면, '영원한 정지와의 일치'(einigung mit dem ewig Ruhenden)로 향하는 신비주의적인 길로 접어들 수밖에 없는데, 틸리히는 이것을 '정태적인 형이상학'(statische Metaphysik)이라고 부르고 있다.[5] 아니면 훗셀의 경우에서 볼 수 있듯이 순수한 현상학의 수행은 '데카르트주의적인 주관주의'(Cartesian subjectivism)로 귀결되도록 이끈다.[6] 이 두 견해 중의 그 어느 것도 틸리히는 추구하지 않았다. 존재의 원천과의 신비주의적 연합에 대한 직관적인 지식으로 도피하거나 객관적인 지식의 원천으로서의 순수한 주관성으로 후퇴

---

3) Paul Tillich, *Gesammelte Werke*, ed. by Renate Albrecht, Band I (Stuttgart: Evangelisches Verlagswerk, 1959-69), p. 311.
4) Ibid., p. 286.
5) Ibid., p. 311.
6) Edmund Husserl, *Cartesian Meditations: An Introduction to Phenomenology*, trans. by Dorion Cairns (The Hague: Martinus Hijhoff, 1960), p. 1.

하는 것은 현상들을 용해시키는 동시에 역사적이고 실존적인 맥락을 용해시키는 것이다. 두 경우 모두에서 이해는 더 이상 현상들 내에서와 그것들을 통한 지각과 관련이 멀다. 바로 이런 관점에서 틸리히는 다음과 같이 현상학에 대해 반론을 제기했다.

> '논리적인 실재론'(logischer Realismus)의 갱신에 힘입어 체계를 세우려는 시도는 '직접적인 본질 직관'(unmittelbare Wesenschau)을 통해 의식하게 된다. 모든 본체는 선험적이다. 경험은 단지 직관의 자료만을 전달하며, 그 자료 속에서 본질은 직관된다…'현상학적 선험성'(das phaenomenologische Apriori)은 생생하고도 직관적인 본질 그 자체인 것이다.[7]

여기서 우리는 틸리히가 역사에 대한 위협을 발견하고 있음을 알 수 있다. 왜냐하면 역사는 인간들이 신, 세계, 자연에 반응하는 과정인 개별 사건들로 이루어져 있는데, 그 개별 사건들이 그 배후의 본질 속으로 용해된다면 역사도 자체의 실존적인 의미를 상실하게 되기 때문이다. 따라서 현상학은 역사적인 사건의 '단일회적으로 독창적인 성격'(einmaligschoepferischer Charakter)을 위한 어떤 공간도 갖고 있지 않다.[8]

이와 같이 초기의 틸리히는 현상학을 통해 파악될 수 있는 본질직관으로서의 현상학에 많은 관심을 기울이지 않았다. 물론 현상학적 환원이 단순한 개별적인 사실로부터 일반적인 본질에로의 환원이라는 것은 사실이다. 그러나 보다 중요한 것은 환원과정 그 자체이다. 달리 말해서 개별적인 것들을 직관하고 분석하며 서술하는 일은 현상학적 방법을 따르는 모든 사람에게 공통된 과제인 것이다.[9] 틸리히가 후기 저술인 『조직신학』에서 자신의 신학방법으로 조합하다고 생각한 것은 현상학의 바로 이런 서술적 기능이다.

---

7) Tillich, *Gesammelte Werke*, Band I, p. 309.
8) Ibid., p. 310.
9) Spiegelberg, op. cit., Vol. I, p. 134, 675.

그러므로 현상학적 방법과 관련된 틸리히의 방법론을 알기 위해서는 그의 『조직신학』에 관심을 돌려야 할 것이다. 틸리히의 신학은 서술적인 방법으로서의 현상학과 밀접한 관계를 맺고 있다. 틸리히는 다음과 같이 말한다.

> 신학은 무엇보다도 먼저 비판가들로 하여금 비판받고 있는 개념들이 무엇을 의미하고 있는지를 알도록 하면서 그리고 또한 그 개념들을 신중하게 기술하여 논리적 일관성을 갖고 그 개념들을 사용할 수 있도록 하면서, 따라서 '신앙적인 자료'(devotional material)로 논리적 간격을 메우려는 시도가 갖는 위험을 피하면서, 결국 그 모든 기본적인 개념들에 대해 '현상학적 접근방법'(phenomenological approach)을 적용해야 한다.[10]

이리하여 하나의 방법으로서의 현상학은 신학자들이 신중하고도 논리적으로 규정된 기본적인 신학 개념들을 갖고 연구할 수 있도록 해준다. 그리고 신학이 지성적인 방법으로 기독교 신앙의 내용을 표현하고 설명하려는 노력인 한에서, 신학은 틸리히가 말하는 '어의적인 합리성'(semantic rationalty)과 '논리적인 합리성'(logical rationality)과 '방법적인 합리성'(methodological rationality)을 각각 추구해야 한다.[11] 이런 근거에서 그는 신학이 하나의 체계를 갖춰야 한다고 주장했던 것이다.[12]

지금까지 틸리히가 주장해 온 것은 신학 체계는 논리적으로 일관성 있게 규정되고 서술된 개념들에 입각하여 확립되어야 하며, 조직신학자는 현상

---

10) *ST*, Vol. I, p. 106.
11) Ibid., pp. 54-59.
12) Ibid., p. 58. 틸리히가 강조하는 바 신학에 있어서의 '체계적-구성적인 형식'(systematic-constructive form)은 다음과 같이 세 가지 특징을 갖는다. "첫째로 그것은…일관성 있도록 했다…둘째로 체계적인 형식은 그것에 의하지 않으면 분명해지지 않은 여러 상징들과 개념 사이의 관계를 발견하는 방편이 되었다. 셋째로 체계적인 구조는 신학의 대상을, 그 전체성에 있어서 그중의 많은 부분과 요소가 '한정원리들'(determining priniples)과 '역동적인 상호관계들'(dynamic interrelations)에 의해 결합되고 있는 하나의 형태(Gestalt)로 상정하도록 이끈다"(*ST*, Vol. III, p. 3).

학적 방법에 의해서 논리적 합리성을 갖고 신학 개념들을 사용할 수 있다는 것이다. 그렇다면 현상학적 방법이 이런 방식으로 신학에 도움을 줄 수 있는 이유는 객관적이고 서술적인 방법으로서의 현상학이 갖는 특성에서 발견되어야 한다. 틸리히가 설명한 바와 같이 현상학은 긍정적이거나 부정적인 편견들과 설명들의 방해를 받지 않고, 주어지는 그대로의 현상들을 지시하는 방식이다. 바로 이것은 현상학에서의 판단중지(epoche)의 기본 원리이다. 한편으로는 현상들과 관련된 가치문제가 관찰자와 관련되지 않아야 하고 다른 한편으로는 관찰자 자신의 이념들이 보류되어야 하고 또한 관찰자는 현상의 순수한 객관성에만 관심을 두어야 한다.[13]

신학에 적용시킨다면 현상학적인 방법은 논리적 일관성이 자명한 기본적인 신학 개념의 체계를 먼저 공식화하는 일을 가능케 할 것이다. 그래서 틸리히는 '한정 이념들'(determining ideas)의 진실성과 현실성을 단언하기에 앞서 그 이념들의 의미를 기술함으로써, 그 저서의 다섯 부분의 하나하나를 시작하고 있음을 강조한다. 이것은 일단은 의미들이 나타내는 실재의 문제를 제쳐 놓으면서 그 의미들을 기술하는 현상학적 방법의 목적과 매우 완벽하게 일치한다.[14]

그렇지만 현상학과 관련해서 확립된 이러한 기본적인 신학적 방법론은 문제점을 지닐 수밖에 없다. 만약 틸리히가 말하고 있는 것처럼 현상학적 방법이 실재의 문제에 대한 아무런 관심도 기울이지 않고 현상의 의미에 대한 서술만을 목적으로 한다면 과연 이것은 신학을 위한 적절한 방법이 될 수 있는가? 이것은 틸리히가 신학이나 종교의 중요한 관심사로서 간주한 것에 비추어 볼 때 적절한 문제이다. 우선 틸리히는 자신이 말하는 종교적인 지식이 무엇인지에 대해 다음과 같이 설명하고 있다.

---

[13] Choan Seng Song, *The Relation of Divine Revelation and Man's Religion in the Theologies of Karl Barth and Paul Tillich* (Th. D. Dissertation in Union Theological Seminary, 1964), pp. 176-177.

[14] *ST*, Vol. I, p. 106.

종교적인 지식은 종교적인 중요성을 갖고 있으면서 초월적인 근거와 관련된 사물들과 사건들에 관한 지식이다. 종교적인 지식은 '참으로 실재적인 것'(the really real)에 관한 지식이다. 그것은 전통의 발전 시대에 뒤떨어진 문제들에 대한 논의, 고대 개념들의 의미와 진리 등에 대한 물음에 대답하는 것이 아니다…종교적인 '자아-해석'(self-interpretation)은 실재에로의 방향전환이며 실재의 문제제기이며 실존에로의 침투이며 그리고 세계가 스스로를 초월해 있는 자신의 근거와 '궁극적인 의미'(ultimate meaning)를 지시하는 수준으로 몰아가는 것이다. 만약 실재의 진정한 표현들인 개념과 말들이 실재에로의 그러한 침투를 벗어나 자라간다면, 그것들은 전통에 대한 이해와 새로운 해석의 실마리가 될 것이다.[15]

참으로 실재적인 것이나 실재가 다른 곳에서 무엇을 의미하든지 간에, 이러한 맥락에서 그것들은 모든 종교적 지식의 근거와 궁극적인 의미를 뜻한다. 달리 설명하자면 종교적인 지식의 본질을 구성하는 실재는 모든 종교적인 의미들의 근거와 궁극적인 의미인 것이다. 여기서부터 실재는 자신의 궁극적 의미를 현상들로부터 이끌어 내지 못하고 오히려 현상들에게 의미를 부여한다는 사실을 알 수 있다. 다른 말로 한다면 종교적인 지식의 대상은 이차적이고 중간적인 것이 아니라 일차적이고 궁극적인 존재이다.[16] 이러한 이유 때문에 틸리히에 의하면 종교는 가장 풍부하고 기본적인 의미에서의 궁극적인 관심인 것이다. 틸리히에 다음과 같이 주장한다.

신학의 대상은 '우리에게 궁극적으로 관심을 갖게 하는 것'(what concerns us ultimately)이다…우리의 궁극적인 관심은 우리의 '존재 또는 비존재'(being or not-being)를 결정하는 것이다. 그 대상이 우리에게 있어서 존재 또는 비존재

---

15) Paul Tillich, *Protestant Era* (Chicago: Chicaho Univ. Press, 1948 - 이후부터는 *PE*로 표기하겠음), p. 217.
16) Choan Seng Song, op. cit., p.. 178-179.

의 문제로 될 수 있는 한 그 대상을 다루는 진술들만이 신학적이다.[17]

이러한 신학이나 종교의 주제에 대한 규정 속에서, 우리는 틸리히 신학의 존재론적인 성격을 명백히 엿볼 수 있다. 이러한 점에서 지적되어야만 하는 것은, 실재나 궁극적인 관심 등은 종교적인 의미들을 명확히 하는 데 필수불가결한 개념과 연관되어 있다는 사실이다. 현상 배후의 실재와 아무런 관련을 맺지 않는 객관적이고 서술적인 방법으로서의 현상학은 어느 정도는 신학연구에 적용될 수 있을 것이다.[18] 그러나 순수 현상학적인 방법 자체가 신학이나 종교의 주제에 비적합하다는 사실은 현상학자가 현상학적인 연구과정에서 직면하는 딜레마에서 기인되고 있다. 딜레마는 종교현상들에서 구체성(concreteness)을 박탈하는 동시에 공식화된 그 의미를 '공허한 일반성'(empty generality)으로 환원시키지 않고서는, 틸리히가 문제되고 있는 종교현상들의 보편타당한 의미를 공식화할 수 없었다는 사실에 있다.[19]

이것은 보다 상세한 설명을 필요로 한다. 즉 종교현상학의 기본 목적은 종교현상들의 내적인 의미-구조에 도달하는 것이므로, 희생제사 같은 종교적 삶에 관한 종교 자료들이 수집되면 현상학자는 현상학의 일반적 의미를 공식화하는 작업에 나서게 된다는 것이다. 개별 자료들에 기반을 두고서 일반적인 의미를 규정하려는 이런 과정에서, 현상학자는 하나의 자료를 다른 자료와 비교하게 된다. 틸리히에 의하면 이러한 비교는 개별 자료들의 구체성을 공정하게 평가할 수 없는 추상인 것이다. 유대교적이지도 않고 기독교적이지도 않고 그리스 예언자적이지도 않고 신비주의적이지도 않은 계시의 의미가 바로 그러한 경우이다.[20]

틸리히에 의하면 현상학이 해결할 수 없는 또 다른 문제가 존재한다. 그것은 다양한 종교자료들 중에서 선택된 연구자료에 적용되는 기준의 문제

---

17) *ST*, Vol. I, p. 12, 14.
18) Choan Seng Song, op. cit., pp. 180-181.
19) *ST*, Vol. I, p. 107.
20) Ibid.

이다. 현상학자는 진리와 가치의 문제에 관한 자신의 모든 판단을 보류하면서 판단중지의 원리에 따라 현상에 접근하기 때문에, 미리 상정된 기준을 갖추게 되면 자신의 현상학적인 연구주제를 왜곡하거나 잘못 해석할 우려가 있다. 그럼에도 불구하고 현상학자는 실제적으로 주어진 자료들 중에서 몇 가지 실례들을 선택하도록 하는 기준을 갖고 있다.

그렇다면 이러한 기준은 어디서 오는가? 이것은 현상학적인 물음이 아니라 신학적인 물음이다. 왜냐하면 현상학은 이러한 물음에 대답할 수 없기 때문이다. 틸리히에 의하면 현상학은 논리적인 의미의 영역에서는 타당하지만, 종교와 같은 정신적인 실재들의 영역에서는 단지 부분적으로만 타당할 뿐이다. 신학적인 방법으로서의 소위 비판적인 현상학은 구체적인 맥락 속에서 정신적 삶의 다양한 현현들을 위한 일정한 기준으로 가능할 수 있는 보편타당한 의미를 발견하려는 틸리히의 노력을 나타내 준다. 우리는 여기서 왜 비판적인 현상학의 중요한 특징이 그 자체의 '실존적-비판적'(existential-critical) 요소에 있는지를 알 수 있다.[21]

비판적인 현상학은 관찰자의 존재가 연구되고 있는 현상들의 현실적인 맥락에 연루되어 있기 때문에 실존적이다. 그리고 비판적인 현상학은 순수한 현상학자의 서술활동 같은 초연, 추상, 거리, 무심한 관찰 등의 태도를 더 이상 용납하지 않는다. 동시에 비판적인 현상학을 통해 획득한 의미는 개별 현상들과의 실존적인 관계를 유지하고 있다. 비판적인 현상학은 현실적이고 구체적인 자료들에 대해 구체적인 타당성을 지니지 못하는 공허한 일반성을 획득하려고 하지 않는다. 더욱이 틸리히가 여기서 주창하는 현상학이 비판적인 요소와 연관되어 있다는 것은 바로 이런 실존적인 요소 때문인 것이다. 왜냐하면 보편타당한 의미는 정신적 삶의 표현과 현현들을 위한 기준이 되기 때문이다.[22]

그렇다면 신학자가 자신의 비판적인 현상학 속에서 종교현상들을 연구하

---
21) Ibid.
22) Choan Seng Song, op. cit., p. 183.

게 되는 기준은 무엇인가? 틸리히에 의하면 그것은 최종적인 것으로 간주되는 계시인 것이다. 말할 필요도 없이 틸리히가 여기서 이야기하고 있는 계시는, 그리스도로서의 예수 안의 최종적인 계시인 것이다. 따라서 기독교 신학자에게 있어서는 그리스도로서의 예수 안의 최종적 계시는 현상학적인 종교연구가 실존적인 동시에 비판적으로 수행되기 위한 기준인 것이다. 다른 말로 하면 틸리히의 현상학적 연구는 종교현상을 연구하기 위한 기준을 제공하려는 기독교적 계시 이해의 맥락 속에서 이루어진다.[23]

틸리히가 사용하는 의미에서의 비판적 현상학은 사실상 신학적인 현상학이다. 여기서는 순수한 현상학에 필수적인 판단중지의 원리가 더 이상 지켜지지 않고 있다. 그 대신 종교적인 개념과 현상은 예수 그리스도 안의 계시라는 기독교적 개념에 비추어 연구되고 있다. 즉 틸리히의 비판적 현상학은 신학적 방법론 속에 순수한 현상학이 설 자리를 거의 남겨 놓고 있지 않다. 틸리히에 의하면 이러한 기준은 절대적으로 구체적인 동시에 절대적으로 보편적임에 틀림없다. 그러나 이것은 현상학적인 근거가 아니라 신학적인 근거에서 이루어진 판단이다. 결국 그리스도로서의 예수 안의 최종적 계시를 지향하는 신학방법에서의 한 요소인 비판적 현상학과 순수한 현상학 사이의 상관성은 존재하지 않는 것 같다.[24]

이런 비판적인 현상학이야말로 세계종교와의 대화적 만남을 참된 것으로 만드는 신학적 현상학인 것이다. 그리고 이것은 종교들에 대한 신학적 접근 방법에 있어서 지극히 중요하다. 왜냐하면 순수 현상학적인 수준에서는 대화는 물론 어떤 만남도 존재하지 않는다는 사실을 기억하는 것이 중요하기 때문이다. 종교들 간의 대화에 참여하는 신자들이 궁극적인 진리와 가치를 탐구할 때 깊숙이 관련될 것을 요구한다. 그런데 이것이 종교현상에 대한 객관적이고 과학적인 서술에 참여하는 사람들이 할 수 있는 일이 못됨은 자명한 사실이다. 비판적 현상학이라는 자신의 개념을 통해서 틸리히가 우리

---

23) Ibid., p. 184.
24) Spiegelberg, op. cit., Vol. II p. 656.

에게 가르쳐 주려고 했던 것은 예수 그리스도 안의 최종적 계시와 다른 종교들 안의 계시 사이의 참된 대화적 만남이 결국에는 진리에 도달할 것이라는 희망 속에서 종교사가나 종교현상학자가 수집하고 정리한 자료에 신학적으로 접근하는 방법이다.[25]

이러한 이유로 인해서 틸리히는 오토의 『성스러움』 개념에 대한 현상학적 분석에 전적으로 동의하고 있음에도 불구하고, 신성성의 개념이 갖는 모호성을 모든 종교적 차원에서 설명함으로써 많은 종교사 자료들을 신학적인 이해로 끌어들이고 있다.[26] 그런데 종교의 모호성의 문제는 진리의 문제와 연루되어 있기 때문에, 현상학적인 문제가 아니라 신학적인 문제인 것이다. 종교의 모호성은 종교 진리의 기준인 예수 그리스도 안의 최종적인 계시에 비추어 보아야 명확하게 될 것이다.

비판적이거나 신학적인 현상학을 통해서 표현된 종교들에 대한 틸리히의 신학적인 접근은, 그가 조직신학의 원천인 종교사를 포용하고 있다는 것에 주목해야 한다. 이것이 이른 바 '신학적인 종교사'(a theological history of religion)로서, 인류의 종교적이고 전(前)종교적인 삶에 대한 연구와 분석에 의해 얻어진 자료들을 선험적으로 해석해야 하는 과제를 갖고 있다.[27] 여기서 '신학적'이라는 말은 틸리히의 신학 체계에서는 종교적인 개념들과 현상들을 중립적인 관점에서 연구하는 순수한 종교현상학이 설 자리가 없음을 지적해 주고 있기 때문이다. 조직신학의 원천인 종교사를 포용하는 것은 이미 그것을 비판적으로나 신학적으로 이용하고 있음을 의미한다. 더군다나 그는 종교 진리의 기준이 예수 그리스도 안의 최종적인 계시와 종교사 사이

---

25) Choan Seng Song, op. cit., p. 185.
26) *ST*, Vol. I, p. 216. 틸리히가 오토의 영향을 받지 않았다는 것은 다음 말에서 잘 알 수 있다. "내가 처음으로 오토의 『성스러움』을 읽었을 때 나는 직접적으로 이런 경험(즉 성스러움에 대한 그 자신의 유년 시절의 경험)에 비추어서 그 저서를 이해했으며, 나의 사고의 구성요소의 하나로 받아들였다. 그것은 내가 성스러움의 경험에서 출발하여 신 이념에 도달했던 종교철학에서의 나의 방법을 결정했다"("Autobiographical Reflections of Paul Tillich," in Kegley Charles W. and Bretall Robert W. (eds.), *The Theology of Paul Tillich* (New York: Macmillan, 1952), p. 6].
27) *ST*, Vol. I, p. 39.

의 관계를 다음과 같이 명확하게 규정한 바 있다.

> 신학적인 종교사는 '그리스도로서의 예수 안의 새로운 존재'(New Being in Jesus as the Christ)가, 인류의 종교들에 의해서 암시적으로나 공개적으로 제기한 물음에 대한 대답이라는 선교원리(missionary principle)에 비추어서 연구되어야 한다고 말할 수 있다.[28]

이와 같이 그리스도로서의 예수 안의 새로운 존재가 갖는 최종적인 목표는 신학체계 속에서 종교사를 다루는 이유와 의미를 밝히는 데 있다. 그러므로 우리는 틸리히의 신학에서 나타난 바 예수 그리스도 안의 계시와 세계 종교들 사이의 관계를 설명하고 검토하는 것에로까지 우리의 관심을 돌려야 할 것이다.

이제 우리는 틸리히의 비판적-신학적 현상학에 따라, 종교의 본질을 근거로 한 그의 종교사 해석을 살펴보고자 한다.

2. 종교와 종교사

1) 종교의 본질

종교의 본질에 대한 틸리히의 진술은 부정적인 동시에 긍정적이다. 그는 먼저 종교의 본질에 대한 그릇된 해석들을 제시하면서 자신의 독특한 해석을 전개하고 있다. 틸리히에게 있어서 종교의 본질에 대한 가장 근본적인 오해는, 정신적이거나 심리학적인 특별한 기능이나 그것의 행위들과 종교를 동일시하는 것이다. 그러한 동일시는 종교를 행위의 특별한 종류 내지는 문화영역의 특별한 종류와 그 형식들로 규정함으로써, 종교가 인간 정신 그

---

[28] Ibid.

자체의 특성이라는 사실을 무시해 버린다. 종교의 본질에 대한 그런 견해는 도덕 및 문화와 종교 사이의 본질적인 관계를 오해하며 또한 인간 정신의 본질을 그릇 해석한다. 그러한 견해는 종교의 본질을 정신의 기본적인 한정으로서 그리고 정신행위들과 문화형식들로서 완화시키거나 그것들과 동일시하게 된다.

물론 이것은 종교에 대해 환원적인 불경의 오류에 빠지게 하지만, 이것은 한편 문화가 종교의 형식이며 도덕은 종교의 진지성의 표현이라는 사실에 근거한다. 바로 이런 사실은 종교를 문화와 도덕의 환원에로 이끄는 것이며, 그것에 의해서 종교의 상징은 단순한 문화 창조성의 소산으로 이해된다. 만약 우리가 자아-초월의 베일을 벗어버린다면, 인식적인 통찰과 심미적인 표현만이 발견될 것이다. 따라서 종교의 본질은 도덕과 문화 속에 존재하지만 그것들을 넘어서 있다. 즉 틸리히에 의하면 도덕 행위는 '자아-통합'(self-integration)의 행위이고, 문화 행위는 '자아-창조성'(self-creativity)의 행위이며, 종교 행위는 '자아-초월'(self-transcendence)의 행위이다.

더욱이 틸리히에 의하면 이런 자아-초월로서의 종교는, 자체의 가르침, 의례, 전통을 가지고 있는 사회제도의 일종으로서의 협의의 종교와는 다르다. 그리고 더 중요한 사실은 종교가 정신의 차원에서의 삶의 기본적인 기능(즉 도덕과 문화)과 다르며, 그것은 이런 기능들에 병행하여 독립하는 실재로서 존재하는 기능이 아니라 정신의 다른 두 가지 기능들의 특질로서 간주된다는 것이다. 그것은 이런 두 가지 기능들 속에 있는 자아-초월의 특질이며 그리고 이러한 특질들에 의해서는 두 가지 기능들은 자각과 노력의 유한한 양식으로서의 그 자신을 초월하여, 자신들이 근거하고 있고 또한 자신들을 유지시켜 주는 성스러움이나 무한한 존재의 능력을 지시한다. 바로 이것이 틸리히가 말하는 광의의 종교인 것이다.[29] 틸리히는 다음과 같이 말한다.

---

29) *ST*, Vol. II, pp. 7-8.

광의의 종교 개념은 실재와의 인간의 만남(encounter)의 여러 영역들 속에 존재하는 '궁극적인 실재'(ultimate reality)라는 차원으로서 나타났다. 은유적인 기법을 사용해서 말한다면 그것은 깊이(depth) 그 자체의 차원이며 존재의 무진장한 깊이지만, 그러나 그것은 이러한 영역 속에서 간접적으로 나타났다. 직접적으로 경험했던 것은 지식, 도덕명령, 사회정의, '심미적인 표현성'(aesthetic expressiveness) 등이었다. 그래서 성스러움은 비록 숨겨져서일 망정 이런 모든 '세속적인 구조들'(secular structures) 속에서 나타난다. 왜냐하면 이것은 세속적인 구조를 통해 우리가 성스러움을 경험하는 방식이기 때문이다. 이런 기본적이고 보편적인 의미에서의 종교를 나는 '궁극적인 관심에 사로잡힘'(being grasped by ultimate concern)이라고 불렀다.[30]

크로스비에 의하면 협의의 종교와 광의의 종교를 이와 같이 구분하는 것은 네 가지 함축적인 의미를 갖고 있다.[31] 첫째로 종교를 단순하게 특정한 종교제도의 약점, 한계, 허식과 동일시하는 것이 중대한 오류라는 사실이다. 이러한 동일시는 본질적으로 궁극자를 향한 모든 삶의 자아-초월인 종교를 명백하게 표현하려고 하지만 그 과정에서 그것을 왜곡하고 모독하는 문화형식들과 혼동하는 것이다.[32] 종교는 수행되어야 할 일련의 규정된 활동들, 수용되어야 할 일련의 명문화된 교리들, 다른 단체와 비추어 본 사회적인 압력단체, 국가권력과 연관된 정치력 이상의 것이다.

틸리히에 의하면 종교를 위의 것들로서만 간주하는 것은 종교에 대한 '제도적인 불경'(institutional profanization)의 죄를 범하는 것이다.[33] 그것은 종교의 편재(즉 인간의 정신적인 삶의 모든 기능들의 깊이에 있다는 사실)을 올바르게 평가하는 데 실패하고 있다. 사실상 협의의 종교는 인간의 문화를 결여하게

---

30) Paul Tillich, *My Search For Absolutes* (New York: Harper & Row Publishers, 1969 - 이후부터는 *MSFA*로 표기하겠음), pp. 130-131.
31) Donald A. Crosby, *Interpretative theories of Religion* (The Hague: Mouton Publishers, 1981), pp. 193-202.
32) Crosby, op. cit., p. 194.
33) *ST*, Vol. III, p. 99.

된다. 틸리히는 다음과 같이 말한다.

> 깊이라는 은유는 무엇을 말하는가? 이것은 종교 형식이 인간의 정신적 삶에 있어서 궁극적인(ultimate) 것, 무한한(infinite) 것 · 무조건적인(unconditiona) 것 등을 지시함을 의미한다. 종교란 가장 광의이자 가장 근본적인 말의 의미에서 '궁극적인 관심'(ultimate concern)이다. 그리고 궁극적인 관심은 인간 정신의 모든 창조적인 기능 속에 분명해진다. 이것이 도덕의 영역에서는 도덕 명령의 무조건적인 진지성으로서 뚜렷해진다…지식의 영역에서는 궁극적인 실재에 대한 열정적인 갈망으로 명백해진다…인간 정신의 심미적인 기능에서는 궁극적인 의미를 표현하려는 무한한 욕구가 밝혀진다. 아무도 궁극적인 진지성에서 종교를 거부할 수는 없다. 왜냐하면 '궁극적인 진지성'(ultimate seriousness)이라든지 궁극적으로 관심을 가진 상태가 종교 그 자체이기 때문이다. 종교는 인간의 정신적인 삶의 실체(sunstance)이고 근거(ground)이며 깊이(depth)이다.[34]

이러한 두 가지 종교 구분이 갖는 두 번째 의미는, 종교를 도덕 기능이나 문화기능의 한 측면으로 환원시키는 것이 잘못이라는 것이다.[35] 그것은 종교를 하나의 분리된 기능으로 보는 것만큼이나 잘못된 것이다. 이것은 종교에 대한 '환원적인 불경'(reductive profanization)의 오류에 빠진다.[36] 틸리히는 문화의 도덕적이고 인식적이고 심미적인 기능을 비판했다. 먼저 그는 종교를 문화의 도덕적인 기능으로 환원시키는 것을 다음과 같이 비판했다.

> 종교는 도덕적인 기능에게로 와서, 종교가 받아들여질 것을 믿고 도덕의 문을 두드린다…그러나 그것은 빈약한 관계로 받아들여졌고 도덕에 봉사함으

---

[34] Paul Tillich, *Theology of Culture*, ed. by Robert C. Kimball (New York: Oxford Univ. Press, 1959 - 이후부터는 *TC*로 표기하겠음), pp. 7-8.
[35] Crosby, op. cit., p. 196.
[36] *ST*, Vol. III, p. 99.

로써 도덕 영역 속에 그 자리를 얻을 것이 요구되었다. 그리고 종교는 착한 시민, 착한 남편과 어린이 착한 고용인과 사무원 그리고 군인을 만드는 데 도움되는 한에서 허용되었다. 그러나 종교가 그 스스로의 주장을 하는 순간, 종교는 도덕을 위해서 불필요한 것이 되거나 위험한 것으로서 침묵하도록 강요되었거나 버림받았다.[37]

그리고 틸리히는 종교를 문화의 인식적인 기능으로 환원시키는 것을 다음과 같이 비판한다.

> 종교는 인식적인 기능에 의해 매혹되었다. 지식의 한 특수한 방식이나 신화적인 상상 혹은 신비적인 직관 등으로서의 종교-이것은 종교에게 거처할 곳을 주는 것 같았다…종교가 허용되기는 했다. 그러나 순수한 지식에 종속되는 한에서였으며 그나마 잠시 동안 뿐이었다. 순수한 지식은 눈부신 과학업적에 의해 힘을 얻음으로써, 별로 달갑지 않게 받아들여질 종교를 취소해 버리고 종교가 지식과 전혀 관계없다고 선언했다.[38]

또 문화의 심미적 기능에르의 종교의 환원에 대한 틸리히의 비판은 다음과 같다.

> 그래서 찾은 것이 '심미적 기능'(aesthetic funtion)이었다. 왜 종교는 인간의 예술적인 창조성 속에 거처를 찾지 않느냐고 종교철학자들은 입을 모아 묻는다. 그러면 옛날이나 지금이나 수많은 예술가들은, 정열적인 긍정과 함께 예술이야말로 종교라고 입을 모아 대답한다. 그렇게 되면 O 제는 종교가 주저한다. 종교가 실재를 변형시키는 반면에 예술은 실재를 표현하지 않는가? 어떤 위대한 예술작품 속에도 비실재의 요소는 있지 않은가? 이제는 종교가

---

37) *TC*. p. 6.
38) Ibid.

도덕과 인식의 영역, 즉 선과 진리에 대한 옛 관계를 갖고 있다는 것을 기억하고 종교를 예술 속에 분해시키려는 유혹에 저항한다.[39]

그리고 두 가지 의미의 종교 구분이 갖는 세 번째 의미는, 두 가지 의미의 종교 구분이 협의의 종교의 필요를 설명해 주며 또 그것을 적절한 시작으로 해석하는 데 도움을 준다는 것이다.[40] 이런 의미에서의 종교는 자기 존재의 근거로부터의 인간 소외의 결과이며 또 자기 존재의 근거로 회귀하려는 인간 시도의 결과이기 때문에 요구되고 있다.[41] 인간의 소외 상태의 징후는 도덕과 문화가, 그것들의 자아-초월적이며 신률적인 특성 속에서 경험되지 않는다는 것이다. 인간은 유한자의 자아-충족에 대한 환상 속에서 살아가려는 경향을 지니고 있다. 이러한 경향을 상쇄하기 위해서는 일상생활의 먼지와 세속 활동의 소음에 휩싸여 있는 인간의 정신적인 삶의 깊이를 열어주는 조직된 종교의 교리와 의식(儀式)이 필요하다. 종교는 또 우리에게 성스러움의 경험(즉 접촉 불가능하고 경외의 영감을 고취하며 궁극적인 의미이며 궁극적인 용기의 원천인 어떤 것의 경험)을 제공해 준다.[42]

틸리히에 의하면 특정한 종교 문화는 우리가 문화 내의 종교적인 가치들을 경험하고 문화 내의 종교적인 요소들을 확인하고 명명하기 이전부터 이미 존재하고 있었음에 틀림없다.[43] 그러나 성스러움과 모든 인간 노력들 속에 스며들어 있는 성스러움의 임재에 대한 주의를 환기시키기 위해서는 제도적인 종교가 필요하다. 그러나 협의의 종교는 '비상성격'(emergency character)만 지니고 있다.[44] 이리하여 삶의 자아-초월로서의 종교는 종교들을 필요로 하는 동시에 부정할 필요가 있다.[45]

---

39) *TC*, pp. 6-7.
40) Crosby, op. cit., p. 199.
41) *ST*, Vol. III, p. 403.
42) *TC*, p. 9.
43) Tilliche, *What Is Religion* (New York: Harper & Row, 1969 - 이후부터는 *WIR*로 표기하겠음), p. 175.
44) *TC*, p. 9.
45) *ST*, Vol. III, p. 98.

그리고 두 가지 의미의 종교 구분이 갖는 네 번째 의미는, 그러한 구분으로 인해 인간이 비종교적으로 된다는 사실을 밝혀 주는 데 있다는 것이다.[46] 협의의 종교에 관심을 기울이지 않는 사람은 비종교적인 사람이다. 그런 사람은 자신의 삶 속에 조직된 종교라는 경시적 신앙과 실천의 영역이 있음을 전혀 깨닫지 못하며, 새로운 존재를 추구하면서도 명확한 종교 상징들을 의식적으로 사용하지 못한다. 이런 종류의 사람은 종교적인 관심을 전혀 갖고 있지 않으므로 비종교적인 사람이다. 그러나 틸리히는 협의로는 비종교적이라는 것이 가능하지만 광의로는 불가능하다고 다음과 같이 주장하고 있다.

> 의도적으로는 비종교적인 의식이 있을 수 있다고 할지라도 실체적으로는 비종교적인 의식이란 없다. 그러므로 자아-이해의 모든 행위는 언제나 그러하기를 의도하지는 않지만, 실재 내의 기초로서 무조건적인 것과의 관계를 포함하고 있다…모든 문화 행위는 무제약적인 의미를 포함하며 의미의 근거에 기초하고 있다. 그러므로 그것이 의미의 행위인 한에서 그것은 실체적으로 종교적이다…문화로서의 문화는 실체적으로 종교적이지만 의도적으로는 그렇지 않다.[47]

따라서 틸리히에 의하면 인간은 본질상 자신의 현실적인 실존 속에서 아무리 인식하고 있지 못하더라도 '신율적인 존재'(theonomous being)이다.[48] 즉 어느 누구도 모든 삶과 통일된 자아-초월적인 것으로 향하는 무조건적인 것과 조건적인 정신 사이의 본질적인 관계를 피할 수 없다.[49] 협의의 종교에서는 인간이 의식적(意識的)인 종교적 관심을 갖지 않으면 비종교적으로 될 수 있지만, 광의의 종교에 있어서는 비종교적으로 되는 것이 불가능하다.

---

46) Crosby, op. cit., p. 201.
47) *WIR*, p. 139, 59.
48) *ST*, Vol. III, p. 250.
49) *ST*, Vol. III, p. 130.

왜냐하면 어떠한 인간도 궁극적인 관심을 전혀 갖지 않은 인간으로 될 수 없기 때문이다.

이제 우리는 궁극적인 관심으로서의 신앙에 대한 틸리히의 견해를 통해서 종교의 본질을 살펴보자. 그는 성서에 나오는 신앙을 다음과 같이 궁극적 관심과 연결시켜 설명하고 있다.

> 종교적인 실존에 해당되는 성서적인 용어는 '신앙'이다…신앙이란 '궁극적인 관심에 사로잡혀 있는 상태'(the state of being graspend by an ulimate concern) 그리고 우리의 존재와 의미의 근거인 것만이 우리에게 궁극적으로 관심을 갖게 하는 것으로 우리는 이렇게 말할 수 있다. 신앙은 우리 존재의 궁극적인 '근원'(whence)과 '목적지'(whither)에 있어서의 우리 실존에 대한 관심이다. 그것은 '전인격'(whole person)의 관심이며 가장 인격적인 관심이고 모든 다른 관심들을 결정한다.[50]

우리는 틸리히의 이러한 신앙 이해 속에서 네 가지 특징을 찾아볼 수 있다. 첫 번째 특징은 신앙은 궁극적으로 관심을 가진 상태이며, 인간의 예비적인 관심과는 대비되며 또 인간의 모든 다른 관심들을 결정하는 상태라는 것이다.[51] 여기서 예비적인 관심은 그 자체가 유한한 것들의 자아-초월적인 성격에 관심을 기울이지 않는 반면에 궁극적인 관심은 모든 실존의 의미와 근거에 대한 관심이다. 틸리히는 총체적이고 총포괄적인 이런 궁극적인 관심을 기독교 신학과 예수의 위대한 명령에서 다음과 같이 예증하고 있다.

> 궁극적인 관심이란 말은 저 위대한 명령인 '주 곧 우리 하나님은 유일한 주시라 네 마음을 다하고 목숨을 다하고 뜻을 다하고 힘을 다하여 주 너의 하나님을 사랑하라'(막 12:29)는 것의 추상적인 번역이다. 종교적인 관심은 궁

---

50) Paul Tillich, *Biblical Religion and the Search for Ultimate Reality* (Chicago: The Univ. of Chicago Press, 1955 - 이후부터는 *BRSU*로 표기하겠음), pp. 51-52.
51) Crosby, op. cit., p.203.

극적(ultimate)이다. 이것은 모든 다른 관심들을 궁극적인 중요성으로부터 배
제시킨다. 그것은 그것들을 예비적인 것이 되게 한다. 궁극적인 관심은 무조
건적(unconditional)이다. 어떤 성격이나 욕망 혹은 환경의 조건과도 무관하
다. 이 무조건적인 관심은 총체적(whole)이다. 우리 자신이나 세계의 어떠한
부분도 그것으로부터 제외되지 않는다. 그것에서 벗어나 있는 곳은 하나도
없다. 이 총체적인 관심은 무한하다(infinite). 궁극적이고 무조건적이고 총체
적이고 무한한 종교적 관심에 직면해서, 마음이 풀린다거나 휴식한다는 것
은 한 순간도 허용되지 않는다.[52]

만약 궁극적인 관심과 예비적인 관심이 서로 갈등을 겪고 있을 때에는 예비적인 관심들이 양보해야 한다. 왜냐하면 예비적인 관심들은 궁극적인 관심이 지니고 있는 무조건적이고 총체적이고 무한한 성격을 결여하고 있기 때문이다. 궁극적인 관심은 인간의 선입관과 가치의 어떤 위계질서 속에서도 항상 최고의 위치에 있으므로 여타의 모든 관심들을 결정한다. 그렇다고 해서 이것은 틸리히가 도덕과 문화에 대한 종교의 타율적인 통제를 불가피한 것으로 여기고 있음을 암시한다고 생각해서는 안 된다. 궁극적인 관심으로서의 신앙은 유한한 도덕적이고 문화적인 행위들에 대해서 뿐만 아니라, 확립된 종교 집단들의 유한한 가르침과 실천에 대해서도 우위를 점할 수 있으며 또한 그래야만 한다.

반면에 타율적인 종교는 모든 유한한 것들의 자아-초월적인 본질을 망각하면서 유한자를 무한자와 혼동한다. 또한 그것은 다른 유한한 측면들을 명분으로 하여 문화의 유한한 측면들을 지배한다. 그것은 제도적인 종교에게 무한하고 무조건적인 충성을 부여하거나 요구하면서, 그것들이 마치 무한자와 동일한 것이라도 된 것처럼 그것들을 대하고 있다. 따라서 틸리히가 말하고 있는 것은 궁극적인 관심이 참으로 궁극적인 것에만 적절하다는 사실이다. 그리고 어떤 종교적인 교리나 의식도 자신을 초월하여 궁극자를 지

---

52) *ST*, Vol. I, pp. 11-12.

시할 때에는 뚜렷하게 유용한 것으로 될 수 있겠지만, 참으로 궁극적인 것이라고 규정할 수는 없다.

틸리히의 궁극적인 관심으로서의 신앙의 두 번째 특징은 신앙이란 전인격의 관심이며 인간을 사로잡는 것이지, 인간의 인식이나 의지 행위나 감정에 의해서 존재하게 되는 것이 아니라는 점이다.[53] 이러한 특징에서 암시하는 바는 틸리히가 한편으로는 신앙(faith), 다른 한편으로는 신념, 의지, 감정 사이의 날카로운 대비이다. 우선 신앙은 신념과 동일하지 않다. 왜냐하면 신앙은 실존적인 것이지만 신념은 이론적인 것이기 때문이다. 물론 참인 어떤 것을 믿는다는 것은 그것에게 인식적인 동의를 부여하는 것을 의미하며 그리고 이러한 일은 그것 자체에 유한한 많은 증거가 없을 때조차 이루어질 수 없다. 그러나 충분한 지지를 받든 안 받든 간에, 신앙과 인식 행위를 동일시하는 것은 신앙의 본질을 잘못 이해하는 것이다. 인식 행위는 인간의 지적인 측면에서의 반응일 뿐이지만 종교 신앙은 실재적이다. 그것은 전인격의 반응이며, 인간 삶의 지향과 의무 즉 자기 삶의 궁극적인 근원(whence)과 목적지(whither)에 대한 인간 의식을 의미한다. 그렇기 때문에 인간이 일상적인 지식에서 습득한 기술과 초연한 탐구정신으로, 자신의 궁극적 관심의 내용에 접근하는 것은 불가능하다. 인식 주체와 인식 대상 사이의 뚜렷한 구분이 가능하지 않은 곳에서는 신앙 내용이 오직 신앙에 의해서만(즉 강렬한 열정과 관심을 지녀야만) 이해될 수 있다.

그리고 일반적으로 신앙 인격은 인간이 보다 완전하게 이해하고 완전하게 되고자 하는 것이다. 신앙의 각 요소는 인간의 관심 내용 속에서는 인간의 실존 전체와 관련이 있다. 틸리히는 다음과 같이 말한다. "신학자는 그의 연구대상에서 자신을 분리시키지 않고 대상 속에 필연적인 자신을 포함시킨다. 그는 정열과 두려움과 사랑으로 자신의 대상을 바라본다. 이것은 철학자의 에로스(eros)도 아니거니와, 객관적인 진리에 대한 정열도 아니다. 이것은 구원을 받아들이는 또 그렇기 때문에 개인적인 진리를 받아들이는

---

53) Crosby, op. cit., pp. 206-211

사랑이다. 신학자의 기본 태도는 그것을 설명하는 내용에 그 자신을 맡기는 것이다. 초연은 이 내용의 본질 바로 그것의 부정이 될 것이다. 신학자의 태도는 실존적(existential)이다. 신학자는 자기 실존 전체-유한성이라든가 불안, 자기 모순과 절망, 자신과 자신의 사회적 상황에서의 치유능력을 갖고 관련한다."[54]

더욱이 틸리히는 신앙이 의지 행위(즉 특정한 사실들을 확신하라는 명령에 대한 복종)와 동일시될 수 없다고 주장한다. 이러한 주장은 또 다시 신앙의 진정한 본질을 인격적인 자아의 전체적이고 중심을 가진 행위로서 파악하는 것이 아니라,[55] 신앙을 인격의 부분적인 한 측면에 대한 한정된 응답으로 파악하는 것과 동일하다. 또한 이런 사실은 의지적인 행위가 인간의 궁극적 관심의 내용을 전제로 하며 또 그것을 표현해 주고 있다는 사실을 간과하는 것이다. 의지적인 행위는 스스로가 그러한 궁극적 관심을 창출해 내거나 구성하지 못한다. 신앙은 우리가 존재하도록 하는 어떤 것이 아니라 우리를 사로잡고 있는 것이다.

마지막으로 틸리히는 신앙을 감각이나 감정과 일률적으로 동일하게 취급하려는 견해를 반박하고 있다. 신앙의 의미에 대한 이 세 번째 주정주의적인 왜곡은 주지주의적인 왜곡이나 주의주의적인 왜곡과 함께 반박되어야 한다. 틸리히에 의하면 궁극적 관심의 상태로서의 신앙은 전인(whole man)을 요구하며, 단순히 감정이라는 주관성에 대한 진리를 요구한다.[56] 그렇지만 신앙행위에도 틀림없이 감정도 존재한다. 틸리히는 다음과 같이 말한다.

> 영적 임재에 사로잡힌 상태에는 정서적인 요소가 있다. 이것은…완전히 불확정한 성격의 감정이 아니다. 이것은 자신의 유한성과 소외(estrangement)의 불안과 불안을 모호하지 않은 삶의 초월적 통일의 힘으로 받아들임으로

---

54) *ST*, Vol. I, pp. 22-23.
55) *ST*, Vol. I, p. 8.
56) Paul Tillich, *Dynamics of Faith* (New York: Harper & Row, 1957 - 이후부터는 *DF*로 표기하겠음), p. 39.

써 불안을 극복하는 '황홀경적인 용기'(ecstatic courage) 사이의 동요이다.[57]

그러나 틸리히에 의하면 신앙이 인식적인 행위, 의지적인 행위, 감정적인 행위에만 극한될 수 없지만, 그것은 이것들 중의 어느 하나도 결여하고 있지 않다. 신앙은 이러한 행위들 주위에 있으면서도 그것들을 초월한다. 틸리히는『성서적인 종교와 궁극적인 실재 추구』에서 다음과 같이 말하고 있다. "성서적인 견해에 따르면 신앙은 전인격성(whole personality)의 행위이다. 의지와 지식과 정서 모두가 신앙에 참여한다. 신앙은 '자아-굴복'(self-surrender)·순종(obedience)·동의(assent)의 행위다. 이러한 요소들 각각은 현존해야 한다. 동의와 순종이 없는 정서적인 굴복은 '인격적인 중심'(personal center)을 우회하게 된다. 그것은 결단이 아니라 강제로 되고 만다. 정서적인 참여가 없는 지적인 동의는 비인격적인 인식 행위로서 종교적인 실존을 왜곡시킨다. 동의나 정서가 없는 의지의 복종은 '비인격화하는 예속'(depersonalizing slavert)으로 귀결된다. 신앙은 인간 정신의 특별한 기능을 통일시키며 또한 그것을 초월한다."[58]

틸리히의 신앙 이해의 세 번째 특징은 궁극적인 관심이 신앙의 주관적인 측면과 객관적인 측면을 통일시키고 있다는 것이다. 틸리히는 종교의 객관적인 측면이 주관적인 측면 속에 은연 중에 포함되어 있다고 다음과 같이 서술하고 있다. "신앙이라고 하는 무조건적인 관심은 무조건자에 대한 관심이다. 앞에서 신앙에 대해 서술했던 것처럼 무한한 열정은 '무한자에 대한 열정'(the passion for the infinite)이다. 궁극적인 관심은 궁극자로 경험되는 것에 대한 관심이다. 이런 방식으로 우리는 인격성의 중심 있는 행위로서의 신앙의 주관적인 의미로부터, 그 객관적인 의미(즉 신앙 행위에서 의미되는 것)에로 눈을 돌려보았다. '궁극적인 관심'이라는 말은 신앙이라는 한 행위의 주관적인 측면, 즉 '그것을 통해서 인간이 신앙하는 그 신앙'(fides qua creditur)

---

57) *ST*, Vol. III, p. 133.
58) *BRSU*, p. 53.

과, 객관적인 측면 즉 '믿어지는 신앙'(fides quae creditur)을 통일시키고 있다. 첫 번째 것은…궁극적 관심에 대한 고전적인 행위이고, 두 번째 것은 이 행위가 지향하는 것(즉 신적인 것의 상징들 속에서 표현되는 궁극자 자신)에 대한 고전적인 용어이다. 신앙이란 그것이 지향하는 내용이 없이는 있을 수 없다. 신앙 행위 속에는 의미되는 어떤 것이 항상 있다."[59]

여기서 틸리히는 위에서 언급한 바와 같이 신앙의 객체에 대해 말하는 것보다는, 신앙의 객관적인 의미에 대해 말하는 것을 선호하고 있다. 왜냐하면 그에게 있어서 신앙의 객체라는 용어는 주관성과 객관성 모두를 초월한 참여를 지시하는 것으로서의 신앙의 실존적인 본질을 올바르게 평가하지 못하기 때문이다. 틸리히는 이것을 신과 관련하여 다음과 같이 말한다. "신들은 주관성과 객관성의 분열을 초월하는 궁극적인 관심의 표현이다. 만일 '실존적'(existential)이라는 말이 주관성과 객관성을 초월하는 참여를 지시한다면, 인간과 신들의 관계는 바로 '실존적'이라고 불린다. 인간은 초연(detachment) 속에서는 신들이 관해 말할 수 없다. 그렇게 하려는 순간 인간은 그 신들을 잃는다."[60]

여기서 틸리히는 오토의 종교 이론이 종교 경험의 객관적인 의미에서 충분히 날카롭게 초점을 맞추고 있지 않다는 점에서 불충분하다고 생각한다. 오토는 경험의 특질로서의 성스러움에서 출발하고, 또 그러한 특질을 광범위한 현상학적 분석의 대상으로 삼았던 점에서는 옳았다. 그러나 그는 현상학적인 분석을 존재론적인 접근으로 보완해야 할 필요가 있음을 인식하지 못했다. 틸리히의 생각처럼 존재론적인 접근은 성스러움에 대한 특수한 경험에만 국한되지 않으며, 존재-자체의 성격 속에서 종교의 객관적인 의미를 찾아내려고 한다. 그것은 마주치게 되는 세계를 유한성과 관련하여 분석하며, 또 이러한 분석을 통해서 그것의 자아-초월적인 특질(즉 자신의 유한성을 초월하며 지시하는 것)을 발견하게 된다. 이러한 접근을 통해서 명백하게 되는

---

59) *DF*, pp. 9-10.
60) *ST*, Vol. I, p. 14.

종교의 객관적인 의미는 모든 유한한 사물들을 지탱해 주고, 또 인간에게 일시적인 실존의 불안을 견디는 용기를 주는 무한한 존재의 힘이다.[61]

특히 틸리히가 종교의 객관적인 측면을 구성하는 것으로 간주하고 있는 존재나 존재 자체의 힘은 결코 냉엄한 철학적 추상이 아니라 인간의 일상생활에서의 특징과 혼란 속에서 이 존재에 대항하는 존재의 경험에 대한 표현이며 또 그것은 실존적으로 마주치게 되고 이해되는 존재 그 자체인 것이다.[62] 그런데 무한한 존재의 힘은 상징적으로 표현될 필요가 있다. 틸리히가 이를 위해 일반적으로 사용한 상징은 신이라는 상징이다. 그는 다음과 같이 말한다. "신(God)은 인간의 유한성에 내포된 물음에 대한 대답이다. 신은 인간에게 궁극적인 관심을 갖게 하는 것에 대한 이름이다. 이것은 첫째로 신이라고 불리는 존재가 있다는 것을 뜻하지는 않는다. 그리고 다음에 인간이 신에 대해 궁극적인 관심을 가져야 한다는 것을 의미하지는 않는다. 이것은 인간에게 궁극적으로 관심을 갖게 하는 것이 무엇이든지 인간에게 신이 된다는 것을 뜻한다. 반대로 이것은 인간이 신에 대해서만 궁극적인 관심을 가질 수 있다는 것을 의미한다. '궁극적으로 관심을 갖게 됨'(being ultimately concerned)이라는 말은 인간 경험의 긴장을 가리킨다. 한편 구체적으로 만날 수 없는 것에 대해서는 그것이 실재의 영역이든 상상의 영역이든 관심을 가질 수 없다는 것이다. 보편자는 구체적인 경험을 나타내는 힘을 통해서만 궁극적인 관심의 문제가 될 수 있다."[63]

한편으로 그는 이 용어를 궁극적인 관심의 모든 대상의 '기능적인 등가물'(functional equivalent)로 사용하고 있다. 이러한 점에서 볼 때 초기 불교와 같은 종교는 일반적인 의미에서는 신이나 신들에 대한 믿음을 갖지 않는 심미적인 의미로만 사용되지만, 열반을 자체의 신으로 가정하고 있다고 할 수 있다. 틸리히는 다음과 같이 말한다. "만일 이〔신〕 개념이 너무 좁으면 신 없는 종교가 있느냐, 없느냐 하는 물음이 생긴다. 가령 원시불교를 볼 때 이

---

[61] *ST*, Vol. II, p. 274.
[62] *ST*, Vol. II, p. 11.
[63] *ST*, Vol. I, p. 211.

물음에 대해 부정적으로 대답하기 어렵다…그리고 어떤 도덕적이거나 논리적인 신 개념을 고찰할 때에는 이 물음에 부정적으로 대답하기 어렵다…만일 신이 인간들로 하여금 궁극적인 관심을 갖게 하는 것으로 이해된다면…초기 불교는 마치 '베단타 힌두교'(Vedanta Hindusim)가 갖는 것과 똑같이 신 개념을 갖고 있다. 그리고 신에 대한 도덕적이거나 논리적인 개념은 그것이 궁극적인 관심을 표현하는 한에서 타당하게 보인다."[64]

그리고 돈, 성공, 진리, 국가에게 자신의 궁극적인 충성을 바치는 사람도 위의 것들 중의 하나를 기능적인 의미에서 신으로 상정한다고 말할 수 있다. 틸리히는 이것을 국가에 관련하여 다음과 같이 말한다. "만약 국가 집단이 그 국가의 생명과 성장을 그의 궁극적 관심으로 삼는다면, 그것은 그 밖의 다른 모든 관심들(즉 경제적 안녕, 건강과 생명, 가족, 심미적이고 인식적인 진리, 정의와 인간성 등)을 희생시킬 것을 요구한다. 금세기의 '극단적인 민족주의'(extreme nationalism)는…인간 실존의 모든 면에서 궁극적 관심이 의미하는 바를 고찰하기 위한 실험실이다. 모든 것은 국가라는 유일신(the only god)에 집중된다. 그 신은 틀림없는 악마이지만, 궁극적 관심의 무조건적인 성격을 분명하게 보여주고 있다."[65]

틸리히의 신앙의 네 번째 특징은, 종교라는 개념의 형식적인 측면과 실질적인 측면을 구분하고 있다는 점이다.[66] 그는 먼저 신앙의 형식적인 측면에 대해 다음과 같이 말하고 있다. "〔신앙의〕형식적 정의는 모든 종교와 문화의 여러 신앙에 대해 타당한 것이다. 형식적으로나 일반적으로 정의된 신앙이란, 그것을 향하여 자아-초월이 열망하는 그리고 존재와 의미의 궁극자에 의해 사로잡힌 상태이다…궁극적 관심으로서의 신앙의 형식적 의미에서는 모든 인간 존재가 신앙을 갖고 있다. 아무도 조건적인 정신의 무조건적인 어떤 것과의 본질적인 관계를 회피할 수 없다…모든 삶과의 통일 속에서 조

---

[64] Ibid., p. 220.
[65] *DF*, pp. 1-2.
[66] Crosby, op. cit., p. 213.

건적인 것은 무조건적인 것을 향해 자아-초월적이다."[67]

이와는 대조적으로 실질적인 측면에서의 신앙 개념은 진정한 신앙을 구성하게 되는 특수 개념 중의 하나이다. 틸리히는 다음과 같이 말한다. "신앙은 '영적 임재'(Spiritual Presence)에 의해 사로잡힌 상태에서 모호하지 않은 삶의 초월적인 통일로 열려진 상태이다. 기독론적인 주장과 관련시켜 말한다면 신앙이란 그리스도로서의 예수 안에서 현현된 '새로운 존재'(New Being)에 사로잡힌 상태이다. 이와 같은 신앙 정의에서 신앙의 형식적이고 보편적인 개념이 실질적으로 특별한 개념으로 되는데, 그것이 바로 기독교 신앙인 것이다."[68]

따라서 기독교적인 궁극적 관심의 실질적인 원리는 그리스도로서 예수 안에서 현현된 새로운 존재인 것이다. 이것은 구체적이며 특수한 기독교적인 주장의 규범이다. 그래서 만약 새로운 존재가 그리스도로서의 예수라고 하는 사실이 모든 신학의 비판적 원리와 결합된다면, 기독교 조직신학의 실질적인 규범은 우리의 궁극적 관심인 "그리스도로서의 예수 안의 새로운 존재"라고 할 수 있다. 여기서 궁극적인 관심이라는 개념은 기독교와 타종교의 관계에서 절대적으로 중요한 것으로 대두된다.

2) 계시와 영적 임재

현대 개신교 신학자들 사이에서 종교사의 의의를 인정하고 많은 사람들에게 종교사 신학의 필요성을 호소한 사람은 만년의 틸리히(Paul Tillich)였다. 그는 그의 생애 마지막 강연인 '조직신학자에게 있어서의 종교사의 의의'(The Siginificance of the History of Religions for the Systematic Theologians)에서, 신학자가 종교사의 의의를 인정하기 위해서는 먼저 두 종류의 신학을 거부하지 않으면 안 된다고 역설하고 있다. 첫 번째 신학은 신학자 자신의 종

---

[67] *ST*, Vol. III, p. 130.
[68] *ST*, Vol. III, p. 13.

교 이외의 다른 모든 종교를 부정하는 신학, 다시 말해서 하나의 종교만이 '진정한 종교'(vera religio)이고 다른 종교는 '거짓된 종교'(religiones false)라고 하는 바르트의 신학이다. 현대적으로 말하자면 자신의 종교는 신의 계시를 받은 것이지만, 다른 종교는 신에게 도달하려고 하는 인간의 헛된 시도에 불과하다는 신학이다.[69] 따라서 이와 같은 입장에서는 타종교연구는 무의미한 일에 지나지 않게 된다. 두 번째 신학은 신이 존재하지 않는다는 소위 세속신학(a theology of the secular)이며 '신이라는 말을 사용하지 않는 신학'(theology-without-God language)이며 신이 죽었다고까지 말하는 '사신신학'(The Death-of-God Theology)이며 동시에 '비종교적인 종교'(religionless religion)라는 역설에 근거하여 성스러움이 속된 것으로 흡수된다고 하면서 가장 속된 것을 강조하는 신학이다.[70]

틸리히는 종교사 신학을 정확히 취급하기 위해 이 두 가지 신학을 거부하는 결단을 내려야만 하였다. 왜냐하면 이 두 신학 모두가 종교에 대해 부정적이었기 때문이었다. 틸리히는 이 두 신학을 거부하기 위해서는 다섯 가지 전제를 받아들여야 한다고 주장한다.[71] 첫 번째 전제는 계시 경험들은 보편적으로 인간적이라는 명제이다. 따라서 계시는 역사적인 종교의 보편적인 기초이기 때문에, 모든 종교 속에는 계시하면서 구원하는 힘들이 있다. 두 번째 전제는 인간에 의한 계시수용은 반드시 인간의 유한한 실존조건들의 맥락 속에서 발생한다는 사실이다. 그래서 종교가 그 자체의 목적이 아니라 목적을 위한 수단으로 사용된다면, 계시수용은 항상 왜곡된 형식으로 있게 된다.

그리고 두 신학을 거부하기 위한 세 번째 전제는 종교사 속에 독특한 계시경험들이 있을 뿐만 아니라 또한 적용의 한계와 왜곡의 실패들이 비판받게 되는 계시과정이 있어야 한다는 것이다. 계시과정에 대한 그런 비판에는

---

69) Tillich, *The Future of Religion*, ed. by Jerald C. Bauer (New York: Harper & Row, 1966 - 이후부터는 *FR*로 표기하겠음) p. 80
70) *FR*, p. 80.
71) *FR*, pp. 81-82.

신비주의적이고 예언자적이고 세속적인 비판이 있다. 네 번째 전제는 종교사적인 중심 사건에 대한 진정한 가능성을 긍정하는 것이다. 종교사에 대한 신학적인 이해에 있어서 신학자는 반드시 계시경험이 그 속에서와 아래서 진행되고 있는 종교사 내에서의 비판적 발달의 긍정적인 결과를 통일시키는 종교사 내의 어떤 중심 사건을 가정하게 된다. 다섯 번째 전제는 종교는 문화에 따라 존재하는 것이 아니라 문화의 깊이라는 것이다. 종교사는 세속 문화의 창조적인 근거이며 그것에 대한 비판적인 판단이다. 동시에 종교는 그 스스로에 대한 판단인 한에서만 문화의 근거요, 판단인 것이다.

이리하여 틸리히에게 있어서 계시는 종교와 관련된 중심 개념이 된다. 그에 의하면 계시는 '이성의 깊이와 존재근거의 현현'(the manifestation of the depth of reason and the ground of being)이다.[72] 그런데 계시의 맥락에서 사용되는 이성의 깊이와 존재근거라는 말은 모든 존재들에 우선하며 또한 존재의 힘과 의미를 모든 존재들에게 부여하고 있는 어떤 것을 가리키고 있다. 틸리히는 존재의 근거 및 존재-자체와의 유한한 존재들의 관계를, 존재-자체에로의 유한한 존재들의 참여라는 견지에서 다음과 같이 공식화하고 있다. "유한한 모든 것은 존재-자체(being-itself) 및 그것의 무한성에 참여하고 있다. 그렇지 않으면 유한한 모든 것은 '존재의 힘'(the power of being)을 갖지 못할 것이요, 또한 비존재(nonbeing)에 의해 흡수되거나 비존재로부터 생겨나지 않았을 것이다."[73]

그런데 존재론적으로 정의된 이러한 계시 개념은 정신(spirit)의 견지에서도 설명될 수 있다. 틸리히는 정신을 통일 속에서의 힘과 의미의 실현으로 정의하고 있다.[74] 이것은 인간을 인간으로서 특징 짓는 삶의 한 차원이며 그리고 인간의 도덕적이고 문화적이고 종교적인 능동성들 배후에 있는 역동성을 구성하는 동시에 이러한 능동성들이 지향하는 목적(telos)이다. 그에

---

72) *ST*, Vol. I, p. 117.
73) *ST*, Vol. I, p. 237.
74) *ST*, Vol. III, p. 111.

게 있어서 영(Spirit)은 힘과 의미의 궁극적인 통일이므로,[75] '신적인 영'(divine Spirit)에 관한 어떤 교리도 삶의 한 차원으로서의 정신에 관한 이해 없이는 존재할 수 없다.[76] 결국 인간의 관점에서 본다면 계시는 인간의 정신으로 파고드는 신적인 영을 경험하는 것이다. 틸리히는 이러한 계시 경험을 '피조물적인 삶 내에서의 신적인 삶의 임재'(the presence of the Divine Life within creaturely life)인 영적 임재라고 부르고 있다.[77]

그런데 틸리히의 계시 개념의 이러한 존재론적이고 정신적인 차원은, 계시에 있어서 서로 관련되어 있는 세 가지 측면에 대한 검토를 요구한다. 계시의 황홀경적인 성격, 계시의 보편적-구체적인 본성, 일반계시에 대한 거부.[78] 첫째로 계시의 황홀경적인 측면은 본질적으로 '황홀경적인 이성'(ecstatic reason)을 통한 주관적인 경험을 의미한다. 정신 차원의 견지에서 틸리히는 존재근거의 현현으로서의 계시에 대한 황홀경적인 경험을 다음과 같이 표현하고 있다. "〔영적 임재의 현현으로서의 계시는〕 유한한 삶의 차원인 정신이 성공적인 자아-초월로 추진되어 가는 〔한 상황을 창조한다〕. 그것은 궁극적이고 무조건적인 어떤 것에 의해 사로잡히게 되지만, 그것은 여전히 인간 정신이며 현재의 그것으로 남아 있다. 그러나 동시에 그것은 신적인 영의 충격 아래서 그 자신으로부터 나가 버리게 된다. 황홀경(ecstacy)이라는 말은 영적 임재에 의해 사로잡히는 이런 상태를 가리키는 고전적인 말이다."[79]

둘째로 틸리히에 의하면 황홀경 없이는 계시도 존재하지 않고[80] 그리고 황홀경에 대한 구체적인 경험은 보편적인 의미를 갖고 있으므로, 누구든지 계시도 보편적인 의미를 지니고 있다는 결론을 내릴 수 있을 것이다. 황홀경적인 상태에서 계시는 변함없이 독특하며 구체적이다. 즉 언제 어느 곳에

---

75) *ST*, Vol. I, p. 250.
76) *ST*, Vol. III, p. 111.
77) *ST*, Vol. III, p. 107.
78) Song Choan-Seng, op. cit., pp. 198-204.
79) *ST*, Vol. III, p. 112.
80) *ST*, Vol. I, p. 112.

서 계시가 일어나더라도 구체적인 상태에서 일어난다. 틸리히는 다음과 같이 말한다. "우리의 궁극적인 관심인 '신비의 계시'(the revelation of the mystery)로서의 계시는 구체적인 관심을 기울이고 있는 상태의 누군가에게 있어서도 변함없이 계시이다…'계시 일반'(Offenbarung unberhaupt)은 존재하지 않는다. 계시는 개인이나 집단(통상적으로는 개인을 통한 집단)을 사로잡는다. 계시는 오직 이러한 상관성 속에서만 계시능력을 발휘한다…자신의 궁극적인 관심으로서 계시를 수용하는 사람이 없다면 계시는 존재하지 않는다."[81] 결국 유한한 존재자들의 존재-자체에의 참여에 뿌리박은 계시의 보편적 본성은 계시가 구체적인 상태에서 실존적으로 수용될 때 스스로를 특별계시로서 실현하게 된다.

셋째로 틸리히는 인간의 계시 상태에의 구체적이고 실존적인 참여를 요구하지 않는 소위 일반계시를 거부하고 있다. 그에 의하면 계시는 일어날 수도 일어나지 않을 수도 있지만, 계시는 틀림없이 '일반적으로는'(generally) 일어나지 않는다.[82] 계시 일반에 대한 틸리히의 거부는 특수하고 구체적인 계시가 어느 곳에서나 일어난다는 사실을 의미한다. 따라서 틸리히는 계시와 종교의 관계를 "모든 종교는 계시에 기반을 두고 있으며 모든 계시는 종교 속에서 스스로를 표현하고 있다"[83]는 말로 표현하고 있다.

여기서 틸리히가 기독교 신학의 관점에서 확정지으려고 하는 것은 종교와 계시를 서로 관련시키는 내적 역동성이 있다는 사실이다. 즉 인간의 정신적인 삶의 구체적인 표현으로서의 종교는 인간이 계시를 수용함으로써 성립된다는 것이다. 계시와 종교의 이러한 상호관계는 틸리히의 종교 개념을 이해하는 데 필수적이다. 틸리히에 따르면 종교는 스스로의 힘으로 스스로를 표현하고 있지 않으며 그리고 표현할 수도 없다. 존재근거의 현현이면서 영적 임재로서의 계시 속에서만, 종교는 스스로를 궁극적으로 설명할 수 있다.

---

81) *ST*, Vol. I, p. 111.
82) *ST*, Vol. I, p. 138.
83) *ST*, Vol. III, p. 105.

따라서 종교를 충분히 이해하기 위해서 계시의 의미를 강조하는 것은 옳다. 본질적으로 말해서 종교는 인간이 고안해 낸 것이 아니다. 그것은 계시 및 신적인 임재를 전제한다. 물론 틸리히도 신자들이 자발적으로 자기 종교를 주장하려는 경향을 지니고 있음을 잘 알고 있다. 그는 몇몇 신학자들이 종교를 인간이 자기 자신을 영광스럽게 하려는 노력으로 여기고 있는 것은 정당하다고 생각하고 있다. 그러나 그는 종교의 왜곡된 형태조차도 계시를 전제하고 있다고 완강하게 주장하고 있다. 왜냐하면 신자들이 자기 종교를 통해서 왜곡시키고 있는 것은 다름 아닌 계시 그 자체이기 때문이다. 결국 틸리히는 종교의 모호성을 계시와 관련시켜 다음과 같이 표현하고 있다. "종교는 계시(revelation)에 기반을 두고 있는 한에서 모호하지 않고, 계시를 수용하는 한에서는 모호하다. 이것은 모든 종교에 대해서 참이며, 신봉자들이 자신들의 종교가 계시된 것이라고 말할 때에도 그렇다. 그러나 어떠한 종교도 계시된 것이 아니다. 종교는 계시에 의해 만들어진 것이기도 하지만 또한 계시의 왜곡(distortion)이기도 하다."[84] 여기서 우리는 종교의 가능성과 실재성에 대한 존재론적인 근거로서의 계시가 종교의 모호성의 원인은 아니라는 사실을 명백히 알 수 있다. 모든 계시의 수용이야말로 계시 자체를 인간 행위에서 모호하게 만드는 것이다. 즉 실존상황하에서의 종교의 모호성은 계시의 왜곡으로 귀결되는 것이다.[85]

따라서 종교와 증교들에 대한 틸리히의 비판이 종교의 모호성이라는 주제에 집중되어 있다는 말은 틀림없는 사실이다. 이 점에서 그의 종교비판은 상당한 분량으로 이전에 논의되었던 바르트의 종교비판과 매우 유사하다. 틸리히에 의하면 종교의 모호성은 불경화(不敬化)와 악마화(惡魔化)의 형태

---

[84] *ST*, Vol. III, p. 104. '성서적인 종교'(Biblical Religion)라는 용어를 설명하면서 틸리히는 종교는 악마의 작품에 불과하며, 성서적인 종교에 대해 이야기하는 것은 성서로부터 성서의 계시적 성격을 박탈하는 것이며 또한 성서를 인간들의 작품(더욱 나쁘게는 악마적인 창조)으로 간주하는 것이라고 주장하는 신학자들을 반박할 태세를 갖추고 있다. 즉 이러한 잘못된 견해를 반박하면서 틸리히는 계시를 수용되어야 하며 계시의 수용에 해당하는 것이 종교임을 강조하고 있다. 이것은 종교는 그 내부의 부정적인 요소에도 불구하고 긍정적인 의미가 박탈되어서는 안 됨을 의미한다(*BRSU*, p. 31).

[85] *ST*, Vol. III, p. 48.

를 취하는데, 이러한 두 가지 용어들은 종교의 모호성이 스스로를 실현하고 있는 대립적인 방식들을 서술하고 있다. 불경화는 무조건적이고 궁극적인 것을 조건적이고 준궁극적인 것으로 만드는 과정이고, 악마화는 반대로 조건적이고 준궁극적인 것을 무조건적이고 궁극적인 것으로 변형시키는 과정이다.

그 어떤 경우든지 간에 종교 자체는 모호하지 않은 삶을 부여받고 있다는 주장이 나타나게 된다. 다른 말로 한다면 계시의 매개물은 스스로가 계시 자체라고 주장하게 되며, 종교의 형식들과 표현들은 그것들이 지시할 것을 대신하게 된다. 상징은 상징이기를 멈추고 스스로를 자기가 상징하고 있는 것과 동일시하게 된다. 이것이 상징의 죽음을 의미한다면, 종교에서의 불경화와 악마화는 종교의 자아-파괴를 의미하게 된다.[86] 결국 이것은 우상숭배로 귀결되고 마는 종교의 운명이다. 틸리히는 이와 관련해서 다음과 같이 말한다. "모든 계시는 하나 또는 여러 '계시 매개물'(mediums of revelation)에 의해 매개되고 있다. 이러한 매개물 중의 어느 것도 그 자체 속에 계시 능력을 소유하고 있지는 않다. 그러나 실존 상황하에서는 이러한 매개물은 계시 능력을 자기 자신이 갖고 있다고 주장하게 된다. 이러한 주장은 매개물이 우상들로 되도록 하며, 이러한 주장이 와해되면 매개물은 계시 능력을 상실하게 된다. 계시가 종말에 이르게 되면 그 계시적 측면은 상실되지 않지만 그 우상숭배적인 측면은 사라지게 된다."[87]

따라서 진정한 의미에서의 종교사는 종교가 불경화, 악마화, 문화의 과정을 거치는 법증법 과정의 역사인 것이다. 기독교를 포함한 모든 종교들은 모호하다. 왜냐하면 종교적인 삶에서의 모든 참된 행위에는 불경화와 악마화가 공개적으로든(openly) 암암리이든(covertly) 임재하기 때문이다.[88] 바로 이것이 종교에서의 긴장과 갈등의 근본 원인이다. 틸리히는 다음과 같이 말한다. "종교는 삶의 위대성과 존엄성의 최고 표현이다. 종교 속에서 삶의 위

---

[86] Choan Seng Song, op. cit., p. 222.
[87] *ST*, Vol. I, p. 128.
[88] *ST*, Vol. III, p. 98.

대성은 신성성으로 된다. 그러나 종교는 또한 위대성과 존엄성에 대한 철저한 반박이다. 이러한 종교 속에서 위대한 것은 가장 불경화되고(profanized) 성스러움은 가장 모독된다(desecrated)."[89] 틸리히에게 있어서 이러한 모호성은 종교를 올바르게 이해하는 데 있어서의 중심주제이다.

위에서 논의된 틸리히의 종교비판은 종교가 실존 상황하에서의 인간의 모습과 사상을 통해 표현되는 한에서 어떠한 종교도 여타 종교의 기준이나 규범이 될 수 있는 자격을 갖고 있지 않음을 의미하는 것으로 해석될 수 있다. 따라서 기독교도 예외가 아닌 바, 모든 종교는 자기 자신을 초월한 기준을 추구해야 한다. 이러한 의미에서의 종교의 모호성은 종교의 기능을 초월하는 실재를 기대할 수 있는 결정적인 동기이다.

3) '그리스도로서의 예수' 안에 있는 최종적인 계시

앞 절에서 우리는 틸리히에게 있어서 계시 없는 종교가 존재하지 않는다는 사실을 보아 왔다. 동시에 인간 삶의 모든 실존적인 측면의 성격을 규정하는 종교의 내적 모호성 때문에, 종교는 계시와 동일시될 수 없다는 사실도 밝혀졌다. 이렇게 됨으로써 종교 자체의 외부에서 추구되어야 할 종교의 진리 기준이라는 문제가 제기된다. 틸리히에 의하면 모든 신학의 기준은 조건적인 것과 무조건적인 것 사이의 '절대적인 긴장'(absolute tension)을 유지할 수 있는 능력인 것이다.[90]

틸리히는 이미 모든 종교를 모호하게 만드는 이유들 중의 하나가, 조건적인 것과 무조건적인 것 사이의 긴장을 유지하지 못하는 종교들의 무능력에 있음을 밝힌 바 있다. 누구든지 종교를 조건적인 것에 의해 무조건적인 것을 표현하려는 노력으로 간주할 수 있을 것이다. 종교 자체는 무조건적인 것이 아니라 단지 무조건적인 것을 전달해 줄 뿐이다. 그러나 신자 측에서

---

89) Ibid.
90) *PE*, p. 79.

는 무조건적인 것을 조건적인 것으로 바꾸거나 조건적인 것을 무조건적인 것으로 변형시키려는 유혹을 항상 느낀다. 다른 말로 한다면 조건적인 것과 무조건적인 것 사이의 긴장은 항시적으로 파괴된다. 따라서 모든 종교를 초월하지만 모든 종교에게 기준으로 다가서는 실재는 무조건적인 것을 불경화하고 또 조건적인 것을 악마화하는 파괴적인 요소들로부터 자유로워야 한다는 것을 말할 필요도 없다. 틸리히는 "우리의 궁극적 관심에 대한 모든 구체적인 경험의 기준은 우리의 관심의 구체성이 궁극성과 통일되어 있는 정도를 말한다"[91]고 주장한다.

종교가 궁극적인 관심이라는 것은 종교에 대한 틸리히의 기본적인 정의이다. 그러나 신자가 궁극적으로 관심을 기울이고 있는 것이 종종 궁극적이지 못한 것일 수도 있고 종종 참으로 궁극적이지 못한 것을 궁극적인 것으로 여길 수도 있다. 궁극적인 관심에 대한 구체적인 경험과 참으로 궁극적인 것 사이의 완전한 통일을 획득하는 것은 모호한 삶의 조건 아래 존재하는 신자의 능력을 벗어난 일이다. 이 때문에 신자는 자신의 종교를 초월하며 또 궁극적인 관심에 대한 경험이 파생되는 궁극적인 실재와 궁극적인 관심에 대한 경험이 완전한 통일을 이루는 기준을 찾아야 한다.

그런데 기준 문제에 대한 이러한 생각은 실존적으로나 존재적으로 종교의 진리 기준을 제 종교와 관련시켜야 하지만 종교사 속에서는 발견될 수 없다는 사실을 명백하게 해준다. 말하자면 모든 종교 위에 하나의 종교가 있어야 한다. 진리와 오류의 혼합, 조건적인 것과 무조건적인 것의 혼동, 궁극적인 실재의 잘못된 동일화 등이 전혀 존재하지 않는 하나의 실재가 있어야 한다. 더 나아가서 이러한 실재는 다른 모든 것들의 기준으로서 행위하는 그 무엇인가의 필수조건이 궁극성을 그 내부에 지녀야 한다. 따라서 기독교 신앙의 관점에 서 있는 틸리히는 모든 종교가 지닌 진리의 기준인 "그리스도로서의 예수 안에 있는 최종적인 계시"를 도출하게 된다. 틸리히에 의하면 만약 계시가 자기 자신을 상실하지 않고 자기 자신을 부정할 수 있

---

91) *ST*, Vol. I, p. 133.

는 힘을 지닌다면 최종적(final)이게 된다.[92]

이러한 말을 통해서 틸리히는 최종적인 계시라는 기준은 자아-파괴가 없는 자아-부정으로 구성된다고 말하고 있다. 그런데 종교사에서는 자신을 상실하지 않으면서 자신을 부정하는 수많은 종교 창설자들이 존재하고 있다. 이 점과 관련하여 틸리히는 다음과 같이 말한다. "'최종적인 계시'(final revelation)의 문제는 자신의 유한한 조건들 속에서 또 그 조건들과 함께 자신까지 희생시킴으로써 그것들을 극복하는 계시 매체의 문제이다. 최종적인 계시의 담지자는 자신의 유한성을 버려야 한다…그렇게 함으로써 그는 자기가 최종적인 계시의 담지자(고전적인 용어로는 하나님의 아들)임을 확실히 할 수 있다…그는 자기가 계시하고 있는 신비에게 완전히 투명하게 된다. 그러나 자기 자신을 완전히 버릴 수 있기 위해서는 자기 자신을 완전하게 소유해야 한다. 그리고 그가 자기 자신을 완전하게 소유할 수 있을 때에만-따라서 자기 자신을 완전하게 버릴 수 있을 때에만-그는 분리(separation)와 붕괴(disruption) 없이 존재의 근거와 통일될 수 있다. 그리스도로서의 예수의 모습에서 우리는 이러한 특질들을 소유하고 있는 한 사람, 따라서 최종적인 계시의 매개자라고 불릴 수 있는 사람의 모습을 발견하게 된다."[93] "최종성에 대한 이중 시험(즉 자신의 존재근거와의 방해받지 않는 통일 그리고 예수로서의 자신을 그리스도로서의 자신을 위해 끊임없이 희생시키는 시험)을 경험하게 된다." [94]

모든 종교의 기준으로서의 최종적인 계시라는 틸리히의 개념을 이해하는 데 두 번째 중요한 사실은 예수 그리스도 안에서의 자아의 완전한 포기와 완전한 소유의 통일의 비밀이란 바로 자기 존재의 근거와의 통일이 방해받지 않음을 의미한다는 점이다. 존재근거와의 완전한 통일은 예수 그리스도 안의 최종적인 계시에다가 보편성과 불멸성이라는 존재론적인 성격을 부여하고 있다. 따라서 예수 그리스도는 자기가 계시하는 신비에 대해 투명

---

[92] *ST*, Vol. I, p. 133.
[93] Ibid.
[94] *ST*, Vol. I, p. 137.

하다. 왜냐하면 존재의 신비는 존재의 근거이기 때문이다. 결국 구체적이고 특정한 인간에 대한 경험 속에서의 자아-부정 배후에는 존재근거와의 그의 완전한 통일이 존재한다. 이리하여 최종적인 계시는 두 가지 요소(최종적인 계시의 담지자인 자기 안에 있는 존재근거의 완전한 투명과 계시 변용에로의 매개의 완전한 자아-희생이라는 요소)를 포함하고 있다.[95]

그런데 틸리히에 의하면 '그리스도로서의 예수'(Jesus as the Christ)라는 사건은 독특한 것이지만 결코 고립된 것은 아니다. 그것은 과거와 미래에 의존하며 그리고 과거와 미래는 그것에 의존하고 있다. 그것은 우리가 상징적으로 '역사의 시작과 종국'(the beginning and the end of history)이라고 부르는 바, 무한한 과거로부터 무한한 미래로 계속 나아가는 과정에서의 '질적인 중심'(qualitative center)인 것이다.[96] 틸리히는 이것을 신의 최종적인 계시로서의 예수 그리스도와 관련하여 다음과 같이 묘사하고 있다. "'최종적인 계시'(final revelation), 즉 그리스도로서의 예수 안의 계시는 모든 계시의 기준을 포함하고 있으며 또 모든 계시의 마지막이나 목적이기 때문에 보편타당하다. 최종적인 계시는 선행하거나 후속하는 모든 계시의 기준이다. 그것은 자기가 나타났던 문화와 종교뿐만 아니라 모든 종교와 모든 문화의 기준인 것이다."[97]

여기서 틸리히의 견해는 최종적인 계시로서의 예수 그리스도는, 기독교 교회의 역사를 통한 계시는 물론 다른 종교들을 통한 계시들도 당연히 포함하는 계시 역사의 중심이라는 것이다. 그는 최종적인 계시는 계시 역사를 준비(preparation)의 시대와 수용(reception)의 시대로 나누고 있다.[98] 여기서 '준비적'(preparatory)이라는 용어와 '예비적'(preliminary)이라는 용어는 최종적인 계시와 모든 계시들의 관계에 대한 틸리히의 개념에서 중요한 의미를 지닌다. 틸리히에게 있어서 '로고스의 씨앗'(logos spermatikos)이나 '복음

---

95) *ST*, Vol. I, p. 147.
96) *ST*, Vol. III, p. 147.
97) *ST*, Vol. I, p. 137.
98) *ST*, Vol. I, p. 138.

의 준비'(preparation evangelica)는 성서와 모순되거나 종고본질과 대립되는 것이 아니다.[99] 성서가 조직신학의 원천이라는 신정통주의적인 성서주의의 주장에 반대하면서 틸리히는 "인간의 종교와 문화 속에서 '성서 메시지'(biblical message)에 대한 준비가 존재하지 않았다면, 성서의 메시지는 이해될 수 없을 뿐만 아니라 수용되지도 않았을 것이다"[100]라고 말한다. 이러한 이유로 해서 틸리히는 종교사를 쉽게 조직신학의 원천 중의 하나로 간주하게 된다.

그리고 틸리히의 신학에서는 준비적인 계시가 실현을 위해 최종적인 계시에 의존하는 만큼, 최종적인 계시도 수용되기 위해서는 준비적인 계시를 필요로 한다. 이러한 관계의 근거는 존재근거의 현현으로서의 계시의 존재론적 토대에서 발견된다. 즉 종교사 곳곳에서 구체적으로 발생하고 있는 계시들은 불완전하고 단편적인 방식으로 존재근거의 현현을 표현하고 있다. 반면에 최종적인 계시는 '결정적이고 완전하며 초월 불가능한 계시'(the decisive, fulfilling, unsurpassable revelation)라는 점에서 다른 모든 계시들과 다르다.[101]

그러면 구약의 예언은 신약의 실현과 어떤 관계를 맺고 있으며 또한 계시역사에서 구약은 바가바드-기타(bhagavad-gita)와 어떤 관계를 맺고 있는가? 틸리히는 직접적인 보편적-준비적 계시와 간접적인 보편적-준비적 계시를 구분함으로써, 이러한 문제를 해결할 수 있는 방법을 발견하게 된 듯하다. "이스라엘의 예언자(prophet)들을 통한 계시는 최종적인 계시에 대한 직접적인 준비이며 최종적인 계시와 분리될 수 없다. '보편적인 계시'(universal revelation) 자체는 최종적인 계시에 대한 직접적인 준비가 아니다. 구약의 예언자들에 의해 비판받고 변형된 보편적인 계시만이 그러한 준비적인 계시이다. 보편적인 계시 자체는 최종적인 계시를 준비할 수 없었던 것이다. 최종적인 계시는 구체적이므로 오직 하나의 구체적인 발달만이 최종적인 계시에 대한 직접적인 준비로 될 수 있었다. 그리고 또한 최종적인 계시는 모

---

99) Choan Seng Song, op. cit., p. 237.
100) *ST*, Vol. I, p. 34.
101) *ST*, Vol. I, p. 34.

든 계시의 기준이므로, 최종성이라는 기준은 단편적이기는 하지만 예기 (anticipation)에 의해 상상되고 적용되었던 것이다."[102]

여기서 우리는 구약의 계시를 비롯한 모든 계시들이 최종적인 계시로부터 분리되었으며, 특히 구약의 계시와 직접적으로 접촉했던 계시들만이 분리된 자신들의 지위로부터 벗어나 최종적인 계시를 준비할 수 있게 된다는 것을 알게 된다. 만약 계시가 최종적인 계시를 위한 유일한 직접적인 준비라면, 그것은 신학적으로 볼 때 신의 선택의 신비라고 말하게 된다. 그러나 신의 선택을 받은 이스라엘 민족은 신앙으로 신에게 응답했으며, 모든 다른 계시를 위해서 신의 심판을 경험했으며 그리고 속죄에서 비롯된 긴장과 갈등 및 환희를 경험했다. 따라서 오직 신의 선택이라는 은총과 인간의 실존적인 신앙결정을 통해서만 구약의 계시는 모호성에도 불구하고 "그리스도로서의 예수 안에 있는 최종적인 계시"에서 구현된 모호하지 않은 삶의 도래에 대한 직접적인 증언으로 되었다.

이러한 관찰은 틸리히가 "예수 그리스도 안에 있는 최종적인 계시"와 다른 계시들 사이의 관계를 서술하면서 사용한 또 다른 개념을 필요로 한다. 그것은 틸리히의 신학에서 중요한 위치를 점하는 '새로운 존재'(New Being)라는 개념이다. 이 용어는 우리 실존의 자아-소외가 극복되는 새로운 창조나 새로운 실재를 의미한다. 즉 그것은 창조력, 의미, 소망의 화해와 재통합의 한 실재이다.[103] 이렇게 정의된 새로운 존재라는 용어는 근본적으로 기독교의 종교 경험에서 발생하고 있는 것을 표현하고 있다. 기독교적인 종교경험의 본질은 용서와 구원에 대한 확신에 있다. 틸리히가 새로운 존재의 실재에서 예수 그리스도의 영적 임재를 통해, 인간들 사이에서 보편적이고도 구체적으로 활동하고 있는 신의 계시를 보여주는 또 다른 강력하고 역동적인 방법을 발견하고 있다는 것은 놀라운 일이 아니다. 틸리히는 다음과 같이 주장한다.

---

102) *ST*, Vol. I, p. 142
103) *ST*, Vol. I, p. 49.

인류가 신에 의해서 결코 방치되지 않았고 또 인류가 끊임없이 영적인 임재의 영향하에 있었기 때문에, 역사 속에는 항상 새로운 존재가 있을 수 있게 된다. 그곳에는 언제나 모호하지 않은 삶의 초월적인 통합에로의 참여(participation)가 항상 존재한다…새로운 존재는 '단편적으로 그리고 예기적으로'(fragmentarily and anticipatorily) 현존한다. 그러나 그것이 현존하는 한 결코 모호하지 않다.[104]

따라서 새로운 존재라는 틸리히의 개념에 비추어 볼 때, 종교는 시공 속에서의 삶의 모호성의 극복이라는 변증법적 성격을 갖는 운동이다.[105] 틸리히에 의하면 모든 위대한 종교는 한 종교 속에서는 종속적이지만 다른 종교에서는 지배적인 그런 요소들을 자신의 '총체적인 구조'(total structure) 속에 갖고 있다.[106] 바로 이것은 모든 종교들의 상대화를 의미한다. 그런데 삶의 모호성에 의해 조건지워진 종교의 상대화는 절대적인 진리가 출현하도록 하기 위해서 요청되고 있다. 틸리히의 신학에서는 기독교를 포함한 모든 종교가 상대화되는데, 여기서 새로운 존재의 현현에 대한 응답이 단편적이고도 예기적으로 제시되기 이전의 절대적인 진리는 새로운 존재로서의 예수 그리스도인 것이다.

이런 맥락에서 볼 때 강조될 필요가 있는 최후의 문제는 예수 그리스도 안의 새로운 존재와 계시 역사에서의 새로운 존재에 대한 다른 경험들 사이의 존재론적인 연속성의 문제이다. 틸리히는 다음과 같이 주장한다.

신약의 저자들과 초대교회의 일반적인 주장은 역사상의 영적 임재가 본질적으로 그리스도로서의 예수 안의 영적 임재와 동일하다는 것이었다. 신의 '자아현현'(self-manifestation)은 그것이 어디서 발생하든지, 그리스도 안에서 결정적이고도 궁극적으로 현현된 동일한 신이다. 따라서 어느 곳에서든지 그

---

104) *ST*, Vol. III, p. 140.
105) *ST*, Vol. III, p. 41.
106) *ST*, Vol. III, p. 141.

리스도 이전이나 이후의 신의 현현은 '역사의 중심과의 만남'(the encounter with the center of history)과 조화를 이룬다.[107]

따라서 그리스도를 통한 구원의 출현은 역사 전체에서 나타나는 구원과정들과 분리되어 있지 않다. 사실상 계시가 존재하는 곳에는 구원도 존재한다. 왜냐하면 계시 사건들은 새로운 존재의 힘이 임재하는 구원 사건들이기 때문이다. 그렇다고 이것이 틸리히의 신학에서 역사적인 종교로서의 기독교의 독특성이 부정되고 있음을 의미하는 것은 아니다. 틸리히는 "새로운 존재에 대한 보편적인 추구는 보편적인 계시의 결과이다. 만약 이러한 추구가 보편성을 요구한다면, 기독교는 새로운 존재를 추구할 때의 다양한 형식들이 그리스도로서의 예수 안에서 실현된다는 것을 은밀하게 주장한다"[108]고 말한다. 여기서 기독교는 예수 그리스도가 새로운 존재를 추구하려는 노력의 결실이라고 의식적으로 주장함으로써 계시 역사 속에서 독특한 위치를 차지하고 있다.

3. 기독교와 타종교의 관계

틸리히의 주저 『조직신학』이 세속주의에 대항하여 쓰여진 것이어서 종교사를 충분히 염두에 두고 있지 않은 데 반해, 그의 마지막 강의인 『조직신학자에게 있어서의 종교사의 의의』는 종교사 신학의 개요를 서술하고 있다. 물론 『조직신학』에서의 종교사 구성도 이상적인 구조에 대한 진술이지, 종교의 구체적인 역사단계들에 대한 진술이 아니다. 틸리히는 다음과 같이 말한다. "조직신학은 종교사의 개관을 제공할 수 없다. 그리고 또 인간 역사에서의 '종교적 진보의 일반적 경로'(general line of religious progress)를 개요해 보

---

107) *ST*, Vol. I, p. 147.
108) *ST*, Vol. II, p. 89.

일 수도 없다…가능한 것은 '전형적인 과정들과 구조들'(typical processes and structures)에 대한 서술이다. 유형들이란 아직 획득됨 없이 단지 구체적인 사물들과 사건들에 의해 접근되는 '이상적인 구조들'(ideal structures)이다. 역사적인 것은 특별한 유형에 보다 가까워지든지 멀어지든지 한다. 어느 특별한 사건도 그것이 속하고 있는 유형에 의해 우리의 이해 대상이 된다."[109]

그런데 그 구조들은 결코 어떤 구체적인 종교나 형식들 속에서 완전히 실현되거나 현현되지 않는다. 그 어떤 역사 종교도 어떤 간일한 유형이나 경험을 완전하게 나타내지는 못한다. 즉 모든 종교는 그러한 경향들과 유형들의 특별한 혼합물이며, 한 가지 경향이나 유형이 지배적으로 되는 혼합물이다.

1) 종교사의 내적 목적

틸리히는 특히 마지막 강의에서 종교사에 대한 자신의 접근방법을 '역동적이고 유형론적'(dynamic-typological)이라고 명명하고 있다. 그것은 종교의 여러 유형들(types)과 그것들의 일반적인 특성 그리고 여러 종교 유형들 간의 관계 내에서의 위치를 지시하는 도표를 세우려는 것이다. 일반적으로 유형은 구별을 위한 논리적 이상이지 시공 속에 존재하는 것이 아니다. 먼저 틸리히는 유형론적 사고의 공간적 성격을 다음과 같이 비판하고 있다.

> 유형들이란 필연적으로 정태적(static)인 것은 아니다. 즉 각 유형들 속에는 그 유형 자체로 하여금 유형 자체를 넘어서도록 하는 여러 긴장들이 존재하고 있다. 변증법적인 사고는 이런 사실을 발견했고 또한 겉보기로는 정태적인 구조를 이루고 있는 것 같으나 그 내부에는 변증법적으로 서술할 수 있는 긴장이 수없이 많음을 보여주었다. 유형론적인 탐구에 가장 적절한 변증법의 종류는 그 하나의 구조 속에 있는 '대조적인 극들'(contrasting poles)에 대한 서술이라고 나는 확신한다. 극 관계(polar relation)라고 하는 것은 상호의존적인

---
[109] *ST*, Vol. I, p. 219.

요소의 관계이다. 즉 그 요소들 하나하나는 비록 대립적인 요소와의 긴장을 이루고 있다고 할지라도, 서로 상대방을 위하여 또 전체를 위하여 필요한 것이다. 그 긴장은 양자로 하여금 충돌을 일으키게도 하고 갈등을 넘어서서 '극 요소들의 가능한 통합들'(possible unions of the polar elements)에로 몰아 가기도 한다. 이와 같은 방법으로 묘사하면 유형들은 자기들의 정태적인 완고성을 상실하며, 개별적인 사물들이나 인격들은 그들 자신의 명확한 성격을 상실하지 않으면서도 그들이 속해 있는 유형을 초월할 수 있는 것이다.[110]

동시에 틸리히는 유형론적 사고의 시간적인 성격을 다음과 같이 비판하고 있다.

역동적인 유형론은 변증법적으로 뒤에 남게 되는 것을 과거 속으로 밀어넣지 않는다고 하는 사실에서 볼 때, 헤겔학파의 변증법과 같은 일방적인 변증법을 초월하는 결정적인 이점을 지니고 있다. 예를 들면 기독교와 불교의 관계라고 하는 문제에서도, 헤겔학파의 변증법은 불교를 이제는 역사에 의해 전적으로 버려진 종교 발전의 초기 단계라고 생각한다. 따라서 불교가 여전히 존재하고 있지만 세계-정신(World-Spirit)은 더 이상 불교 속에서 창조적으로 움직이고 있지 않다고 하는 것이다. 이와 대조적으로 역동적인 유형들은 불교를 '하나의 살아 있는 종교'(a living religion)로 생각한다. 그래서 그 불교 속에는 특수한 극 요소가 지배적으로 존재하고 있고, 따라서 또 다른 극 요소가 지배적으로 존재하고 있는 타종교에 대해 '극적인 긴장'(polar tension)을 이루고 있다고 보는 것이다. 예를 들어 이런 방법에 의하면 헤겔처럼 기독교를 절대종교라고 부르는 것은 불가능한 일이다. 왜냐하면 기독교도 각 역사적인 시기에 종교적인 영역을 구성하는 전체 요소와 극성들로부터 나온 상이한 요소들의 우세(predominance)에 의하여 특징지워지기 때문이다.[111]

---

110) *CERW*, pp. 55-56.
111) *CEWR*, p. 56.

따라서 틸리히는 비록 성스러움의 경험이 종교의 기초이지만 여러 유형의 종교가 있다는 것은 그 경험 중에 몇 가지 요소가 있고 또 그 속에 어떤 요소가 우세하게 되는가에 따라서 특정한 종교가 발생한다는 것을 의미한다. 그는 성스러움의 경험 속에 언제나 있게 되는 요소로서 세 가지를 들고 있다. 첫 번째 요소는 '성례전적인 요소'(sacramental element)로서 모든 종교의 보편적인 기반이다. 유한한 것 속에 있는 성스러움의 경험을 하는 것이 종교이지만, 성스러움은 모든 유한하고 특수한 사물 가운데서 특별한 상징으로 나타난다. 틸리히는 다음과 같이 말한다. "성스러움은 그 신비로운 성격에도 불구하고 지금 여기서 보여지고 들려지고 취급될 수 있다. 고등종교와 그 성례전 속에는 이러한 존재가 남아 있다. 이런 성례전적인 기반이 없다면 종교 집단은 도덕 단체의 한 연합이 되어 버릴 것이다. 무수한 개신교 교회가 그러한 단체로 되어 버리는 것은 이런 성례전적인 요소를 결여하고 있기 때문인 것이다."[112]

두 번째 요소는 '신비적인 요소'(mystical element)인데, 이것은 성례전적인 것이 객관화되고 악마화되어 결국 그것을 하나의 이용 대상으로 삼을 때 비판 운동으로 발생하는 것이다. 왜냐하면 인간은 결코 성스러움이나 궁극자의 구체적인 표현으로 만족하지 않기 때문이다. 틸리히는 다음과 같이 말한다.

> 궁극자로서의 성스러움은 그 구현체들을 넘어선다. 물론 그 구현체들은 정당화된다. 그것들은 받아들여지지만 이차적인 것이다. 따라서 우리는 지고자와 궁극자 자신에게 이르기 위해서는 그것들을 넘어서야 한다. 특수자는 '궁극적인 일자(the Ultimate One)를 위해서 부정되고 구체자는 격하되어 버린다.[113]

세 번째 요소는 당위적인 것으로서 '윤리적이거나 예언적인 요소'(ethical or

---

112) *FR*, p. 87.
113) Ibid.

prophetic element)이다. 여기에는 신성성의 이름으로 정의(正義)가 부정되는 것 같은 악마적인 결과 때문에 성례전적인 것이 비판되고 있다. 틸리히는 다음과 같이 말하고 있다. "유대교 예언자들은 '성례전적인 종교'(sacramental religion)와 전력을 다해 싸웠다. 이 투쟁은 아모스와 호세아의 말에 따라 모든 제사가 폐기될 정도로 행해졌다. 성례전적인 기반에 대한 이런 비판은, 유대교에 대한 지명적인 비판이 되며 기독교에서도 이것은 한 요소가 되고 있다. 그러나 다시 말하거니와 종교에 이런 성례전적인 요소와 신비적인 요소가 없다면, 이것은 단순한 도덕주의적인 도덕 단체 그리고 마침내는 세속적인 단체가 되고 만다."[114]

따라서 틸리히에 의하면 두 종교 사이의 대화에서 결정적인 점은 역사적으로 규정된 유형론적 요소의 우연한 구현이 아니라 이 요소들 자체인 것이다. 그는 이것을 특히 기독교와 불교를 비교하면서 설명하고 있다.

> 모든 종교와 마찬가지로 기독교와 불교도 모두 성례전적인 토대로부터, 즉 지금 이곳에 다시 말하면 이 사물, 이 인격, 이 사건 속에 임재하는 성스러움의 경험으로부터 성장하는 것이다. 그러나 어떤 고등종교도 이 성례전적인 토대에 머물러 있기만 하는 것은 아니다. 즉 그 종교들은 성례전적인 토대를 초월했다. 그러나 그러면서도 여전히 그 성례전적인 토대를 고수하고 있다. 왜냐하면 종교가 존재하는 한 성례전적인 토대는 사라질 수 없기 때문이다. 그럼에도 불구하고 그 성례전적인 토대는 파괴될 수도 있고 초월될 수도 있다. 이와 같은 사실은 성스러움의 경험 속에 있는 두 가지 요소, 즉 존재로서의 성스러움의 경험과 당위로서의 성스러움의 경험에 의한, 신비적인 것과 윤리적인 것이라는 두 가지 방향에서 일어난 것이다. 신비적인 요소와 윤리적인 요소 없이는 어떤 신성성도 존재하지 않으며, 따라서 어떤 살아 있는 종교도 존재하지 않는다. 그러나 이스라엘에서 발생한 종교에는 사회-윤리적 요소가 지배적인 것과 마찬가지로 인도에서 생긴 모든 종교들에는 신비

---

114) Ibid.

적 요소의 지배가 분명하게 드러나고 있다.[115]

틸리히는 이상의 세 가지 요소들이 한 종교 속에 통일되어 있는 종교를 '구체적인 영의 종교'(The Religion of the Concrete Spirit)라고 부른다. 그리고 그는 상수리나무의 목적이 하나의 나무로 되는 데 있다고 할 수 있듯이, 종교사의 '내적 목적'(inner telos)은 '구체적인 영의 종교'로 되는 데 있다고 주장한다. 그러나 기독교를 포함한 모든 현실적인 종교와 이 구체적인 영의 종교를 동일시하는 것은 불가능한 일이다. 개신교 신학자로서의 틸리히는 이들 세 요소의 종합을 가장 잘 표현하고 있는 것이 영에 대한 바울의 교리라고 다음과 같이 주장한다.

거기서 우리는 두 가지 근본 요소(황홀경적인 것과 합리적인 것)의 통일을 본다. 황홀경이 있지만 그 황홀경의 최고의 창조물은 아가페 사랑이다. 그러나 이 황홀경의 다른 창조물은 영지(gnosis), 즉 신지식(神知識)이다. 그것은 지식이지 무질서나 혼돈이 아니다.[116]

틸리히에 의하면 이들 요소들이나 동기들의 긍정적이거나 부정적인 상호 관계가 종교사에서 역동적인 성격을 부여하여 여러 유형을 만들어 내고 있지만, 거기에는 역시 모든 것이 진행해 나가는 내적 목적(즉 구체적인 영의 종교)에 있다. 그러나 그것은 단순히 미래에 기대되는 것은 아니다. 그것은 성례전적인 요소의 악마화에 대항하거나, 성례전적인 기초의 비판이 세속적인 왜곡에 빠지는 것이 투쟁하는 중에 나타난다. 물론 종교사 내의 어떤 계기라고 해도 그것은 단편적으로만 나타난다. 그러나 비록 이들 요소들의 뛰어난 종합이 단편적이라고 할지라도, 우리는 현실로 나타났던 계기들을 성립시키는 진정한 전통을 지니고 있다.

---

115) *CEWR*, pp. 58-59.
116) *FR*, p. 68.

그러므로 틸리히는 전체 종교사를 '구체적인 영의 종교를 위한 한 투쟁'(a fight for the Religion of the Concrete Spirit), 혹은 '종교 가운데서 종교에 대항한 신의 한 투쟁'(a fight of God against religion within religion)으로 간주하는 것이 가능하다고 말한다. 그리고 이 견해는 극도의 혼란이나 적어도 혼란처럼 보였던 종교사를 이해할 수 있는 열쇠가 된다는 점을 암시하고 있다.[117] 이리하여 기독교 신자인 틸리히는 이런 종교사에서의 결정적인 승리를 그리스도로서의 예수 출현으로 보고 있다. 그는 다음과 같이 주장한다.

> 거기에는 '승리자 그리스도'(Chritus Victor)라는 그리스도를 위한 옛 상징이 있는데, 이것은 종교사에 대한 이런 견해에서 다시 이용될 수 있다. 그것은 또한 신약성서에서 악마적인 힘과 점성술적인 힘과 싸워 이긴 승리와 관련되고 있다. 그것은 어떤 악마적인 주장에 대해서도 이를 부정해 버린 십자가 상의 승리를 지시하고 있다. 이런 방식으로 역사 내의 비판적인 계기들, 즉 구체적인 영의 종교가 단편적으로 실현되고 있는 카이로스들(kairoi)의 계기들의 지속은 여기저기서 발생할 수 있다.[118]

따라서 틸리히의 종교사 신학의 특징은 바로 이러한 종교사의 내적 목적을 파악하는 것이다. 1960년경 충격적이었던 일본방문 후에 행했던 강연, 즉 『기독교의 세계종교의 만남』에서, 틸리히는 특히 기독교의 내적 목적인 하나님의 나라와 불교의 내적 목적인 열반을 다음과 같이 비교하고 있다.

> 기독교에서는 모든 개인과 모든 사물의 목적이 하나님 나라(Kingdom of God)에서 통일되어 있고, 불교에서는 모든 사물과 모든 개인의 목적이 열반(涅槃; Nivana)에서 실현되고 있다…하나님 나라라고 하는 용어와 열반이라고 하는 용어 자체는 하나의 상징(symbol)이다. 그런데 두 종교 간의 실제적인 대립

---

117) Ibid.
118) *FR*, pp. 88-89.

과 아울러 이론적인 대립을 만들어 내는 것은 그 상징들 속에 내포되어 있는 실재에 대한 서로 다른 접근인 것이다. 하나님 나라는 '사회적, 정치적 그리고 인격주의적인 상징'(social, political and personalistic symbol)이다. 이 상징의 소재는 정의와 평화의 통치를 확립한 영역의 통치자로부터 취한 것이다. 이와는 대조적으로 열반은 존재론적인 상징'(ontological symbol)이다. 그리고 그 소재는 유한과·분리, 맹목과 고통의 경험 그리고 이 모든 것에 대한 대답으로서 유한과 과오를 초월해 있고 존재의 궁극적인 근거 속에 있는 모든 것의 복된 일자성(oneness)의 이미지로부터 취한다.[119]

틸리히는 두 종교의 이런 깊은 대립에도 불구하고 두 종교 사이의 대화를 강조한다. 그에 의하면 종교들 간의 '개인적-대화적'(personal-dialogical) 관계 방식은 '직접적인 선교방식'(direct missionary way)이나 '간접적인 문화방식'(indirect cultural way)과는 다른 것이다. 틸리히에 의하면 서로 다른 종교를 대표하는 사람들 간의 대화에는 네 가지 전제가 필요하다.[120] 첫째로 대화에 참여하는 두 사람이 상대방의 '종교적 확신'(religious conviction)의 가치를 인정해야만 하고, 둘째로 그들 각자가 자기 자신의 '종교적 토대'(religious basis)를 확신을 갖고 표현할 수 있어야만 하고, 셋째로 두 종교의 대화와 충돌을 가능하게 하는 '하나의 공통 근거'(a common ground)가 전제되어야 하고, 넷째로 자기 자신의 종교적 토대에 대립해서 겨누어진 비판들에 대하여 양편 모두가 개방성(openness)을 지니고 있어야 한다는 것이다. 틸리히는 이런 전제들을 불교와 기독교에 극한시켜 다음과 같이 설명하고 있다.

두 종교는 모두 실존에 대한 부정적인 평가에 근거하고 있다. 즉 하나님 나라는 이 세상의 나라 다시 말하면 역사와 개인의 삶을 지배하는 '악마적인 권력-구조들'(demonic power-structures)과 대립해 있는 것이고 열반은 개별적

---

119) *CERW*, p. 64.
120) *CERW*, p. 62.

인 사물들이 그로부터 비롯해서 그에게로 되돌아가도록 정해진 참된 실재로서 '가상적인 실재'(seeming reality)의 세계와 대립해 있는 것이다. 그러나 이러한 공통 토대로부터 다시 결정적인 차이가 생긴다…기독교에서의 부정적인 판단은 실존적인 세계에 대한 것이지 본질적인 세계에 대한 것은 아니며, 타락한 세상에 대한 것이지 창조된 세상에 대한 것은 아니다. 그러나 불교에서는 세상이 존재한다고 하는 사실 자체가, 유한 속으로의 존재론적인 타락의 결과인 것이다. 이 근본적인 차이의 결과는 헤아릴 수 없을 정도이다. 기독교에서의 궁극자는 '인격적인'(personal) 범주에서 상징화되는 데 반하여, 불교에서의 궁극자는 초인격적인 범주 예를 들면 '절대적인 비존재'(absolute non-being)의 범주에서 상징화된다. 기독교에서 인간은 타락에 대해 책임이 있고 죄인으로 간주되지만, 불교에서 인간은 자아-긍정과 맹목과 고통의 윤회에 속박되어 있는 유한한 피조물이다.[121]

그러나 성스러움의 경험 속에 있는 요소들로부터 드러난 모든 종교 유형을 추출해 낸 바에 의하면, 그 두 상징이 서로 배타적이라고 하는 것은 상상할 수도 없는 일이다. 오히려 두 상징의 역사 속에는 수렴적인 경향이 존재한다는 암시가 있다. 만일 바울에게 있어서 하나님 나라가 "신이 모든 것 속에(혹은 모든 것을 위하여) 모든 것이 되신다"고 하는 기대와 동일시된다면 그리고 만일 그 하나님의 나라라는 상징이 영생이라고 하는 상징으로 대치될 수 있다거나 신에 대한 영원한 직관과 향수라고 말할 수 있다면 이 하나님 나라라는 상징은 초시간적인 축복 상태인 열반의 기쁨과 강한 친밀성을 지니고 있는 것이다.[122]

더 나아가서 틸리히는 하나님 나라와 열반 배후에 두 가지 서로 다른 존재론적인 원리, 즉 참여(participation)의 원리와 동일성(identity)의 원리가 놓여 있음을 발견했다. 그는 다음과 같이 말한다.

---

121) *CEWR*, pp. 65-66.
122) *CEWR*, p. 68.

신국에서는 인간이 하나의 개별적인 존재로 그 곳에 참여한다. 그런데 열반에서는 인간이 열반에 있는 모든 것과 동일하다. 이와 같은 사실은 즉각적으로 자연과의 인간의 상이한 관계에 도달하게 된다. '참여의 원리'(the principle of participation)는 그 원리를 적용함에 있어서 서양을 지배하고 있는 기술적인 자연지배의 태도에까지 이를 정도로 변형될 수 있다. 자연은 어떤 형태의 것이든지 간에 인간의 목적을 위한 도구인 것이다. 그러나 '동일성의 원리'(the priciple of identity) 아래서는 이 가능성의 발전이 거의 막혀 있다. 중국, 한국, 일본 등지에 있는 불교의 영감에 의해 이룩된 예술들을 보면, 자연과의 공감적인 동일시가 강력하게 표현되고 있다. 마찬가지로 동일성의 원리에 근거한 힌두교의 유사한 태도는 고등 동물에 대한 취급, 즉 그것들을 죽이는 것을 금하는 것과 업 교리(業 敎理)와의 관련에서 이전 과정 속에 있는 인간 영혼이 동물로 구현될 수 있다고 믿는 신앙으로 나타나고 있다. 이와 같은 사실은 아담이 모든 다른 피조물을 다스리는 과업을 위임받았다고 하는 구약성서와는 엄청나게 거리가 먼 것이다.[123]

더욱이 틸리히는 두 가지 상반된 원리를 아가페(agape)와 자비(慈悲)라는 말로 비교하여 다음과 같이 말하고 있다.

아가페는 받아들일 수 없는 사람을 받아들이고 그를 변형시키려고 하는 것이다. 이러한 아가페(agape)는 사랑받는 자를 그 사람 이상으로 들어올릴 것이다…받아들일 수 없는 사람을 받아들이고 그를 하나님의 나라가 의미하는 방향으로 변형시키려고 노력하는 것이 아가페인 것이다 자비(compassion)라고 하는 것은 자기 자신이 처한 상황 아래서는 아무런 고통도 겪지 않는 사람이, 고통받고 있는 다른 사람과 자신을 동일시함으로써 스스로 고통받을 수 있는 상태이다…자비는 아가페의 이중적인 특성(즉 받아들일 수 없는 것을 받아들이는 것, 가장 높이 계신 분으로부터 가장 낮은 것으로의 움직임 그리고

---

123) *CEWR*, pp. 68-68.

동시에 사회구조와 아울러 개인의 구조도 변형시키려는 의지)을 결여하고 있다는 사실에서 아가페와 다른 것이다.[124]

이제 역사의 문제가 대화 속에 등장하게 된다. 하나님 나라라고 하는 상징의 지배 아래 있는 역사는 개인의 운명이 결정지워지는 무대일 뿐만 아니라, 여기에서 새로운 것이 창조되고 그 새로운 것이 이른 바 '새 하늘과 새 땅'으로 상징되는 "절대적으로 새로운 것"을 향해 달려 나아가는 하나의 운동이기도 한 것이다. 틸리히는 기독교의 하나님 나라가 갖는 혁명적인 성격과 관련해서 다음과 같이 불교의 열반과 비교하고 있다.

> 이 하나님 나라의 상징이 의미하는 노선을 따라 활동하고 있는 한에서 기독교는 '철저한 사회변혁'(radical transformation of society)을 지향하는 혁명적인 힘을 언제나 보여주고 있는 것이다. 공인된 교회들 속에 있는 보수적인 경향마저도 하나님 나라의 상징 속에 있는 이런 요소를 지금까지 억압할 수 없었을 뿐만 아니라, 서양에서의 대부분의 혁명 운동들(자유주의, 민주주의, 사회주의 등)도 그것들이 알든 모르든 이와 같은 하나님 나라의 상징에 의존하고 있는 것이다. 불교에서는 기독교에서의 이러한 사실에 대한 유추가 없다. 왜냐하면 실재의 변형이 아니라 실재로부터의 구원이 기본 태도이기 때문이다… 열반의 원리로부터는 어떤 경우에서든 역사에서의 '새로운 것'(the new)에 대한 신념이나 사회를 변혁하려는 자극을 추출해 낼 수 없다.[125]

물론 기독교 내에서도 여전히 강력하고 때로는 지배적이기까지 한 수직적인 경험이 있어서 역사에 대한 무관심이 존재하는 반면에, 역사 자체는 또한 불교로 하여금 역사를 심각하게 받아들이도록 추진하고 있기도 하다. 이러한 수렴하는 경향들은 두 종교 간의 대화가 잠재적으로 성과가 많을 것

---

124) *CEWR*, pp. 71-72.
125) *CEWR*, pp. 70-73.

임을 암시하고 있다.

2) 종교들 간의 대화

틸리히에 의하면 기독교와 타종교의 관계에 대한 물음에는 최소한 세 가지 대답이 가능하다. 즉 전적인 거부라는 비변증법적인 관계, 개별적인 교리의 상대적인 진리나 오류에 대해 평가하는 관계, 거부와 수용이라는 변증법적인 관계이다.[126]

첫째로 비기독교 종교에 대한 단순한 부정이나 전적인 거부라는 이념은, 기독교를 위한 철저한 배타성의 개념을 의미하게 된다. 기독교와 타종교 사이의 이러한 관계는 비종교적인 주장의 타당성을 부정하는 것으로 되며, 결국 기독교가 완전한 진리를 담고 있는 주장으로 귀결된다. 이 단순한 부정의 관계는 틸리히에 의해 거부되고 있다. 왜냐하면 부정은 보편적인 계시 경험이나 로고스(Logos) 교리의 주장을 올바르게 처리하지 못하기 때문이다. 여기서 거부된 종교는 거짓된(false) 것으로 고려되며, 따라서 두 상반된 입장 사이에는 어떤 의사소통(communication)도 불가능하게 된다.[127]

둘째로 참된 진술과 거짓된 진술의 도식으로 배열될 수 있는 개별 교리에 대한 평가라는 이념은 종교적인 상황의 복잡성에 대한 보다 많은 관용과 개방의 태도를 표현하고 있다. 그것은 타종교의 주장을 부분적으로 받아들이고 부분적으로 거부한다. 틸리히는 "[이] 경우에서는 어느 한편의 단언(assertion)들과 행동(action)들이 어느 정도는 거짓된 것이고 그 나머지는 참된 것으로 상기된다. 이 경우에는 '전적 거부'(total rejection)의 태도보다 훨씬 관용적이다"[128]라고 말한다.

셋째로 '수용과 거부의 변증법적인 통합'(dialectical union of acceptance and rejection)은 변증법에 내포되어 있는 모든 긴장과 불확정성과 변화를 갖고

---

126) *CEWR*, p. 29.
127) *CEWR*, p. 29-30.
128) *CEWR*, p. 30.

있다. 이런 관계에서는 비기독교의 진리도 사실상 진리이기 때문에, 그것은 기독교의 진리 주장과 어떤 긍정적인 관계가 맺어져야 한다. 틸리히에 의하면 그것은 로고스의 견지에서 수용되거나 재고되어야 하며 또한 '그리스도로서의 예수 안의 새로운 존재'의 견지에서 수용되고 비판되며 변형되어야 한다.[129]

이러한 사실을 배경으로 할 때 기독교 신학의 구체적인 임무는 능동적으로 이러한 변증법적 관계에 참여하여, 기독교의 진리가 비기독교의 진리보다 왜 훨씬 더 옳은지를 밝혀 내는 데 있다. 이러한 일은 기독교 변증학을 주장하는 신학자가 할 일이다. 변증법적인 태도에서 나타날 수 있는 중요한 성과는 서로의 주장에 대해 참여자적인 이해를 기울이는 심오한 변형 경험이다. 이러한 변증법적 관계는 판단을 내리고 또 판단을 받아들이는 이중 사건에서 형성되고 있다.

기독교는 내적 판단과 외적 판단을 통해 중요한 방식의 형태를 취해 왔다. 기독교는 다른 종교적인 주장(즉 유대교, 이슬람교, 페르샤의 이원론적인 종교, 신비주의 등)과 진지하게 만났을 때마다 항상 상호 비판이 일어났는데, 그것은 기독교 편에서의 실증적인 학습경험 증진을 동반하였다.[130] 예를 들면 우선 기독교는 신비주의와 만남 속에서 신비적인 종교들의 비인격적이고 비사회적이고 비역사적인 태도를 올바르게 비판하고 있는 반면에, 신비주의는 기독교와의 만남 속에서 역비판을 통해 기독교의 특징일지도 모르는 원시적인 인격주의를 올바르게 비판하고 있다. 이러한 상호 비판의 결과로써 기독교는 신비주의의 올바른 초인격주의를 수용하게 된다. 상호 평가의 과정은 기독교의 주장과 비기독교의 주장 사이의 변증법적인 관계의 표현이며, 진지한 만남의 각 사례들 속에서 심판과 교정(矯正)이라는 유사한 경험이 나타나고 있음을 우리는 알 수 있다.[131]

이와 동일한 과정은 기독교와 유대교 사이의 변증법적인 관계에서도 찾

---

129) *CEWR*, p. 30-36, *ST*, Vol. I, p. 143.
130) *CEWR*, pp. 84-89.
131) *CEWR*, pp. 88-89.

아볼 수 있다. 기독교는 유대교를 비판하고 있으며, 유대교도 우상숭배와 이교(異敎)에 대한 예언자적 공격 그리고 하나님 나라의 역사적 현현에 대한 관심 속에서 기독교를 비판하고 있다. 기독교 측에서의 계시의 악마화와 하나님 나라의 역사적 차원에 대한 관심의 상실로 나아가려는 경향은 유대교의 관점에서 볼 때 비판받아야 할 부분이다.[132]

결국 기독교와 타종교의 관계는 철저하게 배타적인 것은 아니다. 즉 기독교는 자신의 보편주의적인 주장의 타당성을 보여주고 다른 종교들과의 진지한 만남에서 제기되는 교정 요구를 받아들임으로써 철저하게 포용적인 것이다. 따라서 틸리히에 의하면 기독교와 타종교 사이의 대화적인 만남은 선교에 있어서 절대 필수적인 부분이다. 그에 의하면 선교는 한마디로 전 세계에 걸쳐서 교회의 존재성을 자신의 현현으로 변형시키기 위한 교회의 활동이다.[133] 틸리히는 교회가 하나님 나라의 역사적인 대표자이기 때문에 선교를 특별히 하나님 나라와 관련시켜 다음과 같이 말한다. "하나님 나라는 역사의 어느 곳을 보더라도 전투적(fighting)이다. 그것은 불교도들의 엄청난 내적인 정신경험과 월시인들의 생활 등을 보더라도 전투적이다. 그러나 기준이 결여되어 있다. 그래서 나는 '그리스도로서의 예수'(Jesus as the Christ)를 하나님 나라의 기준이라 부르고 싶다. 그런데 이러한 기준은 악마적인 힘에 대한 '궁극적인 승리'(ultimate victory)이다. 나는 선교사업의 필요성이 바로 이러한 점을 이야기하는 데 있다고 생각한다."[134]

이리하여 틸리히는 교회가 자기 자신을 전 세계로 확산시켜야 하며, 잠재적인 교회가 헌신적인 교회로 되어야 하고 선교는 지속적으로 기독교 주장

---

132) *CEWR*, pp. 86-87.
133) Paul Tillich, "Mission and World History," in Gerald. H. Anderson(ed), *The Theology of the Christian Mission* (New York: McGraw Hill Book Company, Inc., 1961 - 이제부터는 TCM으로 표기하겠음), p. 283.
134) Paul Tillich, "Tillich Encounters Japan," Rovert W. Wood(ed.), *Japanse Religions* 2(May, 1961), p. 66〔Glen Wenger Snowden, *The Relationship of Christianity to Non-Christian Religions in the Theologies of D. T. Niles & Paul Tillich* (Th. D. Dissertationin Boston Univ. Schol of Theology. 1969), p. 255에서 재인용〕.

의 보편성에 대한 실재적인 증거를 제공해야 한다고 말하고 있다.[135] 특정한 문화형식들(그리스, 중세, 독일, 미국 등)에서의 기독교는, 그 자체로는 결코 새로운 존재나 역사의 중심이 아니다. 그리고 비서구 문화에서의 토착 교회의 설립은 이러한 사실을 비판적이고 지속적으로 상기시켜 준다. 기독교의 각 역사적인 형식들은 단지 몇몇 형식들 중의 하나일 뿐이므로, 틸리히는 서구 기독교를 단지 기독교의 예비적 표현으로서 간주하고 있다. 역사적인 실재로서의 기독교는 아무런 영원한 의미도 갖지 않는다.[136] 중요한 것은 기독교의 보편적인 활동 속에서 새로운 존재에로 개방하고 그리고 기독교 바깥의 상이한 종교들과 문화들 속에 잠재적으로 주어져 있는 것에로 개방하려는 기독교 선교사들의 노력이다.[137] 그러므로 틸리히는 전통적인 개종정책을 다음과 같이 단호하게 반대한다.

> 개종(conversion)이 아닌 대화(dialogue)이다. 만약 기독교가 이 사실을 받아들일 수 있다면 기독교는 커다란 발전을 이룩할 것이다. 이런 사실을 기독교가 세계종교들과의 현재 만남에서 그것들을 판단할 때 동시에 자신까지 판단하고 있다는 사실을 의미한다…그 점 (자아-판단(self-judgement)의 기준)은… 인간 역사 속에서의 모든 존재의 원천과 목적의 결정적인 '자아-현현'(self-manifestation)을 의미하는 상징인 그리스도로서의 나사렛 예수의 출현과 수용이다.[138]

따라서 개종정책은 자아-비판의 능력을 결여하고 있는 기독교와 연관되어 있다. 그러한 태도는 다른 종교들 내에서의 궁극성의 표현을 부정하는 동시에, 그것들을 전적으로 거짓 종교라고 정죄한다. 더욱이 전통적인 개종정책을 신앙의 궁극성을 교류하는 능력에 관심을 갖기보다는 외부적인 신

---

135) *TCM*, pp. 285-286.
136) *TCM*, p. 289.
137) *TCM*, p. 286.
138) *CEWR*, p. 95, 79. *MSFA*, pp. 140-141.

앙 유형의 단순한 교환을 너무 지나치게 강조하고 있다. 물론 틸리히는 원시종교들과의 기독교의 관계를 다룰 때에는, 개종정책을 우선적인 것으로 생각하고 있다. 이러한 생각은 궁극성에 대한 인식이 미신적이고 마술적인 관념에 의해 총체적으로 왜곡된 원시종교는 의미 있는 대화 관계의 수립에 긴요한 종교적인 필수조건을 갖추고 있지 못하다는 근거에서 옹호되고 있다. 물론 고등종교들도 신화적인 요소들을 다소간 지니고 있지만, 그 함축은 대화 관계의 수립을 위한 충분한 토대(즉 궁극성에 대한 적절한 인식)를 갖추고 있다.

틸리히에 의하면 이러한 개종은 기독교와 고등종교들 사이에서[139] 그리고 기독교와 세속주의 사이에서[140] 완전한 효력을 발휘하지 못하고 있다. 개종이 신앙의 진정한 변화를 의미하고 또 개종을 통해서 궁극적인 것의 궁극성이 보다 적합하게 표현된다면 그러한 사건은 확실히 타당하다. 이러한 상황과 관련된 기독교와 타종교들 사이의 논쟁은, 독자적이지만 상호 관련된 두 가지 차원에서 연관되어져야 한다.[141]

첫 번째 차원은 인식적인 차원으로서 이것은 인간의 궁극적인 관심에 대한 어떠한 논의에서도 합리적으로 접근될 수 있는 요소들이다. 따라서 신앙들 사이의 일치·차이·구조적 유추에 관한 지적인 연구가 반드시 이루어져야 한다. 두 번째 차원은 개인적인 증언의 차원인데, 이것은 결정적이며 개종으로 이끌어지는 요소이다. 궁극적인 관심은 개인적인 헌신의 경험이며, 진정한 개종은 개인적인 증언에 고유한 것이다. 그것은 광신이나 논쟁의 권고를 필요로 하지 않는다. 따라서 신앙이 신앙과 만날 때 두 가지 차원(즉 객관적인 상황을 확인하는 인식적인 차원과 인간의 궁극적인 관심의 내적 의미를 전달하는 개인적인 차원)이 요구되는 것이다.

따라서 기독교 선교의 목적은 기독교를 포함한 모든 문화와 종교의 기준으로서 새로운 존재를 주장하는 것이다. 기독교의 역사적인 형태들은 결코

---

139) *TCM*, p. 288.
140) *DF*, pp. 124-125.
141) Snowden, op. cit., p. 259.

모든 역사의 변형 중심이 못된다. 기독교의 상징, 의례, 제도 등을 택하도록 하는 개종정책은 기독교와 다른 종교들의 만남을 특징 짓는 것이었지만, 틸리히는 더 이상 이것을 선교사들에게 적합한 정책으로 여기고 있지 않다. 그러면 지상에서의 하나님 나라의 본성과 수평선적인 차원(즉 역사적인 미래)의 본질은 무엇인지, 그러한 하나의 세계 공동체는 기독교의 역사적인 표현에서의 상징, 의례, 제도의 견지에서 배타적으로 상정되어야 하는지 그리고 모든 문화와 종교의 기준인 예수 그리스도 안의 새로운 존재가 기독교의 특수한 역사적 형식을 통해 배타적으로 수용되어야 하는지 또한 기독교는 하나님 나라의 지상적인 현현과 동등하고 또 그것에 인접해 있는지 하는 물음이 제기될 수 있다.

틸리히에 의하면 모든 문화와 종교의 기준은 기독교가 모든 문화와 종교를 초월하여 어떤 역사적 형식을 취하더라도 결코 그 기준과 동등한 것이 아니며 그리고 새로운 존재의 힘은 기독교의 힘과 독립해서 가능하다는 것이다. 그렇다고 예수 그리스도 안에서의 새로운 존재라는 기준이, 기독교의 확장 없이 세계로 전달될 수 있는 것은 아니다. 틸리히에 의하면 종교 진리의 기준인 새로운 존재는 기독교의 확장 없이는 세계로 효과적으로 전달될 수 없다. 틸리히는 기독교 선교가 어떻게 수행될 것인지를 다음과 같이 주장한다.

> 선교는 '개인 영혼들'을 구원하려는 시도도 아니고 '문화적인 교잡수정'(cultural cross-fertilization)의 시도도 아니며, 또 세계종교들을 통일하려는 시도도 아니다…오히려 그것은 세계종교들(즉 이교, 유대교, 휴머니즘) 속에 현존하고 있는 '잠재적인 교회'(latent church)를 어떤 새로운 것(즉 그리스도로서의 예수 안의 새로운 실재)로 변형시키려는 시도이다. 이런 변형이 선교의 의미이다. 이리하여 선교는 교회 그 자체에 속한 기능이며, 교회의 생명에서의 기본 요소인 것이다.[142]

---

142) *TCM*, p. 284.

그런데 이러한 변형은 대화를 통해서 이루어질 수 있다. 대화를 통해서 대화에 참여하는 종교들은 우상숭배에로의 경향 및 종교의 차원을 발견하려는 욕구와 관련된 자아-비판을 경험할 것이다. 틸리히는 이와 관련해서 다음과 같이 주장한다.

> 모든 종교는 기독교와 마찬가지로 영원히 숨겨져 있는 '하나의 깊이'(a depth)를 갖고 있으며 이것은 종교의 특수성이다. 대부분의 종교들에서는 특수한 종교에 의한 '절대자의 왜곡'(the distortion of the Absolute)에 반대하는 투쟁이 진행되었으며 현재도 진행되고 있다…이러한 관념의 목적은 성스러움 자체에 대한 전망이 우리를 '성스러움의 특별한 표현'(the particular manifestation of the holy)의 속박으로부터 해방시키는 지점에로 상호 돌파해 들어가는 것이다.[143]

따라서 대화에 의해서 기독교와 타종교 사이의 변증법적인 관계는 실현되며, 대화의 양 주체는 상호 비판에서 더욱 풍부하게 된다. 이렇게 되면 기독교보다 열등한 타종교도 의미 있는 변형을 경험할 것이다. 물론 틸리히는 이러한 변형의 실제적인 본질에 대한 선험적인 구도를 제시한 바가 없다. 오히려 변형 자체는 활동이며 새로운 창조로 될 것이다. 오직 역사만이 이러한 것들을 이야기해 줄 것이다. 틸리히에 의하면 기독교에서의 종교 간의 대화는 다른 종교들 속에 있는 영적 임재에 대한 자각은 물론, 모든 종교들 속에 위장되어 있는 '깊이 가능성'(depth possibility)에 대한 전망과 직접적으로 관련되어 있다.[144] 결국 틸리히는 기독교가 반드시 지배적인 종교로 되는 것은 아니지만, 기독교의 주장이 대화적이고 변증법적인 만남을 통해 다른 종교들의 상대적인 진리 주장을 변형시키는 데 효과적이게 되는 미래를 예기할 수 있게 된다.

---

143) *MSFA*, pp. 140-141.
144) *CEWR*, pp. 95-95.

그런데 미래에 대한 틸리히의 전망에서는 종교로서의 기독교가 비판적으로 부정되고 있으며 그리고 이러한 부정되는 요소는 세속주의의 실재를 다루는 데 있어서 가장 중요한 것이다. 그는 다음과 같이 말한다. "그것은 세속주의(secularism)를 새롭게 평가할 것이다. 현재의 모든 종교들에 대한 세속주의의 공격이 단지 부정적인 것으로 나타나고 있는 것만은 아니다. 만약 기독교가 하나의 종교로서의 자기 자신을 부정한다면 세속적인 발전은 새로운 의미에서(즉 역사적인 운명이 인류를 종교적으로 통일시키기 위해 택하는 간접적인 방식으로) 이해될 수 있을 것이며, 또 만약 우리가 유사종교(quasi-religion)를 포함시킨다면 이것은 정치적으로 의미있을 것이다."[145]

그런데 대화 참여자들 사이의 공통적인 이해를 위해서는 광범위하게 규정된 규칙을 명확히 하고 이것에 동의할 필요가 있다. 우선적으로 말해서 대화에서의 모든 상대는 '관찰하는 참여자'(observing participant)로서의 자신의 상황을 인정해야 할 것이다.[146] 물론 대화에 임하는 모든 사람은 부분적으로는 과학적인 태도와 개인적인 가치 선호의 표현에 의해서 특징지어진다. 그러나 과학적인 태도는 초연한 관찰과 감정이입적인 이해에 의해 실현된다. 오직 이러한 조건들하에서만, 특히 기독교와 불교 사이를 분리시키는 문화적이고 종교적인 간격을 메울 수 있는 가능성이 존재하게 된다. 현상학적인 관점도 대화에 참여하는 모든 사람이 다른 종교와 자신의 종교를 다룰 때 가치선택을 하는 개인적인 헌신의 요소에 의해 보완된다.[147]

관찰하는 참여자들의 원리 외에도 일련의 추가적인 전제들이 존재한다. 대화의 상대들은 다른 신앙의 가치와 타당성을 존중해야 한다. 또한 대화 속에서 양자는 상대방을 각 전통의 타당한 대표자로 인정해야 한다. 양자는 자신들의 신을 보편적인 계시 토대와 인간의 종교적 상황의 보편성 같은 공통된 근거를 전제해야 하며, 상대방의 비판을 겸허하게 받아들여야 한다. 양자는 대화의 비판적인 논점에로 명확히 초점을 유지시키는 중요한 수단

---

145) *CEWR*, pp. 95-96.
146) Snowden, op. cit., pp. 263-264.
147) *CEWR*, p. 3. *ST*, Vol. III, p. 141.

으로서 유사종교(즉 공산주의와 같은 세속화된 종교)들의 충격에 개방적으로 되어야 한다.[148]

대화적인 상황에서의 또 다른 관심사는 절대주의와 상대주의의 논점이다. "그리스도로서의 예수 안에 있는 새로운 존재"에 관한 기독교의 주장은 절대성과 보편성의 주장이다. 이것을 부정하는 것은 기독교의 증언을 손상시키는 것이다. 동시에 새로운 존재에 대한 인간의 수용(즉 기독교)은 새로운 존재에 대한 유한한 증언이며, 따라서 자아-비판과 외적인 비판에 종속된다. 따라서 기독교인은 자신의 궁극적인 관심의 궁극성에서 나타나는 확신과 자신의 역사적 유한성의 상대성에서 나타나는 관용을 갖고 대화에 임하고 있다.[149] 절대성과 상대성의 이와 같은 공개적인 수용의 유형은 대화에 참여하는 데 있어서 유일한 창조적인 방법이다. 자신들의 특수한 신학 전통의 함축적인 절대주의를 인정하는 동시에, 공공연하게 자신들의 인간적인 참여와 이해의 상대성을 인식하는 것은 대화 참여자들의 과제인 것이다.

틸리히에 있어서 기독교가 공산주의나 세속주의 같은 유사종교를 포함한 종교들 사이의 만남이라는 현재 상황에서 자아-부정의 가능성을 발견하고 있다는 것은 대단히 중요한 사실이다. 기독교의 자아-부정은 기독교가 역사적인 종교 전통으로서의 자신이 지니고 있는 특수성이나 특수주의와 배타주의를 초월할 수 있다는 것을 의미한다. 또한 기독교의 자아-부정은 세속화의 과정에 대한 개방을 의미한다. 즉 기독교는 더 이상 자기 자신의 상징, 의례, 제도의 견지에서만 배타적으로 세계 공동체에 관해 생각할 필요는 없다.

틸리히가 제시한 기독교의 초월성은 철저한 정신적 자유(즉 어느 한 종교와 항상 관련맺고 있는 그 종교의 특수성으로부터의 자유) 그리고 다른 역사적인 전통 속에 있는 영적 임재의 깊이를 감지할 수 있는 자유를 의미한다. 철저한

---

148) *CEWR*, pp. 62-62.
149) *DF*, pp. 57, 123.

자유의 광활한 경지에서의 실존은 "구체적인 영의 종교"라는 규범하에서의 실존을 의미한다. 구체적인 영의 종교라는 개념하에서는 기독교는 물론 어떤 특정한 역사 종교도, 스스로의 특수한 전통에 따라 상징되고 제도화되는 미래의 세계 공동체를 예견하지 못한다. 구체적인 영의 종교에 대한 전망은 기독교 주장의 측면에 입각한 상대주의를 의미하지 않는다. 모든 종교적인 주장은 진리가 아닐 뿐더러 진리로부터도 떨어져 있지도 않으므로 종교들 사이에는 어떠한 경쟁도 존재하지 않는다. 기독교의 선교는 '잠재적인 교회'(laten church)를 '현시적인 영적 공동체'(manifest Spiritual Community)로 변형시키려고 모색하면서 논쟁 없이 지속되고 있다.[150]

기독교 선교의 필수적인 도구로서의 개종정책은 이제는 더 이상 유효하지 않다. 새로운 존재와 전 세계를 연결시키라는 명령은 대화적이고 변증법적인 만남의 견지에서 수행되고 있다. 인식적이고 개인적인 요소들로 이루어진 이런 대화적인 만남에서, 참여자들은 자신들의 이중 주장(즉 자기들의 규범에 대한 절대주의적인 주장과 자신들의 종교 진리에 대한 상대주의적인 주장)을 인식하게 된다. 이러한 만남 속에서 주체들은 궁극자에 대한 자신들의 상징적인 해석에 순응하는 자아-비판과 자아-교정의 과정에 참여하고 있다. 틸리히는 다음과 같이 말한다.

> 선교는 결코 일방적이 아니다. 기독교 선교의 대상이 되는 비기독교인들에 의한 기독교인에 대한 선교도 있다. 기독교 선교가 제공하지 않으면 안 되는 것은 물론 미국이나 화란 그리고 영국의 기독교가 아니라 그리스도로서의 예수, 즉 '새로운 존재'의 메시지인 것이다. 그것은 날마다 선교에 의해 증거되는 '역사의 중심'(the center of history)으로서의 예수에 관한 메시지인 것이다. 그러나 이 역사의 중심은 '하나의 역사적 실재'(a historical reality)로서의 기독교가 아니다. 선교의 목표는 모든 인간 역사에 대한 기준인 하나의 실재를 중재하는 것이다. 이 기준은 그곳이 어디이든 간에 이교, 유대교, 휴머니

---
150) Snowden, op. cit., pp. 272-273.

즘을 비판할 뿐만 아니라 기독교계 안팎의 기독교까지 비판하는 것이다. 전 인류는 그리스도 안에 있는 '새로운 존재'(New Eeing)의 심판 아래 있다.[151]

3) 종교의 극복

종교 속에 영적 임재와 새로운 존재에로의 예기(豫期)가 있다고 주장하는 틸리히에게 있어서, 종교와 기독교(더 구체적으로는 교회)는 밀접한 관계를 형성하고 있다. 틸리히는 다음과 같이 말한다. "신앙은 모든 교회들 가운데서 종교(즉 모호하고 붕괴적이고 파괴적이고 비극적이고 악마적인 종교)로 된다. 그러나 동시에 그곳[교회]에는 신앙의 다양한 왜곡들에 반대하는 하나의 저항력이 있다. 즉 '신적인 영'(divine Spirit)과 그 구현인 '영적 공동체'(Spiritual Community)가 있다. 만약 우리가 교회들이나 어떤 특별한 교회를 신앙 공동체라고 부른다면, 우리는 그것이 의도적으로『그리스도로서의 예수 안에 있는 새로운 존재』에 기초되어 있으며 또 그것의 역동적인 본질이 영적 공동체라고 말하는 것이 된다."[152]

그런데 영적 공동체는 영적 임재가 창조적으로 현현되고 있는 새로운 존재인 데 반해서, 교회는 영적 임재가 있는 한에서만 그 종교를 극복할 수 있다. 틸리히는 다음과 같이 말한다. "따라서 교회는 종교 공동체가 아니라, 한 새로운 실재의 '예기적 통상'(anticipatory representation) 즉 공동체로서의 새로운 존재이다. 마찬가지로 개각기의 인격성으로서의 새로운 존재이다. 종교의 극복은 세속화(secularization)를 의미하지는 않고 오히려 영적 임재에 의해 종교적인 것과 세속적인 것을 제거함으로써 양자 사이의 간극을 막으려는 것이다. 이것이 우리가 궁극적으로 관심을 기울이는 것에 의해 사로잡힌 상태로서의 신앙의 의미인 것이다."[153]

따라서 틸리히에 의하면 교회와 그 구성원의 삶은 '종교의 극복'(coquest of

---
151) *TCM*, p. 288.
152) *ST*, Vol. III, p. 173.
153) *ST*, Vol. III, p. 243.

religion)을 지향하고 있다. 교회는 그것이 종교인 한에 있어서 종교의 모호성에 대한 투쟁을 끊임없이 속행하는 것이다. 그러나 동시에 교회는 영적인 임재에 의해서 종교의 모호성을 극복하는 것이다. 그런 것을 틸리히는 '영적인 임재에 의한 종교의 극복과 개신교 원리'(The Conquest of Religion by the Spiritual Presence and the Protestant Principle)라고 표현하고 있었다.[154] 이 경우 종교의 극복이란 물론 세속화인 것은 아니다. 그것은 종교의 모호성이라고 이미 서술했던 불경화(profanization)와 악마화(demonization)를 극복하는 것이다. 먼저 틸리히는 불경화와 관련해서 다음과 같이 말한다. "종교의 '종교내적인 불경화'(the inner-religious profanization), 계급조직의 구조, 교리, 제의라고 하는 '신성한 기제'(sacred mechanism)로의 변형은 교회 구성원들이 영적 공동체에 참여함으로써 저지된다. 영적 공동체는 교회의 '역동적인 본질'(dynamic essence)이며 교회는 그것의 실존적인 표상인 동시에 실존적인 왜곡이다. 영의 자유는 '기계화하는 불경화'(mechanizing profanization)를 돌파한다. 이것은 종교개혁의 창조적인 계기 속에서 나타났다. 그렇게 함으로써 영의 자유는 불경화의 세속적인 형식을 또한 저지한다. 왜냐하면 세속적인 것으로서의 세속적인 것은 그 자신 내부에서의 종교의 불경화에 대항하는 저항으로 살아가고 있기 때문이다. 만일 이 저항이 무의미한 것으로 된다면, 도덕과 문화의 기능은 다시 궁극자(즉 삶의 자아-초월의 목표)를 향해 개방된다."[155]

그리고 악마화는 예를 들면 하나의 교회가 절대 권력을 주장했을 때나, 그 같은 교회에 속하는 한 개인이 같은 모양의 주장을 할 때 발생한다. 그러나 신적인 영이 종교를 극복할 때에는 교회에 의한 것이 개인에 의한 것이고, 따라서 광신주의와 절대성 주장은 방지된다. 틸리히는 다음과 같이 말한다. "종교가 영적 임재에 의하여 극복되는 한에서 악마화도 극복된다… 신적인 영이 종교를 극복하는 한에서, 이것은 교회와 교회 구성원에 의한 '절대성 주장'(the claim to absoluteness)을 막는다. 신적인 영이 효과적으로 작

---

154) Ibid.
155) *ST*, Vol. III, p. 244.

용하는 곳에서는, 하나의 교회가 다른 모든 교회를 제외하고 신을 표상한다는 주장은 거부된다. '영의 자유'(the freedom of the Spirit)가 그것을 닥는다. 그리고 신적인 영이 효과적으로 작용할 때 한 교회 구성원이 배타적으로 진리를 소유한다는 주장은 그가 단편적으로 동시에 모호하게 진리에 참여하고 있다는 신적인 영의 증언에 의해 지지를 잃는다. 영적인 임재는 광신주의(fanaticism)를 배제한다. 왜냐하면 신적인 임재 속에서는 아무도 자기가 신을 사로잡았다고 자랑할 수 없기 때문이다. 어느 누구도 자신을 사로잡은 것(즉 영적인 임재)을 파악할 수 없다." [156]

물론 이러한 현상은 틸리히에 의하면 종교개혁 기간에 로마 가톨릭과 개신교 교회 내의 광신주의에 대해서도 발생했다. 따라서 틸리히는 종교의 극복을 "개신교 원리"라는 말과 관련시켜 다음과 같이 말한다. "개신교 원리(protestant principle)는…영적 임재에 의한 종교 극복의 표현이다. 따라서 종교의 모호성(즉 종교의 불경화와 악마화)에 대한 승리의 표현이다. 바로 그것이 개신교이다. 왜냐하면 개신교는 종교의 '비극적-역사적 자아 고양'(tragic-demonic self-elevation)에 항의하며 그리고 인간 정신의 다른 여러 기능을 위해서 그 자신으로부터 종교를 해방시키는 동시에, 그 정신의 여러 기능을 궁극자의 현현에 대항하는 '자아-격리'(self-seclusion)로부터 해방시키기 때문이다." [157]

그러나 이 개신교 원리는 종교개혁으로부터 탄생한 소위 개신교 교회들에 한정된 원리는 아니다. 그것은 구약의 예언자적 정신의 현현이고 영적 공동체의 표현인 까닭에 모든 특정한 교회를 초월해 있다. 부정적으로 말하자면 개신교 교회들을 포함한 모든 교회는 개신교 원리에 어긋날 수 있다. 동시에 그것은 어떤 교회 속에서도 작용하는 힘이고 기독교 교회가 불경화와 악마화에 의해서 완전히 파괴되는 것을 방지하고 있는 힘이다.

무엇보다도 여기에서 틸리히는 개신교 원리만으로 충분하지 않고 '가톨

---

156) *ST*, Vol. III, pp. 244-245.
157) *ST*, Vol. III, p. 245.

릭 실체'(Catholic substance)도 필요하다고 부언하고 있다. 가톨릭 실체라는 것은 로마 가톨릭교회에 한정된 실체는 아니다. 그것은 신약에 기초하는 사제적이거나 성례전적인 정신의 현현이고 '영적 임재의 구체적 구현'(the concrete embodiment of the Spiritual Presence)이다. 결국 교회가 종교를 극복하기 위해서는 개신교 원리와 가톨릭 실체 모두가 필요한 것이며, 어느 한쪽이라도 빠지게 되면 불충분한 것이 된다. 왜냐하면 『조직신학』에서는 그가 가톨릭 실체에 관해서 한 마디 정도만 언급하고 있지만, 실제로는 가톨릭 실체나 종교 극복 속에서 종교의 도덕화와 세속화(결국에는 종교의 해소)가 발생할 수 있기 때문이다. 틸리히는 이것을 『개신교 시대』(The Protestant Era)에서 다음과 같이 묘사하고 있다.

> 그것 (개신교 원리)은 모든 개신교적인 실현들의 '비판적이며 역동적인 원천'(critical and dynamic source)이지만 그것들 어느 것과도 동일하지 않다. 그것은 그 어떤 역사적인 종교에 의해서도 소모되지 않는다. 즉 그것은 결코 종교개혁이나 초기 기독교 혹은 심지어 어떤 종교 형식과도 일치하지 않는다. 반면에 그것은 그 모든 것 속에 나타날 수 있다. 즉 그것은 그것들 안에 있는 '살아 있고 움직이고 있는 휴식 없는 힘'(living, moving, restless power)이면서, 역사적인 개신교에서 특별한 방식으로 상정되고 있다…개신교 원리는…상대적인 실재를 위한 절대적인 주장에 반대하는 '신적이면서 인간적인 항거'(divine and human protest)를 내포한다…그것은 무조건적인 것과 조건적인 것(혹은 종교적으로 말하면 신과 인간) 사이의 진정한 관계에 대한 신학적인 표현이다. 이와 같이 개신교 원리는 신학에서 '신앙'(faith)이라고 부르는 것(즉 우리가 우리 실존의 근거이자 심판으로서 우리에게 그 자신을 현현시킨 무조건적인 어떤 것의 힘에 사로잡혀 있는 정신상태)에 관심을 갖는다…개신교 원리는 사고와 행위 속에서 무조건적인 것을 강탈하려고 하는 유한하고 조건적인 것의 시도를 막는 보호자이다.[158]

---

158) *PE*, p. 163.

이와 같이 개신교 원리는 제약자와 신적인 것과의 혼란을 반대하는 태도로서, 신성한 것과 속된 것 그리고 종교적인 것과 세속적인 것 사이의 구별에 대해 의문을 제기한다. 그것은 신성한 영역이 세속적인 영역보다 궁극자에 더 가까운 것이 아니라고 주장한다. 양자는 신적인 것에 무한히 멀면서 무한히 가깝기 때문에, 어떤 것도 은총에 대해 다른 것보다 더 큰 주장을 가질 수 없다고 주장한다.[159] 개신교적인 태도는 영성(spirituality)과 금욕주의의 등식을 거부한다. 창조자로서의 신은 물질적인 것과 정신적인 것에 똑같이 가깝기 때문에, 영은 물질(matter)을 부정하는 것 위에 기초할 수 없다.[160]

이 원리의 신학적인 적용에 따르면 신과 인간은 인간 노력에 의해서도 결코 간격을 메울 수 없는 무한한 심연에 의해 분리되어 있다.[161] 신적 임재는 예를 들면 명상적인 신비가들이 상승(ascent)이란 그들의 무대를 통해서 시도하는 것처럼, 그것의 벽을 점차로 타고 올라가는 사람들에게 내어 주어야 될 포위된 요새가 아니다. 유한자는 신앙 행위나 황홀경적인 경험 속에서 자신을 사로잡는 것을 파악할 수 없다. 틸리히에 의하면 종교 경험을 특징짓는 신비라고 하는 헤아릴 수 없는 힘이 유한자에게 갑작스럽고 예기치 않게 침입하는 것은, 종교인으로 하여금 그의 굴복(surrender)이 신의 용서하는 은총이라는 무조건적이고 완전한 행위 속에서 신 자신과 인간 사이의 소외를 극복시켜 주는 신의 자유 행위라고 고백하지 않을 수 없게 한다.[162]

따라서 틸리히에 의하면 교회란 종교의 극복이 수행되는 곳이지 않으면 안 된다. 그는 『종교의 멍에』(The Yoke of Religion)라는 설교문에서 다음과 같이 말하고 있다. "우리들이 예수를 그리스도라고 부르는 것은 결코 그가 새로운 종교를 가져왔기 때문이 아니요, 그야말로 '종교의 종국'(the end of religion)으로서 종교와 비종교, 기독교와 비기독교를 초월한 곳에 위치하고 있기 때문이다. 우리들은 예수의 부르심을 전파한다. 왜냐하면 예수의 부

---

159) *CERW*, p. 47.
160) *ST*, Vol. III, p. 210.
161) *ST*, Vol. III, p. 239.
162) *ST*, Vol. III, p. 192.

르심은 모든 시대의 모든 사람들로 하여금 '새로운 존재'(New Being)와 우리들의 실존 속에 '숨겨져 있는 구원능력'(hidden saving power)을 받아들이게 하는 것이기 때문이다. 그런데 이 힘은 애씀과 고생을 제거함으로써 우리들의 영혼에게 안식을 준다."[163]

이와 같이 틸리히는 하나의 종교로서의 기독교의 절대성과 우월성을 부정하고 있다. 그는 이러한 주장을 하려고 노력하고 있다는 것 자체가 비극이라고까지 말한다. 즉 교회는 비록 구체적으로 절대적인 것에 기초를 두고 있지만, 끊임없이 그 절대적인 것의 역설적인 의미를 왜곡시켜서 인지적이고 도덕적인 성격을 갖는 절대주의로 변형시키려는 경향을 띠고 있다는 사실은 확실히 비극적이라는 것이다.[164] 비록 그리스도가 십자가에서 최종적인 승리를 획득했다고는 하지만, 기독교의 이러한 주장의 형식 자체는 악마적인 성격을 띠고 있다.[165] 이것은 바로 기독교 교회가 자신의 전 역사 기간에 걸쳐서 매순간 빠지기 쉬운 함정이다. 이러한 이유로 틸리히는 절대적인 것은 '하나의 종교'(a religion)로서의 기독교가 아니라, 긍정적으로나 부정적으로 다른 종교와 동일하게 기독교를 창조하며 심판하는 사건이라고 주장한다.[166]

따라서 상대적인 한 종교로서의 기독교와 "절대적인 그리스도로서의 예수"의 사건은 구분되어야 한다. 틸리히는 이것을 다른 방식으로 표현하기도 한다. "어떤 유일한 존재도 신의 이름으로 다른 유한한 존재 위에 군림하지 못한다. 기독교의 무조건적이고 보편적인 주장은 다른 종교들과 비교해 볼 때의 기독교 자체의 우월성(superiority)에 입각해 있지 않다. 기독교는 결국 최종적인 것 자체를 포함하고 있지 않지만 '최종적인 계시'(final revelation)를 증언하고 있다. 기독교로서의 기독교는 최종적이지도 보편적이지도 않

---

163) Paul Tillich, *The Shaking of the Foundations* (New York: Charles Scribner's Sons, 1948), pp. 102-103.
164) *ST*, Vol. I, p. 151.
165) *ST*, Vol. III, p. 104.
166) *ST*, Vol. III, p. 338.

다. 그러나 기독교가 증언(witness)하는 것은 최종적이며 보편적이다."[167] 여기서 틸리히는 종교로서의 기독교의 절대성과 최종성의 주장은 악마화나 불경화로 귀결될 것이라고 암시하고 있다.

그리고 틸리히는 "종교사 내에서의 한 종교"로서의 기독교의 상대화가 "최종적인 계시로서의 예수 그리스도"를 상대화해서는 안 된다고 주장한다. 그는 뚜렷하게 종교와 종고들의 진리 기준으로서의 예수 그리스도의 중요성을 강조하고 있다. 틸리히는 『새로운 존재』라는 설교집에서 다음과 같이 주장하고 있다. "당신의 종교와 우리의 종교, 당신의 의례와 우리의 의례, 당신의 예언자들과 우리의 예언자들, 당신의 승려들과 우리의 승려들, 당신들 중에서 신앙이 독실한 사람과 우리들 중에서 신앙이 독실한 사람 등을 서로 비교하지 말라! 이렇게 하는 것은 아무런 쓸모가 없다. 그리고 무엇 보다도 우리는 당신들을 영국이나 미국의 기독교 신자, 서구 종교의 신자로 개종(convert)시키려고 한다고 생각하지 말라. 우리는 당신들을 개종시키고 싶지 않다. 왜냐하면 이렇게 하는 것은 아무런 쓸모가 없기 때문이다. 우리는 단지 당신들에게 우리가 보아 왔던 것을 보여주고 우리가 들어 왔던 것을 들려주고 싶을 따름이다. 그것은 옛 창조 중에는 '새로운 창조'(New Creation)가 존재하며, 이러한 새로운 창조는 '그리스도라고 불리는 예수'(Jesus who is called the Christ) 속에서 현현되고 있다는 사실이다."[168]

틸리히는 보다 상세하게 자기가 생각한 그리스도와 기독교 교회 사이의 관계에 대해 논의하고 있다. 틸리히에 의하면 그리스도로서의 예수의 사건은 '하나님 나라의 현현 역사의 중심'(the center of the history of the manifestation of the Kingdom of God)이므로 예수가 그리스도라고 주장하지 않는 교회는 현현된 교회로 결코 될 수 없다.[169] 더구나 그리스도로서의 예수의 사건은 교회사에서 발견되는 왜곡들과 악마화들에도 불구하고 교회사의 의미를 구성하고 있다. 틸리히는 다음과 같이 주장한다. "교회사는 다른 역사에 없

---

[167] *ST*, Vol. I, p. 134.
[168] Paul Tillich, *The New Being*(New York: Charles Scribner's Sons, 1955), pp. 17-18.
[169] *ST*, Vol. III, p. 368.

는 '하나의 특질'(a quality)을 갖는다. 즉 교회사 자체는 그 전 시기와 출현에 걸쳐 역사 내의 하나님 나라의 중심 현현과 관련있으므로, 자기도 모르는 사이에 궁극적인 기준(즉 그리스도로서의 예수 안의 새로운 존재)을 갖고 있다. 이러한 기준이 존재함으로써 교회들은 다른 종교 집단들보다 높은 위치에 존재하게 된다. 왜냐하면 교회들이 다른 종교 집단들보다 '훌륭하기'(better) 때문이 아니라, 자신에 반대하여 그리고 암암리에 다른 종교 집단들에도 반대하는 훌륭한 기준을 갖게 되기 때문이다."[170] 여기서 틸리히는 "그리스도로서의 예수 안의 새로운 존재"야말로 기독교를 다른 종교들로부터 구분짓는 것이라고 역설하고 있는 것이다.

또 다른 각도에서 보면 틸리히는 왜 기독교가 다른 종교들로부터 구분되어야 하는지를 설명하기 위해 노력하고 있다. 그의 설명은 보편적으로 그리고 구체적으로 활동하는 영적 임재라는 개념에 기초한 설명이다. 여기서 제기된 이 문제에 관해서 틸리히가 어떻게 이야기하고 있는지를 살펴보자. "기독교 교회가 기반을 둔 사건 속에서의 새로운 존재의 중심 현현 이전에는 '역사적인 교회'(manifest church)들이 존재하지 않았다. 단지 이러한 사건 이전과 이후에는, 역사의 전 시기에 걸쳐 '잠재적인 교회'(latent church), 즉 잠재성의 상태에 있는 영적 공동체만 존재했으며 현재에도 존재하고 있을 뿐이다. 잠재적 교회와 그것의 준비 활동이 없다면 교회들은 하나님 나라를 표현할 수 없을 것이다."[171]

여기서 논의되고 있는 것은 결코 우리에게 새로운 것이 아니다. 그렇지만 우리는 틸리히에게 있어서는 영적 공동체의 구성요소인 새로운 존재가 역사의 전 시기에 걸쳐 잠재적으로 존재하지만, 기독교 공동체 내에서는 현시적으로 존재하는 것으로 된다는 점에 주목해야 한다. 달리 말하면 기독교는 그리스도로서의 예수 안에 있는 새로운 존재를 독점하고 있기 때문이 아니라, 새로운 존재를 증언하고 있기 때문에 다른 종교들과 구별될 수 있다고

---

170) *ST*, Vol. III, p. 381.
171) *ST*, Vol. III, p. 376.

틸리히는 주장한다. 이와 반대로 현시적인 영적 공동체 외부의 잠재적인 영적 공동체들에서는 "그리스도로서의 예수 안의 새로운 존재"의 임재는 증언되지 않은 채 계속된다. 틸리히는 이것을 다음과 같이 보다 명확하게 표현하고 있다. "그것들[종교 공동체들]이 의식적으로 "그리스도로서의 예수 안의 새로운 존재"의 출현에 기초를 두고 있다면 이러한 집단들은 교회들로 불리게 된다. 만약 영적 공동체들이 다른 것들에도 기초를 두고 있다면 이러한 공동체들은 회당(synagogue)·사원 회중(temple congregation)·신비 집단(mystery group)·수도사 집단(monastic group)·제사 집단(cult group)·운동(movement) 등으로 불러야 당연할 것이다."[172]

결국 기독교 공동체가 사실상 다른 종교 공동체들로부터 구분되는 것은, 기독교 공동체가 그리스도로서의 예수 안에서 현현된 새로운 존재에 의식적으로 기초를 두고 있다는 사실에 있다. 이것은 기독교인은 누구든지 기독교를 현시적인 영적 공동체로 인정하고 있음을 암시한다. 즉 기독교는 의식적으로 그리스도로서의 예수의 사건에 기초를 두고 있다는 것이다. 마찬가지로 그들 중에서 어느 누구도 불교, 힌두교, 이슬람 등의 종교들을 자신의 종교로 인정하지 않는다. 왜냐하면 이들 종교들이 무의미하고 죄로 가득 차 있으며 아무런 필요가 없기 때문이 아니라, 이들 종교들은 자신의 실재의 가능성과 실재성을 구성하는 그리스도로서의 예수의 사건에 기초하지 않기 때문이다. 뿐만 아니라 이들 종교는 실제로 그리스도로서의 예수나 종교들의 진리 기준으로서의 예수의 사건에서가 아닌 다른 것들에서 자신들의 기초를 발견하려고 노력하고 있다. 틸리히는 동일한 일이 기독교 교회에서도 발생하고 있음을 인정한다. 물론 다른 종교 공동체에서도 이러한 일은 조직적으로나 항시적으로 발생하고 있다. 틸리히가 모든 종교들 중에서도 기독교를 특히 강조하는 이유는 다음과 같다.

---

172) *ST*, Vol. III, p. 162.

기독교는 최종적인 계시인 그리스도로서의 예수 안에서의 계시에 기초를 두고 있다고 주장한다…초점을 예수 그리스도에게 맞추고 있지 않은 교회사에는 계시가 존재할 수 없다. 또 다른 초점이 용납된다면 기독교 교회는 기초를 상실해 버릴 것이다. 그러나 '최종적인 계시'(final revelation)는 '최후의 진정한 계시'(last genuine revelaiton) 이상을 의미한다. 그것은 결정적이고 성취적이며 결코 초월 불가능한 계시이자 모든 다른 계시들의 기준이다. 이것이 바로 기독교의 주장이며 기독교 신학의 토대이다.[173]

틸리히는 인간의 궁극적 관심의 대상으로서의 궁극적 실재를 지향하는 (유사종교를 포함한) 역사상의 모든 종교들에 대해 개방적인 태도를 취하는 신학적 다원주의를 제창하고 있지만, 그는 기독교 신자로서 종교사 내에서의 결정적인 승리를 그리스도로서의 예수의 출현으로 본다. 기독교는 타종교와 마찬가지로 하나의 종교이지만, 그리스도로서의 예수라는 새로운 존재에 대해 명확하게 증언하고 있기 때문에 타종교보다 특별한 지위를 차지하게 된다. 기독교가 자신을 포함한 다른 종교들을 심판하는 기준은 자신이 기초하고 있는 '그리스도로서의 예수'(Jesus as Christ)의 사건이 아니라, 오히려 유사종교를 포함한 세계종교들 속에 현존하고 있는 잠재적인 교회를 '그리스도로서의 예수' 안의 새로운 실재로 변형시키려는 시도이다. 여기서 그리스도는 종교들의 타당성을 판단하고 종교들을 완성시키는 규범으로서 '종교들 위에'(above religions) 있게 된다.

4. 결론

위에서 틸리히는 슐라이어마허나 오토와 더불어 신중심적인 규범적 기독론을 근거로 신학적 다원주의를 주장하고 있다. 그러나 틸리히는 다른 두

---

173) *ST*, Vol. I, pp. 132-133.

사람처럼 기독교의 배타적인 우월성이나 우애적인 우월성을 주장하지는 않는다. 오히려 틸리히는 보다 열등한 다른 종교들을 배제하거나 포괄하는 능력에 의해서가 아니라, 초종적인 계시인 '그리스도로서의 예수'를 중심으로 타종교와 관계를 맺는 능력에 의해 입증되는 그리스도의 '관계적인 절대성'(relation absoluteness)을 주장하고 있다. 이와 더불어 그는 교리 체계를 비교하는 종교적 대화보다는 공통의 인간성을 연결점으로 하는 '인간적 대화'(human dialogue)를 요청하고 있다.[174] 여기서 대화란 종교인들의 가장 깊은 헌신과 궁극적 관심을 그들이 이해하는 차원에서 만나는 것이다.

여기서 종교 간의 대화란 일차적으로 '인간 존재들의 만남'(the meeting of human beings)이다. 스미스(W. C. Smith)에 의하며 참된 종교는 인간과 인간 사이의 관계이기 때문에, 우리는 이슬람교도, 불교도, 유대교도로 생각하지 말고 인간으로 바라보아야 한다. 예를 들면 힌두교도와 기독교인 간의 대화는 힌두교와 기독교 간의 만남이라기보다는 각자 자신의 신앙을 고백하는 힌두교도 개인과 기독교인 개인 간의 만남인 것이다.[175] 이처럼 인격적인 대화를 강조한 틸리히의 영향으로 세계교회협의회(W.C.C.)의 에큐메니칼 운동은 타종교에 대해 우호적이었고 개방적이었다. 그러나 아무도 W.C.C가 대화를 위해 타종교에 우호적이고 개방적이라 하더라도, 기독교가 참 종교일 뿐만 아니라 다른 모든 종교들이 궁극적으로 지향하는 절대적인 종교라고 가르치고 있다. 만일 기독교만이 명확한 진리이고 인류에 대한 신적 계시의 절대성이라고 한다면, 다른 종교들이 단지 기독교로 개종하는 일만 남을 뿐이며 사실상 코끼리와 쥐의 대화만이 남게 된다.[176]

우리는 예수 그리스도를 신적 계시의 완성으로 믿지만, 예수 그리스도 안에서의 신의 계시의 이러한 완성은 미래 역사 속에서도 계속 전개될 것이

---

174) Eric J. Sharpe, op. cit., pp. 83-85.
175) Wifred Cantwell Smith, *Question of Religious Truth* (London: V. Gollancz Ltd., 1967), p. 115f. Cf. Klostermaier, "Hindu-Christian Dialogue," in Stanley J. Samartha(ed.), *Dialogue Between Men of Living Faiths* (Geneva: World Council of Churches, 1971), p. 20.
176) H. Maurier, "The Christian Theology of the non-Christian Religious," *Lumen Vitae* 31(1976), p. 59. Cf. John B. Cobb, op, cit., p. 31.

다. 그러므로 최종성의 개념을 예수 그리스도에게 배타적으로 적용하는 것은 신적 계시를 결빙시키는 것이며, 신적 계시에 대한 신선하고 자발적인 반응을 종결짓기 쉽다. 그럴 경우 기독교 신앙은 신앙의 교의나 신조의 암송(즉 생명력과 경이를 갖지 않은 기계적이고 냉냉한 연습)이 될 것이다. 기독교인들에게서 가장 위험한 것은 자신이 진리를 완전히 소유하고 있다는 거짓된 안전이다. 기독교의 길은 항상 '공동-구속'(co-redemption)의 길이다. 이는 예수 자신의 모범과 교훈에 따르면, 상호 간의 의사소통과 확신과 평등을 전제로 하는 우정의 길이다.

제 5 장
결 론

　본 논문의 목적은 다원주의 사회 속에서 기독교인이 폐쇄적인 배타주의나 개방적인 포괄주의에 빠지지 않고 예수 그리스도 안에서 기독교인이 고백하는 진리 계시의 독특성을 견지하면서 종교 상호 간의 풍요화와 협력을 촉구하려는 것이었다. 이를 위해 필자는 신중심적인 종교본질의 개념을 근거로 종교사를 이해한 슐라이어마허, 오토, 틸리히의 종교사 신학을 총괄적으로 비교하면서 종교 간의 대화를 지향하는 신학적 다원주의를 주장하려고 했다.
　무엇보다도 이러한 신학적 다원주의는 종교의 본질을 '신중심적'(theocentric)으로 규정한다. 슐라이어마허는 종교의식을 통해 드러나는 내재적이면서 초월적인 신이나 우주의 동일성의 원리에 근거하여 종교의 본질을 해석했다. 그는 형이상학적인 지식과 도덕 행위보다는 감정이 특별한 종교 영역이라고 주장하면서, 종교의 본질을 '우주의 직관과 감정', '무한자에 대한 감각과 취향', '신에의 절대의존감정' 등으로 규정했다. 그런데 이러한 그의 본질 개념은 합리적-개념적인 요소와 도덕적인 요소를 무시한 주관적 개념이라는 비판을 받게 된다. 특히 그의 절대의존감정은 주객의 반정립(反定立)을 극복하는 초월자와의 긍정적인 관계를 설정하면서 동물적인 자의식과 감각적인 자의식을 초월하지만, 그는 그의 절대의존감정을 유한자에 대한 의존감정으로부터 충분히 구별하지 못한다. 사실상 종교적인 의존상태와 일반적인 의존상태 사이에는 유추의 정도가 있지만, 전자는 후자와 '전적으로 다른'(wholly other) 어떤 것을 내포한다.

이에 반해 오토는 종교감정을 객관적인 실재에 대한 하나의 반응으로 간주한다. 그는 이러한 객관적 실재가 '성스러움'(das Heilige), 즉 종교영역에 독특한 해석과 평가의 독특한 범주 속에 묘사되어 있음을 발견한다. 종교경험은 비록 도덕경험이나 심미경험 등과 연결되어 나타나기는 하지만 그것들과는 근본적으로 다른 '독자적인'(sui generis) 평가범주를 이루고 있다. 비록 성스러움이 진, 선, 미 등의 요소들을 포함하는 복합적인 평가일지라도 그것들과 동일시될 수는 없다. 거기에는 비합리적인 요소, 즉 '누멘적인 것'(das Numinose)이 나타난다. 그것은 합리적이고 도덕적인 개념을 제거한 성스러움이며, 객관적인 실재에 대한 종교적 반응에서 핵심을 이룬다. 이와 같이 순수하게 누멘적인 정신상태는 누멘 감정이나 피조물 감정으로 특징지어진다. 그는 '전율적이고 매혹적인 신비'라는 문구에 의해 그러한 평가의 대상을 기술한다.

그러나 틸리히는 오토가 합리적인 것과 비합리적인 것 사이의 외적인 관계만 보았지 본질적인 관계를 보지 못했다고 비판한다. 틸리히에 의하면 종교는 정신의 차원에서의 삶의 기본적인 기능(즉 도덕과 문화)에 병행하는 독립적인 실재로서 존재하는 기능이 아니라, 인간의 정신적 삶의 실체, 근거, 심층이라고 주장한다. 더구나 그에 의하며 슐라이어마허의 과오는 감정을 의지와 지성으로부터 구별하려는 지나친 열망에서 종교를 훨씬 협소한 것으로 만들었다는 사실이다.

틸리히는 슐라이어마허보다 훨씬 역동적인 종교 이해를 보여주었다. 종교의 본질로서의 궁극적 관심은 절대의존감정과 달리 전자아의 행위이다.

그것의 독특성은 인간의 의식적인 반응(이념·의지·감정)의 한 가지 차원에서 추출된 것에 의존하지 않고 의식의 모든 기능을 내포하면서 초월한다는 사실에 있다. 이러한 궁극적 관심은 전인격적인 행위로서 자아-굴복의 행위이다. 동의와 순종이 없는 정서적 굴복은 인격적인 중심으로부터 나오는 자발적인 결단이 아니며, 반면에 정서적인 참여가 없는 의지의 복종은 '비인격화하는 예속'(depersonalizing slavery)으로 귀결된다.

틸리히에 있어서 궁극적인 관심(신앙)의 근원과 존재근거 및 무조건자는 역동적인 신인 것이다. 여기서 성스러움에 대한 오토의 현상학적 분석은 존재론적인 방법으로 보완되어야 할 필요가 있다. 틸리히는 '존재-자체'(Being-Itself)의 전개 속에서 종교의 객관적 의미를 찾아내려고 한다. 그는 오토의 개념을 차용하여 신과 무조건자가, 배척하면서 끌어당기고 그리고 동요시키면서 유혹하는 신비로서 인간에게 접근하고 있다는 사실을 강조한다.

틸리히에 있어서 신은 인간의 유한성에 내포된 물음에 대한 대답이며, 인간에게 궁극적인 관심을 갖게 하는 것에 대한 이름이다. 따라서 유신론적 신앙이 없는 초기 불교에서도 자체의 신으로서 열반(Nirvana)을 상정하고 있으며, 돈, 성공, 진리, 인간성의 완전 가능성, 국가 등에게 자신의 궁극적인 충성을 바치는 사람에게서도 그것들은 기능적인 의미에서 신으로 상정되고 있는 것이다. 여기서 인본주의, 민족주의, 파시즘, 공산주의도 하나의 유사종교(quasi-religion)가 된다.

그런데 종교본질의 이런 신중심적인 개념은 종교사 내에서의 기독교의 위치를 새롭게 규정한다. 우선 슐라이어마허, 특히 그의 『신앙론』에 의하면 역사 속에서 출현한 한정된 상이한 종교들은 두 가지 방식(즉 상이한 발달 단계들과 상이한 종들)과 관련되어 있다. 먼저 그에게 있어서 종교발달의 과정은 세 단계로 나누어진다. 첫 번째 단계로서의 우상숭배나 주물숭배는 세계의식이 총체성이 아니라 지역적으로 제한되어 작용하는 우상만을 안다. 그리고 두 번째 단계인 다신교는 경건한 자의식이 계속적인 발전 속에서야 비로소 통일적인 전체를 형성할 수 있는 다원성에 의존한다. 세 번째 단계는 세계를 하나의 체계적인 전체 통일성으로 총괄하는 유일신교이다.

더욱이 슐라이어마허에 있어서 종교들의 상이성은 인간상태들 속에 있는 자연적인 것과 도덕적인 것 사이의 관계에 달려 있다. 슐라이어마허는 특히 자연적인 것을 도덕적인 것으로 고양시키는 것을 '목적론적 방향'이라고 명명하고 있다. 물론 모든 유일신교가 다 목적론적 방향에 속한 것은 아니다. 유일신교의 단계는 여러 가지로 세분되어 '목적론적 유형'이 기독교에서 가장 명확하게 나타나고 유대교에서는 덜 완전한 반면에, 이슬람교에서는 그것이 유일신교적인 형태를 띄고 있음에도 불구하고 오히려 '심미적 유형'에 가깝다는 사실을 알 수 있다. 슐라이어마허에 의하면 기독교는 경건의 목적론적 방향에 속하는 유일신교적 신앙방식이다. 기독교는 모든 수동적인 종교감정을 목적론적인 능동성으로 변형시키는 태도 때문에 그리고 하나님 나라 개념 속에 나타나는 바 모든 감정을 통합하는 독특한 의식 때문에 다른 종교들과는 다르다.

그리고 다른 유일신교(유대교와 이슬람교)에 대한 기독교의 우월성은 기독교의 기독론적인 구원론에 의존한다. 즉 구원사역은 충분히 발달된 종교의식의 소유자인 그리스도에 의해 수행된다는 것이다. 슐라이어마허는 그리스도를 신의식의 가장 완전한 구현자로서 그리고 신의식을 다른 사람들에게 전달해 줄 수 있는 무한한 능력을 갖고 있는 자로서 간주한다. 다른 종교들에서 신의식은 제의나 교의들에 의해서 억제되며, 따라서 제의나 교의는 종교적인 자의식의 활력성을 인간 삶 속에서 완전히 해방시키지 못한다. 그런데 그리스도가 이런 구속과 해방을 가져왔으며, 이런 점에서 그리스도는 다른 모든 종교의 창설자들과는 구별된다.

이와 같이 슐라이어마허는 기독교를 다른 모든 종교의 역사발달의 최고 최선의 단계로 간주함으로써, 타종교에 대해 기독교의 '배타적 우월성'(exclusive superiority)을 선언하기에 이른다. 그에 의하면 유일신교로부터 절대로 다신교나 우상숭배로 완전히 전락해 버리는 일이 없듯이, 기독교로부터 유대교나 이슬람교로의 전락도 결코 일어날 수 없다. 그러나 기독교 종교마저 완전한 진리를 갖고 있다고 주장할 수 없고 신적 계시의 이념이 자신에게 특별히 적용되었다고 배타적으로 주장할 수 없고 더욱이 다른 종교들을 거짓이라고 증언할 수 없다. 슐라이어마허는 인류의 무한한 역사발달을 확신하기 때문에, 다른 모든 종교를 흡수하는 절대적인 기독교를 사실상 부정한다. 따라서 그는 종교의 유일한 형태로서 타종교를 지배하는 기독교의 전제주의도 거부하는 동시에, 기독교와 타종교와의 대화의 필요성도 적극적으로 주장하지 않는다.

역사발달의 관점에서 종교를 비교하는 슐라이어마허와는 달리, 오토에 있어서 종교를 비교하는 데 가장 중요한 문제는 종교사에서의 '평행과 수렴'(Parallele und Konvergenz)의 문제이다. 특히 종교적인 이념 형성에 있어서의 평행은 고도의 유사성에 도달할 수 있는데, 그 유사성을 해명하기 위해서는 발달과정 속에 때때로 나타나는 유형들의 수렴을 발견해야 한다. 더욱이 오토는 유형의 수렴 속에서도 본질적인 상이성을 명확히 분석하면서 종교를 비교하고 있다.

오토는 무엇보다도 인도의 bhakti 종교와 기독교의 은총 종교 속에서 구원론이라는 유형을 발견했다. 그렇지만 오토는 두 종교 사이에 본질적 차이가 있음을 분명히 지적한다. 그 차이는 피조물의 불완전성과 대비되는 도덕적으로 성스러운 神에 대한 기독교 신앙에서 비롯되는 한편, 인도의 신성이 기독교의 신과 대비해 볼 때 선악을 초월한 존재라는 점에서 비롯된다. 이와 관련해서 오토는 기독교와 힌두교의 상이성을 기독교의 하나님 나라와 교회에서 찾는다. 즉 기독교에서는 그리스도가 행한 최초의 직접적인 행위나 성취가 바로, 신과 하나님 나라에 대한 자신의 신앙을 고취시킴으로써 미래 소망과 현재 소유로서의 구원을 성취하고 부여하는 일이라는 것이다. 따라서 인도의 종교에는 참된 창조교리가 없으며 그리고 세계가 신적 의지에 봉사하는 영역이 될 수 있다는 교리가 존재할 수 없다.

오토에게서 가장 중요한 종교비교는 중세의 기독교 신학자인 엑카르트(Meister Eckhart)와 인도의 철학자인 상카라(Shankara)의 신비주의라는 유형에 대한 비교분석이다. 그들 사이의 중요한 차이점은 그들의 신비체험이 지닌 윤리적 내용에 차이가 있다는 것이다. 즉 누멘을 매혹(즉 주관적인 가치)으로 이해하는 것과 장엄(즉 객관적인 가치)으로 이해하는 것의 차이이다. 오토에 의하면 상카라는 객관적인 가치를 사실상 배제하면서까지 주관적인 가치를 강조하는 반면에, 엑카르트는 객관적인 가치가 가장 중요한 것이라고 주장한다. 한마디로 말해서 상카라의 신비주의가 초도덕적인 데 반해, 엑카르트의 신은 인격적인 순수성과 완전성 및 인간과 세계와 피조물들에 대한 사회적 이상의 요구를 갖춘 모든 도덕 이상들의 신이다. 따라서 기독교와 인도 종교의 중대한 차이는 기독교의 경우 성스러움이 모든 도덕적 가치의 원천이며 근거라는 사실에 있다. 요컨대 인도의 전통은 성스러움을 합리적 요소와 비합리적 요소의 복합으로서 올바르게 평가하지 못하고 있는 것이다.

더욱이 오토에 의하면 특정한 종교현상들은 진행 중에 있는 성스러움이라는 종교적 선험성의 역사적 현현이기 때문에 상호 비교가 가능하다. 즉 종교발달에서의 평행들에 대한 오토의 분석은 종교의 우열을 판단하기 위한 것이다. 오토에 의하면 종교발달은 합리적-도덕적인 것을 통해 누멘(혹은 비합리적인 것)이 점진적으로 은폐되는 것도 아니고 합리적인 것으로부터 누멘이 분리되는 것도 아니다. 오히려 합리적 요소들과 비합리적 요소들의 건전한 결합의 정도가 종교의 상대적인 순위를 측정하는 척도가 된다. 오토에 의하면 기독교야말로 타종교들 가운데서 비합리적-누멘적인 의미와 개념적-윤리적인 의미 사이의 가장 밀접한 상호 침투가 이루어지고 있는 가장 우월한 종교이다.

그러나 오토가 기독교와 비기독교 사이의 차이점을 아무리 많이 발견하고 설명하더라도, 『성스러움』 속에서는 기독교의 독특성을 완전하게 확립할 수 없다. 즉 성자(Sohn)는 누멘적인 것의 역사 전개 속에서 최고의 범주(즉 종교사 내에서의 최고 단계)로서 제시되지만, 이것은 왜 오직 '하나의 성자'(der Sohn)만 존재해야 하는지를 보여주지 못한다. 그러나 오토는 『하나님 나라의 인자』에서 예수가 죽음을 향해 가는 고통받는 인자로서, 예언자와 하나님 나라 보지자를 통일했다는 사실을 강조한다. 오토에 의하면 종교 일반에 부여된 것이 역사적 예수의 인격 속에서 순수 행위가 되는 한, 기독교는 타종교보다 우월하다.

그러나 오토는 유물론과 세속주의에 대항하기 위해 도덕적으로 우월한 기독교를 중심으로 종교들 간의 연대를 강조함으로써 기독교의 '우애적 우월성'(friendly superiority)을 주장한 것처럼 보인다. 기독교를 변증하기 위한 오토의 우애적 우월성 주장은 틸리히에 의해 비판적으로 수정되고 있다. 틸리히에 의하면 '최종적인 계시'(final revelation)로서의 그리스도는 기독교를 포함한 모든 종교를 심판하는 위치에 있다. 틸리히는 보다 열등한 다른 종교들을 배제하거나 포괄하는 능력에 의해서가 아니라, 최종적인 계시인 '그리스도로서의 예수'를 중심으로 타종교와 관계를 맺는 능력에 의해 입증되는 그리스도의 '관계적 절대성'(relational absoluteness)을 주장하는 것처럼 보인다.

틸리히에 의하면 최종적인 계시로서의 그리스도는 기독교를 포함한 모든 종교사의 편람(compendium)으로 가장 잘 묘사된다. 최종적인 계시의 담지자인 기독교는 그 계시를 끊임없이 증거함으로써 타종교를 준비와 수용의 시대로 구분하게 된다. 이와 같이 기독교는 오직 최종적인 계시와 그 상징 속에서 또 그 상징을 통해서만 종교사의 편람인 것이다. 그것은 반드시 그 자신을 하나의 종교로서 긍정하는 동시에 부정해야 한다. 기독교는 특히 십자가 상징 속에서 또 그 상징을 통해서 비로소 계시 경험의 우월성에 대한 계시이며 또한 그 자신의 모호한 역사적 실재에 대한 증거가 된다. 기독교가 그 자신과 다른 종교들을 판단하는 기준은 자신이 기초하고 있는 "그리스도로서의 예수"의 사건이며, 그 방법은 그 사건의 지속적인 정신력에 참여하는 것이다.

기독교가 최종적인 계시에 대한 증거인 한에서 종교사의 편람이자 비판이라는 틸리히의 주장은 기독교의 절대성에 대한 논의로 이어진다. 기독교의 중심적이고 명확한 주장은 교회와 연결된 것이 아니라, 교회가 기초로 하고 있는 사건과 연결된다. 그것은 예수 그리스도 속에서 현현된 신이 참된 신이며, 궁극적이고 무조건적인 관심의 진정한 주체라고 하는 주장이다. 그것은 그리스도로서의 예수의 출현이야말로 종교에 대한 신의 투쟁이며 또한 종교의 문화적 형식과 종교사에 대한 확신인 것이다. 이리하여 그리스도로서의 예수는 종교사에서 중심적인 카이로스(kairos)가 되며, '구체적인 영의 종교'(Religion of the Concrete Spirit)라는 종교사의 '내적 목적'(inner telos)이 계시된 사건이 된다.

그러나 틸리히에 의하면 기독교는 최종적인 계시 자체가 아니라 최종적인 계시에 대한 증언이다. 기독교 또한 하나의 종교로서 그 자체의 역설적인 성격을 경험한다. 즉 그것은 계시이자 종교이며, 또 절대성의 기반으로서 그 깊이는 자아-표현의 상징 속에서 선포되면서 불투명해진다. 그래서 교회로서의 기독교는 종교사의 모든 모호성에 종속된다. 교회로서의 기독교는 구체적인 문화 종교이며 또 그것의 특수한 상징인 것이다. 그것은 최종적인 계시에 대한 증거로서, 세계종교들 가운데서 절대성을 주장할 수 있다. 따라서 교회는 종교사 속에서 중심 사건(즉 그리스도로서의 예수 사건)의 절대성에 참여하게 된다.

그런데 틸리히에 의하면 기독교는 절대적인 동시에 상대적이다. 즉 기독교는 그 역사적인 형식들을 초월하지만, 그것들 속에서 그리고 그것들을 통해 현현된다. 따라서 기독교의 절대성은 그 계시의 최종성에 놓여 있다. 종교나 교회로서의 기독교는 그 최종적인 계시의 절대적 성격(예를 들면 십자가의 상징)에 참여한다. 물론 모든 종교는 기독교에서처럼 각각의 특수성에 의해 영구히 지배되는 어떤 깊이를 갖는다. 따라서 다른 종교를 그들 자신의 깊이로 몰아가는 것이 종교들의 만남과 비교의 목표이다. 이런 임무에 있어서 기독교는 최종적인 계시와 그 상징(특히 십자가)에 근거하고 있으므로 독특하게 비판적인 역할을 갖는다.

기독교와 타종교의 관계를 역동적으로 보는 틸리히의 신학적 다원주의는 이제 종교들 간의 대화를 새롭게 이끌어 간다. 이제까지 우리는 슐라이어마허, 오토, 틸리히 모두가 종교경험의 대상이자 내용인 궁극적 실재의 무한성과 언표 불가능성을 전제하는 신중심주의를 근거로, 기독교의 '배타적 절대성'(exclusive absoluteness)을 배제하고 있음을 알 수 있다. 그런데 슐라이어마허와 오토는 기독교의 탁월성이나 우월성 및 고등성을 강조하면서 기독교를 변증하고 있는데, 틸리히의 관점에서 볼 때 그들의 오류는 그리스도에게서 탁월성을 찾지 않고 역사적인 예수의 인격 속에서 기독교 종교의 탁월성을 찾은 데 있다. 기독교와 타종교를 우열의 기준에서 평가하려는 주장은 타종교에 대해 의사소통과 이해의 문을 닫고 만다. 그러한 주장은 다른 종교 전통에 속해 있는 구성원들이, 사회의 공통 목표를 위해 협력하거나 조화롭게 함께 살아가는 것을 어렵게 만든다. 우월성 주장은 신앙 공동체를 타종교인 이웃들로부터 고립시켜서, 상호 간의 긴장을 일으키고 우호적인 관계를 방해한다.

 비록 슐라이어마허와 오토가 공히 기독교와 타종교의 관계를 진리와 거짓으로보다는 우월과 열등으로 해석하지만, 슐라이어마허는 대화에 소극적인 데 반해 오토는 나름 대로 대화를 촉구하였다고 볼 수 있다. 그러나 아무리 오토가 대화를 촉구했다고 했지만, 종교를 성취나 우열의 관점에서 바라보는 시도는 대화의 정직성을 위협할 수 있다. 입장을 바꾸어서 헌신적인 힌두교 유신론자들로 하여금 크리쉬나의 종교가 예수 그리스도의 종교를 완성시킨 우월한 종교라고 주장할 수 있고, 또 불교도들로 하여금 부처에 의해 발견된 진리가 그리스도의 교훈을 완성시킨 우월한 종교라고 주장할 수도 있지 않을까? 현대와 같은 다원주의 사회에서 타종교의 경험적인 자료에 객관적으로 기초하지 않고 하나의 종교를 종교적인 진리와 가치의 최고 표현이라고 말하는 것은 '신학적인 제국주의'(theological imperialism)라고 말할 수밖에 없을 것이다.

 따라서 한 특정한 종교의 독특성이 타종교에 대해 배타적인 절대성이나 편파적인 우월성을 배제할 때에만, 다른 공동체들과의 의미 있는 관계형성이 가능해진다. 틸리히에 있어서 다른 종교들과의 관계에서 가장 중요한 것은 개신교 기독교가 갖는 자아-긍정의 능력이다. 공산주의나 세속주의 같은 유사종교를 포함한 다른 종교들 간의 만남이라는 현재 상황에서 기독교의 이러한 자아-부정은 기독교가 역사적인 종교 전통으로서의 자신의 특수주의나 배타주의를 초월하는 동시에 세속화의 과정에 개방적임을 의미한다. 기독교는 더 이상 배타적으로 자기 자신의 상징, 의례, 제도의 관점에서만 세계 공동체를 생각할 수는 없다.

틸리히에 있어서 이러한 기독교의 자아-초월은 자신의 특수성으로부터의 자유 그리고 다른 역사 전통 속에 있는 영적 임재의 깊이를 감지할 수 있는 자유를 의미한다. 이러한 광의의 자유에서 비로소 기독교는 '구체적인 영의 종교'라고 하는 규범 아래 있게 된다. 그런데 구체적인 영의 종교라는 개념 아래서는 기독교를 포함한 어떤 특정한 역사 종교도, 스스로를 미래의 유일한 세계 공동체로 자처하는 것이 허용되지 않는다. 그리고 모든 종교적 주장은 진리도 아니며 또 진리로부터 떨어져 있지도 않으므로, 종교들 사이에는 어떤 경쟁도 존재하지 않는다.

따라서 틸리히에 있어서 기독교 선교의 필수적인 도구로서의 개종정책은 이제 더 이상 유효하지 않다. 선교의 진정한 목표는 종교들의 혼합도 아니고 한 종교의 승리도 아니며, 오히려 자아-비판적인 대화를 통해서 그 자신의 종교 속에 존재하는 깊이를 향해 보다 확실하게 침투해 들어가는 것이다. '새로운 존재'를 전세계와 연결시키려는 과제는 대화적-변증법적 만남에서 수행되고 있다. 이러한 만남에서 참여자들은 자신들의 규범에 대한 절대주의적이고 상대주의적인 주장을 동시에 인식하게 된다. 이리하여 그들은 궁극자에 대한 자신들의 상징적인 해석에 따라 자아-비판과 자아-수정의 과정에 참여하게 된다.

틸리히에 의하면 기독교 선교의 목적은 기독교를 포함한 모든 문화와 종교의 기준으로서 새로운 존재를 주장하는 것이다. 기독교의 역사적 형태들은 결코 모든 역사의 변형 중심이 되지 못한다. 그렇지만 예수 그리스도 안에서의 새로운 존재라는 기준은 기독교의 확장 없이는 효과적으로 세계에 전달될 수 없다. 따라서 선고는 문화를 교합수정(cross-fertilization)하려거나 세계종교들을 통일하려는 시도가 아니라, 오히려 유사종교를 포함한 세계종교들 속에 현존하는 잠재적 교회를 '그리스도로서의 예수' 안의 새로운 실재로 변형시키려는 시도이다. 여기서 그리스도는 종교들의 타당성을 판단하고 종교들을 완성시키는 규범으로서 '종교들에 대항하거나 위에'(against of above religions) 있게 된다.

그러나 틸리히처럼 그리스도의 절대성을 주장하는 것은 비기독교 종교의 문화와 삶을 전적으로 배제하거나 무시하기 쉽다. 다른 종교 창설자와의 동등한 비교와 평행을 배제하는 그리스도의 절대성은 다른 시공의 사람들에게서 발견되는 하나님의 은총과 자비를 배척하거나 모독하기 쉽다. 그리고 그리스도의 최종성이라는 말은 예수 그리스도 안에 있는 하나님의 본성을 이해하는 데 문제점을 제시한다. 기독교인은 예수 그리스도를 하나님의 독특한 계시로 믿지만, 예수 그리스도 안에 있는 하나님의 계시는 미래 역사 속에서도 계속 전개될 것이다. 아무리 틸리히가 대화를 위해 타종교에 우호적이고 개방적이라고 하더라도, 그리스도만이 궁극적으로 유일한 구원자라고 생각한다면 여전히 기독교의 절대성 속에서 다른 종교를 생각하기 쉽다. 만일 기독교만이 명확한 진리이고 인류에 대한 신적 계시의 절대성이라고 한다면, 다른 종교들이 단지 기독교로 개종하는 일만 남을 뿐이며 사실상 코끼리와 쥐의 대화만이 남게 된다.

틸리히의 신학적 다원주의는 궁극적인 실재로서의 신만을 절대적인 것으로 인식하고 유사종교를 포함한 모든 종교를 상대적인 것으로 인식한다. 여기에서는 구원을 위해 필수적인 것으로서의 교회나 그리스도가 아니라, 궁극적인 실재로서의 하나님이 구원역사의 중심인 동시에 종교 간의 대화를 위한 출발점이 되어야 한다. 종교사는 이런 궁극적 실재에 대한 반응들이 독특하고 상이하고 무수하다는 것을 예증하고 있다. 따라서 기독교는 궁극적 실재를 완전히 소유하고 있는 유일한 길이 아니라, 그것에 이르는 도상에 있는 하나의 독특한 길인 것이다.

만약 수많은 종교 전통들이 궁극적 실재에 대해 다른 반응들을 보인다면, 각각의 독특성들은 각기 다른 반응들을 상호 비판적이고 상호 풍요롭게 하는 관계가 가능케 되는 방식으로 언급되어야 할 것이다. 배타성은 보편성을 자신의 특수성의 확대로 간주하여 다른 신앙들을 정복하려고 하는 반면에, 포괄성은 다른 신앙들을 주저 없이 흡수한다. 배타성과 포괄성 모두가 비기독교 종교인들에 대항하는 일종의 신학적 폭력일 수 있다. 특히 역사 속에서 그것들이 정치적이고 경제적이고 군사적인 권력과 야합하게 되면, 대립되는 종교 단체들 간의 공동 조화와 세계평화를 무척 위험스럽게 한다.

따라서 기독교인은 배타성과 포괄성을 극복하기 위해 기독교(특히 예수 그리스도)의 독특성을 더욱 분명히 파악해야 한다. 그리고 기독교인들이 이교도들과 더불어 살아가는 폭넓은 신학적 공간을 제공해야 한다. 그것은 기독교인으로 하여금 계시를 화석화시키고 진리를 독점화하려는 소유의 배타성을 배제한다. 모든 종교들 위에 올라서서 지상을 굽어볼 수 있게 하는 신학적 전망대는 존재하지 않는다. 모든 종교가 궁극적 실재에 참여할 수 있고 또 반영할 수 있으며, 어떤 종교도 그것을 배타적으로 소유할 수는 없다. 기독교인은 자신들의 종교를 절대적이거나 최종적인 것으로 만듦으로써, 그것을 신과 동등시하려는 유혹에 빠진다. 여러 대안적인 구원 방법들이 수천 년 동안 다른 문화 배경을 지닌 수백만의 인간들에게 독특한 의미와 목적을 제공해 왔음에도 불구하고, 유대-기독교적 서양 전통이 이 세계의 모든 장소에서 모든 문제들에 대한 충분한 해답을 제시하려는 것은 지나친 욕심이다.

물론 이것은 예수 그리스도 안에서의 기독교인들의 구원 경험의 타당성을 부정하는 것은 아니다. 신학적 다원주의에서의 종교 간의 대화는, 모든 종교가 자신의 고유한 독특성을 갖고 있다는 전제로부터 출발해야 한다. 대화의 선행 조건은 모든 신앙들은 혼합하거나 통일하는 것이 아니라, 모든 종교인이 상이한 독특한 신앙을 갖고 있다는 사실을 인식하는 것이다. 모든 종교는 그 신앙의 본질적 정체성을 수반하는 독특성을 지니고 있다. 그러나 각 종교는 자신의 추종자들에게 독특하고 결정적이지만 또한 다른 모든 종교들과 보편적 관련성을 갖고 있다. 바꾸어 달하면 한 종교의 독특성은 타종교와 배타적이거나 포괄적 관계가 아닌 보완적 관계를 갖게 한다.

그러나 '보완적 독특성'(complementary uniqueness)의 주장은 종교 간의 유사성을 찾으려는 것보다는 상이성을 인정하려는 것에서 추구되어야 한다. 어쩌면 종교들의 독특한 상이성은 영원히 소멸되지 않을 수도 있다. 대화의 선행조건은 모든 신앙들을 조화시키는 것이 아니라, 모든 종교인이 하나의 독특한 확신을 갖고 있으며 또 이러한 확신들이 서로 다르다는 사실을 인식하는 것이다. 종교인은 대화를 시작하기 전에 먼저 상대방 종교의 독특한 신앙 경험을 존중해야 한다. 이러한 대화는 그 자아를 충분히 성숙시킴은 물론 다른 종교와 평화롭게 공존하게 만든다. 모든 종교들은 대화를 통해 한편으로는 자신의 전통을 보존하고 전수하면서, 다른 한편으로는 계속적인 갱신과 순화의 과정을 거치게 된다.

따라서 예수를 신적인 진리로 인식한 기독교인은 자신의 신앙을 저버리고서는 기독교인이 될 수 없고, 그렇지만 다른 신앙 속에서 배울 것이 있다는 겸손한 태도로 다른 신앙과 협력할 길을 모색해야 한다. 대화의 결과로서 신앙은 시험되며 정화되고 수정되며 강화된다. 만일 기독교인이 대화 상대자의 신앙 입장에 의해 진지하게 시험받고 유혹받지 않는다면, 어떤 의미 있는 것도 대화로부터 나오지 않는다. 만일 기독교인이 단순히 자기 종교를 변증하는 입장에서 다른 종교인에게 접근하고 또 기독교인이 종교 진리에 대한 우리의 특정한 인식만 유일하게 옳은 것이라고 믿는다면, 진정한 대화는 이루어지지 않으며 단지 일련의 독백만이 남게 된다.

여기서 기독교는 자신을 참된 종교로 간주하는 동시에, 다른 참된 종교들의 가능성을 인정해야 한다. 대화하려는 사람은 어떤 종교를 갖고 있든지, 자신의 종교를 포기하고 다른 종교로 개종할 모험까지 감수해야 한다. 참된 종교는 신적 진리를 절대적, 최종적, 배타적으로 소유함으로써 발견되는 것이 아니다. 오히려 한 종교가 설 수 있는 확고한 자리를 제공하면서,

다른 종교들과 더불어 궁극적 실재의 무진정한 보고로 향해 가는 전율적이고 매혹적인 여행을 계속함으로써 궁극적 실재를 진정으로 체험하게 될 것이다. 대화를 통해서 이러한 종교 경험들이 심화되고 확대될 수 있으므로, 종교들 간의 관계는 동화나 대체의 관계가 아니라 '상호적인 풍요화'(mutual fecundation)와 협력의 관계가 된다.

물론 종교 간의 이러한 대화는 기독교인들에게 있어서 예수 그리스도를 경시하지 않는다. 오히려 그것은 그의 독특성에 대한 보다 철저하고 시종일관한 헌신을 요구할 것이다. 자신의 종교 전통의 독특성을 단념하거나 다른 신적 중재자를 대화의 출발점으로 받아들여서는 안 된다. 기독교인들에게 있어서 그리스도는 궁극적 실재로서의 신을 계시하는 독특한 상징이다. 그렇지만 그들은 신을 특정한 예수 속에서 만났기 때문에, 모든 유한한 실재 속에서 활동하는 보편적인 신에 대해서도 말할 수 있다. 바로 이것은 예수에 대한 '총체적 헌신'(total commitment)을 요구하지만, 그렇다고 다른 계시자의 가능성을 배제하지도 않는다. 왜냐하면 한 종교인의 특정한 계시자에 대한 총체적 헌신은, 다른 특정한 계시자 속에 있는 보편적인 신에게 이르는 총체적 개방성을 배제하지 않기 때문이다.

기독교인이 그리스도를 궁극적 실재에 이르는 독특한 길로 이해한다고 해서, 기독교가 그것에 이르는 여러 길들 중의 한 길에 불과하게 된데 대해 불안해 할 필요는 없다. 기독교인은 기독교가 궁극적인 실재를 이미 완전히 소유하고 있는 유일한 길이 아니라, 오히려 그리스도가 궁극적인 실재로 통하는 독특한 길이라고 단언하는 것으로 충분하다. 따라서 기독교인들은 그리스도의 개념을 전통적인 개종방식으로 다른 종교들에게 적용해서는 안 되고, 오히려 다른 종교들 속에 있는 그리스도의 미지의 차원들을 인식해야 할 것이다. 다른 종교들은 신적인 중재자를 크리쉬나(Krishna), 모하메드(Mohammed), 석가(Buddha) 등으로 부를 수 있지만, 기독교에서 그것은 오직 그리스도일 수밖에 없다. 그렇다고 그리스도가 반드시 역사적인 예수라는 외피를 쓸 필요는 없다. 왜냐하면 그리스도는 현재 역동적으로 존재하며,

성령으로써 기독교인들을 인도하기 때문이다. 그리스도는 대화 방식에 있어서의 본보기로서 그리고 대화를 가능케 하는 보편적으로 존재하는 성령으로 인식되고 있다.

참된 기독교적 헌신은 성령의 미풍이 기독교라는 집 속으로 들어올 수 있도록 창문을 활짝 열어 놓아야 한다. 기독교인은 성령의 권능이 자기 자신 뿐만 아니라 상대방의 철저한 개종을 야기할 수 있는 기회를 활용할 수 있다고 믿으면서 대화에 임해야 할 것이다. 예수는 성령이 우리 모두를 진리로 인도할 수 있다고 약속했으며 또한 성서적인 이해에 있어서 명제적이지 않고 관계적이기 때문에, 대화는 진리를 추구하는 수단 중의 하나로 되고 있다. 기독교인들은 자기들이 진리를 독점하고 있다고 주장할 수 없기 때문에, 다른 신앙과 이데올로기를 지닌 사람들과 대화하려고 할 때에는 있을 수 있는 온갖 위험을 감수해야 한다. 기독교인은 자신의 기독교를 위험에 처하게 함으로써, 예수 그리스도를 온 세상의 주님으로 고백할 수 있게 된다.

더욱이 여러 민족들 가운데서 새로운 메시아 시대를 예비하고 또 도래할 구속의 길을 마련하는 것이 기독교의 특수한 소명이라면, 그 어떤 문화도 배제되어서는 안 되며 그 어떤 종교도 멸절되어서는 안 된다. 오히려 그 모든 종교와 문화들이 성령의 능력 속에서 흡수되고 변모될 수 있을 것이다. 기독교는 모든 종교들과 문화들의 잠재력과 능력을 결코 억압해서는 안 되며, 오히려 그것들 속에서 인간을 해방하고 구원하는 신국의 미래를 바라보아야 한다. 여기서 종교 간의 대화는 일정한 종교적 교리나 관습을 갖고 있지 않더라도, 해방과 삶 그리고 구원을 지향하고 있는 사람들에게 희망의 신호탄이 될 수 있을 것이다.

그러므로 대화와 증언은 상호 어떠한 모순도 일으키지 않는다. 대화는 예수 그리스도가 오늘날 이 세상에서 고백될 수 있는 한 가지 방식이며 또 기독교를 포함한 모든 종교들은 잠정적인 특성을 지녔기 때문에, 종교인들은 서로에 대한 성숙한 증언의 가능성을 결코 회피해서는 안 된다. 기독교인들은 항상 궁극적인 실재로서의 신에게 이르는 과정에 있기 때문에, 그 도상에 있는 오아시스에서 최종성을 요구해서는 안 된다. 마치 그것이 최종 목적지인 양 착각하여 어느 특정한 오아시스에 안주하게 될 경우, 앞으로 계속 전진해 가는 거대한 대상을 놓치게 될 것이다. 이 세상 끝 날까지 기독교인은 끊임없이 순례의 도상에서 겸손하게 비기독교 이웃들과 함께 계속 전진해야 할 것이다.

부록

I. Ernst Troeltsch의 종교사 신학

II. Wolfhart Pannenberg의 종교사 신학

III. Paul Tillich의 종교사 신학

I. 트뢸치의 종교사 신학

1. 서론

종교적 신념은 진리성과 절대성에 대해서 만큼은 결코 양보하지 않는다. 이것은 모든 종류의 신념에 적용된다고 말할 수 있지만, 특히 종교적 신념 안에는 절대성 주장이 어떤 형태로든 포함되어 있다. 이 사실을 기독교에 적용시킨다면 절대성 주장은 기독교 신앙의 근본적인 요소를 이루고 있다. 기독교사에서는 기독교의 절대성을 중요한 문제로 다루고 있다. 그래서 기독교의 절대성은 어떤 시대에서는 당연한 것으로 전제되었고 다른 시대에서는 진지하게 논의되기도 했다. 그러나 현대는 기묘한 상황에 처해 있기 때문에, 기독교의 절대성이 당연한 것으로 전제되어 있지 않을 뿐더러 진지하게 논의되고 있지도 않다.

19세기 이후의 역사과학과 사회과학의 발전에 발맞춰 종교사도 경이적인 발전을 이룩했으며 종교를 지적 교류의 장으로 끌어들였다. 그 결과 기독교는 독단적인 절대성을 순박하게 주장할 수 없게 되었다. 종교사는 기독교의 절대성 문제의 중요성을 넓고 깊게 인식하기에 이르렀던 것이다. 기독교는 세계 제 종교에 관한 깊은 인식을 갖고 있을 뿐만 아니라, 기독교와 다른 종교의 만남을 경험한 적이 있는 진지한 사상가라면 누구든지 이 문제를 다시 한 번 진지하게 다루어 보려고 할 것이다.

이런 문제에 관해 생각할 때 결코 잊어서는 안 되는 사람은 바로 에른스트 트뢸치(Ernst Troeltsch, 1865~1923)이다. 트뢸치는 기독교의 절대성 문제를 가장 진지한 태도로 다룬 사람 중의 한 사람이었을 뿐만 아니라 비판의 표적이 되었을 정도로 획기적인 입장을 제시했던 신학자였다. 기독교의 절대성과 관련하여 트뢸치에게 가해졌던 비판은 그의 『기독교의 절대성과 종교사』(*Die Absolutheit die Christentums und die Reigionsgeschichte*, 1902)에만 집중되었다. 그러나 그 이후에 트뢸치는 사상적인 발전을 겪었다. 따라서 트뢸치의 사상 발전을 두시한 채 그의 초기의 종교사 신학에서 제기된 기독교의 절대성 문제에 대해서만 비판을 가하고, 후기의 역사철학에 대해서는 주목하지 않는 것은 방법론적으로 부당한 일이다.

여기서 기독교의 절대성과 관련하여 트뢸치에게 가해졌던 비판을 소개하는 것은 우리에게 유익할 것이다. 바르트 신학이 신학세계를 오랫동안 지배하였고 또 기독교의 절대성 문제가 바르트주의에 의해 파괴된 자유주의 신학에 속한 문제였다는 이유 때문에, 기독교의 절대성 문제에 깊은 관심을 기울여서는 안 된다는 견해가 횡행하고 있다. 하지만 크래머(H. Kraemer) 등에게 기독교의 절대성 문제는 결코 등한시해서는 안 되는 문제였다. 크래머는 이 문제와 관련하여 많은 글을 썼으며 그리고 여러 차례에 걸쳐 트뢸치는 논의의 대상으로 삼았다. 크래머는 어떤 글에서는 트뢸치를 종교사적 비교론에 기초하여 기독교의 상대적 절대성을 주장했다는 이유로 공격하기도 했다. "트뢸치에 대해서 깊이 연구해 보면 그는 서유럽인으로서 서유럽 전통의 계승자로서 인격주의(personalism)를 그대로 종교의 기준으로 삼아 버렸다는 사실, '비우주적이고 비인격주의적인'(acosmistic impersonalist) 동양의 당당한 종교철학 체계에 이차적인 의미를 부여했다는 사실은 결코 부정하기 힘들다… 이러한 트뢸치 풍의 종교철학은 '가면을 쓴' (disguised⟨verkapte⟩) 신학이다. 왜냐하면 그의 종교철학은 기독교의 우월성 (superiority)을 명백한 것으로 전제하고 있으며, 아울러 논리를 전개해 가면서 기독교의 우월성을 증명하고 있기 때문이다."[1]

이 비판에서 크래머의 논거는 주로 트뢸치의 『기독교의 절대성과 종교사』에 있다. 크래머는 더 나아가 멘슁(G. Menshing)의 말을 이용하여 기독교의 절대성은 주관적 확신에 그 뿌리를 두고 있는 만큼 증명될 수 없다고 주장하고 있다. "객관적인 종교비교와 기독교의 우월성에 대한 보편타당한 객관적인 증명은 불가능하다…'격렬한 절대주의'(intensive absolutism)는 모든 진지한 종교적 확신이…'주관적 절대주의의 감정'(a feeling of subjective absolutism)에 의존한다는 심리학적 사실을 의미한다. '외면적인 절대주의'(extensive absolutism)는 세계종교의 진리성과 타당성에 대한 보편주의적 주장을 의미하는데, 종교학적 관점에서 볼 때 이들 종교들은 경험판단(Erlebnisurteil)을 논리판단(logical judgment)으로 바꾼다."[2] 그러나 기독교의 절대성의 증명 불가능성은 트뢸치가 『기독교의 절대성과 종교사』에서 취했던 견해이기도 하다. 『기독교의 절대성과 종교사』의 목적은 비교론에 의한 객관적 증명에 있지 않았다.

더군다나 크래머는 다른 글에서 트뢸치가 기독교의 절대성을 증명하면서 유럽의 문화적 입장에 대한 우월감을 신학적으로 표현했다고 비판하고 있다. "우월감은 본질적으로 문화적인 산물이지 종교적인 산물이 아니며 더 더욱 기독교적인 산물도 아니다. 그것은 오직 '명확한 성취의식'(a definite consciousness)에서만 번성할 수 있다. 예수 그리스도에서 계시된 궁극적이고 배타적인 진리를 나타낸다는 기독교의 주장을 거부했지만 기독교의 '소위 상대적인 절대성'(a so-called relative absoluteness)을 견지한 유명한 종교학도인 트뢸치는 사실상 '서양문화의 성취'(western cultural achievement)에 대한 본유

---

1) Hendrick Kraemer, *Religion and the Christian Faith* (The Westminster Press, 1956), p. 66.
2) Ibid., pp. 66-67.

적인 감정을 드러냈다. 각자의 특별한 토양에서 양육받은 중국인이나 힌두인이 세계의 문화와 종교를 비교, 검토한 후에 각자의 종교에 관해 동일한 상대적 절대성을 주장하지 못할 이유가 전혀 없다."[3]

이러한 비판은 예를 들어 트뢸치의 초기 신학에서는 적용될 수 있지만, 후기의 『역사주의와 그 문제』(Der Historismus und seine Probleme, 1922)에서 나타나고 있는 역사적 사유에는 적용되지 않는다. 그가 죽기 전에 쓴 『역사주의와 그 극복』(Der Historismus und seine Uberwindung, 1923)에 관해서는 두말 할 필요가 없다. 그는 이 책에서 세계 제 종교가 각각 내세우고 있는 절대성 주장에는 동일한 정도로 심오한 타당성이 있음을 인정하였다. 이같은 그의 후기 사상에 근거할 때 그가 서유럽 문화에 대한 그의 우월감을, 기독교의 절대성을 논증하는 증거로 삼았다는 크래머의 비판은 전혀 설득력이 없다고 할 수 있다. 왜냐하면 그에게서 트뢸치는 단순히 종교사의 관점에서 기독교의 우월성이 가능하다고 믿는 낙관론자로서 묘사되고 있기 때문이다.

트뢸치에 관한 최근의 연구를 거론할 때마다 라이스트(B. A. Reist)의 『참여의 신학을 지향하여』(Toward a Theology of Involvement)는 빠지지 않는데, 이 책에서는 트뢸치의 사상 발전이 공평한 견해에서 분석되고 있다. 그러나 라이스트는 방법론적으로 치명적인 오류를 범하고 있다. 기독교의 절대성 문제에 관한 한 라이스트는 트뢸치를 올바르게 파악하고 있지 못하다. 왜냐하면 그의 비판은 트뢸치의 『역사주의와 그 극복』에만 향하고 있기 때문이다. 물론 라이스트는 『역사주의와 그 문제』에 대한 분석을 빠뜨리지 않지만, 그것을 『역사주의와 그 극복』과 관련시켜 검토하고 있지는 않다. 이것이 방법론적으로 오류라는 것은 특히 기독교의 절대성 문제에 관한 한 두 저서의 관계가 매우 중요하기 때문에, 이를 간과한다면 필연적으로 트뢸치의 후기 입장을 잘못 이해하게 될 것이기 때문이다. 더욱이 라이스트는 트뢸치가

---

3) Hendrick Kraemer, *The Christian Message in a Non-Christian World* (Haper & Brothers, 1938), p. 109.

기독교의 절대성에 관한 자기 확신을 끝까지 관철시키기 위해 억지 주장을 하고 있을 뿐이라고 말하면서[4] 마치 트뢸치가 상대주의로 빠져 버리기라도 한 것처럼 주장하고 있다.

그러나 필자는 본고에서 『역사주의와 그 문제』와 『역사주의와 그 극복』 사이의 내적 연관을 인정하는 입장에서 기독교의 절대성 문제를 살펴보기로 한다. 초기의 저서인 『기독교의 절대성과 종교사』에서는 트뢸치가 기독교의 절대성 문제를 정면에서 다루면서 주관주의로 후퇴했기 때문에 엄격한 비판의 과녁이 되고 말았지만, 두 후기 저서에서는 기독교의 절대성 문제가 역사철학적인 규범적 가치를 추구하는 문제와 깊게 맞물려 있다. 따라서 본고는 기독교의 절대성 문제에 대한 트뢸치 견해의 전체 발전과정을 검토하고, 더 나아가 트뢸치의 최종적인 입장을 그 역사철학적 체계에 비추어 재해석하려고 한다. 더욱이 트뢸치에게 있어서 기독교의 절대성 문제는 많은 문제들 중의 하나가 아니라, 모든 문제에 앞서 존재하는 중심 문제이다. 그러므로 기독교의 절대성 문제를 열쇠로 하여 트뢸치의 사상발전을 해석하는 것이 타당하다. 틸리히에 의하면 트뢸치의 학문분야에서 일관되게 깔려 있는 문제는 상대성과 긴장 속에서 발견되는 절대성의 문제이다.[5]

기독교의 절대성 문제에 대한 트뢸치의 견해는 최초로 "종교의 자율성" (Die Selbststandgkeit der Religion, 1895)이라는 논문에서 발표되었지만 널리 학계에 알려진 연구는 『기독교의 절대성과 종교사』(1902)와 『역사주의와 그 극복』(1923)이다.[6] 근본적인 입장이나 방법 그리고 결론에 대해서는 현저한 차이가 없지만 각 저서 사이에 사상 발전이 인정되고 강조점에서도 큰 변화가 발견된다. 본고는 특히 『기독교의 절대성과 종교사』와 『역사주의와 그

---

4) Benjamin A. Reist, *Toward a Theology of Involvement* (The Westminster Press, 1965), pp. 200ff.

5) Paul Tillich, *Ernst Troeltsch: Versuch einer geistesgeschichtlicher Wurdigung*, Kantstudien 29(1924), p. 352.

6) Gunnar v. Schlippe, *Die Absolutheit des Christentums bei Ernst Troeltsch auf dem Hintergrund der Denkfelder des* 19. Jahrhunderts, pp. 51-55; Hermann Fischer, Christlicher Glaube und Geschichte, Voraussetzungen und Folgen der Theologie Friedrich Gogartens, 1967, pp. 54-55. 大林 浩, トレルチと現代神學(日本基督教團出版局, 1972)에서 재인용.

극복』을 별개로 취급하면서 기독교의 절대성 문제가 어떻게 비판적으로 연구되는지를 살펴본 후, 트뢸치의 종교다원주의 입장을 살펴보기로 하겠다.

2. 주관적인 확신으로서의 기독교의 지고성

트뢸치는 1894년『기독교의 세계관과 그것의 반대 사조』(*Die christliche Weltanschauung und Gegenstroemmungen*)에서 처음으로 기독교의 절대성을 과학적으로 증명하는 것이 불가능하다는 사실을 알았다. 그렇지만 그는 1895년 '종교의 자율성'에서 기독교의 절대성 문제를 종교사적 비교론으로 귀납적으로 설명하려고 시도했다. 이 연구의 범위는 역사의 인식론으로부터 보면 인도, 유럽의 종교권에 한정되지만, 거기에서 도출된 규범 개념이 보편타당성을 갖고 있다고 믿고 있다. 종교사의 발전과정이 보여 주는 내적인 운동은 보편적인 인격주의적인 구원 종교를 지향하는 경향이 있다. 그리고 모든 종교 가운데 이 목표를 지향하는 것만이 영속적일 수 있으며, 이 목표 실현의 내적인 가능성을 갖는 것만이 최고의 문화와 결합할 수 있는 능력을 갖고 미래적인 희망을 떠맡는다.

트뢸치는 기독고 안에서 이 목표가 잠재적인 가능성으로서 내재하고 있다고 믿었다. 그러나 이런 종교사적 비교론에 의한 기독교의 절대성 확립이 얼마나 많은 문제점을 내포하고 있는 것인지는 트뢸치도 자각하고, 얼마 안 있어 비교 방법의 오류를 스스로 드러내게 되었다. 그러나 그럼에도 불구하고 기독교의 절대성과 진리성에 관한 트뢸치의 개인적인 확신만은 누를 수 없었으며 그의 전생애를 통한 하나의 신앙으로서 작용했다. 종교사학파의 방법을 철저하게 할 때 그러한 비교론이 기독교의 절대성에 자동적으로 이르는 것이 아니라는 사실이 트뢸치에게서 명확히 드러난다. 그럼에도 불구하고 신앙으로서 트뢸치의 내심에 존재하는 절대성 확신은 학문적인 연구를 계속할 것을 요구하고 있다. 이렇게 해서 그의 생애 동안에 합리주의 이론과 개인적인 확신으로서의 신앙이 서로 싸우게 된 것이다.

트뢸치는 종교사의 발전이 보편적인 인격주의적 구원 종교를 지향하고 있고 기독교가 그 잠재적인 가능성을 내포하고 있다고 생각했지만, 학문적으로 역사비교론적으로 기독교의 절대성을 증명할 수는 없다고 지적했다. 종교사를 재료로 하여 새롭게 절대종교의 개념을 구성하거나 기독교를 절대종교라고 증명하는 것은 모두 불가능한 일이다. 왜냐하면 상대성의 영역으로서의 역사 속에서는 절대적인 것이 그대로 존재하지는 않기 때문이다. 그러나 트뢸치는 "과학의 어떤 엄격한 객관성으로 보더라도 그것에 관해서는 추호의 의심도 있을 수 없다. 그는 기독교가 '종교이념의 가장 심원하고 가장 강력하며 가장 풍요로운 전개 형태'(die tietfste, machtigste und reichste Entfaltung der religioezen Idee)[7]라는 사실은 명백하다고 말하면서 기독교가 '지금까지의 종교 중에서 상대적으로 최고의 것'(die relativ hoechste der bisherigen Religionen)[8]이며 미래의 가능성과 희망을 짊어지고 있다는 것을 보여 줄 수 있다"고 믿었다.

트뢸치에 의하면 다행히도 인간의 삶(종교 신앙)에 있어서는, 학문적 증명이 그다지 결정적인 역할을 하고 있지 못하다. 절대성은 학문적 증명의 일이 아니라 신앙의 일이며, 특히 기독교에서는 그 신앙의 핵에 해당하는 것이다. 분명히 절대성은 증명이 불가능하지만, 학문적인 방법으로 부정될 수 있는 것은 아니다. 신앙세계 속에 사는 것은 학문적 증명에 의해 그 신념을 변모시키는 것이 아니라, 기독교가 갖고 있는 진리성에 대한 확고한 신념이 기독교의 지고성과 절대성을 주장케 한 것이다. 절대성은 역사 영역에 있는 것이 아니라, 학문적인 증명의 손이 미치지 못하는 신앙의 직접성과 주관성 속에 있다. 이로써 트뢸치는 주관성 가운데로 물러서서 절대성을 학문적인 증명과 절연시켜 버렸다. 절대성을 주관적인 신앙의 성채 가운데로 은폐시켜 버리는 이런 방식은 『기독교의 절대성과 종교사』라는 저서로 확대되지

---

[7] E. Troeltsch, *Die Selbstandigkeit der Religion*, *Zeitschrift fur Theologie und Kirche* 6(1896), p. 200.
[8] Ibid.

만, 초기의 트뢸치는 의연하게 종교사적인 비교방법에 신뢰를 두고 있으며, 또 그 방법이 적극적이고 건설적인 방향으로 나아가 사용되고 있다. 기독교의 절대성은 증명될 수는 없어도, 적어도 상대적인 절대성이나 지고성이 종교사적인 비교로 지적될 수 있다고 낙관하고 있는 것이다.

『기독교의 절대성과 종교사』는 트뢸치의 역사주의 입장과 그 근본 전제를 보여준다는 의미에서 중요한 책으로 널리 알려졌다. 이 책에서 트뢸치는 '기독교의 자율성'에서와 마찬가지로 종교사적인 비교방법을 이용하여 기독교의 지고성으로 논의를 진행해 간다. 다만 여기에서는 '수렴점'(Konvergenzpunkt)이라는 새로운 개념을 도입함으로서, 종교의 발전이 직선적인 것이 아니라 복잡다단하다는 사실을 한층 명료하게 지적하고 있다. 종교 발전은 헤겔이 생각하는 것처럼 직선 단계에 따르지 않으며, 그렇다고 질서를 결여한 무목적적인 것도 아니다. 복잡다기한 종교 발전에도 하나의 수렴점이 예상되는 것이다. 개개의 종교는 결코 종교사 가운데 고립되고 절연될 수 있는 것이 아니라, 발전의 물결 가운데 하나의 수렴점을 향해 흘러가는 것이다. 그리고 개개의 종교는 각각의 가능한 실현인 것이다.

그러나 『기독교의 절대성과 종교사』에서의 트뢸치의 주지는 낙관론이 아니다. 트뢸치를 비판하는 많은 학자들은 이 점에서 그를 오해하고 있다. 『기독교의 절대성과 종교사』에 있어서의 트뢸치의 목표는 종교사적 비교방법으로 기독교의 절대성을 증명하려는 데 있지 않고 오히려 근대의 역사적 사유의 관점으로부터 기독교의 절대성을 증명하려고 하는 시도 자체의 타당성을 묻는 데 있다. 트뢸치는 역사적 사유로부터 기독교의 절대성이 과연 증명될 수 있는지 없는지를 성실하게 묻고 있다. 따라서 트뢸치가 기독교의 절대성을 증명하는 데 실패하였다든가 그 결론이 상대적인 절대성에 불과하였다고 트뢸치를 비평한 많은 학자들은 문제점을 정확히 파악하고 있지 못한 것이다.

트뢸치에 의하면 기독교를 유일한 종교로서 구별하기 위해 사용한 절대성 개념은 애당초 그 시작을 근대 초기의 변증학에 두고 있는 것이다. 문제의 절대성 개념은 특정학파의 개념이다. 근대의 진화론적인 변증학은 기독교를 종교 진화에 있어서 완성된 형태 혹은 종교 개념의 완전한 구현으로 규정하고, 그런 전제 아래 절대성과 상대성의 구조를 기독교와 타종교의 관계에 적용하였다. 그러나 트뢸치는 이런 특정학파의 절대성을 증명하려고 하기는커녕, 그런 증명 자체가 얼마나 부당한지를 폭로하려고 하였다. 따라서 『기독교의 절대성과 종교사』에서 트뢸치 방식의 기독교 절대성 확립을 기대하는 것은 잘못이다. 많은 비평가는 그것을 기대하고 마치 트뢸치가 기독교의 상대적인 절대성을 주장하고 있다고 비판하고 있다. 사실 트뢸치는 문제에 답변하기보다는 문제 자체의 타당성을 물었던 것이다. 여기서 트뢸치는 절대성의 문제를 세 단계로 나누어 검토하게 된다.

1) 소박한 절대성(Naive Absolutheit)

종교사 연구에 따르면 주요 종교는 모두 그 초기에 절대성을 소박하게 주장하고 있다. 즉 모든 종교는 절대적인 종교로서 발생했다는 것이다. 왜냐하면 모든 종교는 당초는 사색, 검토, 비교 등을 결여한 직관적인 통찰에 의해 이루어졌고, 신적인 힘에 대한 무반성적인 귀의에 근거한 강력한 실재성을 보여 주고 있기 때문이다. 트뢸치에 의하면 비교적 소박한 단계에 있는 종교는 그것이 어떤 종교이든지 스스로 절대성을 주장하고 또 주장할 수 있었다. "살아 있고 참된 종교들은 모두 변증이나 증명 없이도 그것의 순수한 내적 필연성으로부터 그리고 직접적인 신의 '강제와 소명'(Zwang und Beruf) 속에서 행동하며 고유한 '전지전능'(Machtvolkommenheit)을 기반으로 고차원적인 삶의 세계를 열었다. 모든 종교는 절대적인 것으로서 발생했다. 왜냐하면 그것들은 성찰될 수 없는 신적 강제의 구속을 받으며, 그것들의 현실성뿐만 아니라 타당성에 대한 인정과 신앙을 요구하기 때문이다."[9]

더욱이 소박한 세계 속에 사는 인간에게는 그 정신적인 삶의 결정이 모

---

9) E. Troeltsch, *Die Absolutheit des Christentums und die Religionsgeschichte*, p. 109.

두 절대적인 것이다. "소박한 사람들에게는 '지각판단'(Wahrnehmungsurteil)과 '의지자극'(Willensregung)과 모든 전승되는 '규칙과 도덕'(Regel und Sitte)이 절대적이며, 국가, 법, 사회, 예술, 도덕, 학문에서 나타나는 고차원적인 정신생활의 다양한 모든 형성물들은 그것들의 소박한 성장과 근원 그리고 습관 속에서 절대적인 것으로 자각된다."[10] 말하자면 절대성은 소박한 사고와 삶의 공통된 보편적 특징인 것이다. 거기에 있어서의 절대성 주장은 다른 것에 비해 탁월하다고 하는 비교나 검토에 기인하는 것이 아니라, 소박한 마음에서 느껴질 수 있었던 내적인 충동이나 필연성으로부터 나온 것이다. "모든 예술, 국가형성(Staatsbildung), 신분질서(Standeordnung), 도덕 특히 모든 종교는 그 초창기에 완벽하게 확고하며 어떤 증명도 필요 없는 내적인 필연성과 그 자체의 타당성을 확보하고 있다."[11]

그러나 이런 소박한 절대성 주장은 문화의 발전 및 생활권이나 시야의 확대와 더불어 다른 소박한 절대성 주장과 만나며, 거기서 충동이나 마찰을 일으키는 것도 하나의 종교사적인 법칙이다. 거기서 생기는 것은 내용에 있어서 보다 풍부하고 깊은 통찰에 의해 견지된 절대성 주장이, 그렇지 않은 것을 병합시킨다든가 인위적인 갑옷을 입음으로써 서로 자기 강화를 꾀한 것이다. 소박한 문화와 함께 생겨난 소박한 종교는 주관적인 확신에 근거해서 절대성을 주장할 수 있었지만, 문화나 정신 풍토의 성장은 종교를 소박한 주관적인 확신으로부터 불러내면서 넓은 시야를 제공한다. 여기서 절대성의 소박한 주장은 논쟁적인 것으로 바뀐다. 소박한 확신은 직접적인 것으로 피가 통하였지만, 절대성의 교의적인 주장은 그것을 상실한다. 교의적인 주장은 직접성이나 실감보다는 반성이나 사색이나 객관성을 몸에 익힌다.

이러한 추이는 이미 신약성서 가운데서도 보여진다. 예수는 스스로 교설을 다른 것과 비교해서 절대적인 것이라고 주장하지는 않았다. 예수의 교설은 오로지 직접적이고 무반성적인 확산에 의해 관철되었던 것이다. 예수는

---

10) Ibid., p. 104.
11) Ibid., p. 109.

절대종교에 대해서는 말하지 않는다. 절대종교에 대해서 강하게 예수의 의도를 살핀다면, 그것은 '하나님의 나라'로서 역사의 피안에 보류되고 있다. 예수의 소박한 종교적 확신은 철저하게 직접성과 실감에 의해서 관철되고 있다. 또한 소박한 확신으로부터 인위적인 확신에로의 이런 추이는 이미 원시 기독교의 신학에서 보여지고 있다. 구원을 오직 예수의 죽음과 결부시킨 초대교회 신학의 배타적이고 철저한 주장은 그리스도의 빛의 절대성을 다른 모든 빛을 꺼 버리는 식으로 성립시키고 있다.

2) 인위적 절대성(Kunstliche Absolutheit)

트뢸치는 두 번째 단계를 '인위적 절대성'이라고 부르고 있다. 그는 인위적인 절대성을 주장하는 것으로 교의적인 변증학과 진화론적인 변증학을 열거한다. 먼저 그는 근대 역사학이 기독교의 교의적인 변증학과 그 절대성 이론을 불가능하게 하였다는 데서 논의를 시작한다. 교의적인 변증학은 객관적으로 일어나게 된 외적인 자연기적(Naturwunder) 및 회심(Bekehrung)이라고 하는 내적인 기적 그리고 자연 인과율과는 달리 '하나님의 직접적인 인과율'(unmittelbare kausalitat Gottes)을 승인하고 기독교의 '특별한 위치'(Sonderstellung)를 인정한 데 기인하고 있다.[12] 그러나 이러한 기적에 의해서 기독교의 절대성이 증명될 수 있다는 주장은 근대 역사학의 입장에서 볼 때에는 거부되어야만 하는 주장이다. 왜냐하면 소위 기적이라는 것을 인정하여도 종교사에서 명확히 나타나는 바와 같이, 기독교 이외의 제 종교에 있어서도 기적이 주장되기 때문이다. 그 경우에는 기독교를 타종교와 구별하고 타종교와의 역사적 연관을 분리시켜 기독교만을 절대적인 종교로서 받아들일 수는 없게 된다.

더욱이 트뢸치는 근대적인 역사 진화론에 기초한 절대성 이론도 거부하였다. 그것은 독일의 관념론을 배경으로 성립한 자유주의 신학에 의해 주

---

12) Ibid., pp. 36-37.

장된 변증학(특히 헤겔)에 의해서 체계화된 것이다. 여기에서는 인류사의 전체에서 하나의 보편적인 종교 개념이 추출되고 그것이 규범 개념으로 되어, 제 종교는 그 개념의 자아실현의 제 단계들로 나타나게 되고 결국 절대종교인 기독교에 도달하여 그 최고 단계로 발전했다는 진화론적인 절대성 이론이 주장되었다.[13]

특히 트뢸치는 진화론적 절대성 이론은 역사(특히 종교사)의 현실에 입각하지 않은 주장이라고 하면서, 다음과 같은 네 가지 점에서 비판을 가하였다. 첫째로 종교에 대한 '보편 개념'(Allgemeinbegiff)을 종교사 속에서 구할 수 없다. 즉 종교사는 종교의 보편 개념에 대해서는 아무런 말도 하지 않으며, 반복 불가능한 '개별 사건들'(Einzelfalle)에 대해서만 말하고 있을 뿐이다. 트뢸치에 의하면 역사는 사건들의 내용과 연속성을 도출해 낼 수 있는 보편 개념을 갖고 있지 않으며, 구체적이고 개별적이며 항상 '전체 연관'(Gesammtzusammenhang) 속에서 조건지워져 있으면서 핵심을 도출할 수 없는 순전히 사실적인 현상들만을 다룬다. 따라서 역사는 보편성들과 일치되는 '가치들과 규범들'(Werte und Normen)을 알지 못하며 또한 보편 개념의 '절대적인 실현'(absolute Realization)도 알지 못한다.[14]

둘째로 규범 개념으로 승화된 보편 개념이 역사적인 발전과정 속에서 실현된다고 하더라도, 그것이 하나의 종교 속에서만 절대적으로 실현된다고 말할 수는 없다. 트뢸치는 이것을 보편 개념의 인과적인 측면과 목적론적 측면에서 논증하고 있다. 먼저 역사의 인과관계에서 보더라도 타종교와 연관성을 지닌 하나의 종교만이 보편 개념의 절대적인 실현으로서 절대종교라고 생각될 수는 없다. 더욱이 보편 개념의 절대적인 실현이 이루어진다고 하더라도 역사적인 발달과정 속에서 그것을 말하기는 아직 이르다. 그러한 실현은 역사의 종국이나 먼 장래에 기대해야만 한다. 더구나 종교사가 나타내고 있는 바와 같이 제 종교는 결코 '인과적인 단계관계'

---

13) Ibid., p. 39.
14) Ibid., pp. 48-49.

(kausales Stufenverhaeltnis)를 가지고 있는 것이 아니라 병행(Nebeneinander)의 관계를 유지하고 있다. 이런 병행관계 속에서는 가치관계에 관해 해명하는 내적인 도덕적 작업 및 투쟁이 이루어지는 것이지, 구성된 '연속배열'(Sukzessionsreihe)이 이루어지는 것이 아니다. 결과적으로 역사(종교사)는 규범 개념들을 멀리할 수는 없지만, 보편 개념의 절대적인 실현을 제시함으로써 규범 개념들을 얻을 수는 없다.[15]

셋째로 아무리 기독교를 절대종교라고 하여도, 기독교는 결코 역사적인 제약에서 자유로운 종교로 될 수는 없다. 먼저 기독교 자체를 절대적인 종교라고 규정할 수 없는 것은 그것이 역사 내에서는 결코 증명할 수 없을 뿐만 아니라 구성된 보편 개념과 구체적, 개별적, 역사적 형성물과의 '합일불가능성'(Unvereinbarkeit)을 직접 느낄 수 있기 때문이다. 또한 기독교는 고대 국가종교의 붕괴와 후기 유대교의 종말론 같은 다양한 역사환경의 기반 위에서 성립하였고 또한 플라톤철학, 스토아주의, 아리스토텔레스철학과 결합하여 발전하였으므로 기독교는 종교의 보편 개념의 발전을 나타내지 못한다. 기독교는 타종교와 동시에 그 발생과 전개에 있어서, 역사적인 제 조건에 한정된 역사적인 현상일 뿐이다. 따라서 기독교는 역사적으로 상대적이라고 말할 수밖에 없으며 결코 절대적인 종교라고 말할 수 없다. 기독교의 중요한 이념은 기독교 자체에서부터만 얻을 수 있고 그리고 매순간 특정한 역사적 조건들과 아주 내밀하게 얽혀 있기 때문에, 종교의 절대적 개념과 기독교를 동일시한다면 기독교의 생성과 역사뿐만 아니라 종교사 속에서 기독교가 갖는 의미를 인식할 수 없게 된다.[16]

넷째로 발전 개념 그 자체에 문제가 있다. 확실히 발전 개념은 역사학의 유력한 도구이지만, 인류의 역사를 모두 이 개념에서 설명하려고 한다면 구체적이거나 개별적인 사례와 합치되지 않는다. 왜냐하면 역사는 결코 이론적인 필연성을 지니고 진화론적으로 발전하고 있지 않기 때문이다. 기독

---

15) Ibid., p. 51.
16) Ibid., p. 53.

교 역사의 경우에서도 원시 기독교, 가톨릭, 프로테스탄트를 '논리적인 연속체'(Glieder einer logischen Reihe)로서 진화론적으로 파악하는 것은 불가능하며 역사적인 사실과도 일치하지 않는다. 어떤 시기도 단순히 '이행 단계'(Durchgangsstufe)일 수는 없으며, 그 각각의 시기는 '전치 상황'(Gesamtlage) 속에서 그 나름의 독특한 의미와 중요성을 갖는다. 발전이라는 개념은 인과성(kausalitaet)과 목적지향성(Finalitaet)을 갖추고 있어야 하는데, 인과성은 자연에 대해서만 적용가능하기 때문에 우리는 정신을 진화론적으로 파악하려는 발전 개념을 사용할 수 없다.

사변적인 진화론은 인간 생활 전체를 하나의 '발전행렬'(Entwicklungsreihe)으로서 파악하는 특징을 가지고 있는데, 이러한 발전행렬 속에서 정신적 목표내용(Zielgehalt)은 그러한 목표를 향해 논리적 필연적으로 나아가는 일련의 완전히 인과적인 '연속즉 정신행위들'(aufeinander folgende seelische Akte)을 수행한다. 사변적 진화론은 인과성과 목적지향성을 복합시킴으로써 법칙들을 추상해낸다. 즉 사변적 진화론은 개별현상들의 단계들을 개인적인 윤리판단에 의해서 뿐만 아니라 인과적인 진화의 연속으로 말미암는 개념적인 필연성을 가지고 '어른거리는 목표'(vorschwebendes Ziel)에 접근하는 것으로 간주하는 그런 법칙들을 개념화하는 것이다. 그것은 절대에 관한 진화론적인 형이상학에 불과하다.[17]

트뢸치에 의하면 진화론적인 변증학은 기독교를 고립시킨다든가 특별시한다든가 하는 기적의 승인을 버리고 종교사라고 하는 넓은 지반에 못 박고 있는 것이지만, 기독교를 종교의 본질 개념의 실현이나 인간 의식 속에서의 절대정신의 자아실현으로 봄으로써 교의적인 변증학과 동일한 편견에 빠져 있는 것이다. 두 가지 변증학은 그러한 불일치에도 불구하고 기독교를 규범 종교로 보고 있다는 점에서 일치하고 있다. 트뢸치에 의하면 진화론적이고 관념론적인 변증학은 교의학적인 초자연주의 사변적인 대체물에 불과하며, 이런 인위적인 절대성의 주장에 대한 트뢸치의 비판은 다음의 역

---

17) Ibid., pp. 54-56.

사주의 원리로부터 명확하다.

> 역사상의 한 시점에서 절대적인 방식으로 파악하려고 하는 것은 '관철 불가능성'(Undurchbarkeit) 때문만이 아니라 '모든 역사적인 종교성'(alle historische Religiostitat)의 본질에 대한 내적 모순 때문에 좌절하게 되는 하나의 망상에 불과하다…[18] 기독교는 결코 절대적인 종교가 아니며, 역사적인 순간적 조건 및 완전히 개별적인 본성과 무관한 종교가 아니며, 종교의 보편 개념이 무조건적으로 그대로 실현된 형태도 아니다…[19] 기독교는 다른 위대한 종교들과 마찬가지로 역사의 순간 순간마다 역사적 개별 현상들의 조건 속에서 존재하는 '순수하게 역사적인 현상'(eine rein historische Erscheinung)이다.[20]

따라서 역사적인 그리스도의 초자연적 계시를 규범 개념으로 본다든가 종교의 절대적인 본질이라고 하는 규범 개념의 실현을 기독교 가운데서 인식한다든가 하는 것은 역사적인 사유를 거부하는 것이 된다. 왜냐하면 '역사적'(historisch)이라는 것과 '상대적'(relativ)이라는 것은 동일하고[21] 절대적인 것은 '역사의 피안'(Jenseits der Geschichte)에서나 가능하기 때문이다.[22] 트뢸치의 상대성 사상이 의미하는 바는 다음과 같은 것이다. "모든 역사적 현상들은 정도의 차이는 있지만 '전체 연관'(Grsamtzusammenhang)의 작용 속에 존재하는 특별하고 개별적인 형성물들이며, 시선을 개개의 것에 두지 말고 좀 더 넓은 연관[결과적으로는 전체(das Ganze)]에로 넓혀야 한다는 것이며, 역사적 현상들을 전체로서 개관했을 때에야 비로소 '판단과 평가'(Beurteilung und Bewertung)가 가능해진다는 것이다."[23]

여기서 우리는 트뢸치가 역사의 개별성을 초월한 역사의 보편적 가치를

---

18) Ibid., p. 96.
19) Ibid., pp. 52-53.
20) Ibid., p. 64.
21) Ibid., p. 65.
22) Ibid., p. 69.
23) Ibid., p. 68.

추구하고 있음을 알 수 있다. 트뢸치는 그 이유를 세 가지로 열거하고 있다. 첫째로 역사는 결코 규범들을 배제하지 않으며 오히려 규범들을 만들어 내고 이러한 규범을 파악하기 위해 투쟁하는 것을 그 본질적인 과업으로 삼는다. 그러나 이러한 규범들- 그것들의 '통일'(Vereinheitlichung)은 어른거리며 아직 실현되지 않고 또 아직 절대적인 것이 되지 못한- 하나의 목표를 향한 상황과 연결되어 있는 노력이다.[24] 둘째로 특정한 상황들에서 생겨난 중요한 획득물들은 지속적으로 개별적인 형성물들을 채택하게 된다. 즉 고원에로의 확장이 정상을 등반하는 것에로 이어지든가, 우리의 문화가 계속되는 한 미래는 현존하는 힘들과 투쟁하고 대결하여 계승시키고 풍부하게 만드는 작업을 계속할 것이다. 이때 문제되는 것은 '최고 가치들의 승리'(Sieg der hoechsten Werte)이며, 모든 현실을 이러한 사상들에로 편입시키는 일이다.[25] 셋째로 정신적인 삶의 위대한 가치들과 내용들은 상호 비교되고 하나의 가치표준(Wertmaßstab)에 따라 판단되며, 따라서 하나의 공통된 목표의 이념에 편입되게 된다. 그 자신의 불변의 완전성 때문에 역사를 초월하는 이러한 목표는 그러나 좀더 고차원적인 삶의 내용에로 고양되는 여러 것에서 역사적인 전제조건과 상황에 맞는 방식으로 나타날 수 있으며, 이러한 다양한 계시들은 서로 좀더 고차원적이고 초현세적인 신 안에서의 삶을 얼마나 단순하고 힘있고 깊이 있게 보여주느냐에 따라 그 우열을 가리고 비교될 수 있다.[26]

트뢸치에 의하면 비교의 척도는 역사적인 종교들 위를 자유롭게 '부유(浮遊)할'(schweben) 수 있는 것이 아니라, 그 종교들 사이에서 결단을 내려야 하는 것이다. 척도는 가장 강력하고 가장 심오한 종교에서 시작해서, 다른 종교들에서 특별히 이상적인 것을 흡수하여 동화시키게 된다. 척도는 하나의 역사적-실증적 종교에 뿌리를 내리고 있어야 하며, 비교를 통해서 이제까지 아무런 비교도 없이 '전면에 부상된'(vorschwebend) 많은 것을 뒤로 물러나게

---

[24] Ibid., p. 69.
[25] Ibid., pp. 72-73.
[26] Ibid., p. 73.

하고, 또 뒤로 밀려나 있던 많은 것을 강조하게 된다. 이렇게 되면 척도는 개인적인 확신의 문제가 되며 궁극적으로는 주관적인 것이다. 서로 대결하고 있는 역사적 가치들 사이에서 결단을 내리기 위해 필요한 척도는 다른 방법으로는 만들어 낼 수가 없다. 따라서 척도는 비교와 측정(Abwaegung) 속에서 얻어지는 개인적이고 도덕적인 종교적 확신 자체이다.[27]

3) 주관적인 절대성

이제 트뢸치는 다시금 소박한 절대성 주장으로 되돌아가서 주관적인 확신으로서의 절대성이라는 세 번째 단계의 절대성 개념을 보존하려고 하였다. 교의적인 초자연주의적 변증학이나 진화론적인 관념론적 변증학의 입장으로부터의 인위적인 절대성 증명은 역사적 사유의 시대에 이르러서는 타당성을 상실했다. 절대성에 대한 인위적 증명에 의해 대신될 어떤 방법으로 기독교의 절대성에 대한 증명을 시도하려고 하는 것조차 이미 의미가 없다. 기독교의 절대성에 관하여 그처럼 논리나 증명에 의해 인위적으로 대처하는 일이 이미 무의미하고 불가능한 것이라면, 기독교 신앙 내지 기독교의 절대성을 어떻게 파악할 수 있는가? 트뢸치에 의하면 기독교의 절대성이 주장될 수 있다고 하여도 어떤 외적 보증에 의한 것이 아니라는 의미에서, 그것은 '개인적인 확신'(persoenliche Ueberzeugung)의 문제로 귀결된다.[28] 이것은 관념론과 실증주의를 넘어선 개인적이고 인격적인 확신이기 때문에 단순한 주관적인 확신에 지나지 않는다.

여기서는 어떤 의미에서든 간에 실존적인 신앙론이 주장되고 있음을 말할 필요는 없다. 종교들 사이에서의 결단은 트뢸치에 있어서 어디까지나 제 종교와 기독교 사이의 종교사적 비교 위에서 획득될 수 없다. 트뢸치는 기독교의 절대성을 진화론에 의해 설명하는 것이 불가능하지만, 그 때문에 기

---

27) Ibid., p. 74.
28) Ibid., p. 74.

독교가 상대적이며 가치 없다는 결론을 도출하지는 않는다. 오히려 적극적으로 기독교의 가치와 그 최고 타당성을 주장하였다. 이로써 역사적인 현상의 상대성을 승인하는 것은 무제약적인 상대주의나 허무주의로 되지는 않는다. 상대적인 역사 현상이 제 종교가 각각의 영역에서 실현시키고 있는 제가치를 비교함으로써 기독교가 지닌 최고의 타당성에 대해 말하는 것은 가능하다.

트뢸치는 세계종교를 다신교들(Polytheismen)과 보편종교들(Universalreligionen)로 구분하고 보편종교들만이 직접적이고 현실적인 비교를 필요로 한다고 본다.[29] 절대적이고 초현실적인 종교적 신들의 초감각 세계를 감각세계로 명백히 투입시키는 위대한 보편종교들만이 국가, 혈연, 자연과의 자연적인 연관성을 끊을 수 있으며, 신성만이 자연력들이나 자연현상들과 관련맺고 있는 사슬을 끊을 수 있다. 이들 보편종교들 속에서만 감각세계에 대항하여 고차원적이고 정신적이며 영원한 세계가 등장할 수 있고 종교에서 완전하고 독자적인 힘이 성장할 수 있다.

또한 트뢸치는 보편종교를 율법종교(Gesetzesreligion)와 구원종교(Erloesungsreligion)로 구분한다.[30] 율법종교는 감각세계와 정신세계를 나란히 놓고 영원의 본성 속에 존재하는 힘들을 이용하여 좀더 고차원적인 세계로 상승하려고 한다. 이스라엘 예언주의의 두 분파인 유대교와 이슬람교는 대체적으로 율법종교에 속한다. 그러나 구원종교는 감각세계와 정신세계 사이의 간격을 메꿀 수 있으며 그리고 인간을 내적으로 모든 현실로부터 그리고 인간 본연의 영혼의 본성으로부터 떼어낸다. 즉 구원종교는 인간을 신적인 힘들로 충일하게 하여 현실에 대항하고 그리고 이를 통하여 인간에게 현세를 극복하고 현세의 유일한 가치인 선을 행하고 그리고 좀더 고차원적인 세계를 위한 삶과 승리를 희망하도록 한다.

트뢸치는 구원종교 가운데서 우선, 예언주의에 기인하지만 그 예언주

---

29) Ibid., p. 86.
30) Ibid.,

를 근본적으로 초월한 기독교를 꼽고 있다. 즉 기독교는 신과 영혼을 세계로부터 완전히 원칙적으로 분리해 내고, 이 양자를 자연을 형성하고 극복하며 제한된 가치들을 실현시키는 인물의 영역으로 고양시키고 그리고 단순히 존재하는 것과 부연된 것을 모두 세계의 깊은 곳에서 생겨나며 또한 필연적이고 그때 그때의 행위 속에서 실현되는 무한한 가치를 통해 극복하고 있다. 기독교 외에도 인도의 구원종교들이 존재하는데, 이것들 속에서는 신성의 개념이 자연종교의 낡은 기반에서 생겨나고 '윤리화와 인격화'(Ethisierung und Personalisierung)의 발단들과 다시 연관을 맺는다. 신성은 순수하고 최고의 존재이며 최상의 세계질서인 데 반해, 세계과정은 하나의 혼돈이고 유한화(Verendlichung)이다. 따라서 구원은 순수한 의미에 있어서 세계과정을 재고양(Wiederaufhebung)시키는 것이며 모든 개인적인 것의 몰락을 의미한다.[31]

브라만교의 무세계론(Akosmismus)이나 불교의 정적주의(Quietismus)는 인도의 구원종교의 두 유형인데, 그 구원사상은 자연종교의 토대에 근거한 변증법적 비판과 연관된 종교적, 윤리적 자기심화(Selbstvertiefung)를 통하여 산출된다. 여기에서 신성은 절대적이고 유일하며 영원하고 불변의 존재인 반면에, 고통과 기쁨이 공존하는 현세의 유한하고 허망한 것은 허상(Schein)에 불과한 것이다. 그리고 이러한 인식은 영혼을 신과 융합시켜 절대적인 하나의 동일체로 만듦으로써 현세로부터 자유롭게 한다. 그렇지 않으면 신성은 단순한 '세계연속'(Weltfolgen)의 규칙이 되어 버리고 모든 유한한 것이 갖는 피상성(Scheinbarkeit)과 비본질성(Wesenlosigkeit)의 인식과 연관되어 '의지의 굴절'(Willensbrechung)이 일어나는 무(Nichts)가 되어 버린다.[32] 두 종교에서는 자기극복과 세계극복이라는 윤리사상 그리고 참 세계와 허위 세계 사이의 대립에 대한 깊은 종교적 느낌들이 작용하고 있다. 이 때문에 인도의 구원종교에서는 진실로 인간을 해방시키고 변혁시키는 높은 차원의 세계의

---

31) Ibid., p. 87.
32) Ibid.,

진리, 힘, 생명이 도여지지 않고 있다.

이에 반하여 기독교는 '인격주의적인 종교성의 가장 강력하고 집중적인 계시'(die srarkste und gesammelste Offenbarung der personalistischen Religiositat)이다.³³⁾ 트뢸치에 의하면 기독교는 다음과 같은 이유로 아주 독자적인 지위를 차지한다. 즉 기독교만이 고차원적인 세계와 하급 세계 사이의 단절을 완전히 메꾸었으며, 현실을 '행위와 내적 필연성에서 기인하는 고차원적인 세계'(eine aus Tat und innerer Notwendigkeit stammende hoehere Welt)를 통해 보충·변화·고양시키며 그리고 세속과 죄악에 빠져 있는 영혼을 그것에 대항하는 '신의 사랑'(Liebe Gotes)과 구원적으로 결합시킴으로써 이러한 일을 가능하게 한다는 것이다.³⁴⁾ 트뢸치에 의하면 비기독교 종교들에서 신은 자연존재와 자연활동 속에서 구체화된 단순한 존재자인 데 반해, 기독교의 신은 행위와 의지를 지닌 신이라는 점에서 차이가 있다. 그는 다음과 같이 말한다.

> '초월존재'(Uebersein)나 '비존재'(Nichtsein)에 대한 사고에 의한 구원 및 모든 삶과 모든 유효한 가치의 근거가 놓여 있는 '신의 인격성'(personhaftigkeit)에 참여하는 신앙적인 믿음에 의한 구원 사이에는 결단(Entscheidung)이 놓여 있다. 그것은 종교적인 자기규정의 결단이지 과학적인 증명은 아니다. 비교적 위대한 삶의 깊이와 비교적 고차원적인 목표설정은 '인격주의적인 종교'(Personalistische Religion)에서 나타난다.³⁵⁾

여기서 우리가 주목해야 할 것은 트뢸치가 한편으로는 결단의 주관성이나 주체성을 언급하면서, 다른 한편으로 이 결단이 결코 단순한 주관적이고 자의적인 것이 아니라 종교사에 나타나고 있는 제 종교에서 생성된 가치를 비교함으로써 이루어지는 것이라고 주장한다. 즉 제 종교가 공통으로 보여주고 있는 정신화·내면화·개인화·윤리화의 가치실현에 있어서 그리고

---
33) Ibid., p. 88.
34) Ibid.,
35) Ibid.,

고도의 종교가 공통적으로 지향하고 있는 신·세계·혼·초자연적인 생명 등에 대한 사상에 있어서 기독교는 단순한 독자적인 위치를 점하고 있을 뿐만 아니라, 제 종교의 노력과 지향의 총괄을 성취하고 있다는 것이 비교에 의해 명확히 드러난다는 것이다. 그렇다고 기독교가 '궁극적인 정점'(Letzte Hoehepunkt)이며 기독교를 능가할 만한 어떤 종교도 있을 수 없다는 사실이 증명 가능한 것은 아니다.[36] 왜냐하면 궁극적인 것이 무엇인가 하는 것은 역사학적으로 말할 수 있는 것이 아니기 때문이다. 따라서 장래에 기독교보다 더 높은 차원의 종교가 나타나지 않으리라고 단언할 수는 없다. 따라서 정점을 갖고 있기 때문에 절대성이 있다고 말한다면 그것은 상대적인 절대성에 지나지 않는다.

이 점에서 트뢸치의 절대성 이론에 관한 논쟁이 발생하였지만, 트뢸치는 이 점을 인정하여도 기독교의 최고 타당성이나 지고성이 조금도 손상되지 않는다고 생각하였다. 왜냐하면 그에 의하면 신자는 자신만이 진리를 독점하고 있거나, 장래에 그 이상의 진리가 발견될 수 없다는 보증을 구할 필요가 없기 때문이다. 역사적으로 보아도 현재의 단계에서 최고의 것을 소유하고 있다는 확신만으로 충분하다. 그는 다음과 같이 말한다.

> 인격주의적 구원종교인 기독교는 우리가 아는 한 가장 모순 없이 발전된 종교적 삶의 세계이다. 이 속에서 진실된 삶은 어떠한 발전 형태에서도 그 명맥을 유지할 수 있으며 근절되지 않는다. 우리가 만약 그 문화의 단절이나 후퇴 그리고 정신발달을 상상한다면, 기독교가 새로운 상승기에 다시 나타나리라는 것을 기대할 수 있다. 이것이 기독교의 절대성에 대한 우리의 입장이다. 이것은 절대적인 결단(Enstscheidung)과 역사적-상대적 '발전구상'(Entwicklungskonstruktion)의 현대적 결합이다. 이러한 주장은 어떤 절대적인 '기적 인상'(Wundereindruck)을 통해 고립된 대상에 대한 확신(Vergewisserung)을 심어줌으로써 생겨날 수도 없고 확실히 증명할 수 있는

---

36) Ibid., p. 90

발전법칙으로부터도 이끌어 낼 수 없는 것이다.[37]

　더구나 신앙의 관점에서 본다면 역사 속에서 절대를 구하는 것은 환상에 불과하다. 왜냐하면 절대는 오직 역사를 초월한 신 안에서만 구할 수 있기 때문이다. 여기서 우리는 원래 기독교의 절대성에 관한 주장은 신학·변증학·이론적 증명에서 유래하였다는 것이 아니라, 인간의 마음과 삶에 있어서 신의 계시에 기초를 두었다는 것을 알 수 있다. 사실 모든 종교가 주장하는 절대성은 본래 소박한 절대성에 관한 주장이었다. 그것은 전 현실의 신비와 인간 영혼의 만남에서 행해졌던 가장 근원적인 경험에서 발생한 것이다. 순박하게 느낄 수 있고 순수하게 절대적인 것은 역사적인 현상이나 계시의 형태로 존재하는 것이 아니라 측량할 수 없고 인간의 신앙부족을 항상 새로운 계시로써 극복하는 '생의 충만'(lebensfuelle) 자체인 신 자신이며, 모든 역사를 초월하는 무한성과 피안성을 지니고 있는 인간의 정신 목표이다. 신이 생생하고 강력하게 인간 영혼 앞에 존재하게 되면, 신의 절대성은 완전히 순박한 방식으로 신에 대한 체험·진술·견해 등에 그대로 전해진다. 모든 종교는 그 나름의 방식대로 자체를 절대적이라고 느끼며, 순박한 자기확신이 사라지지 않는 한 허용된다. 역사적 종교들의 소박한 절대성은 '계시담지자'(Offenbarungstrager) 및 그를 통해 말하는 신을 깊이 내적으로 연결시키는 것에 다름 아니다.[38]
　그러나 기독교가 주장하는 절대성은 제 종교에 공통적인 소박한 절대성에 관한 주장 중에서도, 가장 순수하고 강력한 예수의 신앙과 확신에서 유래된 것이다. 신자에게 있어서는 예수의 이러한 소박한 절대성이면 충분하다. 예수의 순박한 절대성은 하늘에 계신 아버지에 의해 보내졌다는 예수의 믿음 그리고 아버지의 뜻이 유일한 도덕적 진리이며 아버지의 약속이 유일한 구원이라는 확신에 있다. 예수의 그러한 요구가 정당한 것은 그것이 가

---

37) Ibid., p. 92.
38) Ibid., pp. 117-118.

장 강력하고 가장 순수한 종교적 이념에서부터 가장 내적이고 가장 소박한 방식으로 흘러나오기 때문이다. 기독교는 비록 다른 종교들도 그와 똑같은 힘을 가진 똑같은 신의 계시들이긴 하지만 그리고 그 이상의 계시를 추상해 낼 가능성도 이론적으로 배제할 수는 없지만 그래도 신의 위대한 계시로 남아 있다.

기독교는 특히 예수의 업적으로 남아 있다. 그런데 그 예수의 업적은 예수와의 관계 속에서 그 가장 강력한 힘을 얻으며, 그 업적의 확신은 예수라는 인물 속에 신의 은총이 생생하고 진실되게 보증되고 있다는 것에 대한 믿음에서 생겨난다. 기독교 이외의 다른 제 종교에서 나타나는 영웅이나 예언자들 안에서도 신의 힘과 영향력을 느낄 수 있지만, 기독교에서 훨씬 더 심오하게 신에 대한 믿음이 '계시자와 보증인'(Offenbarer und Buerge)의 삶과 고통에 대한 존경과 결합되어 있다. 즉 우리는 너무나 연약한 존재이기 때문에 우리 마음속에서 그보다 더 높은 신의 힘을 발견할 수 없으며, 예수라는 인물과 그의 나라에 종속됨으로써만 안정과 평화를 얻는다. 그런 이유로 기독교 공동체는 예수로부터 시작되고 예수를 고지하는 가운데 유지되고 확고해지는 독특한 사랑과 신앙 공동체로서 남아 있다.

이러한 공동체는 예수 안에서 최고의 종교적이고 도덕적인 힘들을 얻었다는 확신 이외의 다른 요소는 필요로 하지 않으며, 신의 힘과 생명이 기독교 이외의 제 종교에는 존재하지 않고 기독교에만 초자연적이고 절대적인 방식으로 주어져 있다는 식의 변증은 필요로 하지 않는다.[39] 그러므로 트뢸치에 있어서 소박한 절대성 주장의 강력함이나 주장방식에 반영되고 있는 것은 소박한 종교경험의 이념 세계(Ideenwelt)이다. 기독교의 경우 그것은 예언자적인 기독교의 인격주의의 이념을 가리킨다. 초자연적인 계시라든가 구원이라든가 기독교의 유일진리성(Alleinwahrheit) 등이 모두 인위적인 이론 형성이며 시대적인 변천과 함께 타당성을 잃는 것일지라도, 예언자적인 기독교적 인격주의의 본질적 이념은 타당성을 잃는 것이 아니다. 오히려 그러

---

39) Ibid., pp. 99-100.

한 인위적인 억지를 제거함으로써 근대의 역사적 사유의 세계에 대해 진가를 발휘한다고 트뢸치는 믿고 있다.[40]

예수의 순수한 종교적 직관과 그것에 기인하는 소박한 절대성 주장의 타당성을 확인함으로써 기독교의 절대성을 그 주장의 인식론적인 타당성의 방면으로부터 떠받들려고 한다고 하는 것이 트뢸치의 의도이지만, 거기에 있어서의 주관성은 키에르케고르의 '주관성이 진리이다'라는 실존주의적인 원리에도 통하는 점이 있다. 다른 점은 키에르케고르의 주관성이 헤겔적인 객관주의에 대한 반발로서 생겼다는 것에 반하여, 트뢸치의 그것이 역사주의 정신의 관철로부터 생겨났다는 데 있다. 역사의 상대성을 전면적으로 인식하면서도 상대성을 자기붕괴로부터 구제하기 위해서는, 절대성을 어떤 형태로든 승인하지 않으면 안 된다. 객관적으로 역사 가운데서 절대성을 인식하는 것은 역사적 사유의 자기모순이 된다.

따라서 트뢸치에게 남겨진 길은 역사적 사유에 위배되는 것이 아니라 오히려 역사적 사유를 관철하는 것으로서, 객관적인 논증의 손이 미치지 못하는 주관성 가운데 절대성을 인정하는 것이다. 트뢸치의 이러한 주관성의 입장을 정확하게 보여준 부분은 다음과 같다.

> 종교감정은 다시 역사를 당각할 수도 있고 또 망각해도 된다. 그리고 지금 종교감정은 이전처럼 소박한 절대성을 가지고 신의 현재 속에서 살아가며, 항상 우리에게 보여지는 신의 목적에 대한 직관(Anschauung) 속에서 살아간다. 그러나 역사에서 그리고 위대한 종교 인물들에서 힘을 얻을 필요가 있거나 특히 공동체의 응집이나 지속을 위해서 그리고 어떤 제식의 가능성을 위해서 그러한 종교감정의 토대를 현재화시킬 필요가 있는 경우에는 종교감정을 다시금 이러한 것들 [소박한 절대성 및 직관]에로 눈을 돌리게 되며, 역사비평학을 오로지 교화와 심화에만 기여하는 역사의 현재화로부터 분리시킬 수 있다…그리고 인류의 다양한 진리와 가치들을 공감하고 살아가면서 자신

---

40) Ibid., p. 128.

의 길을 찾는 사람은 가장 명백하고 총괄적인 종교적 생명력이기도 한 이러한 '가장 자유로운 소박성'(freiste Naivitaet) 속에서 우리를 주재하는 신적 생명의 최고 계시에 관한 암시를 인식할 수 있을 것이다. 그러한 사람은 이런 절대성 요구의 소박한 울타리를 부인도, 회피도 하지 않을 것이다.[41]

이 인용에서 명확하듯이 『기독교의 절대성과 종교사』에서의 트뢸치의 입장은 주관성의 입장이며 종교사적 비교연구는 이차적인 것밖에 되지 않는다. 종교사적인 비교론이 가져온 것은 결코 기독교의 절대성에 대한 증명이 아니다. 그러나 종교사적 비교론으로 증명될 수 없다고 해서 기독교의 절대성이 감추어지는 것은 아니다. 절대성은 주관적인 확신의 일이며 객관적인 논증의 차원으로부터 제외된 것이다. 트뢸치는 여기서 어떤 상대적인 절대성을 제안하고 있지 않으며 또 논증에 의해서 그것을 증명할 수 있다고 자인하고 있지도 않다. 종래에 시도된 논증이 모두 실패로 끝났음을 폭로하였을 뿐만 아니라, 절대성을 논증의 속박으로부터도 해방시켰던 것이다. 트뢸치의 주관성에 대한 주목은 좌절된 역사주의에 있어서 하나의 돌파구로서 중요한 의의를 갖고 있다고 말할 수 있다. 역사주의의 물결 속에 절대성을 어떻게든 정착시키려고 하였던 트뢸치의 노력은 높이 평가되는 데 지장이 없다.

물론 주관주의는 문제의 영속적인 해결이 못될 것이다. 그러나 주관주의에 빠진 것을 갖고 실패라고 규정할 수는 없다. 왜냐하면 절대성의 문제는 신앙이나 고백이라는 극히 주관적인 영역에 속하는 것이기 때문이다. 트뢸치가 이렇게 절대성을 주관성의 영역으로 되돌리기까지 계속 지니고 있으려고 하였던 것은 절대성이 종교신앙의 필연적인 요소이며 또 그것이 없이는 종교신앙이 성립되지 않기 때문이다. 극단적인 상대주의의 입장에서는 기독교가 상대적인 역사적 상황의 산물이고 절대성을 주장할 권리를 갖고 있지 않다고 공격할 수 있을지도 모른다. 그러나 어떤 상대주의 입장도 사

---

41) Ibid., pp. 29-30.

실상 개인적인 주관적 세계관에 입각한 하나의 신념인 한 그것은 절대성을 필요로 하는 것이다. 또 어떤 신앙이나 신념이나 세계관도 그 근저에는, 논증으로 부정도 긍정할 수 없는 무엇인가를 갖고 있다. 세계관은 모두 그 근저에 있어서는 하나의 직관이다.

따라서 트뢸치는 종교신앙 속에서 절대성의 요소가 불가결한 것임을 알고 그것을 논증이나 역사적 증명의 영역에서 벗어나더라도 보존하려고 했던 것이다. 트뢸치의 종교사적 비교론은 역사상대적인 것을 고려하는 동시에, 신과의 교제나 구원의 확신에 대한 종교적 필요성도 충족시키는 결론을 다음과 같이 제시한다.

> 기독교는 따라서 인식할 수 있는 한의 종교의 발전방향 전체가 지시하는 정점(Hoehepunkt)일 뿐만 아니라 수령점(Konvergenzpunkt)이기도 하다. 그리고 그런 이유로 해서 기독교는 다른 제 종교를 비교할 때 '총괄적 중심'(zentrale Zusammenfassung)으로서 또 '원칙적으로 새로운 생의 전개'(die Eroffnung eines prinzipiell neuen Lebens)로서 특징지을 수 있을 것이다…[42] 기독교는 '지금까지의 모든 종교들 중에서 정점'(Hoehepunkt aller bisherigen Religion)이며, 미래에 나타날 모든 강력하고 명확한 종교성의 토대이자 전제조건인 동시에 그것을 능가하는 것의 개연성은 없고 또한 우리의 역사적 시야가 미치는 한에서는 역사적 토대로부터 분리된 개연성도 없는 존재이다.[43]

우리는 인격주의적인 종교의 생활세계에 헌신하고 기독교가 바로 우리의 문화연관과 역사적 순간 속에서 나타난 그 삶 세계의 구현형태라는 것을 인식하는 가운데, 절대적인 것에로 향한 삶의 운동 속에 서 있는 것이다. 다른 모든 것은 인격주의를 경계로, 우리의 뒤편이나 옆에 심연을 경계로 하여 존재한다. 우리가 필요로 하고 또 우리가 얻을 수 있는 절대성의 감정을 제

---

42) Ibid., p. 90.
43) Ibid., p. 102

공해 주는 것으로서 기독교는 손색이 없다.

3. 종교다원주의에 근거한 기독교의 충족성

1) 종교사적 비교론의 한계

역사주의적 신학자로서 학문생활을 시작했던 트뢸치는 역사적 사유가 근대세계에 가장 중요한 사상경향 또는 시대정신이라고 생각했다. 이 같은 근본적인 확신은 트뢸치가 평생 동안 살아가면서 전혀 흔들리지 않았다. 동시에 그는 신학과 종교학에 대한 역사적 사유와 방법의 적용에 대해 극히 낙관적인 생각을 갖고 있었다. 1890년부터 1910년에 이르기까지의 트뢸치의 신학논문들은 이러한 낙관적 생각을 정확하게 보여주고 있다. 즉 이들 논문들은 역사적 사유와 방법에 의거한 신학연구와 종교연구였다.

그러나 이 같은 낙관주의는 그가 『역사주의와 그 문제』를 발표했던 1922년에 이를 때까지 상당한 정정과정을 거쳤다. 트뢸치는 이 시기에 커다란 사상적 전환을 경험했던 것이다. 이러한 그의 사상적 전환은 유럽의 정치적 격변과 관계되어 있었다. 마르크스와 니체의 날카로운 절단에 의해 속속들이 드러난 유럽문명의 잠재적 문제점과 약점이, 제1차 세계대전과 러시아혁명을 거치면서 결정적인 양상을 드러냈던 것이다. 물론 이러한 역사적 격변만을 계기로 해서 트뢸치가 사상적 전환을 겪었다고 할 수 없다. 다른 한편으로 역사적 발전은 세계역사가 얼마나 복잡한가를 더욱 분명하게 보여주었으며, 제1차 세계대전과 러시아혁명 등은 세계역사가 단일하고 종합적인 축을 갖고 있다고 이해해서는 안 된다는 것을 보여주었다. 아울러 실증주의적인 인과율로 역사를 이해하려는 노력은 물론 헤겔적 발전론이나 다원적 진화론을 토대로, 역사를 일관적인 하나의 흐름으로 파악하려는 노력은 부적당한 것으로 밝혀졌다.[44] 결국 트뢸치의 역사적 사유는 흔들림이 없지만, 이것과 얽혀 있었던 낙관론은 불식될 수밖에 없었다. 20세기 초의 혼미한 역사적 상황은 트뢸치 개인뿐만 아니라 역사주의 전체를 낙관론에서 비관론으로 흐르게 하였다. 다시 말해서 모든 이념과 권위의 체계를 상대화해 버리는 비관론이 대두되었던 것이다.

비록 트뢸치가 낙관론을 버릴 수밖에 없었지만, 그는 상대주의적 비관론으로 자기해체를 겪고 있었던 역사주의에는 동의할 수 없었다. 상대화의 흐름 속에서 약화되고 있었던 이상(理想) 개념을 어떻게 해서든 구해 내야만 한다는 것이 트뢸치의 역사철학의 과제였다. 그는 현실적으로 직면하고 있는 비극적 상황을 충분히 판별해 내고, 이러한 상황이 시사하는 바를 뒤치닥거리하듯 정리해 나가면서 세계와 인간의 역사적 존재의 의미를 회복시키지 않으면 안 되었다. 따라서 『역사주의와 그 문제』에서 트뢸치가 스스로 정했던 임무는 한편으로는 상대주의로 와해되어 가고 있었던 잘못된 역사주의(비관주의적 역사주의)와 투쟁하면서, 다른 한편으로는 인간의 역사적 존재의 존엄을 간과하는 경향이 있는 자연주의적 결정론에 대항하는 것이다.

물론 역사적 사유에 관한 초기 트뢸치의 확신은 여기서도 일관되게 유지되었다. 역사적 사유가 시대정신이었다면 그것으로부터 도피하는 것은 시대착오였다. 또한 그렇다고 해서 비극적 상황으로부터의 도피나 낙관론적인 안일한 회귀도 허용될 수 없었다. 남아 있었던 길은 역사를 역사에 의해 극복하는 것뿐이었다. 즉 역사(역사의 비극적 상황과 위기 그리고 이로부터 야기된 역사상대주의적 해체)를, 역사(올바른 역사 이해, 역사적 사유의 재건)를 토대로 극복하는 길밖에는 없었다. 결국 트뢸치의 임무는 역사주의의 부정이 아니라 극복이었다고 할 수 있다. "그것은 역사주의의 의의와 본질에 관한 문제인데, 여기에서 이 역사주의라는 말은 나쁜 의미에서 부차적 의의로부터 완전히 해방시킨 후, 인간과 그 문화 및 발언에 관한 다양한 모든 사고를 근본

---

44) E. Troeltsch, *Der Historismus und seine Probleme*, GS III, pp. 1-6

적으로 역사적이게 만드는 의미로 이해해야 한다."[45]

트뢸치는 후기에 들어와서 역사철학에 관심을 두게 되었다. 그는 초기의 종교사 신학 시대와 후기의 역사철학 시대 사이에 다수의 의욕적인 저작을 통해 광범위한 정신사 연구에 전력했다. 1923년 트뢸치는 최후의 저작인 『역사주의와 그 극복』을 저술했는데, 그 가운데서 "세계 제 종교 중에서의 기독교의 위치"(Die Stellung des Christentums unter den Weltreligionen)라는 논문이 중요하다. 이 소논문에서 트뢸치는 역사주의자로서 일생 동안 다루었던 절대성과 상대성의 문제를 총결산하였다. 그에게 있어서 기독교의 절대성은 기독교에 관한 문제인 동시에, 역사철학에서 가장 중요한 규범 개념을 추구하는 의의와 관련된 문제였다. 따라서 트뢸치는 기독교의 절대성을 문제로 삼고 그것에 대한 최종적인 입장을 제시함으로써, 규범 개념의 추구에 관한 최종적인 입장을 제시했다고 할 수 있다. 소논문에서 우리는 트뢸치가 『역사주의와 그 문제』에서 전개했던 역사철학의 성과를 실제의 현실에 적용하는 모습을 볼 수 있다.

『기독교의 절대성과 종교사』를 저술한 지 20여 년이 지난 후의 기독교의 절대성 문제에 관한 트뢸치의 입장은 그 자신은 비록 근본적인 변화는 아니라고 말하지만 중요한 변화를 가져온 것이 분명하다. 기독교의 절대성 문제를 순박한 주관적인 확신으로서의 절대성 주장으로 되돌려 놓은 트뢸치는 이 같은 절대성 주장 안에서는 절대성이 순박한 확신의 타당성과 관련을 맺고 있고 또 순박한 확신의 타당성은 인간정신의 본질적 구조에 뿌리를 박고 있다고 굳게 믿었던 것이다. 그러나 트뢸치는 역사적이고 상대적인 사유가 꿰뚫고 있는 그 어떤 이론적인 설명도 기독교의 절대성을 확립해 낼 수 없다고 확신했고 그리고 그 때문에 주관성으로 물러날 수밖에 없었던 때조차도 여전히 비교방법의 유효성을 일정 정도 신뢰하였다. 따라서 그는 기독교가 절대성을 갖고 있는가 아닌가에 대한 증명은 불가능하더라도, 절대성을 주장하는 주관적 확신이 타당한가 아닌가라는 점에서는 종교의 비교가 가능

---

[45] Ibid., p. 102.

하다고 생각하였다. 왜냐하면 이러한 비교를 통해서 제 종교의 내적 구조의 차이를 드러낼 수 있다는 확신이 그 배후에 깔려 있었기 때문이다.

트뢸치의 초기 사상에 따르면 기독교의 절대성과 타당성에 대한 순박한 주장은 그 신 개념과 마찬가지로 독특하다. 결국 기독교의 절대적 타당성에 대한 주장이 이른바 그 종교 이념의 내용에 어울리게 입증될 수 있다는 생각도 실제로는 이 관점에 입각해 있다. 트뢸치는 후기의 이 소논문에서 기독교의 절대성에 대한 초기의 확신을 다음과 같이 요약하고 있다.

> 기독교의 보편타당성 주장은 사유나 증명의 확실성에서 기인하는 것이 아니라, 양심의 깊은 속에서의 '신의 자아현현'(Selbsterschlieβung Gottes)에서 기인한다. 따라서 기독교의 절대성에 대한 소박한 주장은…인간으로 하여금 새롭고 차원 높아진 삶에 대하여 눈뜨게 하고 죄의식이 세울 수도 있는 장벽들을 무너뜨리며, 인간의 개별적인 자아 속에 끈덕지게 도사리고 있는 이기주의와 영원히 절교하게 하는 영혼의 깊숙한 곳에 있는 계시에 대한 믿음의 필연적인 결과인 것이다…기독교 자체는 발전 도상에 있는 종교이며, 끊임없이 새롭고 보다 완전해진 표현을 지향해 가고 있는 것이라는 이야기만으로도 충분하다. 기독교가 연구대상이 될 수 있는 모든 역사상의 종교들 가운데서 획득한 가장 높은 수준의 타당성을 지니고 있다는 것을 인정하는 것으로 만족해도 좋을 것이다. 우리는 유대교도나 조로아스터교도나 회교도나 유교도나 불교도가 되겠다고 소원하지 않을 것이다. 그 대신에 끊임없이 우리의 기독교로 하여금 변화하는 생활조건과 조화를 이루게끔 할 것이며, 또 기독교의 인간적인 신적 잠재성에 가능한 한 완전한 결실을 만들어 내고자 노력할 것이다. 기독교는 우리가 알고 있는 '가장 지고하고 가장 내면적인 것'(das Hoechste und innerlichste)이다. 기독교는 '최고의 타당성'(hochste Gultigkeit)을 지니고 있다. 그것으로도 충분하다.[46]

---

46) E. Troeltsch, *Der Historismus und Uberwundung*, pp. 73-74.

2) 종교다원주의

이 같은 초기의 확신에 비하면 후기 트뢸치의 논문에는 비교론적인 사고는 흔적조차 없다. 역사에 대한 경험적인 연구와 이에 기반을 둔 역사철학적 사색은 비교론이 얼마나 문제를 잘못 풀었는가를 상기시킨다. 여기에는 두 가지 요인이 작용하고 있다. 첫 번째 요인은 역사에 대한 경험적인 연구는 역사적 개체를 표면에 떠오르게 했으며, 이는 트뢸치로 하여금 기독교가 어느 정도로 철저하게 역사적 개체이고 그 다양한 측면과 분파가 얼마나 인간의 역사적 상황에서 유래하는가를 알게 해주었다는 점이다. 그는 『역사주의와 그 문제』에서 '개별적인 총체성'(die individuelle Totalität)을 역사의 기본 범주로 규정하고 있다. 이 같은 개별적인 총체성의 예를 들자면 우선 개별 인간들을 들 수 있고 더 중요하게는 집단적인 개체들(즉 민족들·국가들·문화적 시기와 시대들, 종교적 공동체들 그리고 전쟁이나 혁명과 같은 과정들)을 들 수 있다.[47] 모든 역사적 개체는 반복될 수 없고 대체될 수 없는 독특한 것이다. 트뢸치는 역사적 개체를 '해체하기 어렵다'(unauflösban)는 입장을 취하고 있다. 역사적 개체는 불가분의 동일성을 갖고 있다는 것이다. 역사적 개체는 각각 독자적 법칙을 갖고 자기형성을 하고 있으므로, 모든 역사적 개체에 보편적으로 들어 있는 공통분모로 해소시킬 수는 없다.[48]

역사적 개체는 유일무이한 독자적 존재이지만 진공상태 속에서 발생하는 것이 아니라 역사적 생성의 맥락 속에서 시공적으로 다른 것과 불가분의 관계를 맺으며 발생하고 있기 때문에, 역사적 개체는 그 자체의 엄연한 동일성에서 파악되어야 하는 동시에 생성, 발전하는 역사의 흐름 속에서도 파악되지 않으면 안 된다. 트뢸치의 발전개념은 명확하게 역사적 개체가 종합적인 생성의 흐름을 형성에 나간다는 '의미 연속'(Sinnkontinuierlichkeit)을 뜻한다고 할 수 있다.[49] 역사의 발전은 자연적인 인간의식을 통하여 진행된다.

---

[47] Ibid., p. 33.
[48] Ibid., p. 36f.
[49] Ibid., p. 57.

그리고 역사란 단순히 절대자에 의해 실현되는 연속적이고 적극적인 진보가 아니다. 왜냐하면 역사란 우연을 함축하며 따라서 그 발전은 퇴보일 수도 있기 때문이다.[50] 더욱이 역사의 발전이란 무한한 진보를 보장하지 않는다. 왜냐하면 그것은 역사적 총체에 내재한 가능성의 전개(즉 제한된 성장)이기 때문이다.

역사적 개별성의 개념을 가지고 트뢸치는 지식에 대한 '일원론적'(monistic) 이론을 철저하게 비판했다. 아담스(J. L. Adamas)는 트뢸치의 실재에 대한 접근을 '다측면적인'(multi-perspectival) 것으로 적절하게 성격지었다. "트뢸치는 전시야적인(holoscopic) 접근보다는 부분시야적인(meroscopic) 접근을 더 좋아했다…전자는 모든 것을 단일한 측면 아래로 가져오려는 시도이고 후자는 실재의 다른 측면들이 다른 유형의 개념들을 통해 묘사되어야 한다고 가정한다.[51] 만약 역사가 모든 종류의 독특하고 개별적인 사건들의 '개폐적인 연쇄'(open-ended concatenation)라면, 역사 안에는 결코 경험과 사상과 행동에 대한 절대적인 관점을 논증할 수 있는 장소가 있을 수 없다. 역사 안의 각각의 장소는 오로지 특별한 하나의 사건을 위해서 필요하며, 이러한 것은 원칙적으로 역사적인 모든 것이 상대적이라는 것을 의미한다. 그러므로 어떠한 관점도 절대적이지 않다. 그리고 모든 관점은 '상황적'(contextualized)인 것이다.[52]

따라서 기독교는 실제로 고전적인 문학의 영토 내에서 그리고 라틴족과 게르만족의 영역 내에서 생성될 수 있었을 뿐인 '순전히 역사적이고 개별적이며 상대적인 현상'(eine Volkommen historisch-indivuduelle und relative Erscheinung)인 것이다.[53] 결국 트뢸치에 의하면 기독교가 철저한 역사적 개체에 관한 개념이면서 최고의 타당성을 갖고 있다는 사실은 화해시키기 어

---

50) "Historiography" in *ERE* Vol. VI, p. 720.
51) J. L. Adams, "Ernst Troeltsch as Analyst of Religion", *Journal for the Scientific Study of Religion*, p. 100.
52) *Nineteenth Century Religious Thought in the West*, Vol. III. N. Smart, J. Clayton, P. Sherry, S. T. Katz(eds.), pp. 310-311.
53) E. Troeltsch, *Der Historismus und seine Uberwindung*, p. 75.

려운 명제로 되어 버렸다. 종교에 있어서 진리는 각각의 상이한 민족과 시대에 따라서 질적으로나 양적으로 무한한 다양성을 갖고 있다. 이것은 인간의 정치적·사회적·윤리적·예술적·과학적 발전 등을 비롯한 역사의 모든 영역에도 적용된다고 할 수 있다. 그래서 사실 과학과 윤리의 타당성조차도 다른 하늘 아래와 다른 땅에서는 그 가장 깊숙한 밑바닥에서 강렬한 개성적 차이를 보이고 있다.

비교론적 사고가 실패한 두 번째 요인은 트뢸치가 앞에서 기독교의 절대성에 대한 논증을 시도한 데 이어 제 종교에 대한 연구를 진행시켜 나간 결과, 제 종교의 절대적 타당성에 대한 순박한 주장도 기독의 절대적 타당성에 대한 주장과 마찬가지로 정신 깊숙한 곳의 주관적 확신에 뿌리를 두고 있다는 사실이 명확해졌다는 점이다. 만년에 트뢸치는 기독교의 우월성 및 타종교들의 수렴점으로서 기독교의 위치에 대해 자신이 전에 말했던 내용은 잘못된 것이었다고 인정했다. 트뢸치는 기독교의 우월성을 위한 자신의 모든 경험적인 주장들은 자신의 역사적인(따라서 제한적인) 상황과 문화에 의해 영향을 받아 결정되었음을 깨달았다. 최고의 종교, 가장 인격적인 종교라는 주장은 서구의 기독교인들에게는 진리일지 모르나 소승불교 신자들에게는 아무런 의미도 없다.

트뢸치는 자신이 일종의 문화적 제국주의의 죄를 범했다고 자백했다. 그의 실수는 자신의 문화적이거나 인종적인 배경을 기초로 지능검사를 개발하여 그것을 다른 배경을 지닌 사람들에게 적용한 후 그것으로써 다른 사람들이 지적으로 열등하다고 과학적으로 선언하는 자들의 실수와 비슷하다. 트뢸치는 기독교가 다른 종교들보다 우월하다고 주장하는 것은 사실상 서구문화가 다른 모든 문화보다 우월하다고 주장하는 것과 같다는 것을 깨달았다. 그것은 객관적 판단이라고는 거의 볼 수 없으며 오히려 '거창한 자기우월의 행위'(a grandiose act of self-flattery)이다.[54]

---

54) Michael Pye, "Ernst Troeltsch and the End of Problem about 'Other' Religions", in *Ernst Troeltsch and the Future of Theology*(Cambridge University Press, 1976), pp. 172-195.

더욱이 트뢸치는 한 종교가 다른 종교보다 우월하다는 판단이 불가능하다는 결론을 내렸다. 그러한 판단을 정당하게 내리려면 다른 종교의 문화적 기층 안으로 파고들어야만 할 것이다. 그러나 이것은 불가능하다. 그러므로 어떤 종교의 진리나 가치는 오로지, 1) 개인이 자유롭게 그리고 비판적으로 그 종교를 받아들이는 정도, 2) 그 종교와 자신의 출생과 성장의 모태가 되는 문화가 합치하는 정도 등 두 가지 고려사항에 의존된다.[55] 보다 정확히 말해서 이것은 기독교가 서구인들에게는 최상의 종교나 절대적인 종교가 될 수 있음을 의미한다. "우리는 종교 없이는 살 수 없다. 그리고 우리가 견디어 낼 수 있는 유일한 종교는 기독교이다. 왜냐하면 기독교는 우리와 함께 성장하였고 '우리 자신의 일부'(ein Teil unserer selbst)가 되었기 때문이다."[56] 트뢸치는 동양인을 위해서는 불교나 힌두교가 동일한 역할을 수행하고 있다는 사실을 깨달았다.

> 비기독교 종교들에 대한 연구가 나에게 점점 확신시켜 준 사실은, 절대적인 타당성에 대한 그것들의 소박한 주장들도 역시 순수하게 참되다는 것이다. 나는 특히 불교나 힌두교가 '참으로 인도적이고 내면적인 종교'(eine rein humane und innerliche Religiositot)임을 깨달았고 기독교와 똑같은 방식으로 그 신봉자들의 '내적 확신과 헌신'(innere Gewiβheit und Hingabe)에 호소할 수 있는 종교임을 알게 되었다.[57]

이것은 니터(P. F. Knitter)에 의하면 "다형태적인 진리"(polymorphous)-즉 항상 많은 문화적 표현들을 갖고 있으면서 그 때문에 하나가 다른 것보다 더 우월하다는 판단을 내릴 수 없는 진리-에 대한 트뢸치의 견해라 불릴 수 있다.[58] 보편타당하여 여러 문화들 속에서 받아들여질 수 있는 진리들은 본

---

55) P. F. Knitter, *No Other Name?* p. 29.
56) E. Troeltsch, *Der Historismus und seine Uberwindung*, p. 77.
57) Ibid., p. 75.
58) Knitter, Ibid., p. 30.

질적으로는 극히 보잘것없다는 것을 트뢸치는 발견하였다.[59] 그는 세계종교들이 상호 평행적인 노선들을 따라 발전할 것을 예견하였다. 그는 다양한 문명권의 위대한 계시들은 변경지역의 약간의 변화에도 불구하고 상이한 상태로 남아 있을 가능성이 많다고 느꼈으며, 그들 가치들의 상이성(Verschiedenheit) 문제는 결코 객관적으로 해결될 수 없다고 생각했다.[60]

트뢸치의 이 마지막 결론들 속에 암시되어 있는 것은 일종의 문화적이고 종교적인 고립이다. 그는 우리가 우리 자신의 특정한 문화에 사로잡혀 있기 때문에, 다른 문화를 제대로 이해하거나 음미할 수 없다고 느꼈다. 다른 유추를 사용하면 우리는 문화적으로나 종교적으로 두 개의 언어를 똑같이 잘 사용할 수는 없다는 것이다. 우리가 다른 문화에 속하는 언어를 배울 때 그 문화에 대한 어느 정도의 역사적 연구를 하기에 족할 만큼은 익힐 수 있지만, 그 문화를 충분히 이해하고 평가하기에 족할 만큼은 잘 익힐 수 없다. 다른 문화나 종교를 정말로 이해하고 판단하려면, 우리는 우리 자신의 것은 뒤에 남겨 둔 채 그 다른 문화나 종교 속으로 뛰어들어야 할 것이다.

이러한 토대 위에서 본다면 자율적인 개별성을 지닌 다양한 종교적 전통의 다원주의는 부정될 수 없다. 역사 연구에서의 이 같은 발견과 사상적 성장이 이루어진 결과, 기독교는 '최고타당성'(Hochstgeltung)이라는 가치평가와는 멀어지고 "고대와 근대의 유럽문명의 제 요소와 불가분적으로 결합되어 있고 유럽문명과 흥망을 함께한다고 이해되기에 이르렀다."[61] 따라서 절대타당성에 대한 주장은 기독교를 통해서만 우리가 현재의 우리로 될 수 있으며, 기독교 안에서만 우리가 필요로 하는 종교적 원동력이 보존될 수 있다는 사실에 뿌리를 두고 있다. 기독교를 떠나면 우리는 자기파괴적인 엄청난 힘에 빠져들거나, 여자 같은 사소한 짓거리에 빠져들거나 아니면 야만성에 빠져들거나 한다. 동시에 우리의 삶은 삶의 고상한 정신성과 매일매일의 실제적인 필요 사이의 일관된 타협으로서, 매번의 새로운 고양과 매굽이

---
59) E. Troeltsch, *Der Historismus und seine Überwindung*, p. 76.
60) Ibid., pp. 82-83.
61) Ibid., p. 76.

마다 갱신되어야 하는 타협인 것이다. 우리는 종교 없이는 살아가지 못하지만, 우리가 받아들일 수 있는 것은 기독교밖에 없다. 왜냐하면 기독교는 우리와 함께 발전했고 우리 존재의 일부이기 때문이다.[62]

　이리하여 역사는 트뢸치에게 유럽문명에 대한 기독교의 최고의 타당성을 보여주고 있다. 하지만 역사가 보여주고 있는 것은 사실이므로, 기독교가 역사적으로 가끔 최고의 타당성을 갖고 있었다는 것은 결코 기독교가 본질적으로 최고의 타당성을 갖고 있다는 것을 증명하지는 못한다. 기독교가 역사적으로 최고의 타당성을 갖고 있다는 사실 자체가 근거가 아니라, 기독교가 내적 힘을 갖고 있고 내적 생명의 현현이라는 사실이 기독교가 역사적으로 최고의 타당성을 갖고 있다는 것에 대한 근거이다. 즉 역사적 기독교의 과정은 기독교가 본질적으로나 내적으로 최고의 타당성을 갖고 있다는 사실에 대한 증거이지 근거는 아닌 것이다.

　그러면 기독교의 최고의 타당성과 기독교의 피하기 힘든 역사적 개별성을 어떻게 화해시켜야 하는가라는 물음이 제기될 수밖에 없다. 이러한 물음에 대해서 트뢸치는 기독교의 지고성은 유럽문명에만 적용될 수 있다고 다음과 같이 대답하였다. "만일 기독교가 '막강한 정신적인 능력과 진리'(eine gewaltige innere Kraft und Wahrheit)를 지니지 않고 어느 정도에 있어서는 기독교가 '신적인 생명'(goettliches Leben) 그 자체의 현현이 아니라면 그토록 고도로 발전한 종족의 종교가 될 수 없었을 것이다."[63] 기독교는 우리를 향한 '신의 얼굴'(Antlitz Gottes)이고 우리가 우리의 한계 내에서 신의 계시를 받고 그것에 대답하는 방식이다. 따라서 기독교는 우리에게 구속력을 발휘할 수 있으며 우리를 구원할 수 있고 절대적이다. 왜냐하면 그 어떤 다른 것도 우리는 지니지 못하며, 우리가 지닌 것 가운데서 '신의 음성'(gottliche Stimme)을 들을 수 있기 때문이다.[64]

　이것은 우리가 기독교로 말미암아 파악하는 진리의 정도는 우리의 내적

---

[62] Ibid., p. 77.
[63] Ibid.
[64] Ibid., p. 78.

경험에 의해 증명된다는 것이다. 그런데 이 같은 말은 세계 제 종교에 대해서도 적용할 수 있다. 다른 문화권의 사람들도 마찬가지로 '신적인 생명과의 교섭'(Zusammenhang mit dem gottlichen Leben)을 다른 방식으로 경험하고 있을 뿐만 아니라, 자기들과 함께 발전해 온 종교를 갖고 있을 것이다. 그리고 그들도 자기들 나름대로 문명의 근본적인 변동이 없는 한 자기들의 종교로부터 분리될 수 없을 것이다. 그렇다면 그들은 자기들의 종교를 자기들에게 절대 타당성을 발휘하는 것으로 간주할 수 있으며, 또 자기들의 종교가 요구하는 바에 따라 그 절대성을 표명할 수 있을 것이다.[65]

이리하여 트뢸치는 절대성 주장을 절대-상대의 이율배반으로부터 해방시킨 다음, 역사적 상대성에 대한 인식 위에 올려놓고 기독교의 절대성을 입증하려고 하였다. 기독교의 절대성을 이렇게 이해한다면 선교는 도대체 어떤 의의를 갖게 되는가라는 의문이 제기되기 마련이다. 트뢸치가 『기독교의 절대성과 종교사』를 저술한 직후에 "근대 세계에서의 선교"(Die Mission in der modernen Welt, 1906)를 발표했을 때, 그는 전과 다름없이 선교활동(특히 외국전도)에 적극적인 의의를 부여한 바 있었다. 트뢸치는 네 가지 부정적인 요인이 현대 세계에서의 선교문제를 야기시키고 있다고 본다.[66] 첫째로 종교를 사적인 일로 치부하는 종교적 개인주의 시대에서 어느 누구도 신앙의 낯선 영역에 침범하여, 다른 사람들에게 결코 반갑지 않은 새로운 신앙을 강요하면서 유럽문명이라는 무거운 짐과 욕구를 안겨다 줄 이유가 없다. 둘째로 선교의 가장 단순하면서도 절박한 동기인 조화와 구원의 의무는 그 힘을 잃고 말았다. 문화인들에게는 구원이 아닌 어떤 높은 것에로의 상승, 개종이 아닌 고양이 더 중요한 문제로 인식되기 마련이다. 셋째로 어떤 사람도 선교활동이라는 명목으로 다른 사람의 종교생활에 간섭할 권리를 갖고 있지 않다. 넷째로 기독교는 전달과정에서 모든 문명발전단계가 포괄되어야 한다는 사실을 인식하면서 전달되지 않고 있다.

---

[65] Ibid., p. 78.
[66] GS, II, pp. 787-790.

트뢸치는 이상 네 가지 부정적인 요인을 지적하면서, 동시에 선교를 가능케 하는 세 가지 긍정적인 요인을 지적하였다.[67] 첫째로 선교의무는 종교인에게 필수적이다. 사실 신앙은 스스로를 선전하고 팽창시키려는 용기를 갖지 않는다면 더 이상 신앙이 아니게 된다. 둘째로 선교의무가 존재하지 않는 데서 비롯되는 신앙의 위축은 냉혹한 결과를 초래하게 된다. 투쟁과 팽창은 우리 자신의 내적 발전과 전향적 운동이 이루어지기 위해서 필수적이다. 셋째로 모든 문명화된 민족의 공동체 생활은 무엇보다도 종교 공동체에 뿌리를 두고 있어야 하기 때문에, 단순히 교역과 기술에만 의존할 때에는 결코 향상될 수 없다. 인류의 윤리적인 종교만이 인종의 차이를 극복할 수 있으며, 결국 선교는 세계의 미래와 깊은 관련이 있게 된다.

이리하여 현대의 선교는 고대 기독교의 선교 및 중세시대의 선교 그리고 경건주의적인 선교와 다르다. 현대의 선교는 유럽이 영향력을 미칠 수 있는 영역이 팽창함에 따라, 이와 밀접한 관련 속에서 유럽과 미국의 종교 사상이 세계를 향해 팽창하는 것을 의미한다. 이 같은 선교는 더 이상 구원과 개종을 문제삼지 않고 고양과 발전만을 문제삼는다. 여기서 유일한 예외는 종교와 도덕이 끝없이 쇠퇴해 가는 상황이지만, 이것은 설령 비기독교의 세계라고 할지라도 일반적으로 나타날 수 있는 상황이 아니다.[68] 따라서 그는 상대주의적 색채를 강력히 띠면서, 그래서 해외전도의 의미는 종교상호간의 개선(erbessern)에 있지 기독교가 다른 종교를 정복(ersetzen)하는 데 있지 않다고 주장했던 것이다.[69] 오늘날에는 광신주의는 물론 동정심도 선교를 가능하게 하지 못한다. 선교는 유럽문명 및 고대문명의 유산과 결합되어 있는 기독교가 이들 문명의 결점과 모순 및 비순수성에도 불구하고 정신생활의 최고 형태라는 사실을 명확하게 인식할 때 가능해진다.[70] 여기서 그는 먼 미래에 세계의 제 종교와 도덕 이념이 기독교를 중심으로 응집될 수

---

67) Ibid., pp. 791-794.
68) Ibid., pp. 739-740 796-797.
69) Ibid., p. 798f.
70) Ibid., p. 804.

있을 것이라는 신념 그리고 『기독교의 절대성과 종교사』에서 전개했던 수렴점(Konvergenzpunkt) 이론의 영향을 받기도 했다.[71] 이 이론은 세계의 주요 종교가 기독교와 합류할 가능성을 가진 것으로 주장하고 있다.

그런데 트뢸치는 말년에 접어들면서부터는 이 같은 은밀한 신념을 버리고 말았다. 그에 따라면 외국전도는 문화와 종교가 전혀 개발되지 않은 지역에서 사람들의 교회와 계몽에 기여할 때에만 그 의미를 가질 수 있다. 후진적인 문화와 종교는 유럽의 문화나 기독교와 만나게 되면 곧바로 해소되면서 보다 고차원적인 문화와 종교를 요구하게 되는데, 이때에만 기독교 선교는 가능하게 된다. 한편 불교와 브라만교 등의 위대한 종교는 기독교와 만나더라도 와해되지 않는다. 왜냐하면 동양문명은 유럽문명과의 만남을 통해 해소되지 않기 때문이다. 동양의 문화정신의 결정체인 불교와 힌두교는 그 자체의 관점을 갖고 있다. 그러므로 이들 종교와 기독교 사이의 만남의 의의는 상호의 내적 계몽과 내적 자극 그리고 정신적 심화에 있지, 한편에 의한 다른 한편의 압도에 있지 않다. 종교에서 다른 종교에로의 '개종과 변형'(Bekehrung und Verwandlung)이란 있을 수 없으며 '상호 이해와 합의'(Ausgleich und Verstandligung) 정도만이 있을 뿐이다.[72] 우리는 여기서 제 종교와 제 문화를 역사적 개체로 해소시킨 후 그 자율성을 철저하게 인식하려고 했던 트뢸치의 확신을 발견할 수 있다.

3) 기독교의 충족성

이와 같이 기독교의 절대성이 유럽문화권에만 적용되는 타당성이라고 한다면, 이 절대성은 감정적이거나 제한된 절대성이지 않은가 그리고 이 같은 절대성은 절대성이라고 할 수 없지 않은가 등의 이러한 물음은 당연히 제기될 수 있는 물음이다. 트뢸치는 이 같은 절대성은 상대적 절대성이라는 논리

---

71) Ibid., p. 802.
72) E. Troeltsch, *Der Historismus und seine Uberwindung*, p. 80.

적 모순을 연상시키는 용어라고 비판하였다. 그리고 이러한 절대성에는 주관적 절대성이라는 특징을 부여할 수 있다고 말하기도 했다. 그 결과 라이스트 등은 트뢸치의 최종 입장에 대해 "신념만을 위한 신념의 제시"에 지나지 않는다고 비판하였다.[73] 하지만 이러한 난점에도 불구하고 트뢸치의 논의는 신념만을 위한 신념의 제시에 머무르는 것은 아니다. 역사철학적으로 충분한 논의가 기독교의 절대성에 대한 신념을 뒷받침해주고 있는 것이다.

따라서 트뢸치의 사상은 『역사주의와 그 문제』에서 전개된 역사철학에 비추어 이해되지 않으면 안 된다. 그의 마지막 소논문 "세계의 제 종교 사이에서의 기독교의 위치"도 오해를 초래하기 쉽기 때문에, 그 행간에 함축된 깊은 역사철학적 논의가 다루어지지 않으면 안 된다. 이 소논문은 실제로는 방대한 『역사주의와 그 문제』의 성과라고도 말할 수 있으므로, 후자를 무시한 채 전자를 읽게 되면 트뢸치를 완전히 오해하고 마는 결과를 초래한다. 트뢸치가 말하는 절대성이 단순한 상대적 절대성에 지나지 않는다고 판단하기 전에, 우선 양자의 관계를 잘 파악해서 그 가운데 한쪽의 간결하면서도 오해받기 쉬운 발언을 다른 한쪽의 심원한 역사철학적 사색을 통해 해석해야만 할 것이다.

트뢸치는 마지막 소논문에서 기독교를 단순하게 역사적이고 개별적인 현상으로만 간주했기 때문에, 거기서 전개되고 있는 기독교의 절대성에 관한 논의도 그의 역사철학에서의 역사적 개체 개념과 문화종합의 개념에 비추어 검토해야만 한다. 이렇게 하면 트뢸치의 논의의 겉에 드러난 의미만을 받아들여 잘못 비판하는 경솔함을 피할 수 있을 것이다. 우선 트뢸치는 도대체 역사적 개체와 문화종합의 개념을 갖고 무엇을 하려고 했으며, 그것을 어떻게 단자(單子, monad) 이론과 결합시키려고 했는가에 대해 살펴보지 않으면 안 된다. 역사적 개체 개념은 역사적 사실의 상대성과 규범적 이념의 절대성 사이의 이율배반을 극복한 다음, 양자를 종합하고 형이상학적 의미 내용을 짊어지는 신적 영역을 향한 돌파구로 이해되었다. 트뢸치가 기독교

---

73) B. A. Reist, Ibid., pp. 200f.

를 순수하게 역사적이고 개별적인 현상으로 보았다면, 여기에는 기독교에 대해 역사적 개별성을 가진 형이상학적 의의를 부여하려는 의도가 숨어 있었다. 기독교가 순수하게 역사적이고 개별적인 현상이라고 할 때의 개별성은 단순한 역사 윤리의 개별성이 아니라 그 이상의 것으로서 절대와 상대의 접점이었다. 이리하여 기독교는 철저하게 상대적인 역사적 개체이면서 단자처럼 절대성을 담지한 것으로 된다. 더군다나 기독교의 절대성 주장은 불교도 동일한 확신을 갖고 있다는 가능성을 부정하지 않는다.

트뢸치에게는 기독교의 절대성에 대한 이 같은 이해는 주관적 절대성으로 여겨졌다. 왜냐하면 절대적 타당성에 대한 주장은 기독교와 불가분의 관계에 있는 유럽문화권에만 통용될 수 있기 때문이다. 이에 반해 객관적 절대성은 역사적 상대성을 뛰어넘는 무조건적인 보편타당성을 갖고 있는 절대성을 뜻하는데, 이러한 절대성은 역사 속에 존재하지 않는다. 트뢸치가 보기에 기독교는 결코 무조건적인 보편타당성으로서의 절대성을 담지하지 않았다. 기독교가 담지한 것은 역사적 개별성으로서, 역사의 그 어떤 개체도 모두 담지할 수 있는 절대성뿐이었다. 그렇다면 기독교의 절대성은 독선적인 것인가? 트뢸치는 여기에 대해 다음과 같이 말하고 있다.

> 주관적 절대성과 객관적 절대성의 종합은 그 어떤 역사적 종교 속에서도 아직 실현되지 않았다는 사실 그리고 이러한 제 종교는 내재적인 힘으로부터 원동력을 얻어 모두 동일한 방향으로 나아가고 있으며 '어떤 미지의 궁극적인 목표'(eine unberkannte letzte Hoehe)를 지향하고 있으므로, 여기서만 '궁극적인 동일성'(letzte Einheit)과 '객관적 절대성'(Das objektiv-Absolute)이 존재할 수 있다는 사실들을 전자(즉 『기독교의 절대성과 종교사』)에서보다도 한층 명확하게 강조하고 싶다. 결국 모든 종교는 '미지의 것'(Das Unbekannte)이나 '미래적인 것'(Das Zukunftige)이나 '피안적인 것'(Das Jenseitige)에 '궁극적인 공통목표'(ein letztes gemeinsames Ziel)를 두고 있으며, 따라서 유한한 정신들 안에 거하면서 그것들과의 궁극적인 통일성이 전체 과정의 목적인 그런 '신

적인 정신들'(gottliche Geiste) 속에 공통의 근거를 지닌다.[74]

여기서는 주관적 절대성이 객관적 절대성에 뿌리를 두고 있다고 주장하고 있다. 주관성은 인간 의식의 내용이며 객관적 절대성의 주관적 체험이다. 기독교의 주장과 내재적으로 결합되어 있는 절대성은 주관적인 성격을 띠고 있지만, 그것은 인간의 환상이나 허구가 아니라 '절대적인 객관적 진리를 향한 충동'(Drang nach objektiv absoluter Wahrheit)의 산물이며 끊임없는 '비판적 자기정화'(kritische Selbstreinigung)와 '자기향상'(Hoeherstreben)의 토대 위에 있는 실천 영역에서 생성되고 있는 것이다. 그러나 이 두 가지 양극(신적인 근거 및 신적인 목표) 사이에, 인종과 문명의 모든 개별적인 차이와 더불어 위대한 종교들의 모든 개별적인 차이점들이 존재한다. 신적인 근거와 신적인 목표 사이에서 차이점을 표출하고 있는 다양한 종교들이 '자기 고집'(Eigensinn)과 '폭력적인 우월감'(Gewaltgeist)을 기꺼이 단념할 때, 비로소 이 종교들 사이에서 상호 이해가 있을 수 있다. 각 종교가 자체의 고유한 최대한의 잠재력을 발휘하고자 힘쓰며 또 다른 종교의 그와 유사한 노력들에 의해 스스로가 영향받을 수 있도록 허용한다면, 이들 종교들은 상호 간의 접근의 가능성을 보일 수 있으며 또 상호 간의 접촉점을 발견할 수 있을 것이다.[75]

따라서 기독교의 주장을 중심에 놓고 볼 때의 절대성은 트뢸치가 문화종합 안에서 상정했던 바 보편성과 특수성의 종합과 관련시켜 이해하지 않으면 안 된다. 문화종합이 개별적인 시점에서의 역사의 종합인 만큼 트뢸치에게는 유럽주의(Europaism)였다. 보편사적 구상은 유럽문화권에만 한정된 채 역사적 개별성과 유한성을 철저하게 인식시켰지만, 그렇다고 해도 그 한정된 유럽주의는 보편사적인 의의를 담고 있었다. 한 마디로 말해서 유럽의 보편사가 조금이라도 훼손되었던 것은 아니다. 이것은 『역사주의와 그 문

---

74) E. Troeltsch, *Der Historismus und seine Uberwindung*, p. 82.
75) Ibid.

제』에 나오는 다음 말로 요약될 수 있을 것이다. "우리 앞에는 유럽주의라는 세계 역사만이 존재한다."[76] 트뢸치의 견해에 따르면 세계의 보편사들은 수많은 이유 때문에 완벽하게 설명될 수는 없으나, "인류 전체는 아무런 정신적인 통일체도 갖고 있지 않으며, 따라서 그 어떠한 통일적인 발전도 할 수 없으며"[77] "우리의 역사 및 우리 이외의 다른 민족의 역사는…결코 통일로 발전해 나아갈 수 있는 공통적인 차원을 가질 수 없다…사실 우리는 우리 자신 및 우리 자신의 존재에 대해서만 알고 있을 뿐이다."[78]

트뢸치는 결코 문화적인 제국주의자가 아니었다. 반대로 그는 비유럽문화의 특수성들을 인식하고 있었기 때문에, 비유럽문화를 무리하게 서유럽 지향적인 세계사 안으로 끌고 들어가려고 했던 사람들에게 비난을 퍼부었다. 그리고 당연히 팔레스타인·로마·제네바 등이 세계의 중심이라는 견해에 대해 다음과 같이 비웃기만 하였다. "정복자·시민자·선교사 등은 유럽의 모든 사상 안에서 발견되고 있는데, 이러한 사실은 실천적인 힘과 성과의 원천이면서 동시에 이론적인 오류와 왜곡의 원천이기도 하다."[79] 그러므로 보편사를 유럽의 발전과정 안에 가두어 두려는 트뢸치의 노력은 맹목적인 교만을 그 밑바닥에 깔고 있지 않았다. 기묘하게 들릴지 모르지만 오히려 겸손한 신중함을 그 밑바닥에 깔고 있었다고는 할 수 있다. 트뢸치는 전체로서의 세계는 매우 다양한 방향으로 발전해 나간 복합체들을 갖고 있기 때문에 보편사가 불가능하다고 생각하였다.

트뢸치는 기독교를 염두해 두고 유럽의 문화종합을 역사철학으로 고찰하였다. 문화종합과 관련을 맺고 이야기되고 있는 상대성·유한성·보편성·절대성 등은 기독교와도 관련을 맺고 이야기되고 있다. 트뢸치에게는 기독교의 절대성은 주관적 절대성이지만, '주관적'이라는 수식어는 결코 절대성을 변질시키거나 삭감시키는 것이 아니다. 왜냐하면 그것은 객관적이

---

[76] E. Troeltsch, *Der Historismus und seine Probleme*, GS III, p. 708.
[77] Ibid., p. 706.
[78] Ibid., p. 709.
[79] Ibid., p. 707.

고 무조건적인 절대성에 뿌리를 두고 있기 때문이다. 기독교의 지고의 타당성과 절대성은 '우리에게만' 적용될 수 있는 것이라고 할 때, '우리에게만' 이라는 단서는 지고의 타당성을 조금도 훼손시키지 않는다. 트뢸치는 이렇게 상대성과 절대성, 유한성과 무한성, 역사성과 초역사성을 절대적인 의미에서 종합시켰다. 즉 그는 기독교는 물론 다른 종교에서도 그리고 유럽문화는 물론 동양문화에서도 동일하게 나타나고 있는 역사적 개체 안에서, 상대성과 절대성·유한성과 무한성·역사성과 초역사성 등을 인식했던 것이다. 이렇게 서로 상반되는 결정적 성격을 결합시킨다는 것은 언뜻 보기에는 모순된 것처럼 여겨질 수도 있지만, 형이상학적으로 본다면 결코 그렇지 않다. 왜냐하면 단자가 논리적 모순으로 여겨지는 파라독스를 뒷받침해 주고 있기 때문이다.

트뢸치가 모든 문화종합의 선험성과 절대성을 뒷받침해 주기 위해 끌어들였던 역사적 개체에 대한 단자론적인 인식은 기독교적 인격 개념의 형이상학적이고 역사적인 개념으로서의 변형이라고 해도 큰 문제는 없다. 트뢸치의 사상에서 인격 개념이 얼마나 중요한 역할을 하고 있는가는 쉽게 파악될 수 없다. 우리는 트뢸치가 인격 개념을 기독교 및 그 밖의 모든 종교 이념 속에 영속적으로 존재하는 이념으로 보았으며, 기독교가 인격 개념 안에서만 근대의 과학사상과 윤리사상이 일원성에 빠질 위험성을 극복할 수 있다고 믿었다는 사실을 알고 있다. 특정한 개인으로 된다는 것은 특정한 역사적 상황의 제약하에 놓인다는 것을 의미하지만, 이러한 피제약성은 개인의 인격이 지닌 가치의 무한성을 제한하지 않는다. 인격적 존재의 상대성과 인격적 가치의 무한성은 완벽하게 양립할 수 있다. 이 같은 기독교적 인격 개념의 의미는 역사 영역이라는 한층 더 넓은 지반 위에 놓이게 되면, 단자론에 의해서 보다 더 형이상학적으로 이해될 수 있다. 따라서 트뢸치의 역사적 개체 개념은 기독교적 인격 개념의 역사 형이상학적 변형이다. 트뢸치가 기독교를 순수하게 역사적이고 개성적인 현상으로 여기게 된 배후에는, 이같이 인격 개념을 역사 형이상학적으로 변형시키려는 의도가 숨어 있었다고 해도 과언이 아니다. 기독교의 독특성과 지고의 타당성이, 기독교가 개별적이고 역사 상대적인 사물이라는 사실로 인해서 훼손되는 것은 아니다.

기독교의 절대성에 관한 트뢸치의 최종 단계의 인식을 이 이상을 반복해서 논할 필요는 없지만 大林 浩는 하나의 유추(analogy)를 사용하여 설명하고 있다.[80] 이 유추는 이미 논의된 것을 보다 충분하게 설명해 줄 수 있을 뿐만 아니라, 유추가 통용된다는 사실 자체로부터 기독교의 절대성에 대한 트뢸치의 태도의 문제점이 인식될 수 있다는 의미에서 중요하다. 유추를 예술의 영역에서 빌려 오는 것은 결코 근거 없는 유추가 아니다. 왜냐하면 트뢸치는 종교철학에 바탕을 둔 인식론적 고찰을 하면서 종교경험을 종종 심미적 판단과 비교하거나 대비시켰으며, 아울러 종교와 마찬가지로 예술이 내포하고 있는 문화로서의 통일적인 의미를 정교하게 표현한 적이 있었기 때문이다.

유럽예술과 동양예술은 두말 할 필요 없이 뚜렷한 차이를 보이고 있다. 이 차이는 두 문화권 안의 인간정신과 감정의 근본적인 차이에서 비롯된다. 유럽의 예술과 동양의 예술은 서로 다른 양상을 보이기는 하지만, 미(美) 그 자체와 관계를 맺고 있다는 점에서 동일하다. 여기서 트뢸치가 생각했던 객관적 절대성을 미 그 자체와 비교해 보자. 미 그 자체의 무조건적인 체현은 유럽에서는 물론 동양에서도 발견되지 않는다. 왜냐하면 역사적 상대성의 안쪽에 존재하지 않고 있기 때문이다. 하지만 그럼에도 불구하고 두 문화권의 예술은 각각 독자적인 양상을 보이면서 미 그 자체를 표현하고 있다. 우리가 갖고 있는 것은 인간의 미적인 창작물이지 이념으로서의 미는 아니다. 역사적 사유에 입각한다는 것은 종교와 예술을 비롯하여 역사에 귀속되는 모든 것이 객관적이고 무조건적인 절대성을 갖고 있지 않으며 단지 그 주관적 체현에 지나지 않는다는 사실을 이해하거나 또는 유럽예술과 동양예술은 상대적이며 각자의 문화권 안에서만 통용될 수 있는 타당성밖에는 갖고 있지 않다는 사실을 이해하는 것이라고 할 수 있다. 그러나 타당성을 범주

---

80) 大林 浩, トレルチと 現代神學(日本基督敎團出版局, 1972), pp. 357-361.

가 이렇게 한정된다면 미 그 자체에 대한 두 문화권의 타당한 관계를 조금도 훼손시키지 않는다.

　동양인은 유럽예술을 동양인의 삶의 내적 충동에 대한 타당한 표현으로 여기지 않지만, 유럽인은 타당한 표현 또는 한술 더 더서 완전한 의미에서의 타당한 표현으로 여기게 된다. 하나의 문화권이 생생하고 타당한 표현으로서의 예술을 갖고 있고 다른 문화권도 마찬가지로 생생하고 타당한 표현으로서의 예술을 갖고 있다는 사실에는 아무런 모순도 존재하지 않으며 두 예술은 타당성을 조금도 삭감시키지 않는다. 두 문화권 가운데 어느 한 문화권은 다른 문화권에 대해서 완전하고 보편적인 타당성을 갖고 있다고 할 수 있다. 따라서 내적 타당성을 중심으로 두 예술을 비교하는 것은 잘못된 일이라고 하지 않을 수 없다. 유럽문화권 안에서 유럽예술이 실현하고 있는 지고의 타당성은 다른 문화권의 예술에 대한 우월성과 직결된다고 할 수 없다. 어느 한 문화권의 예술은 그 문화권 안에서의 삶의 내적 충동에 대한 정확한 결정체일 때 그리고 이 결정화가 그 자체에 대해 타당한 내적 관련을 보일 때에만 지고의 타당성을 가질 수 있다. 이 같은 유추가 나타내고 있는 바와 같이 트뢸치에게는 기독교의 절대성도 다른 종교와 비교하여 우월하다고 판단될 때 성립하는 것이 아니라, 유럽문화와 관계를 맺으면서 그 안에서의 삶의 내적 충동에 대한 정확한 표현으로 될 때 그리고 기독교가 절대자에게 내적으로 참여하게 될 때에만 성립하게 된다.

　더 나아가 자연과학적인 진리나 명제는 그것을 발견한 사람의 인격으로부터 떼어 놓을 수 있으며 한 인간으로부터 다른 인간에게로 그리고 하나의 문화로부터 다른 문화로 이식하는 것이 가능한 데 반해서 예술작품은 어떤 모양을 취하든 창작자의 인격과는 불가분의 관계에 있다. 피타고라스의 정리는 피타고라스의 인격과는 아무런 관계도 없을뿐더러, 그의 내적이고 정신적인 충동의 표현도 아니기 때문에 쉽게 다른 곳으로 옮길 수 있다. 그리고 만약 피타고라스가 발견하지 않았다고 하더라도 후세의 다른 누군가가 발견했을 것이다. 그러나 예술작품은 창작자의 내적이고 심리적인 충동의 정당한 표현이거나 결정(結晶)이고 그 안에는 창작자의 인격이 그대로 반영되어 있기 때문에, 미켈란젤로의 회화와 조각은 미켈란젤로의 인격과 불가분의 관계에 놓이게 된다. 미켈란젤로가 만들지 않은 작품을 그의 작품이라고 하면서 다른 누군가가 후세에 이식하는 일은 있을 수 없다. 따라서 미켈란젤로가 만든 작품을 다른 사람이 만든 작품으로 바꾸는 것은 불가능하다.

달리 말해서 예술작품은 특정한 인격 및 문화와 불가분의 관계에 있고 상대적 제한성을 갖고 있다. 미켈란젤로의 작품은 미켈란젤로만의 내적이고 심리적인 충동의 표출일 뿐이지, 결코 레오나르도 다빈치의 내적이고 심미적인 충동의 표출이 아니다. 그러나 반대로 이러한 제한성, 개성, 인격성 그리고 이에 따른 역사적 상대성은 결코 예술작품의 보편타당성과 심미적 가치를 삭감시키지 않는다. 예술의 세계에서는 미켈란젤로가 만든 작품의 타당성과 가치는 보편적으로 어느 누구에게나 적용되지 않는다. 다름 아닌 미켈란젤로에게만 적용될 수 있는 표현이라는 제한성, 이식불가능성, 개성 등을 갖고 있다. 우리는 그럴 때에만 미켈란젤로의 작품을 독창적이고 독자적이라는 말로 칭찬하게 된다. 그렇다면 독자적인 것은 모두 칭찬받을 만한 가치를 지니고 있는가? 결코 그렇지 않다. 앞에서 지적한 바 있었던 또 하나의 요소가 고려되지 않으면 안 된다. 그것은 독자적인 예술작품이 미 그 자체에 대한 우월한 관계와 타당성이다. 미켈란젤로의 예술작품은 한편으로는 그의 내적이고 심미적인 타당성에 대한 표현이라는 사실(독창성), 다른 한편으로는 이런 표현의 미 그 자체와 관련을 맺고 있다는 사실 이 두 가지 사실의 관련 속에서 평가되어야 한다.

이리하여 인격 개념을 도입한다면 유럽의 예술이 유럽문화권에서만 통용될 수 있다는 제한성은 그 지고의 타당성을 훼손시키기는커녕 오히려 타당성과 지고성을 한층 더 명확하게 만든다. 동양의 예술은 동양의 심리적 의식의 결정체이고 그 이식불가능성 및 인격과 문화로부터의 분리 불가능성은 독자성을 구성한다. 예술로부터 빌린 유추는 트뢸치가 마지막 소논문에서 의도했던 기독교의 절대성의 의미를 뛰어나게 설명해 주고 있다. 트뢸치의 사색 방향을 더듬어 올라가는 한에서는 앞에서 말한 유추는 정확하게 기독교 절대성의 역사철학적 문제점을 지적해 주고 있다고 할 수 있다. 트뢸치는 위대한 민족이 다양한 생물학적이고 인류학적인 형태의 결정체인 것과 마찬가지로 위대한 제 종교는 '위대한 민족 정신의 결정화'(Festwerdungen der großen Rassengeist)라고 생각하였고[81] 이러한 의미에서 예술도 각 개인, 민족, 문화권 안에 존재하는 삶의 심미적 내용의 결정화라고 할 수 있다. 트뢸치에게는 어떤 한 가지 사실을 유추를 이용해서 표현하는 것은 논리적인 오류가 아니었다. 예술의 유추가 설명해 주고 있는 바와 같이 기독교의 절대성은 다른 종교에 대한 우월성에 의해 성립되는 것이 아니라, 유럽문화권 안에 존재하는 삶의 내적 충동에 대한 타당한 표현이라는 사실 그리고 이 표현은 역사의 밑바닥에 흐르는 궁극적이고 절대적인 통일성 및 신적 생명에 대한 역사적 구현이라는 사실에 의해 성립된다.

따라서 기독교가 자기와 동등한 타당성 및 절대성 주장을 갖고 있는 다른 종교가 다른 문화권 안에 존재한다는 것을 인정하더라도 기독교 자체의 절대성은 상처를 입지 않는다. 다른 종교의 절대성에 대해서도 똑같은 말은 할 수 있다. 결국 이러한 경우에는 서로 앞다투어 절대성을 주장하는 제 종교를 비교한다는 것은 아무런 의미가 없게 된다. 한 종교의 절대성은 그 종교가 제 종교 안에서 차지하는 위치에 따라 성립될 수 있는 것이 아니라, 그 종교가 표현하는 삶의 내적 충동과의 관계 그리고 역사의 밑바닥에 흐르는 궁극적 절대성에 대한 그 역사적 구현으로서의 관계에 의해서 성립될 수 있다. 그러므로 위대한 정신종교를 놓고 볼 때 운명이 각각의 종교에 나누어 준 근본적이고 정신적인 입장은 종교의 독자성으로 남아 있게 된다. 누구든지 이러한 제 종교의 비교적인 가치를 결정하려고 할 때에는, 종교는 물론 종교가 그 일부분을 이루고 있는 문화 전체를 비교하지 않으면 안 된다.

그러면 누가 이것에 관한 진정한 궁극적인 판단을 내릴 수 있는가? 제 종교와 제 문화 사이의 차이를 만든 신만이, 제 종교와 제 문화의 비교적 가치

---

81) E. Troeltsch, *Der Historismus und seine Uberwirdung*, p. 80.

에 대한 궁극적인 판단을 내릴 수 있다. 다양한 민족은 각각 자기의 지역 안에서만 또 자기가 갖고 있는 규범에 따라 자신의 경험을 순화시키고 풍부하게 만들 수 있다.[82] 비록 우리를 위한 진리가 우리의 진리일지라도 그리고 다른 많은 진리들이 세상에 있을 수 있다고 할지라도, 우리는 여전히 그 진리를 위해 죽고 살 수 있다. 트뢸치는 이것을 다음과 같이 결론적으로 주장하고 있다.

> '우리를 위한 진리'(a truth for us)인 진리는 바로 그런 이유로 해서 진정한 진리와 생명이 되기를 멈추지 않는다…이것은 경쟁을 배제하지는 않지만, 그 경쟁은 내적인 순수성과 전망의 명료성을 획득하기 위한 경쟁이어야 한다. 각각의 인종 집단들이 자신이 지닌 최선의 잠재력을 발달시키고자 노력한다면, 우리는 서로서로 더욱 가까워지기를 기대해도 좋을 것이다. 이것은 위대한 세계종교들에게도 적용되지만 또한 한 종교 내의 여러 종파들에도 적용되며, 또 서로 간의 대화 속에 있는 개체에도 적용된다. 인간의 현세적인 경험 속에서 신적인 생명은 하나가 아니라 여러 가지이다. 그러나 여러 가지 속에서 하나를 이해하는 것은 사랑의 특수한 성격을 이룬다.[83]

4. 결론

지금까지 기독교의 절대성 문제에 대한 트뢸치의 입장 변화를 그의 사상적 발전과정을 따라 검토해 보았다. 트뢸치의 종교사 신학은 종교사학파를 대표했으나, 그 형이상학적 관심은 트뢸치의 신학에 독특한 위치를 부여해 주었다. 초기의 '종교의 자율성'에서 트뢸치는 기독교의 종교이념의 내용을 다른 종교의 종교이념 내용과 비교함으로써 기독교의 절대성을 증명하려

---

82) Ibid., p. 78.
83) Ibid., p. 83.

고 했던 것이다. 그래서 트뢸치에 대한 엄중한 비판은 대부분 종교사적 비교론 그 자체 또는 특정한 목표개념을 지목한 후 비교하려고 했던 방법에 집중되었다. 크래머(H. Kramer)에 의하면 트뢸치의 구축은 결국에는 서양문화를 받아들인 서양인으로서의 그가 인격주의라고 하는 서양의 독특한 사고를 선호하는 경향을, 어느샌가 모든 종교에 대한 규범으로 바꾸어 버린 것에 불과하다. 따라서 비인격주의적인 동양의 종교철학에 이차적인 지위를 부여하는 데 전혀 주저하고 있지 않다고 공격한다. 더욱이 트뢸치는 절대성이라든가 우월성이라든가 하는 감정은 본질적으로 종교적인 것이 아니라 서양세계의 문화적인 우월성의 의식으로부터 나온 것이고 기독교의 상대적인 절대성을 인정함으로써 그러한 유럽의 문화적 우월성의 내적 감정을 신학적인 위장으로 표현한 데 불과하다고 보고 있다. 이것은 더욱 날카로운 통찰로 바라본 비판이며, 분명히 초기의 트뢸치의 종교사적 비교론에 대한 훌륭한 공격이다.

그러나 『기독교의 절대성과 종교사』에서 트뢸치는 종교사적인 비교 방법이 실패로 돌아갔다는 것을 명확하게 인식하여 절대성을 그 주관적 요소를 중심으로 해서 다루기도 하였다. 그리고 그렇게 하면서 기독교의 절대성 증명은 그 어떤 실증적 방법과 이론적 방법에 의해서도 이루어지지 않는다는 사실을 깨달았다. 그렇게 할 수 없었던 것 자체는 결코 실패가 아니라, 오히려 역사주의가 요구하는 당연한 결론이며 역사주의의 상대성의 색다른 골목이다. 하지만 그렇다고 해서 트뢸치는 절대성 문제를 단념했다고 말하거나, 상대주의에 빠지게 되었다고 말하는 것은 너무 이르다. 트뢸치에 대한 비판의 대부분은 이 부분에서 끝을 맺고 말았다. 트뢸치가 이후 어떤 방법으로 이 문제를 발전시켜 나가려고 했는가를 끝까지 지켜 보려고 하지 않았던 것이다. 트뢸치의 주장은 기독교의 절대성이 종교 신앙의 주관적인 확신에 있다는 것이며, 그것은 결코 다른 종교들과 똑같은 주장을 논리적으로 배제한 것이 아니라는 것이다. 트뢸치가 주관주의에 빠졌다는 비판은 옳다고 하더라도, 자기의 서양적인 인격주의 편증을 그대로 제 종교비판의 규범 개념으로 삼았다고 하는 비판은 트뢸치의 논의의 표피를 더듬고 있는데 불과하다.

『세계 제 종교에서의 기독교의 위치』에서 그는 기독교가 유럽문화와 불가분의 것이라는 역사적 인식이 심화된 결과, 타종교와의 비교에서 그 최고 타당성을 주장하기가 쉽지 않다는 것을 예감하였다. 더구나 제 종교에 대한 연구가 심화된 결과, 타종교의 소박한 절대성도 동등하게 내면적이라는 인식에 도달하여 기독교의 절대성을 논하는 것이 더욱 곤란하게 되었다고 할 수 있다. 기독교가 유럽 세계에서는 계속 타당성을 지닐지 모르지만, 비유럽 세계에 대한 타당성에 관해서는 기독교의 절대성에 관해서 상대주의적이라는 견해를 나타나게 되었다.

트뢸치의 절대성 이론에서 명확히 되었던 점은, 기독교의 절대성에 관한 증명은 무의미하며 또한 기독교의 타종교에 대한 우월감의 증명도 불가능하다는 단순한 사실이라고 말할 수 있겠다. 트뢸치 사상의 문제점은 기독교라는 역사적 종교의 상대성을 명확히 한 사실에 있다기보다는, 그럼에도 불구하고 절대성을 어떤 의미에서든 견지하려고 했다는 사실에 있을 것이다. 그 이유는 한편으로는 절대성의 주체적이거나 고백적인 성격을 인정하면서, 다른 한편으로는 의연하게 그 타당성을 객관적으로 논증하려는 시도를 단념하지 못했기 때문이다. 그러나 그가 말한 제 종교의 가치객관적인 비교론은 결국 서구적인 인격주의가 동양적인 비인격주의보다 우월하다는 논증 불가능한 전제에 기초하고 있는 하나의 종교철학이며 또한 기독교의 절대성을 전제로 한 논의에 불과한 것이다.

트뢸치는 장기간에 걸친 역사 연구의 결과, 기독교를 종교라는 일반개념으로 다루지 않게 된다. 기독교는 철저하게 역사적이므로 독특한 역사적 개체이다. 그래서 트뢸치는 기독교를 역사적 현실(즉 유럽문명과의 불가분의 관계) 속에서 다루었다. 트뢸치에 따르면 기독교의 절대성은 이러한 역사적 현실 안에서 추구되어야만 했다. 그리고 하나의 역사적 개체이다. 문화종합으로서의 유럽문명, 바로 여기에 기독교의 운명이 걸려 있었다. 이같이 트뢸치의 생각 속에서 슈펭글러(Spengler)의 비극적인 상대주의가 씻어 내기 힘든 영향을 미쳤다고 할 수 있다. 그 결과 트뢸치의 관심은 이 비극론을 극복하는 데로 향할 수밖에 없었다. 최종 단계에서 트뢸치는 단자론적 형이상학의 뒷받침을 받는 문화종합의 개념을 통해서 기독교의 절대성을 유지시키려고 했다. 그런데 여기서 기독교의 절대성은 상대적이 아니었을 뿐더러 무조건적인 객관적 절대성도 아니었다. 트뢸치는 단자론적인 이해에 바탕을 두고, 순수 역사적인 형이상학적 절대성에의 참여를 구분해 낸 후 그것을 주관적 절대성으로 규정하였다.

절대성 문제에 관한 트뢸치의 사상적 발전과정을 살펴봄으로써, 우리는 트뢸치가 신학에서 역사철학에로 이동하였다고 말할 수 있다. 방법론적으로 이야기하면 그는 종교사적이고 신학적인 방법에서 형이상학적 방법으로 이행했던 것이다. 바꿔 달하면 트뢸치는 기독교의 절대성 문제와 씨름하면서 그 씨름판을 단계적으로 확장시켜 나갔던 것이다. 이런 발전의 의의는 기독교의 절대성 문제가 기독교의 이념 내용에만 관심을 기울인 신학의 안쪽에서는 다루어지지 않은 채, 단지 기독교와 다른 종교가 만나는 보편사적인 차원에서만 다루어졌을 뿐이라는 사실을 트뢸치가 점차 인식해 나갔다는 데 있다. 보편사는 역사철학의 궁극적인 이념대상이었기 때문에 트뢸치는 신학자로서 이 방대한 사상을 다루려고 하였다.

트뢸치는 역사주의자로서 역사적 현실의 의미와 가치의 복잡성을 솔직하게 인정했으므로, 그것을 조화롭고 질서 있는 것처럼 여기면서 안이하게 체계를 부여하려고 했던 조직신학자와는 전혀 다른 입장을 취할 수밖에 없었다. 다시 말해서 그는 역사적 현실의 의미와 가치의 복잡성에 질려서 상대주의로 빠져들지 않았던 것이다. 오히려 그는 복잡성 속에서 어떤 의미의 통일성을 발견해 내려고 했으며, 설령 발견해 내지 못하더라도 통일성을 지향해야 하는 사실의 철학적 사명을 결코 단념하지 않았던 것이다. 그리고 그는 또한 보편사와 문화종합 및 발전과 개체라는 변증법적인 긴장을 마지막까지 견지하였다. 트뢸치에게는 기독교의 절대성 문제가 역사 이해의 규범개념을 추구하는데 핵심적인 열쇠였다고 할 수 있지만, 이렇게 추구된 규범개념과 규범가치는 보편과 개별 중 어느 한편에 일방적으로 치우쳤던 것이 아니라 보편과 개별의 상호 침투로서의 문화종합이었다. 한편 트뢸치는 규범가치를 완결적으로 제시하지는 않았다. 즉 그는 객관적으로 절대적인 가치가 결코 역사 내부에 존재하지 않는다고 생각했던 것이다. 그에 따르면 역사는 절대적인 가치를 완전히 거부하는 상대주의의 품 안으로 들어가지 않는다. 변증법적으로 양자의 긴장을 유지시키는 것이 트뢸치의 목표였다고 할 수 있을 것이다.

더욱이 트뢸치는 기독교의 절대성 문제를 최종 단계에서 단자론적으로 해결하면서, 그렇게 하는 것만이 다른 종교의 역사적 현실을 충분히 인정하면서도 기독교의 절대성을 유지시킬 수 있는 방법이라고 굳게 믿었다. 한편 그는 단자론 안에서 절대성과 상대성, 형식적 사유와 생의 철학, 보편사와 역사적 개체 각각에 내재하는 이율배반적인 긴장과 화해를 발견하였다. 그러나 트뢸치는 이 점에서 멈추었다. 이로써 그는 역사주의적 신학자로서의 한계를 노정했던 것이다. 트뢸치에게는 제 종교의 교류, 접촉, 대화 또는 합류 등은 무의미하기는 하지만, 역사적 현실의 중요한 현상임에는 틀림없었다. 그에게는 종교사 전체가 교류, 접촉, 대화의 기록이었다.

트뢸치가 제 종교의 합류와 일치를 역사적으로 기대했다는 인상을 독자에게 줄지도 모른다. 하지만 트뢸치는 이 같은 유토피아적 구상을 하기에는 너무나도 현실적이었다. 역사주의자인 트뢸치는 이러한 유토피아를 경계하는 입장을 견지하였다. 그는 보편사의 가능성을 부정하고 보편사의 의의를 현재의 문화종합을 통해서 수용했던 것과 마찬가지로, 제 종교의 합류와 일치라는 유토피아적 가능성에 대해 체념하는 태도를 보였지만 그러면서도 모나드 안에서 일치, 교류, 접촉의 의의만큼은 받아들였다. 단자가 자신의 해소되기 힘든 독자성을 상실한 채 다른 것과 하나로 된다면 그것은 단자가 아니다. 단자는 단자로서 이해되는 한, 그 독자성을 언제까지나 양보해서는 안 된다. 다시 말해서 제 종교가 영원한 평행선으로서가 아니라, 서로 교차하면서 만나고 또 이런 교차를 통해 방향을 전환한다면 그 색채도 변화하기 마련이다. 그리고 그 위에서 서로가 명확하게 독자성을 갖고 있는 역사적 존재로서 계속 달리게 된다. 트뢸치가 마지막 저서에서 주장하려고 했던 것은 바로 상호 영향, 상호 침투, 대화 등의 가능성을 충분히 이해하지만, 그럼에도 불구하고 제 종교는 서로를 구별할 수 있도록 만드는 독자성을 계속 견지해 나간다는 사실이었다. 세계 공동체는 추구되어야 하는 목표이지만, 결코 제민족의 특징을 빈틈없이 말살해 버리는 것을 의미하지 않는다. 민족적, 문화적, 정신적 다양성은 세계가 계속되는 한 남아 있을 것이다.

끝으로 우리는 트뢸치의 역사적 상대주의에 근거한 종교다원주의 입장이 수반하는 두 가지 문제점을 지적할 수 있다. 첫째로 신학적인 문제로서 모든 역사적 실제들이 상대적이라고 하는 주장은, 기독교의 핵심적인 확신 (즉 예수가 역사 내에서의 신의 우일회적인 성육신이요 인류의 유일한 구주라는 확신)과 불가피하게 상충된다는 것이다. 성육신은 역사적 상대성이라고 하는 트뢸치의 엄격한 법칙에서 벗어나는 유일한 예외이다. 그러나 트뢸치의 일반적인 틀 안에서도 예수 안에서의 계시는 다른 어떤 계시보다 더 우월하다는 주장이 가능하지 않을까? 신적 생명에 대한 상대적인 모든 역사적 표현들 가운데서도 어느 하나가 다른 것보다 더 완전할 수 있다는 것은 논리적으로 가능하지 않을까? 만약 그렇다면 예수에 의해 창시된 기독교는 비록 상대적이라고 하더라도, 다른 종교들보다 더 우월할 수 있고 아마도 모든 종교들의 정점이 될 수도 있을 것이다. 물론 우리는 트뢸치의 우려대로 기독교의 우월성을 결정할 만큼 충분히 타종교 문화 속으로 완전히 들어갈 수는 없다. 그러나 아담스(James Luther Adams)가 말하듯이 현대는 트뢸치의 시대와는 달리 보편적 상호교통과 세계시민성이 점점 더 가능해져 가고 있다. 아마도 이것은 서로의 종교를 잘 앎으로써, 하나의 종교가 다른 모든 종교의 수렴점이 될 수 있다는 판단을 내릴 수 있는 기회를 줄 수도 있다.

더욱이 트뢸치의 역사적 상대주의에 근거한 종교다원주의는 인격적인 문제를 안고 있다. 이 문제는 트뢸치의 주장(즉 진리는 오직 '우리를 위한' 진리라

할지라도 여전히 참 진리일 수 있으며 따라서 그 진리는 우리의 전적인 위임을 요구할 수 있다는 주장)에서 비롯된다. 만약 우리가 어떤 것을 참되다고 주장한다면 어떻게 그것을 '우리만을 위한' 진리라고 할 수 있을까? 우리는 그것이 다른 사람들을 위한 진리일 수 있어서, 그들이 그것을 받아들임으로써 더 풍성한 삶을 발견하게 될 것이라고 느끼고 있지는 않은가? 이것은 우리의 진리가 다른 사람의 진리를 배제해야 함을 의미하지는 않는다. 오히려 이것은 그들의 진리가 우리의 진리에 의해 강화될 수 있다고 느끼고 있음을 의미한다. 만약 어떤 것이 우리에게 참되다면 우리는 다른 사람들도 그것을 알게 되기를 원한다. 진리는 우리에게 다른 사람들과 대화하도록 촉구하고 또한 우리를 갈라 놓았던 문화적이고 역사적인 장벽들을 극복하도록 촉구한다.

　기독교인들은 예수 그리스도의 독특성에 대한 신중심적인 비규범적 제해석에 기초하여 '신중심적인 종교신학'(theocentric theology of religions)을 견지할 수 있다. 기독교인은 전적으로 예수에게 위임하는 동시에 다른 계시자(혹은 구세주)의 가능성에 개방적일 수 있다. 마치 자기 배우자에 대한 위임이 깊고 결혼 관계가 확실하게 될 수록 다른 이성의 미를 더 많이 수용할 수 있듯이, 예수에 대한 위임은 다른 구세주에 대한 개방을 배제하지 않을 뿐만 아니라 그 위임이 클수록 후자에 대한 개방도 더 커지는 것이다. 기독교인들은 타종교의 인물에 대한 예수의 우위성이나 규범성을 주장함 없이도, 예수 안에서 자신들과 세계를 위해 신이 행한 것으로 경험한 것을 고백(告白)하고 고지(告知)해야 한다. 그것은 기독교인들로 하여금 확고한 입장을 가지게 하면서도, 다른 입장들에 자신을 개방하고 가능하면 그것으로부터 많이 배울 것을 요구할 것이다. 이것은 신이 예수 안에서 행한 것의 독특성과 보편적인 의의를 긍정하도록 허용하는 동시에, 타종교를 통해서 계시된 신적 신비의 독특성과 보편적인 의의를 인정하고 그 도전을 수용할 것을 요구한다.

II. 판넨베르그의 종교사 신학

1. 서론

　새로운 시대가 태동하리라는 예언에 귀를 기울이는 신학들은 새로운 패러다임(Paradigm)에 새롭게 순응하는 변화를 재촉하고 있다.[1] 이제 막 시작되는 새로운 시대는 보통 '포스트모던'(postmodern)이라고 특징지어진다. 신학에서 '포스트모던 패러다임'(postmodern paradigm)에 대한 요구는 획기적으로 중요한 어떤 일이 일어나고 있다는 사실을 암시한다. 예기치 않게도 갑자기 현대성(modernity)은 서방의 종교적인 우월성과 문화적인 계몽 그리고 과학적인 낙관주의와 기술적인 진보가 전체적으로 배열된 별자리와 어떤 방식으로든 유사하기 때문에 부정적인 단어가 되었다. 새로운 시대의 예언들은 특히 종교다원주의와 관련해서 더욱 명확하게 된다. 아마도 모든 사람

---

1) Thomas Kuhn, *The Structure of a Scientific Revolution*, (University of Chicago Press, 1962), p. 175. 쿤에 의하건 패러다임이라는 말은 일정한 공동체의 구성원들에 의해 공유된 '믿음, 가치, 기술 등이 전체적으로 배열된 별자리'(an entire constellation of beliefs, values, technique and so)라고 정의하였다.

들은 세계종교들 내에서의 기독교의 위치에 대해 생각하는 과정에서 심오한 변화를 감지한다. 이제까지 서방 세계의 유력한 종교로서의 기독교는 다른 종교들에 대해 우월성을 주장하거나 그 절대적인 성취를 이루도록 주장해 왔다. 이것은 모든 종교들이 평등한 관계를 누리고 있는 새로운 패러다임을 요구하는 포스트모던 다원주의자들에게 폭넓고 쉬운 공격 목표를 제공한다.

힉(John Hick)은 프톨레미적인 그리스도중심적인 해석에서부터 신을 신앙들의 우주의 중심부에 위치시키는 신중심적인 종교다원주의에로의 변화를 나타내기 위해 '코페르니쿠스 혁명'(Copernican revolution)에 대해 말한다.[2] 니터(Paul Knitter)도 우리가 소위 '통합적인 종교다원주의'(unitive pluralism of religions)를 위한 가장 적절한 기반을 얻기 위해서, 그리스도 중심적인 관점으로부터 신중심적인 관점에 이르는 이러한 전환을 권장한다.[3] 그는 배타주의의 전통적인 가톨릭 유형들(extra ecclesiam nulla salus)과 프로테스탄트 유형들(sola fide)에서부터 잠재적인 교회(Paul Tillich)와 익명의 기독교(Karl Rahner)의 가장 최근의 포괄주의 이론들에 이르기까지 종교들에 대한 기독교적인 사상 발전을 추적한다.

그리고 니터는 힉처럼 배타주의와 포괄주의가 종교 간의 대화의 새로운 시대에 불충분한 것임을 발견한다. 종교들의 다원성이라는 도전에 대응하는 새로운 패러다임의 세계 신학을 위해 만들어진 희생은 예수 그리스도의 최종성(finality)과 규범성(normativity)에 대한 전통적인 기독교 신앙이다.[4] 스미스(Wilfred Cantwell Smith)도 '그리스도중심성'(Christocentricity)을 '신중심성'(theocentricity)으로 대치하는 데 있어서 힉과 니터에 동의한다. 그에 의하면

---

2) John Hick, *God and the Universe of Faith*, (New York: Macmillan, 1973), p. 121.
3) Paul Knitter "Christianity as Religion: True and Absolute? A Roman Catholic Perspective," in Mircea Eliade and David Tracy(eds.), *What Is Religion? An Enquiry for Christian Theology*, Concilium, New York: Seabury, 1980, p. 18.
4) Carl E. Braaten, "The Place of Christianity Among the World Religions: Wolfhart Pannenberg's Theology of Religion and the History of Religion," in Carl E. Braaten and Philip Clayton(eds.), *The Theology of Wolfhart Pannenberg* (Minneapolis: Augsburg Publishing House), p. 290.

모든 종교들은 다르지만 똑같이 깊고 신비로운 신앙 경험의 똑같이 평등한 표현인 것이다. 즉 실증적인 종교들은 신이라고 부를 수 있는 종교인들의 공통의 신앙 경험을 간직하고 있는 '누적적인 전통들'(cumulative traditions)인 것이다.[5]

이들 종교다원주의자의 공통적인 견해는 기독교인들이 세계종교신학의 중심부에, 그리스도 대신 신을 대치시켜야 한다는 주장이 될 것 같다. 이러한 사실은 판넨베르그(Wolfhart Pannenberg) 신학의 적절성을 고려하기 위한 무대를 마련한다. 여러 견지에서 판넨베르그는 새로운 패러다임의 신학을 추구하는 물음들을 제기한다. 그의 신학은 우리 시대의 과학 분과들로부터 생겨나는 기본 문제들을 심각하게 받아들이고, 기독교 신학의 필수불가결한 조건들에 여전히 동참하면서 그 기독교적인 근원들을 고수하는 신학인 것이다. 만일 신학에서의 새로운 패러다임이 역사성, 전체주의, 자아 초월, 세계로의 개방성 등에 의해 특징 지워진다면, 현대 신학자들 중 어느 누구도 지식의 넓이와 통찰력의 놀랄 만한 깊이를 동반한 문제들을 다루는데 있어서 판넨베르그와 겨룰 사람이 없다.

새로운 패러다임을 촉구하는 종교다원주의자들과 상대주의자들은 이른바 포스트모던 세계로 나가는 기독교인들의 길을 쉽게 열어 주는 경향이 있다. 그러나 그들은 궁극적으로 신의 그리스도 및 세계 구원자로서의 나사렛 예수에 대한 사도적인 메시지에 궁극적인 근거를 둔 기독교 전통들과의 유대를 느슨하게 해 왔다. 이에 판넨베르그는 사도적인 전통들에 의해 해석되고 시대 전체를 통해 기독교 증거들로부터 전수된 역사적인 사건들에서 기인된 고전적인 기독교 신앙과의 연속성을 견지한다. 그는 신 중심적인 동시에 그리스도중심적인 기독교 신앙의 진리성에 대한 이성적인 설명에 몰두했다. 그에게 있어서 그리스도론은 '참 신이며 참 인간'(vere deus et vere homo)인 '나사렛 예수'(Jesus of Nazareth)라는 역사적인 인물에 대한 해

---

[5] Wilfred Cantwell Smith, *The Meaning and End of Religion* (San Francisco: Harper and Row Publishers, 1978), pp. 156f.

석이다.

따라서 본고는 기독교의 정체성을 인간 존재의 필수적인 구조로서의 종교의 본질과 관련시키고, 또 보편타당성과 진리성에 대한 신앙의 요구를 합법화시키는 맥락으로서 종교사를 기독교의 독특성과 관련시키는 그의 종교사 신학을 논구하고자 한다.

2. 종교사의 통일성

판넨베르그는 1968년 이래 뮌헨 대학에서 조직신학 교수로 재직하고 있지만, 그 이전에 마인츠 대학에 재직하였을 때 발표한 논문으로 "종교사 신학에 대한 고찰"(Erwägungen zu einer Theologie der Religionsgeschichte)이 있다. 이 논문은 원래 1962년에 진행된 일련의 강연을 모은 것이지만, 1962년의 틸리히의 최종 강연을 근거로 다시 쓰여졌으며 틸리히를 뛰어넘는 우수한 논문이다.[6]

먼저 판넨베르그는 틸리히가 그의 스승인 트뢸치(Ernst Troeltsch)의 문제의

---

6) 틸리히는 1960년 일본을 방문하여 불교와 신도의 교인들과 대화한 후, 그 성과를 다음 해 미국 콜롬비아 대학에서 강의를 통해 발표하였다. 그것은 『기독교와 세계종교의 만남』(P. Tillich, *Christianity and the Encounter of the World Religion* (New York and London, 1963)이라는 책으로 출판되었다. 여기에서 만년의 틸리히 사상의 하나의 전환이 나타났다고 말해도 좋을 것이다. 그 전환을 이 저작과 틸리히의 시카고 대학에서의 최후의 공개 강연인 "조직 신학자에 대한 종교사의 의의"(The Significance of the History of Religions for the Systematic Theologians; *The future of Religion*, New York, 1966, pp. 80-94)를 결부시켜 본다면 명확하게 알 수 있다. 결국 틸리히는 종전의 그의 『조직신학』이 근대나 현대 유럽의 세속 문화를 중심으로 기독교 메시지를 진리의 변증학으로서 전개시켰던 반면에 그 강연에서는 종교사를 중심으로 조직신학을 전개시킬 수 있는 가능성을 새롭게 시사했다. 이렇게 한다면 문화의 깊은 차원으로서의 종교뿐만 아니라 그 자체가 하나의 현상으로 존재하는 종교가 적극적으로 사색의 중심에 놓이게 된다. 근년에 종교사 신학이라고 불리는 신학 분야가 나타나고 있음을 볼 수 있는데, 여기에 중대한 자극을 준 것은 틸리히의 만년의 사상전환이라고 할 수 있었다(W. Pannenberg, *Grundfragen systematischer Theologie*, Vandenhoeck & Ruprecht, 1967, p. 253). 특히 20세기 후반의 신학으로서 판넨베르그는 변증법 신학 이후의 하나님 말씀의 신학과 대립되는 종교사 신학을 표명하고 있는데, 이것은 틸리히 만년의 전환에서 자극받은 것이라 할 수 있다.

식을 계승하여 신학과 종교사를 결합시키고 특히 종교사를 다루기 위하여 현상학적인 방법을 이용한 점을 높이 평가하고 있다. 그런데 판넨베르그는 두 가지 측면에서 틸리히의 접근방법이 불충분하다는 것을 보여 준다. 첫째로 그것은 종교 경험이 지향하는 신적인 현실보다는 인간의 반응에 더욱 초점을 맞추기 때문에 종교사 신학이 되기에 부족하며, 둘째로 그것은 역사의 차원을 소홀히 다룸으로써 종교 세계 속에서의 기독교의 기능을 거의 정당화할 수 없다는 것이다. 틸리히도 만년에는 종교사에 가까운 입장을 취하였으나, 그의 입장은 그 자신이 말한 '역동적인 유형론'(dynamic typology)의 입장이므로 충분할 정도로 역사적이라고는 보기 어렵다. 이 때문에 판넨베르그는 틸리히의 방법으로는 종교 세계 속에서의 기독교의 특수성과 그 위치를 충분히 포착할 수 없다고 비판한다.

> 틸리히는 새로운 종교사 신학에 대한 자신의 요구를 통해서, 분명히 현상들의 도움을 얻고 있는 그러한 연구를 비판적 검증에 면역되어 있는 어떠한 전체와도 관련시키지 않고 시도하려고 했다. 그런 연구 수행에 대한 그의 방법론적인 가정은 상이한 종교들의 '구조 비교'(Strukturvergleich)에 중점을 두고 있다. 하지만 인간의 종교적 태도뿐만 아니라 그 입장이 지향하고 있는 '신적 현실'(göttliche Wirklichkeit)의 현상에 대해서도 몰두하고 있는 종교사 신학이 어떻게 가능할 것인지를 도외시해서는 안 된다. 틸리히에 의해 제안된 바 역사과정에 대한 '유형화시키는 추상화'(typiserence Abstraktion)를 지닌 현상학적인 방법이 타종교들이 세계 속에서 기독교의 특수성을 다악하는데 충분할지 의심스러워 보인다. 하지만 기독교의 특수성은 기독교의 요소들을 통해서 종교사 과정 속에서야 비로소 조망될 수 있을 것이다…기독교의 기능에 대한 연구가 종교사의 역사 과정 속에서 초자연적인 전제들 없이도 기독교의 특수성을 타종교들의 터 두리 안에서 밝히는데 적절하다…역사 과정에서 분리될 수 있는 '구조 특징들'(Strukturzüge)에 대한 현상학적인 배열은, 이와 반대로 종교의 역사적인 발달과 변화의 차원이 서로 방법른적으로 감취어져

있다는 의혹을 받고 있다.[7]

판넨베르그는 종교학사를 고찰하면서 종교철학, 종교사학, 종교심리학, 종교사회학, 종교현상학이라는 분과가 탄생한 과정 그리고 현재 그 중에서도 종교현상학(Religionsphänomenologie)이 우세하게 되었던 과정을 명확히 설명하고 있다. 그렇지만 그는 종교현상학이 제 종교 사이에 나타난 공통현상을 중시하기 위해서, 그 각 현상들의 역사성이 지닌 상위성을 경시하는 결점(즉 일반화와 추상화)을 지적하고 있다.

> 종교현상학은 역사적 연관들로부터 종교생활의 표현형식을 떼어낸다. 그것은 또 역사적 연관들을 부수적으로 간주하고 여러 종교들에서 나온 종교관념, 제식행위, 종교제도들의 '유사한 형식들'(ähnliche Formen)을 종교생활의 현상 일반의 한 체계학으로 분류한다. 그래서 Askepois, Apollon, Jesus를 똑같이 '구원자 형상들'(Heilandsgestalten)로 간주할 수 있다. 여기서 이러한 종류의 보편화가 그릇된 것은 아닌지 하는 질문에 제기된다…해당 현상들의 내적 친화성을 지시해 주는 '심층적은 공통성'(tiefere Gemeinsamkeiten)을 '표층적인 유사성들'(oberflächliche Ähnchkeiten)과 구별하기 위한 기준이 필요하다. 이래야만 종교현상학적인 방법의 근본적인 결함이 분명해질 것이다. 종교현상학이 자료들의 역사적 특수성을 도외시 할 수록, 표층적인 공통성과 본질적인 공통성을 경험적으로 구분할 수 있는 가능성은 점점 줄어든다.[8]

그러나 판넨베르그에 의하면 종교현상학은 실제적으로 종교경험의 '예비적인'(vorbereitend) 인간학에 중요한 기여를 하고 있다. 사실 현상학적인 관찰이 종교현상을 종교생활의 표현 즉 인간적 행위의 표현으로 해석하고, 또 그러한 행위의 의도가 인간 외적이거나 초인간적인 현실을 목표로 삼으면

---

[7] Wolfhart Pannenberg, *Grundfragen systematischer Theologie*, Vandenhoeck & Ruprecht, 1967, - 이하에서는 *GST*라고 약칭함), pp. 256-7.
[8] *GST*, pp. 259-60.

서 객관적인 관념과 제도적인 행위 양식 속에 잠겨 있다면 인간학은 중요하다. 그럼에도 불구하고 현상학적인 작업에서는 기껏해야 종교 경험의 예비적인 인간학만이 중요하다. 이를 통해 암시되는 현상학적인 방법론의 한계에 대한 근거는, 인간이 역사적인 존재라는 것과 그 역사 과정 속에서 변화하고, 이를 통해 언제나 변함없는 인간적인 행위구조의 모든 가정들이 문제시된다는 사실에서 찾을 수 있다.

본래적인 의미에서 인간의 역사성에 서 있는 모든 인간학은 공동체, 그 전통, 삶의 형식 그리고 경험들과 연관해서 인간 역사를 관통하여 개개 인간의 구체적인 역사의 해석 속으로 결국은 흘러들어간다. 왜냐하면 최초의 역사 기술이 인간의 구체적인 생활 실행에 결국 접근할 수 있었기 때문이다. 역사적 기술 저편에 생물학적이거나 심리학적으로 또는 사회적으로 지향된 모든 일반적인 인간학이 머물러 있다. 이런 잠정적인 추상화는 인간 행위를 이해하기 위한 최초의 접근으로서 필수불가결한 것이지만, 인간에 대한 학문이 인간 존재의 구체적인 실행에 도달하려고 할 때는 단지 예비적인 성격을 가질 수 있을 뿐이며 단지 역사 기술의 동인이 될 뿐이다. 따라서 역사 기술은 인간이 할 수 있는 한에서 인간학적인 과제를 완성하려고 한다. 그리고 또한 현상학의 방법을 통해서 만들어진 종교적인 인간학도 종교사의 기술과 해석을 통해 완성된다.[9]

결국 종교현상학은 종교 경험과 종교 행위의 구조가 기본적으로 동시에 존재한다는 전제에 서 있고, 역사적인 상위성은 종교 경험의 구조에서 본질적인 의미를 갖지 않는다고 생각하고 있으며 따라서 각각의 종교가 어떻게 역사적으로 변화하는지를 파악하지 않고 있다. 이런 현상학적인 방법의 한계를 넘어서려면, 종교 간의 평행과 비교뿐만 아니라 각 종교의 '특수성과 일회성'(das Besondere und Einmalige)을 본질적인 것으로 파악하는 종교사의 방법론에 의할 수밖에 없는 것이다. 이 종교사의 방법론에 의해서 처음으로 다른 제 종교의 비교를 전체적으로 할 수 있게 된다.

---

9) *GST*, pp. 261-2.

종교사 신학에 대한 판넨베르그의 고려는 무엇보다도 '종교사의 통일성'(Die Einheit der Religionsgeschichte)의 문제에 접근한다. 이것은 그 학문분과의 단일화를 의미하는 것이 아니라 '인간의 전진적인 종교 통합'(fortschreitende religiöse Integration der Menschheit)을 의미한다. 단절, 회고, 새로운 분할이 없는 것은 아니지만 항상 새로운 시동 중에 있는 인간의 전진적인 종교 통합의 길은 이미 처음부터 다양한 민족들이 그들의 신들을 '전체 현실을 규정하는 힘들'(die Gesamtwirklichkeit bestimmende Mächte)로 이해했기 때문에 가능한 것이다.[10] 이것은 종교사의 과정을 마술과 정령숭배적인 악마숭배로부터 다신교적인 문화종교와 유일신교적인 종교에로의 인간성의 발전을 전제하지는 않는다.

판넨베르그는 종교사에서 진화론적인 구상들이 두 가지 어려움을 내포하고 있다고 생각한다.[11] 첫 번째 어려움은 종교사의 '진화적인 전체 의미'(evolutive Gesamtdeutung)를 얻으려는 노력들은 특히 종교사의 시점에 관한 문제에 집중되었는데, 다양한 종교들의 역사 속에서 그 시점을 밝히기가 어렵다는 것이다. 두 번째 어려움은 보편적인 유일신교적인 신성을 종교사적인 발전의 결과로 간주하는 진화론적인 개념들에 반대하는 경험적인 모순의 형식을 취한다. 즉 모든 존재하는 것의 통합적인 근원과 현재 유력한 힘들의 다양성은 서로 배제하지 않으며, 또 어느 국면이 우월한가는 보편적으로 결정되지 않고 이 역시 각 종교들의 역사 속에서 결정된다는 것이다. 그러한 고려들은 유일신교가 마나숭배나 정령숭배로부터 발전했다고 보는 진화론을 배제하며 또한 유일신에 대한 단일한 인식 속에서 다신교로의 퇴화를 전제하면서, 모든 종교의 포괄적인 공통점과 통일된 근원을 찾는 원유일신교의 전도된 개념도 배제한다.

그럼에도 불구하고 판넨베르그가 전체 종교사에 대한 물음이 무의미하지 않다면 종교사의 문제가 해결될 수 있다고 주장한다. 왜냐하면 종교현상

---

10) *GST*, p. 277.
11) *GST*, pp. 276-7.

학의 '유형론적인 추상들'(typologische Abstraktionen)에 의하지 않는다면 제 종교 사이에는 '구체적인 상호 관계들'(konkrete Wecheselbeziechungen)이 존재하며, 종교적인 행동과 그 객관화 사이의 관련과 상호 영향은 광범위한 '역사적 연관들'(geschichtliche Zusammenhänge)을 지향하도록 요구받기 때문이다.[12] 이 상호 관계의 과정은 현저 나쁜 의미에서 사용되고 있지만, 본래 좋은 의미에서 혼합주의적이라고 불릴 수 있다. 판넨베르그는 혼합주의라는 단어의 가치를 다음과 같이 긍정적으로 재평가하고 있다.

> 한 종교 전통이 다른 종고 전통들과 결합될 때 우세한 요소로 남아 있게 되면, 그것의 '동화력과 통합력'(Assimilations und Integrationskraft)이 나타날 수 있는 반면에 순수성은 불모성(Sterilität)을 의미할 수 있다. 사실 추정 가능한 다양한 종교들의 순수한 특징들은 대부분 (물론 모든 고도로 구별된 종교 문화들에서도) '원래 이질적인 요소들의 융합'(Verschmelzung ursprünglich heterogener Elemente)을 통해 나타나야 했다. 이것은 특히 '거대한 신형태의 역사'(Geschichte der großen Göttergestalten) 속에서 연구될 수 있다… 신형태의 역사뿐만 아니라 한 종교의 '자기주장과 확장의 방식'(die Weise der Selbstbehauptung und Ausbreitung)도 혼합주의적이다.[13]

판넨베르그에 의하면 이런 혼합주의적인 동화력의 가장 커다란 예는 기독교가 제공하며, 특히 이스라엘의 신 사상은 이것을 잘 예시해 준다. 이런 동화력은 처음부터 야웨의 고유한 배타성(Ausschließlichkeit)에 있다. '상호 보완적인 신성들의 다원주의'(Pluralismus einanderergänzender Gottheiten)에로의 길이 차단되어 있기 때문에, 이 배타성은 다른 신성들과의 대면에서 '동일시되거나 투쟁하는 것'(entweder Identifizierung oder Kampf)을 의미했다. 야웨는 족장들의 신성들뿐만 아니라 이스라엘 신에게 창조의 기능을 중개했던

---

12) GST, pp. 264, 265, 268.
13) GST, pp. 260-270.

엘(EL)과의 관계에서는 동일시가 가능했던 반면에, 바알(Baal)에 대해서는 냉혹할 정도로 적대시 하였으며 바알의 특정한 기능을 강탈함으로써 승리를 얻을 수 있었던 것처럼 보인다.[14]

판넨베르그에 의하면 이 상호 관계들에서의 종교사의 통일성은 오늘날 아직도 '현실을 쟁취하기 위한 종교들 간의 전쟁'(Wettstreit der Religionen um die Wirklichkeit)이 계속되는 과정으로 존재한다. 여기서 그는 종교들의 '현실의 전체이해'(Gesamtverständnis der Wirklichkeit)와 관련되어 있다고 전제한다.[15] 이 전체 이해들은 각 종교들의 역사적 유대에 의해 경쟁과 상호 영향 가운데로 들어간다.[16] 이와 같이 제 종교는 상호 관계 속에서 발전했기 때문에, 종교사 과정은 선험적으로 구성되거나 주기적으로 순환될 수도 없다. 또 역사의 특정한 시대에 이르기까지는 '민족 종교들'(Volksreligionen)만 있고 그 후부터 '보편 종교들'(Universal religionen)이 있었던 것처럼, 우리는 민족 종교와 보편 종교 간의 원칙적인 구별을 허용해서는 안 된다.[17] 실제로 가

---

14) *GST*, p. 269.
15) *GST*, p. 270.
16) 판넨베르그는 그 예로 Atum, Marduk, Mithras를 들고 있는데, 이들은 현실을 쟁취하기 위한 신들간의 경쟁에서 승리했던 것이다. "Amum은 단지 중세 왕국의 Re와 Ptah에 융합할 수 있었던 것이 아니라, Amenophis의 Aton종교보다 우월했음을 보여주었다. 제사장들의 사회적 지위능력 때문만이 아니라, 새로운 신 Aton은 이집트의 현존재 이해의 다양성에 상응할 정도의 광범위한 속성을 소유하지 못했기 때문이다…Amum은 나중에 죽음의 신과도 융합할 수 있었다…다른 예는 고대 바벨론제국의 몰락 이후에도 자기주장을 마련했던 Marduk의 고유한 매력을 제공한다. 확실히 신이 '감소되지 않은 존경'(unverminderter Ansehen)을 지님으로써 그 자신에 대한 존경을 원래부터 지니고 있었던 사회의 몰락보다 오래 지속된다는 것은 자명한 사실이 아니다. Marduk의 경우에는 그 신의 매혹에 의해 앗시리아 정복자들을 이김으로써 Marduk 자신에 수메르의 신 Enlil의 자리를 탈취했던 것처럼 Marduk을 앗시리아를 통해 배제하려는 산헤립의 노력은 앗시리아에게는 성공적이지 못했던 것이다. 이것은 새로운 정복 민족에게로의 한 고대 문화의 발산(Ausstrahlung)을 보여주는 인상적인 예이다…Mithras는 헬레니즘적인 인간 및 정치, 경제적으로 몰락해 가는 후기 시저 시대에 대한 동경이 받아들인 구원 관념을 지닌 페르시아의 전쟁신과의 연결 없이는 생각할 수 없을 것으로 보인다. 알려지지 않은 동기로 소아시아의 마법사들에 의해 형성된 그러한 구원 관념을 향한 출발점은 초기 국면에서는 '계약의 신'(Gott des Vertrages)으로 나타난 것처럼 Mithras 형태의 다양한 우주적인 관계에서는 반드시 '밤하늘과 태양의 신성'(Gottheit des Nachthimmels und der Sonne)으로서 나타났다. Mithras는 이렇게 해서 '중보자 형태'(Mittlergestalt)로 적절하다. *GST*, pp. 272-3.
17) *GST*, p. 273.

능한 것은 개별 종교들의 논쟁이나 분열, 성장이나 몰락, 융합이나 분리의 과정을 살펴보는 것 뿐이다.

그러면 이러한 상호 관련들 속에서는 종교의 전체 역사를 언급하도록 허용할 통일성을 발견할 수 있는가? 종교들은 인간이 그런 것처럼 처음부터 통일성을 거의 형성하지 않았다. 오히려 종교들의 출발점에서의 다양성은, 다양한 혈통과 민족들보다 앞서 있는 것으로 보인다. 그러나 독립적으로 생성된 종교들은 일찍이 존재의 보편적인 의미로서의 보편적인 성격을 지녔었다. 이에 대해 판넨베르그는 다음과 같이 말한다.

> 종교 기원의 '사실적인 다원주의'(der faktische Pluralismus der religiöse Ursprunge)는 이렇게 의도된 보편성과 대립된다. 그러나 그러한 충돌은 각 집단들 사이에서 발전하고 있는 특정한 조건 아래서 수반되는 보편적인 '의미의도들'(Sinnintentionen)의 충돌들로부터 발생하여, 인간의 정치적이고 세계적인 통합을 향해 출발과 함께 손에 손잡고 나아가는 '다양한 종교들의 경쟁'(die Konkurrenz der verschiedenen Religionen)을 통해 비로소 종교의 공동 역사가 성장해 간다.[18]

판넨베르그에 의하면 종교사의 통일성이 문제되기 시작한 것은 기독교의 세계 선교와 이슬람의 정복에 의해 지구적인 규모의 종교 통합과 정에 대해 말할 수 있는 상황이 발생했던 때부터이다. 특히 지는 세기에 서양 문명과 기술의 확장과 밀접하게 연관되어 있던 기독교 선교 활동은, 다소 고립적으로 존속하는 다양한 종교 전통들을 세계종교사에 연루시켰다. 그 속에서 종교 전통의 완전한 통합은 외형상 기독교를 통한 타종고의 배제에 도달된 것이 아니라, 오히려 틀림없이 긴장스러운 종교적 세계 상황의 통일성이 이루어진다. 그러나 아직 기독고는 다른 측면에서 보면 기독교의 산물인 세속적인 현존재 이해를 통해서 다양한 문화권들의 균등화(Angleichung)에 이르는

---
18) *GST*, p. 274.

동기가 되고 있다. 이리하여 기독교는 그 보편적인 선교 갈망을 통해서 전 인류의 종교적인 전체 상황을 발생시키는 효소(Ferment)가 되었다. 또한 그렇게 해서만 인류의 '일반 종교사'(allgemeine Religionsgeschichte)에 관해 언급할 수 있게 된다.[19]

이와 같이 기독교의 아시아, 아프리카 선교는 서양 문명과 과학 기술의 확대와 함께 진행되면서 세계 제 종교와 관계를 맺어 기독교를 세계종교사 속에 편입시켰으며, 결국 기독교 선교에 의해 처음으로 인류의 종교사에 대해 말할 수 있게 된 것이다. 따라서 판넨베르그에 의하면 종교사의 통일성은 세계종교사의 상호 작용의 과정에서 찾을 수 있으며, 종교사의 시작에서가 아니라 끝에서 발견될 수 있다.[20] 그러므로 종교 통합에 대한 판넨베르그의 사고는 그 성격상 선교신학적으로만 이해 가능하다. 종교들의 상호관계라는 주제 및 현실을 쟁취하기 위한 신들 간의 투쟁이라는 주제는 종교사적으로 추호의 의심도 없이 적중한다. 거기서 통합에로의 한 가지 경향이나 통합적인 복합체로의 한 가지 방도는 찾아볼 수 없다. 반면에 역사의 흐름에 따라 점점 더 많이 다양한 종교들로 분열한다. 이집트 종교사는 그리스

---

[19] *GST*, pp. 274-5.
[20] 판넨베르그는 이것을 다음과 같이 요약하고 있다. "인간의 종교적인 통일성에로의 길은 많은 시작점들을 갖지만 '중앙 통합과정'(zentrale Integrationsprozeß)은 비교적 밝은 역사 지식의 불빛 속에서, 고대 지중해와 근동의 종교들과 더불어 이집트, 티그리스강과 유프라테스강 계곡, 페르시아 및 인도에서 시작된다. 이스라엘과 그리스의 역사 속에서 다양한 종교 유산들의 교차들(Überschneidungen)과 '공동 성장'(Zusamm0enwachsen)이 강도 깊게 나타나는데, 이러한 강도는 유대와 그리스의 유산이 서로 연관된 원시 기독교에서 그리고 헬레니즘으로 제한되었던 고대 종교 세계를 넘어선 기독교의 확장에서 더욱 더 입증되고 있다. 그러나 종교적인 통합과정은 우선 여러 관점에서 그 발달에서 '하나의 평행'(eine Parallele)을 지탱하기 위해 기독교 세계의 가장자리에 이슬람이 생성됨으로써 중단되었다. 또한 기독교 선교운동의 장악(Ausgreifen) 속에서 헬레니즘 영역을 벗어나 특히 슬라브 민족과 게르만 민족들이 기독교 신앙으로 전환함으로써 그리고 미국의 식민지화에 의해서 그리고 마침내는 자신의 역사와 더불어 기독교 선교를 통해 중개된 세계종교사에 합류하는 아프리카와 오스트레일리아의 문자 없는 문화와 극동 지역의 종교들과 조우함으로써 계속 발전해 갔다. 이 세기에 마침내 서구의 세속문화의 확대는 인간의 개종(Bekehrung)으로 인도하는 것이 아니라, 기독교 선교가 한편으로는 인간의 모든 종교 전통에 다른 한편으로 산업 사회의 세속적인 현존재 형태와의 대결을 통해서 표시된 다른 의미에서의 종교적인 전체 상황으로 인도한 후에 기독교 선교의 전통적인 형식들을 스스로 바뀌게 했다"(*GST*, p. 276).

종교사와 마찬가지로 초기이는 상호 관계적으로 일치하는 간단한 구조였는데, 역사가 흐름에 따라 상호 작용들을 통해 점점 복잡하게 되고 종파로 분열되어 갔다. 종교들은 계속적인 분리를 통해 번식해 나가는 것이다. 따라서 발전사라는 주제에는 오직 선교신학적인 측면만 남겨 있다. 기독교는 그 세계적인 선교에서 모든 대륙의 종교들을 관련시킨다. 기독교는 '기술적인 생활극복'(technische Lebensbewältigung)의 '통합 문명'(Einheitszivilization)과 연관되어 이견상으로는 실제로 단일화하는 것처럼 보인다.[21]

그러나 한편 사람들은 기독교 선교가 아시아 종교들을 그 고유의 방식으로 엄청난 정도로 격려하고 기독교 고유의 자아 의지로 그것들을 굳건하게 만들었음을 인정해야 한다. 물론 아시아 종교들은 기독교 선교방침을 받아들였다. 그러나 기독교의 통합이 아시아, 아프리카, 남아메리카의 교회 유산들로 인해 의문시되는 행브 앞에 항상 새롭게 서 있게 된다. 종교들이 기독교 선교를 통하여 인간 종교의 통합에로 이끌어졌다고 말하기는 어렵다. 기독교 선교가 아시아, 아프리카의 자아 이해의 자립성(Eigenständigkeit)으로 철저하게 몰렸던 자립적인 고회 유산의 충고 기능들로 축소되었을 때 시대의 징후는 통합 위에 있지 않다. '세계-경영'(Welt-Administration) 이념으로부터 생생한 '영향력 관련들'(Wirkungszusamenhänge)의 단일화가 틀림없이 기대될 만하다.[22] 그러나 각 나라들의 상황들을 관찰해 보면 종교들은 어디에서나 집중되고 있음을 알 수 있다. 이는 종교들이 핵심 부분으로 모아지고 경쟁자의 위대한 이름들을 떨쳐내어 그 개체화를 자신의 생존 가능성으로 파악하고 있었다는 것을 말한다. 이런 사실로 미루어 볼 때 종교사가 단일화의 과정으로 진행된다는 것은 전혀 그럴 듯해 보이지 않는다.

---

21) Carl Heinz Ratschow, *Die Religionen*, Gütersloher Verlagshaus Gerd Mihn, 1979, p. 104.
22) Ibid., p. 105.

3. 종교체험의 현실 관련과 종교사

종교를 고찰할 때 현상학적인 관점보다는 역사적인 관점에서 서야 한다고 '주장하는 판넨베르그가 종교의 변화에 관심을 기울이는 것은 당연한 일이다. 그러나 이 변화를 어떻게 해석하는가라는 문제는 종교의 진리를 어떻게 이해하는가라는 문제와 깊은 관련을 맺고 있다. 종교의 변화를 정치적, 사회적, 심리적 의미에서가 아니라 종교 고유의 의미에서 이해하려고 한다면, 종교경험의 현실 관련(즉 신이나 신들)이 무엇인가라는 점을 명확히 밝히지 않으면 안 된다.

판넨베르그는 종교적 아프리오리 이론을 비판하면서, 종교 경험의 현실 관련의 문제가 심리학적이거나 철학적인 해명뿐만 아니라 인간학적인 실존 구조의 해명을 출발점으로 해야 한다고 주장한다. 즉 신 사상(Gottesgedanke)이 인간 존재의 구조에 속한다는 사실을 증명해야 한다는 것이다. 이는 신 사상 혹은 '모든 현실적인 것의 비밀스런 근거'(geheimnisvoller Gund alles Wirklichen)라는 신 사상이 모든 유한한 것을 초월하려는 인간 존재의 광범위한 움직임 속에서 인간이 오직 자신의 현존재를 극복하는 비밀에 의존해 있기 때문에 그 비밀에 의해서만 근본적으로 자신의 현존재를 실현시킬 수 있도록 되어 있음을 암시한다.[23] 참으로 자신의 유한성을 초월하는 현실의 비밀을 전제하고 스스로를 고유한 존재의 실현으로서 관련시키는 것이 존재의 구조에 속한다면, 인간은 사실상 이미 그 현실과 교제를 나누고 있는 것이다.[24]

판넨베르그는 종교의 이러한 의미에 관심을 가진 고전적인 인물로 슐라이어마허를 꼽는다. 슐라이어마허는 종교에 대해서 인간의 독특한 감정적은 측면을 요구하면서, 종교는 분명히 인간적인 본질에 속하는 것이며 따라서 부차적인 현상도 아니며 다른 것에서 그 근원을 도출할 수 있거나 불필

---

[23] *GST*, p. 282.
[24] *GST*, p. 283.

요한 현상도 아니타고 주장하였다. 슐라이어마허의 이러한 종교론은 포이엘바하, 마르크스, 니체, 프로이드의 종교론과는 근본적으로 다르다.[25] 후자의 입장은 종교가 기껏해야 미성숙한 형태의 인간의 현실 파악에 불과한데, 이런 현실 파악은 서양 근대에 나타난 세속 문화에 의해 원칙적으로 극복되었으며 결국은 소멸될 운명에 있게 된다. 반면에 슐라이어마허는 종교 없이는 성숙된 인간의 삶이 존재할 수 없을 것이라고 주장하면서, 종교가 인간이기 위해 필수적이라는 사실에 대한 증거로서 인류 최초의 시작에서부터 종교가 일반적으로 유포되었다는 사실(특히 종교가 모든 고대 문화뿐만 아니라 언어의 근원에 있어서도 근본적은 중요성을 띄고 있다는 사실)을 제시한다.[26]

그런데 판넨베르그에 의하면 인류에게 종교가 보편적으로 유포되어 있다는 사실은 인간의 행동 구조가 갖고 있는 특성, 즉 '세계 개방성'(Weltoffenheit)이나 '자아초월'(Selbsttranzendenz)과 상응한다.[27] 이러한 자유경험을 통해 인류는 자기 실존의 의문점을 깨닫게 되고, 그렇게 하여 그 구체적인 경험을 넘어서까지 이를 수 있게 된다. "본능에 얽매어 있는 동물들과는 달리 인간은 모든 상황을 초월할 수 있으며 또 자신의 환경(Umgebung)을 바꿀 수 있다."[28] 이렇게 하여 인간은 세계 속에 살고 있을 뿐만 아니라, 자신이 살고 있는 세계(사회적 세계)를 현실적으로 창조해 낸다. 그러나 이러

---

25) W. Pannenberg, *Systematische Theologie*, Band I. Vandenhoeck & Ruprecht, 1988, p. 171. "포이엘바하에게 있어서는 여전히 개인들이 가지고 있는 유한성을 인간의 특징으로 여기는 개인들의 '허영과 자아 추구'(Eitelkeit und Selbstsucht)가 다루어지고 있다. 반면에 이 개인들은 본질적으로 인간의 특성에 속하는 유한성을 이질적인 본질로 여긴다… 마르크스는 종교 관념을 '사회적 소외라는 실제적인 비참함에 대한 보상'(Kompensation für das reale Elend gesellschaftlicher Entfremdung)의 표현으로 보았다. 니체는 신에 대한 생각이 양심 속에 내재된 규범 의식(Normbewußtsein) 그리고 그로 인한 죄책감(Schuldgefühl)에 대해 갖는 기능성을 통해서, 포이엘바하가 말한 상상에 의한 보상과 신에 대한 생각을 결합시켰다. 반면에 프로이드는 죄책감과 신에 대한 생각의 연결을…한 조상의 살인으로 소급시켰다. 이는 개별적으로 전개될 경우 '외디푸스 콤플렉스'(Ödipuskomplex)에 해당한다. 이로써 프로이드는 죄의식에 대해 고착화가 아닌 소화(Verarbeitung)에 도움되는 그런 종교의식의 형태들을 끌어들일 수 있는 여지를 획득한 것이다. Ibid., p. 168.
26) W. Pannenberg, *Anthropologie in theologischer Perspektive*, 1983, p. 459f.
27) Ibid., pp. 32f. 40f. 52f.
28) *GST*, p. 372.

한 것보다도 근대 인류학자들 대부분과는 달리, 판넨베르그는 인류의 운명은 세계도 초월할 수 있으며 또 문화 그 자체도 초월할 수 있다고 주장한다. "그(인간 존재)의 운명은 이미 존재하고 있는 문화뿐만 아니라 아직도 발전해 가고 있는 모든 문화도 초월하여 나아간다."[29] 이 말의 뜻은 인류에게는 말 그대로 무한한 자유의 운명이 주어져 있다는 것이다. 그래서 인류의 자유의 원천이나 근거에 관한 문제가 제기된다.

판넨베르그에 따르면 인간의 주관성이 자아관련성(Ichbezogenheit)과 세계 개방성(Weltoffenheit)의 양극적인 긴장을 결코 초월할 수 없기 때문에 인간 자유의 근거는 인간의 주관성이 될 수 없다. "이런 방향으로의 모든 성공적인 시도가 인간의 자아 관련성 간의 그와 같은 갈등을 결코 해결할 수 없다."[30] 자아란 그 자신 속에 속박되어 있다. 자아초월이란 자신의 외부로부터 주어지는 선물일 수밖에 없다. 판넨베르그는 이와 같은 인간 자유의 외적인 근원을 신과 동일시한다. 즉 '자아와 전체 현실의 조화' (Übereinstimmung des Ich mit der Gesmtwirklichkeit)는 오로지 신으로부터 주어질 수밖에 없다.[31]

따라서 신으로부터 우리의 자유를 부여받기 때문에, 우리가 신을 경험하는 것은 우리의 자유 안에서이다. 자신의 주체성의 구조라는 면에서 인간이 의존하고 있는 신의 실재는, 인간 세계의 맥락 속에서 자유를 경험하는 가운데 선물로서 자신을 부여받게 되는 곳에서만 만나지게 되는 것이다. 판넨베르그에 따르면 역사상의 종교들은 인간의 자아초월이라는 특별히 중요한 경험에 기초하여 있다. 바로 이러한 이유 때문에 판넨베르그는 다음과 같이 주장한다.

> 종교사는 '인간의 문제거리와 곤궁의 역사'(Geschichte menschilicher Fraglichkeit und Bedürftigkeit) 및 '신의 현실과의 인간교제의 역사'(Geschichte

---

29) W. Pannenberg, *Was ist Mensch?*, Vandenhoeck & Ruprecht, 4 Aufl. 1962, p. 10.
30) Ibid., p. 43.
31) Ibid., p. 45.

des Umgangs der Menschen mit der Wirklichkeit Gottes)로서 뿐만 아니라 '참된 신의 자아 알림의 역사'(Geschichte von Selbstbekundurgen des wahren Gottes)로서 나타나기도 한다.[32]

더욱이 인간은 모든 유한한 현실의 체험 속에서 어떤 형식으로든 동시에 그 유한성을 뛰어넘으면서 그 속에 존재하는 '무한한 비밀'(unendliches Geheimnis)을 기대하는 것처럼 현실과 교제를 나눈다.[33] 따라서 인간은 전체나 비밀에 의존하지 않고서는 스스로 인간으로서 완성될 수 없다. 그러는 가운데 인간은 전체와 교류하고 그것의 현실을 스스로 보여주어야 한다. 신들은 신의 사건을 통하여 증명된다. 거기서 신들은 인간의 세계를 포괄하는 인간의 현존재 전체를 압도하는 힘으로 경험된다. 판넨베르그는 이런 사실을 '신적인 현실 출현의 역사성'(die Geschichtlichkeit des Erscheinens der göttlichen Wriklichkeit)이라고 명명한다.[34]

이것은 기독교적으로 말한다면 신의 행위가 발생한 것이지만, 일반적으로 이것은 특정한 때에 현실의 사건으로서 구체적으로 인간 실존 속에서 발생하게 된다. 그리고 증교사는 확실히 이러한 사건의 역사에 지나지 않는다. 이런 의미에서 '신적인 현실의 사건은 역사적인 사건들로 된다'(Widerfahrnisse göttlicher Wirklichkeit sind geschichtliche Ereignisse).[35] 따라서 신의 존재 문제와 역사 속에서의 신의 현현이나 계시의 문제는 불가분리적인 것이라고 말할 수 있다. 그러나 이러한 현현이나 계시의 이해에 있어서, 유한자 속에서의 무한자의 출현의 조건이자 척도인 시간(Zeit)은 대단히 중요하다.[36] 왜냐하면 무한자는 역사와 시간 속에서 유한자에게 현현되며, 무한자가 최후의 목표를 실현할 때까지 이러한 현현이나 계시는 항상 잠정적인 성격을 지니기 때문이다.

---

32) *GST*, p. 386.
33) *GST*, p. 283.
34) *GST*, pp. 284-5.
35) *GST*, p. 284.
36) *GST*, p. 285.

그러므로 신과의 교류 역사 속에는 '잠정적인 실현'(vorläufige Erfüllungen)이 존재한다.[37] 판넨베르그는 물론 이것이 신화적인(과거지향적인) 영역에 타당한 것이 아니라, 매우 미래지향적인 신약성서에 타당할 것이라고 말한다. 반면에 어떤 종교들은 '시간적인 폐쇄성'(temporale Verschlossenheit) 속에서 그들 변화의 미래에 반하여 살아간다.[38] 왜냐하면 그 종교의 신화들은 그 자체가 잠정적으로 보다 거대한 미래를 향한 통과 단계로서 결정되어 있는 것이 아니라, 시원(das Urzeitliches)을 향해서 그 변화의 미래에 대해 폐쇄되어 있기 때문이다.[39] 판넨베르그는 신화에 대해 다음과 같이 설명하고 있다.

> 그 신화는 신적인 비밀의 현현을 '시원적인 완전성의 출현'(Erscheinung des urzeitlich Vollendeten)으로 간주한다. 인간들은 신화가 보고하는 '원시 시대의 제사적인 주문'(die kultische Beschwörung der Urzeit)을 통해 미래의 어두운 힘에 대해 자신들을 보호한다. 여기에서 신화는 오늘날 전통으로서 선포된 것의 원형(Urgestalt)인데, 오늘날의 전통들도 원형들의 신화적인 경향들로 치장되는 경향을 갖는다. 원형에 근거해서 살아가고 또 현재를 위해 '원형적인 현실에로의 적절한 몫'(optimale Teilhabe an der urbildlichen Wirklichkeit)을 추구하는 사람은 비역사적으로 살아가고 있다. 그런 한에서 고대 민족들은 '역사적인 미래'(geschichtliche Zukunft)로부터 자신들을 차단시킨다.[40]

판넨베르그는 모든 종교들이 원시간을 지향해야 한다고 말한다. 사람들은 기독교와 타종교들간의 차이에 대해서 어쩔 도리가 없다. 종교들이 원시간과 언제나 동일한 것이 아님은 확실하지만, 종교들은 피안에서의 생명 충만한 실현에로의 길을 제시하려고 그것들의 신성한 과거로 고개를 돌렸다. 문자나 역사가 없는 문화들이 전통을 지닌 고등 문화들처럼 그 내부에서 각

---

37) *GST*, p. 286.
38) *GST*, p. 287.
39) *GST*, p. 286.
40) *GST*, pp. 287-8.

각의 종족과 세계의 미래를 얻으려고 종교의 길을 신성하며 과거에 존재하는 행위와 사실들로 이끌어간다는 것은 틀림없는 사실입니다. 그러나 사실상 그 자신의 의지에 반하여 모든 종교들은 그 신화들의 이른바 시원적인 형태를 원형적으로 존속하도록 놔두지 않고 변경시켜서 그 잠정성을 폭로시켜 버리는 역사과정 속에 존재한다. 종교사는 역사가 회고할 때 알려지는 것처럼, 원형에 매달린 의식이 그 실제적인 행위를 통해 어떻게 스스로를 부정하는지를 보여주기 때문에 종교비판을 이미 수행하고 있다. 그것의 모든 단계들이 '항상 갱신하는 비판적인 수정을 반복하는 가운데'(in der Iteration immer erneuter kritischer Revision), 종교사는 바로 무한한 신을 위한 인간의 끝없는 결정이 적절한 실현에 직면하여 심지어 종교들의 자의식에 반대하여 출현하는 끝없는 길인 것이다.[41]

판넨베르그에 의하면 종교들은 인간이 그 존재의 구조에서 이미 전체 의미를 뜻하는 비밀과 항상 관계를 맺어 왔으며 또 비밀들의 현실 능력(즉 신들)은 그 성공을 통해 되풀이하여 증명되어야 한다. 이것은 신적인 비밀의 출현을 의미한다. 그 속에서 신들 스스로가 증명해야 하는 종교사 과정은 이렇게 하여 존재한다. 판넨베르그는 그럼으로써 종교현상들의 변화가 이해 가능해진다고 말한다. 특별히 그는 이러한 종교현상의 변화를 정치, 사회적인 변화와 구별한다.

> 역사의 흐름에 따르는 종고적인 관념들, 제의들, 기관들의 변천들(신 형태나 제식의 변천들)은 '정치적이거나 사회적인 번복의 기능'(Funktion politischer oder sozialer Umwälzungen)으로만 간주되어서는 안 된다. 종교현상들의 변천은 투쟁중에 있는 인간 현존재에서 (어떤 형태로든지 항상) 전제된 신적인 비밀의 표현으로서만 이해된다. 물론 종교적인 삶에서는 현실 전체 및 전체성을 가능케 하는 것들에 대한 이해를 중시하므로, 자연히 정치적이거나 사회적인 변화도 커다란 역할을 하고 있다. 또 인간의 현존재 경험 전체를 위해

---
41) *GST*, p. 288.

서 정치, 사회적인 관계들과 변화들은 물론 중요한 의미를 갖는다. 그러나 더 이상의 것 없이 그것들 자체가 전체가 되는 것은 아니다. 정치, 사회적인 관계들과 변화들이 단지 속된 사정들(Sachver halte)이라면, 종교적인 변화들에 동기(Anlaβ)를 부여할 수 없었을 것이다. 그러나 정치, 사회적인 변화들은 종교적인 변화에 자동적으로 영향을 끼치는 것이 아니라, 그것의 '정복이나 피정복'(Bewältigung oder Nichtbewältigung)이 각 종교 전통의 내용적인 풍부함과 내적인 힘과 '순응 능력'(Anpassungsfähigkeit)의 문제로 남아 있는 도전을 의미해야 한다.[42]

따라서 종교사는 오직 속된 범주들을 통해 묘사되는 특정한 인간과 집단들의 관념들과 행동들의 역사로서 보여지는 곳에서는 충분히 이해될 수 없게 된다. 판넨베르그에 의하면 종교사는 인간 현존재의 구조에서 전제된 '신적인 비밀의 출현 역사'(Erscheinungsgeschichte des göttlichen Geheimnisses)인데, 그 현실과 특성은 역사과정 속에서 위기에 처하게 된다.[43] 그런데 기독교적인 관점이야말로 종교사를 이와 같이 신적인 비밀의 출현 역사로서 이해하고 있는 것이다. 성서의 신에 대한 신앙과 복종 및 예수 그리스도 안에서의 신의 종말론적인 계시가 없이는 이러한 이해가 불가능하다. '원형적이고 시원적인 것'(Urbildliches, Urzeitliches)을 지향하는 종교로부터는 미래를 지향하는 종교사 개념이 생성되지 못한다.

그러나 미래를 향한 역사 이해의 관점에서 볼 때 이스라엘의 종교도 불충분한 종교이다. 왜냐하면 이스라엘의 종교는 독특한 신 체험의 빛에서 현존재의 현실을 '아직 나타나지 않은 목표를 지향한 역사'(Geschichte auf ein noch nicht erschienenes Ziel)로서 이해하고는 있지만, 신의 계시를 과거 사건 속에서만 발견할 뿐 신의 미래 사건에서는 발견하지 않기 때문이다.[44] 이 점에서 결정적인 변화는 예수에 의해 이루어졌다. 왜냐하면 예수가 설명한 신국

---

42) *GST*, pp. 289-90.
43) *GST*, p. 290.
44) *GST*, pp. 290-1.

의 신은 이전의 현실들을 변형시킬 수 있는 힘을 지닌 신이기 때문이다. 판넨베르그는 이와 관련해서 다음과 같이 말한다.

> 예수는 신에 관해 말할 때 확실히 이스라엘의 신을 의미했다. 그러나 그는 민족의 종교 전통들을 통해서 '율법에 성실한 사람들'(Gesetzesfrommen)처럼 신의 미래를 고정된 것으로 생각하지는 않았다. 오히려 반대로 이 미래는 그로 하여금 '현상들과 구전들'(Bestehender und Tradierten)에 대해 비판하도록 강요했으며 또한 그에게 있어서 미래는 사랑의 삶으로서의 현대적인 삶을 규정할 근거로 되었다. 그러나 그럼으로써 '도래하는 왕국의 신'(Gott des kommenden Reiches)은 고대 이스라엘의 경우처럼 '역사 변화의 원인자'(Urbeber geschichtlicher Veränderung)로서만이 아니라, 그의 독창적인 초기 현현들을 '변형시키기 위한 힘'(Macht zur Verwanclung)으로서도 이해된다.[45]

결국 예수에게 있어서 신은 미래의 힘으로서 그리고 미래에 신국을 건설할 수 있는 신으로서 이해되고 있다. 미래성과 도래로부터 사유된 미래의 힘으로서 그는 어떤 다른 미래나 새로운 신 체험에 의해 능가될 수 없으며, 신적인 비밀의 새로운 사건들과 새로운 출현 형식들 속에서 현현할 수 있다. 따라서 예수가 예고했던 도래하는 왕국의 신에 있어서 신적인 비밀은 그 '원창조성'(Unerschöpflichkeit)에서 명백하다. 그러나 그것은 현재에 대해 강력한 힘을 갖고 있다. 그 무한성은 현재의 불명확하고 무력한 배경으로 되지 않고 오히려 현존하는 종교적 삶의 형식들이 다시 깨어져 새로운 것으로 대체됨으로써 역사 변화 속에 나타나도록 한다. 예수는 자신의 고유한 인격에 의해 '도래하는 신통치'(die kommende Gottescherrschaft)에로의 길을 지시했기 때문에 무한한 신의 계시자가 된다. 그는 무한한 신을 자신의 유한한 인격에 묶어 놓지 않았으며, 그 사명에 복종하는 데 그 인격을 희생시켰다.

판넨베르그에 의하면 돌론 교회의 기독론 교리가 예수에게서 신성과 인

---

45) Ibid.

성을 구분함으로써 그 위험에 반대했을지라도, 기독교는 예수의 신성화(Vergtöttung Jesu)와 그것과 더불어 무한한 신의 새로운 유한화의 외양을 항상 피했던 것은 아니다. 기독교 역사는 기독교적인 삶과 사상의 전체 형식들의 잠정성과 역사적 가변성을 잃게 하며, 또 예수를 통해 가능해진 역사적 개방성에서 발견되는 참된 궁극성을 차단하는 거짓된 궁극성을 교회의 위계구조와 그 교리에 부여하려고 하는 무수한 '교리적인 유한화들'(dogmatische Verendlichungen)에 의해 부담을 안고 있다. 그럼에도 불구하고 동시에 그 척도로 남아 있는 기독교 전통의 원천에서 역사 변천의 '비판적인 계기'(das kritische Moment)는 도래하는 신에 관한 예수의 가르침 및 죽은 자들의 소생에서의 신적 비밀의 출현과 더불어 '더욱 개방된 종말론적인 미래의 빛'(Lichte noch offender eschatologischer Zukunft) 속에서 기독교 종교 자체의 실체에 이르는 입구를 발견했다.[46]

이런 의미에서 본다면 예수의 신은 이미 예수 이후의 교회사와 비기독교 종교의 역사도 예상한 신인 것이다. 판넨베르그에 의하면 예수 이후의 종교사는 예수에 의해 계시된 '신의 출현 역사'(Erscheinungsgeschichte des Gottes)로서 이해될 수 있다. 따라서 타종교를 참된 신에 거역하는 인간의 단순한 날조(Erdichtung)로 파악하는 것은 옳지 않다. 최종적으로는 타종교도 예수의 메시지만큼 동일한 신적 현실과 관계를 맺고 있다. 말할 필요도 없이 종교 속에는 신에 대한 반역이나 무한자와 유한자의 도착(Vertauschen)이 나타난다. 종교사는 다양한 혼동의 과정인 것이다. 여기에 대한 가장 심오한 근거는 종교적인 태도의 일시성에서 구해질 수 있어야 한다. 비기독교 종교들은 자신들의 변화와 그 역사에 대해 폐쇄되어 있기 때문에, 단절된 방식으로만 신적 비밀의 출현을 인식했었다. 여기서 종교들은 항상 새로운 방식으로 모든 출현의 유한한 매체를 '무한한 신의 고착화'(Fixierung des unendlichen Gottes)의 실례로서 열거할 것이다.[47]

---

46) *GST*, p. 292.
47) *GST*, p. 293.

그러므로 종교사의 방법론은 모든 것에 대해 개방적인 태도를 취한다. 동시에 이 방법론의 의미에서 비기독교 종교의 연구는 기독교 계시로부터 그 진술들은 추론할 필요가 전혀 없다. 왜냐하면 기독교 역사에서와 마찬가지로 항상 종교사의 견천 속에서 현현하고 있는 바, 투쟁 중에 있는 무한한 신적인 힘의 현실이 경확하게 나타나기 때문이다. 만약 신학이 이런 방향으로 충실하게 된다면, 신학은 적정한 종교사를 형성하는 데 공헌하게 될 것이다. 이에 대해 판넌베르그는 다음과 같이 말하고 있다.

> 기독교 신학이 종교학에 끼친 특별한 공헌은 기독교의 교의학적인 의미에 있지 않고, 오히려 신적 비밀의 출현 및 종교사 속에서 투쟁을 위한 공간을 창조하려는 '편견에 사로잡히지 않는 개방성'(unvoreingenommene Aufgeschlossenheit)에 있다. 그러한 개방성은 대개 비종교적인 현실 이해가 측정된 '관점없는 객관성'(standpunktfreier Objektivität) 속에서 종교의 진실성 요구를 '주관적인 신앙 입장의 문제'(Sache subjektiver Glaubenspositionen)로서 규정짓는 자기 이해 가능성을 면제시킬 것이다. 그러나 개방성은 또한 한 종교의 진리성 요구에 대한 단지 주관적인 동정마저도 면제시킬 것이다.[48]

4. 종교 간의 대화

현재의 세계 상황에서 종교들 간의 대화는 국가들과 문화들의 평화공존에 중요한 공헌을 한다. 물론 대화는 종교들 사이의 차이, 대조 갈등이 경시되어져야 한다는 사실을 의기하지는 않는다. 만일 대화가 단지 종교들 사이의 현존하고 있는 갈등들과 차이들을 부인한다면, 개별 종교의 정체성을 보존하기 위해 종교 간의 대화를 거절하도록 요구받게 될 것이다. 오히려 대화의 주제가 되어야 하는 것은 종교들 간의 모순된 진리 주장들과 입장들이

---

48) *GST*, pp. 294-5.

다. 또한 단순한 편견들과 오해들로부터 구별되는 진정한 차이점들이란 것이 무엇인가라는 질문에 대하여 상호이해에 도달하는 것이 대화의 목적이 되어야 한다.

판넨베르그에 의하면 종교들은 동일한 신적인 현실을 쟁취하기 위해 투쟁하기 때문에, 종교들이 근본적인 갈등없이 공동의 신적인 중심에 관련된 것처럼 동일한 신적인 현실을 지향한 상이한 접근방법들이 아닌 것이다.[49] 종교들의 그 역사 과정에서 계속 그 예배의 합법성과 교리들의 진리성을 서로 부인하게 되는 것은 우연이 아니다. 종교들 사이의 갈등들이 경쟁적인 종교들의 정신과 양립할 수 없는 폭력으로 종종 변했다는 것은 사실이다. 그러나 그 근원에서 이러한 갈등들은 경쟁적인 종교들의 특별한 정체성에 묶여 있기 때문에, 그 갈등을 단순하게 근절시킬 수는 없으며 단지 문명화된 방식으로 그 갈등을 다루어야 한다.

이런 관점에서 종교 간의 대화와 기독교 교회들 간의 에큐메니칼적인 대화 사이에는 근본적인 차이점이 있다. 에큐메니칼적인 대화의 경우에는 유일하신 주 예수 그리스도 안에 신앙의 공통 기반이 있으며, 거기서부터 기독교적인 통일성을 견지하거나 회복해야 할 절박한 의무가 나온다. 반면에 종교 간의 대화의 경우에는 사정이 다르다. 물론 그 속에서 이루어지는 공통의 주제가 확실히 존재한다. 초월적인 실재와의 인간의 관계는 대부분의 종교들에 의해 신적인 것으로 동일시되고 있지만, 그것은 다소 정반대되는 방식들로 개별 종교들에 의해 명확하게 규정되고 있다.

반면에 종교들 간의 대화에서는 심지어 상이한 종교들이 동일한 유산에 근거하여 동일한 신을 숭배할 경우에도, 이 동일한 신에 대한 이해에 있어서 서로 같지 않아 대립되는 일이 생긴다. 그리고 그것에 대한 표준적인 시금석에 매우 철저하기 때문에 이러한 대립을 극복하여 신앙 속에서 통일성을 이루어 내는 것은 신과 신앙에 대한 기본적인 이해의 시금석을 대화 상

---

[49] W. Pannenberg, "The Religions from the Perspective of Christian Theology and the Self-Interpretation of Christian in Relation to Non-Christian Religion," in *Modern Theology*, July, 1993, p. 286.

대방과 바꾸어야만 가능하게 된다.[50] 예를 들어 성서적인 종교들(유대교, 이슬람교, 기독교)은 두수한 공통 요소를 공유하고 있지만 그 각각 속에 있는 조직 원리는 근본적으로 다양하기 때문에 각각의 뿌리에서 서로에게 반대되는 것은 그것들의 공통 요소들을 관통하고 변형시킨다. 반면에 기독교는 매우 상이한 생활방식과 개념들에도 불구하고 또 공동의 역사적 기원이 결여되어 있다고 할지라도 동양의 종교들에 더욱 근접함을 느낄 수 있다.

그러므로 종교 간의 이런 대화는 비록 처음에는 자신의 신앙에 완전히 생소하고 반대되는 것처럼 보이는 사람들과도 심지어 공통점을 발견하도록 도울 수 있다.[51] 이제 판넨베르그는 타종교와 관련된 기독교 신앙의 자기 이해로 전향하면서 세 가지 물음을 통해 종교 간의 대화의 문제를 풀어가고 있다.

a. 기독교적인 관점에서 볼 때 다른 종교들은 기독교 신앙이 관심을 두는 것과 동일한 실재에 관심을 두는가?

만약 기독교 신학이 다른 종교들과 대화하면서 신의 계시를 신의 주권(Souveränität)의 표현으로 받아들여서 신에 대한 인간의 인식이나 그것에 근거한 종교적인 삶보다 우선하는 것으로 합법화시키고자 한다면, 기독교 신학은 바울의 말('하나님을 알 만한 것이 저희 속에 보임이라', 롬 1:19)처럼 신이 모든 인간에게 자신을 보이셨다는 사실에 대한 증거로서 무엇보다도 종교의 '일반적인 확산'(allgemeine Verbreitung)을 채택해야 할 것이다.[52] 만약 신이 스스로 인간에게 그러한 지식을 가지도록 허용하지 않았다면 어떻게 인간이 신에 대해 알 수 있겠는가?

그러나 다른 종교들(특히 다신교)은 자신들의 신들이 성서의 유일신과 관계 없는 것처럼 주장한다. 기독교적인 관점에서 보면 신적인 실재의 정체

---

50) W. Pannenberg, "Religion und Religion", in *Andreas Bsteh*(Hrgs), *Dialog aus der Mitte Christlicher Theologie* (Mödling, 1987), p. 194.
51) *Modern Theology* (July, 1993), p. 287.
52) W. Pannenberg, "Religion und Religion," p. 185.

성은 여러 굴절을 통해 타종교들 속에서 표현된다.[53] 이렇듯 신에 대한 인간의 인식이 갖는 왜곡성과 단절성에도 불구하고 인간의 종교 속에는 신에 대한 혼란될 지식이 표현되어 있는데, 기독교 신학에서는 이러한 신에 대한 참된 지식은 성경에 나타나는 유일신에서만 가능하다고 인식하고 있다. 창조자의 영원한 힘과 신성에 대한 인간의 지식은 종교가 가지고 있는 신 관념과 병렬적인 관계에 있는 지식이 아니다. 기독교인들이 자신들이 숭배하는 똑같은 신에 대한 지식을 다른 종교들에서도 가정해야 한다는 원리는 성서적인 창조 신앙으로부터 나온다. 심지어 다른 종교들에서 신이 다른 이름들 아래 다양하게 굴절되고 왜곡된 형태들로 숭배되었다면, 이러한 종교들은 여전히 유일신의 현실과 관련된 것이다.

그러므로 판넨베르그에 의하면 인간이 비록 신에 대한 자신들의 생각들 속에서 '썩지 아니하는 하나님의 영광을 썩어질 사람과 금수와 버러지 형상의 우상으로'(롬 1:23) 바꿨을지라도 그러한 왜곡이나 혼동은 현실의 인간들이 신의 존재를 알고 있다는 전제 아래 생각할 수 있다.[54] 따라서 종교가 인간 사회에 널리 확산되었다는 사실은 인간이 신과 불가분의 관계에 있음을 입증하는 것이다. 그리고 종교적 의식과 종교적 삶의 왜곡은 비단 비성서적인 종교에만 국한된 것이 아니다. 바르트에 따르면 비록 기독교가 예수 그리스도 안에서 신의 궁극적인 계시를 발견했다고 하더라도, 기독교의 삶 속에서 죄악과의 투쟁이 존재하고 있는 한 이러한 왜곡은 기독교에서도 가능한 것이다. 다시 말해서 기독교인들이 죄악의 유혹에 노출되어 있고 그것의 불투명한 유혹에 넘어가는 한, 기독교인들은 그 종교생활 속에서 다른 종교전통 속에서 살고 있는 사람들과의 동질성을 부인할 만한 근거를

---

53) 판넨베르그는 이것을 이스라엘의 신과 바알신의 관계에서 설명한다. "여호와는 가나안의 하늘신(Himmelsgott)인 El과 동일시 될 수 있을 뿐만 아니라, 그러한 동일시가 불가능한 곳(예를 들어 Baal신과 같은 경우)에는 최소한 이질적인 신에게 허용된 기능들(Baal신의 경우에는 땅의 풍성한 수확을 위한 기능)이 여호와께 속하는 것으로 파악되었다. 이것이 의미하는 바는 가나안인들이 Baal신이 아니라 여호와께 허용된 신의 작용에 대한 지식이 내재되어 있다. Ibid., p. 186.

54) W. Pannenberg, "Religion und Religionen", p. 187.

찾기 힘들다.[55]

그러나 기독교인들과 유대인들의 시도 중의 하나는 다른 모든 종교문화에 속하는 사람들에 대항해서 신의 편에 서려고 하는 것이다. 이러한 시도에는 '교회 밖의 구원이 없다'(extra ecclesiam nulla salus)는 공식으로 대표될 수 있는 편협하고 의기양양한 견해도 포함된다. 어떤 시대 어떤 민족도 세례받지 않고 죽은 사람이면, 누구나 신의 영원한 축복을 받을 수 없다는 생각은 끔찍하고 충격적인 생각이다. 이러한 생각은 다음과 같은 예수의 말과 모순된다. "동서로부터 많은 사람이 이르러 아브라함과 이삭과 야곱과 함께 천국에 앉으려니와 나라의 본 자손들은 바깥 어두운데 쫓겨나 거기서 울며 이를 갊이 있으리라"(마 8:11). 이 말 속에서 표현된 경고는 유태인들 뿐만 아니라 기독교인들에게도 유효하다. 모든 인간은 참된 신과 불가분의 관계에 있으며 그리고 그 신에 대한 인식은 신과의 관계에 대한 왜곡에도 불구하고 민중의 종교적 삶 속에서 표현된다는 사실 속에는, 비기독교 종교 문화 속에서 살아가는 인간들도 그들의 종교 속에서 진정한 신과 그 신의 축복을 발견할 수 있다는 사실이 내포되어 있다.

b. 기독교 신학은 타종교들이 기독교의 메시지와 교리에 의해 성례전을 통해 예수 그리스도에게 참여하고 있으며 또한 기독교 신앙에 견줄 만한 방식들로 신적인 실재오 신실한 교제를 나눈다는 사실을 인정할 수 있는가?

기독교인들은 자신들이 세계의 창조주이자 구원자로 고백하는 유일신과의 모든 인간의 관련성을 인정해야 하기 때문에, 결국 비기독교 문화에 뿌리박고 있는 인간 존재들이 자기 종교를 통해서 기독교인들이 믿는 유일신과의 교제를 이룰 수 있으며 결국 동일한 구원에 참여할 수 있는가라는 문제가 불가피하게 대두된다. 기독교 신학에서 이러한 물음에 대한 대답은 적어도 다른 종교들이 예수와 어떤 방식으로든 관련됨 없이는 구원을 이룰 수 없다는 것이다. 그렇다고 이것은 기독교인의 불관용을 나타내지는 않는다.

---

55) Ibid.

물론 기독교는 처음부터 선교의 종교였다. 그러나 기독교 선교의 토대는 사도행전에서 유대 민족들의 장로들과 지도자들에게 연설하는 사도 베드로의 진술 속에 있다. "다른 이로서는 구원을 얻을 수 없나니 천하 인간에 구원을 얻을 만한 다른 이름을 우리에게 주신 일이 없음이니라"(행 4:12). 여기서 '우리'라는 결론 부분에도 불구하고 이러한 진술은 기독교인들에 의해 경험된 구원에 대해 말할 뿐만 아니라, 신이 예수의 역사에서 행했던 인간 존재의 구원에 대해 일반적으로 말한다. 그 문맥(행 4:10)은 이러한 진술이 예수의 십자가와 부활의 사건에 대해 언급한다는 사실을 보여준다. 인류를 위한 구원이 예수를 통해서만 온다는 기독교의 절대성 요구는 사실상 기독교 신앙에 있어서 핵심적인 요소에 속한다. 이런 점에서 판넨베르그는 다원주의가 결코 기독교의 입장이 될 수 없다고 주장한다.[56]

그런데 이 절대성 요구는 처음에는 예수 그리스도의 인격 안에서의 영원한 하나님의 아들의 성육신이라는 교리(요 3:16f.)로 나타나지 않고 예수 자신의 메시지(즉 그의 종말론적인 최종성에 대한 주장 및 신의 선포와 활동 속에서 이미 현재의 사건으로 되고 있는 신국의 임박성에 대한 주장)로 나타났던 것이다. 예수는 자신의 이런 메시지에서 자신의 권위를 사용하지 않고 신의 권위를 사용하였다. 그러나 그는 십계명 제1계명의 절박성과 배타성을 가지고 그렇게 했기 때문에 자신에 대해 다음과 같이 말할 수 있었다. "누구든지 사람 앞에서 나를 시인하면 인자도 하나님의 사자들 앞에서 저를 시인할 것이요 사람 앞에서 나를 부인하는 자는 하나님의 사자들 앞에서 부인함을 받으리라"(눅 12:8). "나를 저버리고 내 말을 받지 아니하는 자를 심판할 이가 있으니 곧 나의 한 그 말이 마지막 날에 저를 심판하리라"(요 12:48).

그러나 신과의 교제 외에 인간 존재가 구원에 이르는 다른 방법이 없다는 근본적으로 기독교적인 확신은 다양하게 해석될 수 있다. 한동안 기독교 사상사에서 지배적인 해석은 예수 그리스도에 대한 교회의 선포를 믿으려고 개종한 사람들만 구원에 참여할 수 있고 성례전에 참여할 수 있다고 주장한

---

56) Ibid., p. 188.

다. '교회 밖에는 구원이 없다'는 문장은 신약성서가 예수 그리스도에 대해 말한 것을 교회에 적용한 것이다. 그러한 적용은 바울의 가르침에서 그리스도의 몸으로서의 교회가 그리스도 자신과 긴밀하게 연결되어 있기 때문에, 완전히 그럴듯한 가능성이 없는 것은 아니다.[57] 그러나 바울의 서신은 머리와 지체에 의해 그리스도와 교회를 구별한다. 역사상 교회의 크기가 완벽하지 않았으며 그 회원들의 수가 제한되어 있지도 않다. 또 교회는 신국과 동일하지도 않으며 그 마지막 도래를 위해 기다려야만 한다.

예수는 마지막 종말 시기에 많은 사람들이 함께 하는 종말론적인 연회에 참여하기 위해 모든 방향에서부터 도착할 것이라고 말한다(마 8:12f.; 눅 13:28f.). 예수의 이 말씀은 유대인들에게 알려졌으나 유추에 의해 교회에도 적용된다. 결국 그것은 많은 인간 존재들이 신과 그의 미래 왕국에 속한다는 것을 의미할 때 그들은 구원의 역사적인 매개물에 의해 거기에 이를 수 없다. 그들이 신과 그의 미래왕국에 속하게 되는 이유는 그들의 행동이 정의에 대한 신의 기준에 상응하고 특히 신에 관한 예수의 가르침과 신의 피조물에 대한 예수의 주장에 상응하기 때문이다.

판넨베르그에 의하면 세계 심판에 관한 예수의 비유(마 25:31-46)에서는 이웃을 사랑하라는 계명을 포함한 예수의 교훈이 최후 심판의 시금석이다. 이것은 예수를 알지 못하는 사람에게도 해당되는 것이다. 여기서 예수와 그의 가르침(즉 인간의 행위가 예수의 가르침과 활동 속에서 구현된 신국의 요구들에 부합하는가의 여부)은 모든 인간에 대한 구원의 종말론적이고 궁극적인 시금석이다.[58] 이런 의미에서 오직 예수를 통해서 그리고 그 안에서 구원이 인류에게 열려 있다는 주장을 이해해야 한다. 그 주장은 예수 그리스도에 대한 신앙과 그를 고백하는 행위에로 이끄는 안내장이면서도, 역사적인 상황에 의해 기독교 교회의 역사적인 교제 바깥에 살고 있는 사람들이 예수 그리스도에 대한 신앙고백을 명백히 거절하지 않는다면 그들을 반드시 배척하지는

---

57) *Modern Theology*, July, 1993, p. 292.
58) W. Pannenberg, "Religion und Religionen", pp. 188-9.

않는다.[59]

  이로부터 다른 종교 단체들과는 다른 교회의 구원해석에 대한 결론들이 생겨난다. 비록 다른 문화와 다른 종교 공동체에서 온 사람들도 최후심판에서 신국의 축복에 참여하게 될 것이지만, 현재는 그러한 구원 참여는 그리스도의 교회에서 이미 신앙과 세례를 통해 예수 그리스도와 결합되어 있기 때문에 미래 구원에 대한 확신을 가질 수 있다. 즉 그들이 세례와 신앙에 의해 기초된 예수 그리스도와의 공동체를 바탕으로 그들의 삶을 영위하기 때문에 요한복음은 예수의 말씀을 듣지만 가슴에 새기지 않는 그런 사람들에 대해서 언급하고 있으며(요 12:47) 계속해서 최후 심판에 이르면 예수의 말씀이 그들의 삶에 대한 심판이 되리라는 것을 공표하고 있다(요 12:48). 그럼에도 불구하고 신앙과 세례를 통해 예수 그리스도와 교제하는 것이 궁극적인 구원에 대한 확신을 얻는 유일한 방법이다. 바로 이러한 사실이 '교회 밖에는 구원이 없다'는 말의 핵심이기도 하다.[60]

  판넨베르그는 기독교 신앙에 따르면 미래 구원에 참여하게 된다는 현재의 확신은 교회 밖에서는 얻을 수 없다고 주장한다. 그러나 이러한 사실은 예수를 알지 못하고 교회의 구성원이 아니라고 해서, 종말에 다가올 신국에 참여하지 못하게 된다는 것을 의미하지는 않는다. 그러한 사람들도 기독교인과 마찬가지로 그들의 삶이 예수의 교리가 갖는 시금석에 맞아 떨어지는 것이라면 구원에 참여하게 된다. 그러면 이러한 사실은 기독교 교회와의 세계종교들의 관계에 대해 어떤 의미를 갖는가? 판넨베르그에 의하면 기독교의 입장에서 볼 때 다른 종교들이 기독교 교회만큼 구원에 대한 확신을 중계하거나 함축하고 있지 못한다고 하더라도, 무조건적으로 다른 종교들 속에 살고 있는 사람들이 유일신과 연관되어야 하고 또 그 영원한 구원의 가능성에 이르도록 해야 한다고 생각해서는 안 된다.

---

59) *Modern Theology*, July, 1993, p. 293.
60) W. Pannenberg, "Religion und Religionen", p. 189.

c. 다른 종교인과의 대화에서 기독교인들은 신적인 실재에 대한 그들 자신의 이해를 촉진시킬 수 있는가?

만일 기독교인들이 종교 간의 대화로부터 신적 실재에 관해 무언가를 배울 수 있는 것이 사실이라던, 실제로 그러한 대화에 기독교인이 참여하는 데 약간의 제한들이 존재할 것이다. 대화의 각 형태는 상호 관계의 어떤 정도를 미리 가정하고 그러한 상호 관계는 각 전통의 어떤 요소들이 다른 종교들의 맥락에서 유사성을 갖고 있는지에 대한 질문에 제한될 것이다. 그 이상으로 대화는 아마도 상호 간의 이해를 해명하고 세속 세계의 문제들에 관련된 일반적인 책임을 말하도록 봉사할 수 있다. 그러나 깊은 대화는 적어도 자신의 종교 전통과 신적 실재에 대한 개념뿐만 아니라 그 실재와의 인간 존재의 관계에 대한 더욱 심오한 이해를 얻을 가능성이 문제되는 곳에서 시작한다.[61]

만일 궁극적인 신의 계시가 그 내용과 진리성에 대한 똑같이 궁극적이고 능가할 수 없는 지식을 제공한다면 기독교인들 편에서 그러한 것은 가능하지 않을 것이다. 교회는 결국 예수의 선포와 사도적인 복음의 종말론적인 특성에 상응하는 궁극성(그 교리적인 가르침을 위한 그러한 명확한 진리)을 주장한다. 그러나 더욱 주의 깊게 고려해 볼 때 그러한 궁극성은 가르침을 표현하는 언어적이고 반성적인 형태들에 적용되는 것이 아니라 단지 그 가르침의 내용에만 적용될 수 있다.

교리적인 비관용은 신의 종말론적 계시의 궁극성에 대한 교회의 의식에 뿌리박고 있지만 그것은 교회 편에서 신의 종말적인 게시의 궁극성을 그것에 대한 교회 자체의 지식의 전통적인 형태들로부터 구별하지 못하는 데서 유래했다. 그래서 그러한 비관용은 신의 계시에 대한 우리 지식의 잠정적인 형태를 그 궁극적인 진리로 오해한 결과이다. 확실히 형식과 내용 사이의 구별은 특히 진술이 언급되는 순간에는 쉽지 않다. 그러한 구별은 전형적으로 후속적인 반성의 문제인 것이다. 그럼에도 불구하고 기독교인들은

---
[61] *Modern Theology*, July, 1993, p. 295.

자기들의 신앙 공식들의 잠정적인 특성에 대한 겸손한 인식 속에서 살아야 하며, 가능한 교정과 개선에 공개적이어야 한다. 판넨베르그에 의하면 신적 계시의 진리에 대한 공식들을 포함하는 우리의 모든 현재 지식의 잠정적인 위상에 대한 인식은 그 공식들의 다른 형태들과 관련된 관용을 촉진한다.[62] 이러한 관용은 우선 그들의 신앙 공식들에 관련한 기독교인들 사이의 싸움에 적용된다. 그러나 그것은 다른 종교 전통 밖에서 살고 있는 사람들에게까지 확장되어야 한다.

만일 예수 그리스도 안에 있는 신적인 계시의 궁극적인 진리가 똑같이 궁극적인 형태들로서 우리 지식에 실제로 이용될 수 없다면, 이해의 어떤 척도는 예수의 인격, 메시지, 역사 속에서 그 궁극적인 진리를 아직 인정할 수 없다고 느끼는 사람들에게 알맞다. 이것은 다른 종교 문화들의 구성원들에 대한 기독교인의 태도와 관련해서 중요하다. 그리고 특히 그것은 우리가 다른 종교 전통들을 나타내는 사람들과 대화하는 방식들을 위해 중요하다. 그러한 대화 과정에서 그 모든 결과를 포함하는 예수 그리스도 안에 있는 신적인 계시의 궁극적인 진리에 대한 확신을 솔직하게 표현하는 완전한 자유를 느껴야만 한다. 그러나 기독교인들은 대화 상대자가 기독교적인 확신들에 합류할 수 없을지도 모른다고 예상해야 할 것이다. 오히려 기독교인들은 다른 종교 전통의 대표자들에 의해 중요성이 이제까지 지나치게 간과되었거나 과소평가되었던 자기 신앙의 측면들과 의미들을 인정하라는 경고를 받아들일 준비가 되어 있어야 한다. 이런 면에서 종교 간의 대화는 기독교인으로 하여금 다른 종교뿐만 아니라 자신의 종교를 기독교인 편에서 더 잘 이해하는데 확실히 공헌할 수 있다.

유일한 신적 진리와 관련된 인간 존재의 현재 상황의 잠정적인 특성들 때문에 접근방법이 다원적일 여지가 있다. 어떤 접근방법에서는 그 다원성은 유일신의 삼위일체적인 삶 속에서의 다원성을 반영하지만, 거기서 항상 다원성은 포괄적인 통일성 속에서 통합된다. 우리의 이런 제한적인 상황에서

---

[62] Ibid., p. 296.

입장들과 견해들의 다원성은 다양하다. 진리를 추구하고 진리의 한 조각을 얻었다고 주장하는 사람들에게는 진리의 통일성이 시야에서 벗어나기 때문에, 그것은 원리의 다원주의를 위한 증거로 오해되지 않아야 한다. 다른 한편으로 인간 존재들은 유일한 진리를 추구하는 일을 피할 수 없다. 비록 그들의 입장이 그런 유일한 진리가 존재한다는 사실을 부인하는 데 있다고 할지라도, 다른 모든 진리와 일치하지 않은 것이 진리일 수 없기 때문에 진리는 유일한 진리일 수 있다. 유일한 진리가 있을 수 있기 때문에 인간의 주장들의 다원성은 필수불가결하게 진리에 대한 어떤 확증도 그 밖의 다른 것을 배제시키지 않고는 가능하지 않기 때문에 갈등의 요소를 수반한다.[63]

그러므로 기독교인들이 예수 그리스도 안에 있는 신의 종말론적인 계시에 대한 그들의 신앙을 진지하게 다루는 한, 그들은 어떤 다른 사람에서가 아니라 예수 그리스도 안에서 신의 구원이 가능하다는 베드로 사도의 배타주의를 고수할 것이다. 다른 한편 기독교인들은 신의 피조물로서 어떤 인간 존재도 창조주와 아무런 관련 없이는 존재할 수 없다는 사실을 함축하는 포괄주의에도 공감할 것이다. 그러므로 성자 안에서의 계시 또한 모든 인간 존재에까지 확장된다. 배타주의와 포괄주의 그리고 다원주의는 기독교적인 자기 이해에 모두 귀속된다.

4. 결론

1) 요약

틸리히에 의해서 처음으로 종교사 신학이 현대 신학의 중요한 과제로 파악된 후, 이러한 종교사 신학의 문제를 진전시키려고 하는 신학자의 한 사람은 판넨베르그이다. 판넨베르그는 틸리히가 신학과 종교사를 결합시켰던

---

[63] Ibid., p. 297.

점을 높이 평가하고 있지만, 제 종교의 구조 비교를 강조하는 유형론에 기초해서 생성된 틸리히의 현상학을 특히 종교사와 관련해서 문제삼고 있다.

종교를 고찰할 때에 현상학적인 관점보다는 역사적인 관점에 서야 한다고 주장하는 판넨베르그가 종교의 변화에 관심을 기울이는 것은 당연한 일이다. 종교의 변화를 정치적이거나 사회적이거나 심리적인 의미에서 이해하려고 하면, 종교경험의 현실 관련(즉 종교경험이 관계하고 있는 현실)이 무엇인가를 명확히 밝히지 않으면 안 된다. 판넨베르그는 이 문제가 심리학적이거나 철학적인 해명 뿐만 아니라 인간학적인 실존 구조의 해명을 출발점으로 삼아야 한다고 주장한다. 종교에 있어서 현실 관련은 종종 신이라 불리우고 있지만, 그것은 인간 실존이 실존의 성취로서 신과 관련을 맺으려고 하는 인간 실존의 구조 그 자체에 속하는 것이다. 그러나 인간 실존의 구조가 지향하는 존재의 신비는 이 신비와의 실제적인 교제 속에서 나타나야 한다. 결국 신적인 힘의 현실은 그 사건에 의해 명시되지 않으면 안 된다.

이것은 기독교적으로 말한다면 신의 행위가 발생한 것이지만, 일반적으로 이것은 특정한 때에 현실의 사건으로서 구체적으로 인간 실존에서 발생하게 된다. 그리고 종교사는 확실히 이러한 사건의 역사에 지나지 않는다. 이런 의미에서 신적인 현실의 사건은 역사적인 사건으로 된다. 따라서 신의 존재 문제와 역사상에서의 신의 현현이나 계시의 문제는 불가분리적인 것이라 할 수 있다. 그러나 이러한 현현이나 계시의 문제는 불가분리적인 것이라 할 수 있다. 그러나 이러한 현현이나 계시의 이해에 있어서 시간은 대단히 중요하다. 왜냐하면 무한자는 역사와 시간 속에서 유한자에게 현현되며, 무한자가 최후의 목표를 실현할 때까지 이러한 현현이나 계시는 항상 잠정적인 성격을 지니기 때문이다.

이러한 역사 이해는 이스라엘의 약속의 역사의 특징이다. 여기에서는 미래는 희망을 갖고 기다려야 하는 것으로 그리고 현재는 잠정적인 것으로 파악되고 있다. 다른 종교는 미래보다도 신화같은 과거적인 원시점을 중시하여 미래에 관심도 기울이지 않지만, 미래는 역사 속에서 항상 변화하며 그 잠정성이 인식되고 있다. 이런 인식에서의 종교비판을 종교사로 이해해도 좋다. 그러나 잠정성을 인정하지 않고 존재하고 있는 것을 고정화, 절대화 하려는 경향도 종교사에서는 가끔 발견된다. 그러나 이런 경향만을 종교의 특징으로 간주하는 것은 변증법 신학의 종교론과 마찬가지로 일방적인 견해이다. 종교사는 변증법적이다. 종교사는 신적인 현실을 항상 거론하고 있는 만큼, 신이 흥망을 반복하는 문제에 관심을 기울이는 종교사의 역사 과정에 지나지 않는다. 그 때문에 종교현상의 변화는 인간 실존의 전제인 신적인 신비에 관한 문제의 다양한 표현으로 볼 때 쉽게 이해될 수 있다. 또한 종교사는 인간 실존의 구조로서 전제되어 있는 신적인 신비의 현현의 역사로 이해되어야 한다.

따라서 판넨베르그는 이 종교사의 방법론에 의해, 처음으로 다른 제 종교의 비교를 전체적으로 할 수 있게 된다. 그러나 개별 종교사 연구에 종사하는 정도로는, 종교사의 통일성이라는 것을 생각할 수 없게 되는 것이 아닌가? 여기에서 판넨베르그는 종교사의 통일성이라는 문제에 접근한다. 일찍부터 종교사의 통일성을 종교의 진화발전 속에서 찾으려는 입장과, 이와 반대로 반(反)진화주의를 견지하려는 입장이 병존해 왔다는 것은 사실이다. 그럼에도 불구하고 판넨베르그는 종교사를 전체로서 문제삼는 것이 무의미하지 않다면 종교사의 문제는 해결 가능하게 될 것이라고 주장한다. 왜냐하면 종교현상학적인 추상에 의하지 않는다면, 제 종교 사이에는 구체적인 상호작용적인 관계가 존재하기 때문이다. 이 상호작용의 과정은 현재 나쁜 의미에서 사용되고 있지만, 그것은 본래 좋은 의미에서 혼합주의적이라고 불릴 수 있다. 결국 각각의 상이한 종교의 양식과 신화 혹은 신 등이 연합하여 발전한 것이 종교사의 사실에 불과하게 된다. 구약의 신 야웨가 고대의 제 종교와의 혼합과정을 경과한 것처럼, 이집트의 신 아몬이나 바벨론의 신 말둑 혹은 그리스의 아폴로나 제우스 등의 신들도 동일한 방식으로 혼합 과정을 경과하면서 발전하였다. 그러나 혼합주의적인 동화력의 최대의 실례를 제공하고 있는 것은 기독교일 수밖에 없다. '기독교는 이런 혼합주의적인 성격 때문에 고대 세계에서 강력한 힘을 지니게 되었다'고 판넨베르그는 말한다.

이렇게 제 종교는 상호 관계하면서 발전하였기 때문에, 종교사를 선험적(apriori)으로 파악하면서 시대를 구분하는 것은 불가능하게 된다. 종교사 과정을 어떤 원리로 이해하는 것(즉 민족 종교와 보편 종교를 각 시기로 나누는 것)은 불가능하다. 각 종교가 상호 투쟁하고 분열하며 성장하고 쇠퇴하는 과정을 살펴보는 것만이 가능하다. 그렇다면 이 상호작용 속에서 통일성을 말하는 것은 가능한가? 인류의 종교는 그 출발점에 있어서는 통일성이 없고, 각 민족에서의 다양한 출발점만이 있을 뿐이다. 그러나 종교는 보편적인 의미에로의 지향성을 갖고 있기 때문에, 종교 간의 투쟁이 발생하고 그 때문에 종교 간의 공통성이 문제되어진다. 그렇지만 종교사의 통일성이 문제되기 시작한 것은 기독교의 세계 선교와 이슬람의 정복에 의해 지구적인 규모의 통합 과정에 대해 말할 수 있는 상황이 발생했던 때부터이다. 특히 기독교의 아시아, 아프리카 선교는 서양 문명과 과학 기술의 확대와 더불어 진행되면서, 세계 제 종교와 관계를 맺어 기독교를 세계종교사 속에 편입시켰다. 결국 기독교 선교에 의해서 처음으로 인류의 종교사에 대해 말할 수 있게 된 것이다. 그래서 판넨베르그에 의하면 종교사의 통일성은 세계종교사의 상호작용 과정(특히 종교사의 끝)에서 발견될 수 있다.

종교사를 이렇게 이해하는 판넨베르그는 도대체 종교사 신학을 어떻게 이해하고 있는가? 그의 종교사 신학은 교의적인 배타적이고 독선적인 입장에서의 종교사 신학이 아니다. 그의 종교사 신학은 기독교적인 관점에서 종교사를 신적인 신비의 현현의 역사로 이해하고 있다. 이러한 이해는 성서의 신에 대한 신앙과 복종 및 예수 그리스도 안에서의 종말론적 계시 없이는 불가능하다. 원시점이나 원초 형태를 지향하는 종교로부터는, 미래를 향한 종교사 개념이 생성되지 못한다. 그러나 미래를 지향한 역사 이해의 관점에서 볼 때 이스라엘의 종교도 불충분한 종교이다. 왜냐하면 이스라엘의 종교는 역사를 실현되지 않은 목표를 향한 역사로서 이해하고는 있지만, 신의 계시를 과거의 사건에서만 발견할 뿐 신의 미래 사건에서는 발견하지 않기 때문이다. 이 점에서 결정적인 변화는 예수에 의해 이루어졌다. 예수가 선포하였던 신은 미래에 신국을 건설할 수 있는 미래의 힘으로서 이해되고 있다. 이런 의미에서 예수의 신은 이미 예수 이후의 교회사와 비기독교 종교의 역사도 예상한 신인 것이다. 예수의 신의 관점에서 보면 예수 이후의 종교사는 예수의 신의 현현의 역사로 된다. 타종교를 단지 참된 신에 역행하는 인간의 단순한 고안으로 파악하는 것은 옳지 않다. 최종적으로는 타종교도 예수의 메시지와 동일한 신적인 현실에 관련되고 있다.

말할 필요도 없이 종교 속에는 바울이 말한 바 신에 대한 반역 혹은 무한자와 유한자의 도착이 나타난다. 종교사는 다양한 혼란의 과정인 것이다. 기독교가 종교사의 한 현상으로 연구된다면, 기독교뿐만 아니라 타종교도 신적인 신비와 직접적인 관련을 맺는다는 사실을 인정해야 한다. 종교사의 방법론은 모든 것에 대해 개방적인 태도를 취하고 있다. 동시에 이 방법론은 계시(즉 예수가 신을 지시한 방법)에도 대응한다. 만약 신학이 이런 방향으로 충실하게 된다면 신학은 진정한 종교사를 형성하는 데 공헌하게 될 것이다.

이러한 종교사 신학은 교파 간의 대화 및 종교 간의 대화도 촉진한다. 창조자의 영원한 힘과 신성이 타종교들에서 다양하게 굴절되고 왜곡된 형태들도 숭배되었다면 그 종교들은 모두 유일신의 현실과 관련된다. 비기독교인도 그들의 종교 속에서, 참된 신과 그의 축복을 발견할 수 있게 된다. 물론 기독교 신앙에 의해 미래 구원에 참여하게 된다는 확신이 교회 밖에서는 얻을 수 없다. 그러나 이것은 예수를 알지 못하고 교회의 구성원이 아니라고 해서, 종말에 다가올 신국에 참여하지 못하게 된다는 것을 의미하지는 않는다. 비록 교회가 예수의 선포와 복음의 종말론적인 특성에 상응하는 궁극성을 주장한다고 하더라도, 교리적인 비관용은 신의 계시에 대한 지식의 잠정적인 형태를 그 궁극적인 진리로 오해한 결과이다. 따라서 교리적인 관용은 타교파의 기독교인들뿐만 아니라 타종교인들에게까지 확장되어야 한다.

2) 비판

모든 종교가 동일한 계시 기반(기독교의 계시 현실)을 갖고 있다는 판넨베르그의 포괄주의적인 신념은, 신학을 보편 학문(과학)으로 보는 그 자신의 관점과 모순되며 더욱이 종교사의 사실들이 그의 입장을 뒷받침해 주고 있지 않다. 판넨베르그는 변증법 신학과는 달리, 신학이 원칙적으로 증명 가능한 일상적인 사실적인 지식에 기초를 둘 것을 요구한다. 어떤 신학적인 주장도 기독교 신앙을 특별히 자신의 논리적인 출발점으로 생각해서는 안 된다는 것이 그의 요구에 함축되어 있지만, 그가 모든 종교에 보편적이고 자아동일적인 계시 기반을 설정하고 그 기반을 기독교적인 관점에서 이해한다면 그는 결국 출발점으로서 기독교적인 신 이해의 관점을 택한 것이 된다.

더욱이 기독교가 우월한 종교적 타당성을 지녔다는 판넨베르그의 주장은 신학을 과학으로 보는 그의 공식적인 이해와 실질적으로 모순된다. 이러한 판단의 타당성은 모든 종교적인 궁극적 존재를 '현실을 전적으로 지배하는 힘'으로 이해되는 신성과 똑같다고 보는 판넨베르그의 주장과, 그가 모든 비성서적인 종교를 본질적으로 신비주의적인 것(즉 원형적이거나 신적인 태고 시대를 지향하는 것)으로 묘사하고 있는 부분에서 발견될 수 있다. 모든 종교를 이해하는 관점의 논리적인 출발점으로서 특별히 기독교적인 신 이해를 채택함으로써, 판넨베르그는 궁극자에 대한 비기독교 념을 기독교적인 관점에서 해석할 뿐만 아니라 모든 비성서적인 종교들을 본질상 신화적인 것(원형적인 태고 시대를 지향하는 것)으로 판정한다. 판단의 기초가 되는 것은 성서적인 역사 이해 및 역사를 초월하는 신만이 신화의 힘을 깨뜨릴 수 있다는 가정인 것 같이 보인다. 판넨베르그는 이러한 가정을 뒷받침해 주는 내용을 엘리아데(Mirced Eliade)의 사상에서 발견한다. 그러나 엘리아데가 판넨베르그에게 빌려주는 대부분의 외양적인 지원은, 종교사의 사실들로부터 도출된 것이라기보다는 역사적인 실재의 가치나 중요성에 대한 편견으

로부터 도출된다.[64]

그러나 판넨베르그는 이스라엘의 신화 타파의 특별한 원인에 관해서는 엘리아데와 의견을 달리한다. 판넨베르그가 이스라엘의 신화 타파의 원인이 이스라엘이 지닌 신의 초월성 개념이었다고 주장하는 반면에, 엘리아데는 그 원인이 이스라엘의 예언적인 심판이었다고 주장한다. 더욱이 판넨베르그는 그리스의 우주 개념을 제외하고는 궁극적인 실재에 관한 비기독교적인 주장의 타당성을 전혀 인정하지 않는 것처럼 보인다. 그러나 내가 보기에는 신화를 깨뜨릴 수 있는 조건을 조성할 수 있는 초월적인 실재 개념들이 있을 것 같다. 따라서 종교가 원형적인 태고 시대보다 초월적인 실재를 더 지향하는 한, 판넨베르그가 수용하고 있는 신화 개념에 의해 그 종교는 이미 신화를 깨뜨린 것이 된다.

이런 점에서 민족종교와 세계종교 간의 차이점은 역사상의 '축의 시대'(axial period)라는 개념과 마찬가지로 중요할 수도 있다. 판넨베르그는 이러한 개념들이 수행하는 일차적인 기능이 '축 이전 시대'(preaxial period)의 종교와 민족종교 속에 있는 보편주의적인 추진력을 거부하기 때문에 '축의 시대' 개념을 거부한다. 그러나 이러한 개념이 지니는 참된 중요성은 초월적인 궁극적 실재를 일차적으로 지향하기 때문에, 원칙적으로 신화를 깨뜨린 종교들을 신화적인 종교들로부터 구분하는 것이다. 이러한 가능성을 인정하는 것은 또한 약간의 비성서적인 종교들이 전반적으로 지니고 있는 초월성 개념으로 인하여 신화를 타파했을 가능성을 인정하는 것이기도 하다.

---

64) 엘리아데는 한편으로는 신화적인 실존을 신성하거나 원형적인 실재(혹은 시대)를 되돌아 보는 실존이라고 규정하는가 하면, 다른 한편으로는 역사를 근본적인 인간 자유의 장(場)으로서 정당화하지 않는 모든 초월자 관념이 사실상 신화적인 것이라고 생각하기도 한다(Mircea Eliade, *The Myth of the Eternal Return*, p. 158f.). 그는 심지어 고대의 신화적인 문명 시대의 인간과 현대의 역사적인 인간 사이의 중대한 차이점이 현대의 역사적인 인간이 역사적인 사건[즉 전통적인 사람에게는 무의미한 억측이나 규범 위반 등으로 보이는 새로운 것(novelty)]에 부여하는 점증하는 가치에 있다고까지 주장하고 있다(Ibid., p. 154). 그러나 역사적인 실재에 대한 부정적인 평가가 이와같이 원형적인 태고 시대를 지향하는 데서만 존재하지는 않는다. 비역사적인 실재를 추구하는 힌두교도도 브라만(Brahman) 같은 초월적인 실재를 지향할 수 있는 것이다.

따라서 판넨베르그가 비판받을 논점은 그가 기독교의 신 이해를 기독교의 우월성에 대한 주장의 논리적인 출발점으로 가정하고 있다는 점이다. 더욱이 그렇게 함으로써 판넨베르그는 신학을 보편학문으로 이해하는 자신의 관점과도 모순되게 된다. 단지 그는 인간의 자아 초월이 인간 주관의 외부에 있는 어떤 근거를 전제한다는 주장으로 인해서, 종교의 보편적인 계시 기반을 설정하는 일이 정당하다고 느끼고 있을 뿐이다.

III. 틸리히의 종교사 신학

1. 서론

　현대 기독교 신학에 있어서 현저한 경향 중의 하나는, 비기독교 종교의 존재 의미를 신학적으로 이해하는 시도(종교신학)가 다양하게 이루어지고 있다는 것이다. 비기독교 종교가 갖는 신학적 의의를 자각한 가운데서(특히 제 종교에서의 진리와 구원의 가능성과 현실성을 어느 정도 승인한 가운데 신학적으로 그것을 설명하고 의미를 부여하는 것이 신학 자체의 문제로 무시할 수 없다는 인식에서) 제 종교를 둘러싼 여러 문제를 신학의 주변문제가 아닌 중심문제로 제기하고 있다는 사실이 종교신학으로서 총칭되는 다양한 시도의 근본 특징이라고 말할 수 있다. 물론 이와 같은 제 종교 문제와의 투쟁의 역사는 기독교 신학의 출발점(유대교와 그리스·로마 문화와의 관련 안에 있는 고대의 변증신학 특히 로고스론의 전개 등)에로까지 거슬러 올라갈 수 있다. 더욱이 중세 스콜라신학의 형성과 관련해서 이슬람 세계와의 교섭이 갖는 의미 그리고 근대에서 세계선교의 과정 속에 있는 제 종교와의 만남, 19C에 성립한 종교학에서의 기독교와 제 종교와의 비교연구가 신학사상에 미친 영향, 특히 기독교의 성립을 동양의 종교사 속에서 이해하는 시도(종교사학파) 등 종교신학에 앞선 기독교와 제 종교와의 사상적인 상호 관련의 실례는 일일이 열거할 수 없다.

그러나 금세기에 들어와서부터 프로테스탄트 여러 교파의 그리스 정교회를 포괄하는 세계선교협의회(WCC) 등을 무대로 한 에큐메니칼 운동의 확대 그리고 1960년대 제2차 바티칸 공의회 이후의 로마 가톨릭교회의 동향, 이것들과 병행해서 진전해 가고 있는 종교신학의 다양한 주장 등으로 미루어 볼 때 기독교 신학에 있어서의 문제상황은 새로운 단계로 들어섰다고 생각된다. 이와 관련해서 틸리히의 종교론과 그의 종교신학과의 관계를 둘러싼 문제는 최근의 틸리히 연구의 중요한 테마의 하나로 꼽힌다. 사실상 틸리히의 종교사상은 현대의 소위 종교신학과 관련해서 논해져야 할 많은 주제를 포함하고 있으며, 따라서 그것은 틸리히의 사상을 해명하는 데 있어서도 커다란 의미를 갖는다.

틸리히의 종교 사상이 그 발전과정 전체를 통해 현재 종교신학으로서 취급되고 있는 다양한 주제들을 포함하고 있다는 점에서 그는 바로 종교신학의 선구자라고 할 수 있다. 그러나 틸리히 연구는 그에게 있어서 제 종교의 문제가 어떤 위치를 차지하고 있는지를 명확히 하는 것을 첫 번째 과제로 삼지 않으면 안 된다. 이리하여 본 연구는 종교신학적인 모티브의 중심개념 중의 하나인 '종교사'(the history of religions)의 의미 내용 변화에 착안함으로써 틸리히에 있어서의 기독교와 타종교의 관계를 명확히 하고자 한다.

2. 종교사와 계시사

종교사란 용어는 틸리히의 철학박사 학위논문(1910)에서부터 만년기의 『조직신학자에게 있어서의 종교사의 의의』(1965)에 이르기까지 틸리히의 저작 속에 반복해서 등장한다. 이 사실은 틸리히의 종교론에서 제 종교의 문제가 현재의 종교신학적인 의미에서 처음부터 논해지고 있었다는 인상을 줄 수도 있다. 확실히 틸리히가 기독교 뿐만 아니라 다수의 종교 존재의 의미를 항상 염두에 두고 종교론을 구축하고자 했던 것은 사실이다. 그러나 1920년대까지의 문헌에 많이 등장하는 종교사와 1960년대에서 문제시된 종교사에서는 그 문제의식과 문제 설정의 방법에 있어서 무시할 수 없는 차이가 보여지고 있는데, 이것은 틸리히의 사상 발전을 평가하는 데 중요한 초점이 된다.

우선 1920년대까지의 틸리히의 종교사 개념을 살펴보자. 그의 철학박사 학위논문인 "쉘링의 적극 철학에 있어서의 종교사 구성, 그 전제와 원리"(Die religionsgeschichtliche Konstruktion in Schellings positive Philosophie, ihre Voraussetzungen und Prinzipien, Breslau: H. Fleischmann, 1910)에서 틸리히는 종교사 구성을 중심으로 후기 쉘링의 적극철학(신화학·계시철학)을 해석하려고 시도했다.[1] 틸리히는 칸트로 대표되는 독일 고전철학(관념론)을 존재론적 종교철학의 체계로 위치지어, 인간 존재의 근거를 묻는 종교적인 '영의 운동'으

---

1) Paul Tillich, *The Construction of the History of Religions in Schelling's Positive Philosophy—It's Presuppositions and Principles*, tran. Victor Nuovo (Lewisburg: Bucknell Univ. Press, 1974), p. 41. 틸리히의 이 박사학위논문은 그의 의향에 의해 절판되었고 오늘날에 이르러서도 재판되고 있지 않으며, 1959년 독일에서 출판된 틸리히의 전집(Gesammelte Werke)에도 수록되어 있지 않다. 그러나 미국에서 그의 신학이 높이 평가됨에 이르러 60여년 후인 1974년에 그 영역이 출판되었다. 틸리히의 철학박사 학위논문이 절판된 이유는 그가 2년 후(1912년)에 발표한 신학박사 학위논문인 『쉘링의 철학적 발전에서의 신비주의와 죄의식』[*Mystik und Schuldbewusstsein in Schellings Positiver Philosophische Entwicklung* (Breslau: H. Fleischmann)]이 앞의 논문을 부연 설명했기 때문인 것으로 추정된다. 하여튼 쉘링에 관한 두 편의 학위논문은 틸리히의 사상체계를 형성함에 있어서 쉘링의 영향을 잘 알려주고 있다. 이 논문들 이후에도 자신의 사상을 계속 발전시켜 갔지만, 틸리히가 쉘링에게서 받은 영향은 지속되었다. 틸리히가 쉘링에게 매혹되었던 것은 전통적인 초자연주의 신학을 초월해서 그리고 슐라이어마허의 내재적인 종교개념과 트뢸치의 종교적인 아프리오리즘을 초월해서 자신의 사상체계를 확립하고자 하는 그의 요구에 후기 쉘링의 적극철학이 빛을 던져 주고 방향지어 주었기 때문임에 틀림없다. Victor Nuovo에 의하면 쉘링의 후기 철학의 제원리들은 틸리히의 초기 서술에 나타났던 바와 같이 그의 의식의 기초를 이루었던 것 같으며 또한 그의 모든 사상체계를 결정지었던 것 같다(*The Construction of the History of Religions*, p. 12).

로 이해한다. 그는 관념론 철학을 인식론적 입장에서는 그 철학체계에서 생기는 이원성의 상극(즉 사유와 실재·주관과 객관·이론 이성과 실천 이성·자유와 필연 등의 이원적인 상극)을 체계적으로 통합하는 활동으로 그리고 종교사의 입장에서는 기독교 신앙에 기초한 세계 우주의 본질적 해석학 및 '인간 靈의 표현'으로 이해하였는데, 바로 그것이 쉘링의 『철학적 종교』의 체계 속에 특징적으로 표현되고 있다고 말한다. 틸리히가 만년에 이르러 세계 제 종교와 접촉한 결과, 갖게 된 종교사 연구에 대한 관심과 '구체적이며 신적인 영의 종교'의 개념은 그가 젊은 시절에 연구했던 후기 쉘링의 적극철학의 신 개념과 종교사 이해로의 회귀로도 이해할 수 있다. 틸리히는 후기 쉘링의 적극철학을 제 종교가 역사적으로 성립한 과정과 제 종교를 구성하고 있는 제 요소와 제 개념을 인식론적, 형이상학적으로 분석, 기술하는 점에서 성립한 실증적인 적극철학(그것도 신 계시에서 최고조에 달하는 역사과정에서의 제 사건과 제 전통이 지니는 의미를 총체적으로 취급한 해석학)으로 이해하고 있다.[2]

그런데 신화와 계시를 그 과정 안에 포함하는 종교사의 문제는 인간의 자유를 해석하는 데 초점을 둔 『인간 자유의 본질』(Philosophische Untersuchungen über das Wesen der menschlichen Freiheit, 1890) 이후에 전개되는 쉘링의 신론의 중심 문제이다.[3] 그에 의하면 신과 그 피조물 안에 두 원리(실존하는 신-신 내부의 자연: 오성·언어-자연·의지·동경: 빛의 원리-어두운 원리)가 구별되는 것, 신 안에서는 이 두 원리의 대립이 영원한 정신에 의해 통합되고 있는데 반해 인간 안에서는 이것들이 분열할 가능성(악의 가능성)이 존재하는 것, '자아성의 고양'(악)에 의해 여러 원리의 전도가 생기는 것(이데아 세계의 몰락→이데아 세계의 창조·제1의 창조·자연과정에서부터의 제2의 창조·역사 과정에로의 이행), 인간 자아성의 고양이라고 하는 초역사적인 행위에 의해 야기된 두 원리의 분열(즉 악의 현실성)을 재통합하고 구제하는 것 등으로

---

2) 藤倉恒雄, テイリッヒの神と諸宗教(新教出版社, 1992), pp. 17-19.
3) Ronald H. Stone, *Paul Tillich's Radical Social Thought* (Atlanta: John Knox Press, 1980), p. 26.

서의 역사 과정이 종교사인 것이다.[4]

셸링에 의하면 이렇게 해서 개시된 종교사는 신화론적 과정·합리적 과정·계시의 세 단계를 거쳐 전개된다.[5] 첫 번째 단계인 '신화론적인 과정'(die mythologische prozeß)은 최고 신들의 교대과정으로서, 여러 신들 안에서 최고신이 일정 기간 후에 다음 최고신으로 교대하는 것을 반복한다(예를 들면 Uranos→Kronos→Zeus). 셸링은 신화의 형성과정을 구분하면서 점성종교(astral religion)를 제1기의 종교라 하고, 페르시아·바벨론·아라비아의 제 종교(Uranos 숭배)를 제2기의 종교라 하고, 가나안·페니키아의 제 종교(Kronos 숭배)와 프리기아·트라키아의 제 종교(Cybele 숭배) 그리고 이집트(Typhon·Osiris·Horos 숭배)와 인도(Brahma·Shiva·Vishnu 숭배)와 그리스(Hades·Poseidon·Zeus 숭배)의 종교를 제3기의 종교로 분류하고 있다. 이 신화적인 과정은 비합리적인 힘으로부터의 의식의 해방을 목표로 하는데, 이 목표는 이원성을 피하고 동일성을 회복하려는 신화적인 과정 속에서 일어날 경우에만 이해될 수 있다. 불교는 이런 반응들 중에서 가장 중요한 것으로 이런 반응들은 다신교를 부정하며 따라서 범신론적으로 된다. 이때의 범신론은 '저지된 다신교'(aufgehaltenes Polytheismus)로서 본래적인 자연 신비주의 내의 현실성에 대항하여 반응하는 절대적인 동일성을 지향하는 신비주의이다.[6]

다음에 신화론적인 과정은 '합리적인 과정'(die rationale prozeß)으로 전진한다. 이것은 신화에서 문화(예술과 학문)에로의 이행인데, 이것은 합리적인 철학(고대 그리스철학)에 의해 완성된다. 이것은 신적인 의식으로부터의 세계의식의 분화를 의미하며 또 신화에 대한 합리적인 비판의 개시 및 자율적인 개인의 출현을 의미한다. 이것은 아마 칼 야스퍼스(Karl Jaspers)가 말하는 '추

---

4) 芦名定道, ティリッヒと現代宗教論(北樹出版, 1994), p. 209; cf. Tillich, *Mystik und Schuldbewutsein in Schellings Positiver Philosophischer Entwicklung*, in GW, I, pp. 98-108; Tillich, *The Construction of the History of Religions*, pp. 43-76.
5) Tillich, *The Construction of the History of Religions*, pp. 77-115. *Mystik und Schuldbewutsein*, pp. 102-108.
6) Tillich, *Mystik und Schuldbewutsein*, p. 103.

축시대'(Achsenzeit)에 상응한다고 볼 수 있다. 그런데 합리적인 철학에서는 합리적인 과정과 신화적인 과정이 평행적으로 구성된다. 이런 구성의 출발점은 개인의 자의(恣意)에 반대하는 합법적이고 정치적인 공동체의 투쟁이다. 왜냐하면 추상적인 자아성 속에서 개인은 타락(이데아로부터 소외된 현실)의 원리이며 그리고 역사에서 극복되어야 할 것이 바로 이것이기 때문이다.

그러나 그 상태는 외적인 활동의 결과는 아니다. 도덕법칙은 개인에게 무조건적으로 의무를 부여한다. 율법에 대한 반역은 그의 자연적인 경험이므로 그 자신이 되고 싶은 사람은 자신을 보편적인 것에 종속시켜야 한다. 이 투쟁은 일반적으로 행동을 단념하려는 개인의 시도(신비주의)로 인도하므로, 개인은 신과 자신을 분리하는 자아를 금지하고 '절대적인 신과의 신비적인 통합'(mystische einigung mit dem Absoluten Gott)에 의해 신에게 도달하려고 한다. 신비주의는 세 단계로 확립되었다. '정적주의적인 감정 신비주의'(Quietistische Gefühlsmystik), '예술 신비주의'(Kunstmystik), '지적인 직관의 신비주의'(Mystik der intellektuellen Anschauung), '이데아의 세계에서의 신의 자기 직관'은 신비주의의 최고 원리이며, 정신 생활의 모든 후기 형태들의 원형이다. 그러나 지적인 직관의 상태 속에 남아 있다는 것은 불가능한 일이다. 이탈된 세계는 현실성을 요구하며 그래서 이원성이 다시 발생한다. 인격성의 실재적인 기반인 의지는 여전히 자아성의 의지이며 따라서 '분노의 의지'(Wille des Zornes)이다. 그것은 여전히 자기파멸로 나아가는 과정에 있으므로 따라서 이 신비주의는 결코 신에게 이를 수 없다.[7]

쉘링에 의하면 이상의 두 단계들에서는 두 원리의 분열(이교에 있어서의 신의 분노)이 극복되지 않는데, 이 분열은 신의 수육(受肉)과 기독교 계시 그리고 신 자신의 은총에 의해 극복되지 않으면 안 된다. 은총에 의한 대립의 극복은 죄책의식을 극복한 것으로서, 그것은 직접적인 동일성이 아니라 모순을 극복하는 '인격적인 공동체'(persönliche Gemeinschaft), 즉 '영과 자유의 종

---

[7] Ibid., pp. 104-105.

교'(die Religion des Geistes und der Freiheit)에서 가능하다.[8] 계시로서 서술된 이 역사과정의 세 번째 단계는 상세하게는 유대교→그리스도의 계시(Kairos)→교회의 발전이라는 단계들을 포함한다.[9] 먼저 절대적으로 반(反)신비적인 원리는 모순에 대항하는 율법의 투쟁인 유대교에서 비로소 인식된다. 유대인의 의식도 신화적이므로 분노의 원리에 종속되지만 그러나 이 원리는 내적인 의식 생활 속에서 극복되지는 않는다. 신은 입법자로 등장하며 복종은 그에 대한 정상적인 태도이다. 우상숭배는 신의 전체성(Allheit) 및 모든 개인과 그의 동일성(즉 스피주의)을 보여주는 반면에, 유대교는 신의 통일성(Einheit) 및 모든 개인으로부터의 그의 분리(즉 죄의식)를 보여준다. 개인처럼 신은 특별한 사람들과 계약을 맺는데, 엄격한 의미에서 유대교는 '절대적인 반(反)인종적인 선택의식'(absolut antiethnisches Erwählungsvewußtsein)에 접합된 인종적인 예배형태와 더불어 나타난다. 유대교는 바로 이런 편파성으로 몰락하기 시작한다.[10]

종교사의 관점에서 볼 때 기독교는 분노의 우상숭배적인 속박과 유대교의 죄의식으로부터 해방이다. 유대교에 대항해서 승리한 분노의 원리는 성자 하나님에 의해 안에서 정복당했다. 신이 자신을 분노에 종속시키려 하고 또 분노에게 그 완전한 권리를 부여하려고 한다면 이런 목표에 도달할 수 있는 가능성은 오직 하나 뿐이다. 즉 신은 자아의 형태를 취하여 자신을 그 저주에 종속시켜, 자아에 속박되어 있는 사람들과 교제를 갖는 것이다. 신은 모순을 완전히 긍정하고 자신을 그것에 종속시킴으로써, 모순에 대해 완전한 승리를 거두게 된다. 그러나 신은 자아를 부정하기 위해 그것을 취

---

8) Ibid., p. 108.
9) Tillich, *The Construction of the History of Religions*, pp. 102-115. 이상의 초역사적인 타락에서 비롯하여 '영과 자유의 종교'의 성립에 이르는 역사과정이 쉘링의 적극철학의 중심문제로서 구성된 종교사의 윤곽인 것이다. 이것은 나중에 틸리히의 '준비→최종적 계시→수용'이란 계시사의 전개로 발전된다. 이러한 철학 원리나 종교의 본질 개념에 기초한 이념적인 종교사 구성은, 헤겔의 『종교철학』에서의 종교사 구성(자연종교→정신격→개별성의 종교→절대적 종교)과 슐라이어마허의 『신앙론』에 있어서의 종교사 구성과 마찬가지로 고전적인 종교철학에 속하는 것이라고 할 수 있다.
10) Tillich, *Mystik und Schuldbewußtsein*, pp. 106-107.

하기 때문에, 그는 그것을 희생시키고 또 그것 속에서 자신을 희생함으로써 영을 산출해 낸다. 그 자신은 보이지 않는 영역으로 되돌아가 자기 대신에 유한자 속으로 들어가 그 속에 머무르는 원리가 아니라, 오히려 영(유한자를 무한자로 인도하는 이상적인 원리)을 약속한다. 기독교는 그리스도 안에서 사람이 된 그러나 동시에 한 개인으로서의 자신을 버리고 자신 안에 있는 이기심을 포기하는 그런 신과의 교제를 창조한다. 여기서 모순이 은총을 통해 정복되고 죄의식이 자체 속에서 극복되는 그런 동일성이 이루어진다. 이로써 신비주의의 원리는 모순을 극복하는 인격적인 공동체로서 승리를 얻는다. 바로 그것이 '영과 자유의 종교'(The Religion of the Spirit and the Freedom)인 것이다.[11]

또한 틸리히에 따르면 쉘링은 교회사를 세 명의 사도(베드로·바울·요한)에 의해 대표되는 세 시기로 나누어 설명했다.[12] 현실의 원리이면서 비교적 자유롭지 못한 원리인 베드로는 가톨릭교회를 지배하는데, 그의 권위는 교회 발전을 위한 기초를 제공한다. 이상적인 것과 해방시키는 힘이 있는 사도 바울은 개신교에 해당하는데, 바울의 원리는 베드로의 교회에 대한 자유로운 대비로 나타난다. 세 번째 시기에는 영적인 힘인 요한이 지배하는데, 참된 교회는 바울을 통해 베드로가 심어 놓은 기초에 의해 목적을 수행한 요한의 교회의 것이다. 쉬슬러(W. Schüßler)는 사도 요한의 특징을 다음과 같이 묘사하고 있다.

> 요한은 미래의 교회이자 비로소 진실한 일반 교회이자 저 두 번째 새 예루살렘 교회의 사도이다. 그에게서는 '부드러운 하늘의 영'(ein sanfter, himmlischer Geist)이 나부끼고 베드로의 단순성(Einfalt)과 바울의 '변증법적인 날카로움'(dialektische Schärfe)이 하나로 된다. 요한은 '영의 사도'(Apostel des Geistes)이다.[13]

---

11) Ibid., pp. 107-108.
12) Tillich, *The Construction of the History of Religions*, p. 112f.
13) Werner Schüßler, *Jenseits von Religion und Nicht-Religion: Paul Tillich* (Athenaum, 1989),

여기에서 주목해야 하는 것은 이 종교사 이해가 그 이후의 틸리히에게 있어서 갖는 의의이다. 틸리히는 1920년대의 사유에서 전통적인 교의학 문제뿐만 아니라 문화신학의 구성과 종교 사회주의에 관한 폭넓은 문제들을 논하고 있지만, 틸리히가 이런 문제들을 논할 때의 현저한 특징 중의 하나는 상황분석에서 논의를 시작하고 있다는 것이다. 즉 틸리히에게 있어서 종교사나 정신사라고 불리는 것은 1920년대 사유의 틀의 불가결한 구성요소가 되고 있는데, 그 종교사라는 틀은 기본적으로 쉘링의 적극철학에서 구성된 종교사를 틸리히적으로 재구성한 것임에 틀림없다. 즉 틸리히에 있어서 종교사의 출발점에 놓여진 성례적인 정신상황은 신화론적인 과정에 그리고 예언자적 정신 및 신정과 자율적 정신에 의한 성례적인 정신상황 비판 또는 성례적인 정신상황의 자율과 타율로의 분열은 신화론적인 과정에서 합리적인 과정으로의 이행에 그리고 자율과 타율의 분열을 극복하는 새로운 신율(카이로스에게 있어서의 그리스도 계시와 영적 임재)의 탐구는 그리스도 계시와 그것에 뒤따르는 교회시대에 각각 대응시킬 수 있다.[14]

틸리히의 이러한 종교사 이해에 입각하면 현대의 종교상황에 있어서 긴급한 과제는 새로운 신율문화의 형성, 자율과 타율과의 대립의 극복, 새로운 초자연적인 것의 출현과의 투쟁 등이다. 그런데 거기에는 제 종교 문제가 잠재적으로 포함되어 있지만, 기독교와 비기독교 종교와의 관계가 직접 시야에 들어와 있지 않다. 이것은 『조직신학』 제1권(1951)에서 논해진 종교사에도 기본적으로 해당한다. 신 개념의 역사인 종교사에 대한 틸리히의 고찰은 최종적인 계시에 기초한 기독교 신론을 해석하기 위한 목적으로서 이루어지고 있다.

> 비록 신학자는 자신이 '최종적인 계시'(final revelation)라고 생각하는 것으로부터 신의 교리를 연역한다고 하지만 신 개념을 이해하기 위해서는 그것의

---

p. 153. cf. F. W. J. Schelling, Sämtliche Werke, XIV, p. 325, 327.
14) 芦名定道, ティリッヒと現代宗教論, p. 211.

역사를 관찰하지 않으면 안 된다. 왜냐하면 최종적인 계시는 그것을 받아들이는 사람들 편에서의 신의 의미에 대해 통찰을 다소라도 전제하고 있기 때문이다. 신학자는 이 의미를 최종적인 계시에 비추어서 해석해야 한다. 동시에 이 의미를 종교사(기독교가 종교라는 범주에서 기독교까지 포함하여)를 기초로 하여 그리고 종교적인 실체를 갖는 한에서 인간 문화사에 의해 주어진 질료를 기초로 하여 해석하지 않으면 안 된다.[15]

여기서 종교사(신 개념의 역사)의 고찰은 최종적 계시에 기초한 신론을 해석하기 위한 목적으로 이루어지고 있다. 즉 틸리히가 종교사 및 계시사라는 주제 아래 제 종교를 논하고 있는 것은 기독교적인 신 개념과 계시개념을 이해하기 위한 논의이지 기독교와 제 종교의 관계 또는 세계종교사 자체를 주로 고찰대상으로 삼고 있는 것은 아니다. 틸리히의 중요한 관심은 이 시점에서도 기독교와 세속문화와의 관계에 쏠려 있는 것이다. 이것은 신 개념의 역사적 전개와 유형론이 신 개념에 있어서의 절대적인 요소와 구체적인 요소의 긴장관계와 함께 성스러운 것과의 세속적인 것의 역동적인 관계(즉 신관념의 종교적인 변형과의 관계) 속에서 고찰되고 있는 것에서 반영되고 있다.[16]

그러나 비기독교 종교들의 적극적인 의의를 신학적으로 묻는 것을 가능하게 하는 것은 현대 종교신학에서와 마찬가지로 틸리히에게서도 계시론이다. 이 점에서 흥미깊은 것은 『조직신학』 제1권의 계시론 특히 계시사의 개념이다. 여기에서 틸리히는 기독교 이외의 영역에도 계시가 존재한다는 사실을 인정한다. 이것은 가령 계시 사건의 보지자(즉 종교 상징)가 원리상으로는 모든 실재 영역에 미치고 있다는 주장에서도 명확하다.

---

[15] Tillich, *Systematic Theology* (이하에서 ST라 약칭함), Vol I, p. 219.
[16] Ibid., pp. 221f., 230-235. 현대의 종교 신학에서와 동일한 방식으로 종교사에 대한 문제의식이 틸리히에게 있어서 명확한 형태로 등장하는 것은 사실 1960년대의 만년기가 되고 나서라고 말하지 않으면 안 된다.

어떤 실재·사물·사건도 반드시 '존재 신비의 보지자''a bearer of the mystery of being)가 되지 않는 것이 없고 또 '계시적인 상관성'(a revelatory correlation)에 들어가게 하지 않는 것이 없다. 원리적으로 어떤 것이든 계시에서 제외되는 것이라곤 없다.[17]

틸리히는 존재와 의미의 궁극적인 근거로 향하는 인간 정신의 지향성(신과 성스러운 것에 도달하려는 노력, 궁극적 관심)을 종교라고 생각하지만, 이 종교적 지향성이 계시 사건에서 구체적으로 현시되는 것은 기독교 영역에 한정될 수 있는 사항은 아니다. 게다가 그것은 제도화되고 종교로서 공인된 협의의 종교를 초월한 광의의 종교에 미친다. 신의 계시 행위는 기독교의 역사에 한정되지 않을 뿐만 아니라, 소위 종교사를 초월한 것으로서 이해되지 않으면 안 된다. 계시사는 종교사가 아니고 또 유대교나 기독교의 역사도 아니며 따라서 신은 세속적인 영역에서도 스스로를 계시할 수 있는 것이다.[18]

이 계시사의 포괄성을 확인함에 있어서 문제는 계시사의 내용과 그 안에서의 제 종교의 위치를 설정하는 것이다. 이하에서 '시원적 계시'(original revelation)와 '종속적 계시'(dependent revelation) 또는 최종적 계시와 그 준비와 수용이라는 중심 단어를 단서로 틸리히의 계시론을 정리해 보자.[19] 기독교 신앙에서 예수 그리스도 안에 있는 구원계시는 그 전후와 관련된 여러 사건들에게 의미의 통일성을 부여하는 방식으로 계시사의 중심점을 구성한다. 계시사는 그 중심인 최종적 계시와 그것에 의해 구별된 전후의 시대(즉 준비와 수용의 시대)에서 성립된다. 최종적인 계시는 기독교의 계시를 비로소 역사 안에 제정한다는 의미에서 시원적 계시이고 그 전후로 확장된 여러 계시는 이 시원적 계시에 의해 의미와 실재성이 부여되는 종속적 계시라고 생각된다. 이와 같이 계시사라는 것은 최종적 계시라는 기준에 따라 해석되고 의미가 부여되어 통합된 역사이지만, 초점은 최종적인 계시가 그것에 의해

---

17) Ibid., p. 118.
18) Ibid., p. 137.
19) Ibid., p. 126ff., 132-144.

구성되는 의미 연관과 작용 연관에서 떨어질 수 없다는 것이다.

그러나 그리스도 사건에서의 계시가 결정적이고 완전하고 초월적인 계시라고 해도 그것은 역사과정에서 분리 가능하다는 의미에서 절대적인 것은 아니다. 그것이 역사의 카이로스(Kairos)에서 실현하는 데는 구약과 그리스 종교사라는 준비 기간을 필요로 한 것이며[20] 또한 기독교 교회사를 중심으로 그 이후에 그 진리가 수용되는 역사의 관련을 생성하는 것이다. 틸리히에 의하면 '그리스도로서의 예수'(Jesus as the Christ)라는 사건은 독특한 것이지만 결코 고립된 것은 아니다. 그것은 과거와 미래에 의존하며 그리고 과거와 미래는 그것에 의존하고 있다. 그것은 우리가 상징적으로 '역사의 시작과 종국'(the beginning and the end of history)이라고 부르는 바, 무한한 과거로부터 무한한 미래로 계속 나아가는 과정에서의 '질적인 중심'(qualitative center)인 것이다.[21] 틸리히는 이것을 다음과 같이 묘사하고 있다.

> '최종적인 계시'(final revelation) 즉 그리스도로서의 예수 안에 있는 계시는 모든 계시의 기준을 포함하고 있으며, 또 모든 계시의 마지막이나 목적이기 때문에 보편타당하다. 최종적인 계시는 선행하거나 후속하는 모든 계시의 기준이다. 그것은 자기가 나타났던 문화와 종교 뿐만 아니라 모든 종교와 모든 문화의 기준인 것이다.[22]

여기서 틸리히의 견해는 최종적인 계시로서의 예수 그리스도는 기독교 교회사를 통한 계시는 물론 다른 종교들을 통한 계시들도 당연히 포함하는 계시 역사의 중심이라는 것이다. 그의 최종적인 계시는 계시 역사를 준비(preparation)의 시대와 수용(reception)의 시대로 나누고 있다.[23] 여기서 '준비적'(preparatory)이라는 용어와 '예비적'(preliminary)이라는 용어는 최종적인 계

---

20) Tillich, *The History of Christian Thought*, ed. Carl E. Braaten, (A Touchstone Book, 1967/8), pp. 1-16.
21) *ST*, Vol. III, p. 147.
22) *ST*, Vol. I, p. 137.
23) Ibid., p. 34.

시와의 모든 계시들의 관계에 대한 틸리히의 개념에서 중요한 의미를 지닌다. 틸리히에게 있어서 '로고스의 배종'(logos spermatikos)이나 '복음의 준비'(preparatio evangelica)는 성서와 모순되거나 종교의 본질과 대립되는 것이 아니다. 성서가 조직신학의 원천이라는 신정통주의적인 성서주의의 주장에 반대하면서 틸리히는 인간의 종교와 문화 속에서 성서 메시지에 대한 준비가 존재하지 않았다면 성서의 메시지는 이해될 수 없을 뿐만 아니라 수용되지도 않았을 것이라고 말한다.[24] 이런 이유로 틸리히는 종교사를 쉽게 조직신학의 원천 중의 하나로 간주하게 된다.

　이와 같이 틸리히에게 있어서는 통일된 의미관련으로서의 역사와 그것을 구성하는 중심으로서의 그리스도 사건이 불가분리적인 방식으로 상관하고 있는 것이다. 따라서 기독교 이외의 제 종교에서의 계시는 기독교의 계시사에서 최종적 계시의 현실화나 수용을 위한 전단계로서 위치가 부여된다. 여기서 비로소 최종적 계시의 수용을 준비하는 세계종교사 전체가 파악된다. 틸리히에 의하면 모든 종교 속에 있는 진리와 계시를 인정하지 않으면 안 되지만, 그것은 기독교의 최종적 계시에 의해 의미의 통일성과 힘을 부여받고 있는 계시사 속에서 그것들이 준비나 수용의 시대로서 연루되고 있는 한에서인 것이다. 이 점에서 틸리히는 라너적인 포괄주의에 접근하고 있다고 말할 수 있다. 이하에서 몇 가지 유의점을 지적해 두고 싶다.

　첫째로 역사 안에는 그리스도 사건 안에 있는 계시를 능가하는 새로운 계시가 존재하지 않는다는 주장(즉 그리스도 사건이 최종적이란 주장)은 기독교 신앙을 이루는 결단에 속한다. 주체적인 신앙의 모습을 벗어난 기독교의 최종성에 관한 논증은 틸리히의 종교론에서는 이끌어 낼 수 없다. 즉 계시사라는 것은 그리스도 사건에 의해 의미의 통일성과 힘을 부여받는 역사의 연관이고 또 그것이 인류 역사 전체를 포괄한다는 비판은 기독교 신앙의 문제인 것이다. 또 앞서 본 '준비→성숙'이란 의도는 준비에서 성숙까지의 단순한 연속적인 진전이라고 생각되는 것이 아니라, 성숙은 준비 단계에 대한

---

24) Ibid.

비판과 부분적인 부정을 포함한다고 생각해야 할 것이다. 이리하여 틸리히에게 있어서도 바르트의 경우와 마찬가지로 기독교에서의 최종적인 계시는 종교 지양으로서의 위치가 부여되고 있다.

둘째로 그러나 이것은 다른 종교의 입장에서 기독교와는 다른 방법으로 계시사가 구성되는 논리 가능성을 배제하는 것은 아니다. 실제로 기독교 이후에 성립한 종교가 기독교의 계시사를 그 종교 자체의 계시사에 연루되게 한다는 사례는 적지 않다. 확실히 틸리히가 『조직신학』에서 구성하는 계시사에서는 비기독교 종교에서의 계시 사건은 기독교 계시의 때인 '위대한 카이로스'에 대한 '카이로스'라는 위치가 부여되고 있다. 그러나 다른 종교의 입장에서 그리스도 사건이 '카이로스들'(kairoi)의 하나로서 해석될 가능성은 배제되고 있지 않고, 논리적으로는 다른 종교가 구성하는 계시사도 기독교적인 계시사와 동등한 자격을 가질 수 있을 것이다.

셋째로 여기에서 계시사의 구성을 둘러싼 제 종교 간의 논쟁이 예상된다. 즉 각각의 역사 해석의 우열과 진위가 어떻게 매듭지어질 것인가 하는 문제이다. 이 문제를 해결하기 위해서는 이상적인 의사소통 상황에 있어서의 제 종교 간의 대화가 불가결하다고 생각되지만, 계시사를 둘러싼 대화가 유의미한 것으로서 성립하는 데는 각각의 종교가 잠정적으로라도 다원주의 입장에서는 필요로 하는 것은 아닐까? 1960년대의 틸리히에서는 이것이 명확하게 의식되는데 이르고 있다고 말해도 좋을 것이다. 이 점에 관해서는 '진리 문제에 관계하는 구원의 차원'과 '구원론 이전의 단계에서 공통으로 지향할 수 있는 복지의 차원'을 잠정적으로라도 구별한 다음에 다른 제 종교와의 대화를 개시하고 진리 여부를 결정하는 데 대해서는 일시적으로 보류하는 태도가 필요하다고 말할 수 있겠다.

그런데 틸리히의 종교신학을 고찰할 때 위의 첫 번째 유의점과 세 번째 유의점의 관계는 미묘한 문제가 된다. 1960년대 이전의 틸리히에게 있어서는 첫 번째 유의점이 우세하지만 그 이후에서는 세 번째 유의점이 무시할 수 없는 것이 된다. 이런 점에서 『조직신학』 제3권(1963)은 그것에 선행하는 제1권(1951)과 제2권(1957)의 토론 전개를 기본적으로 받아들여 구성되고 있으며, 기독교의 계시라는 틀을 벗어나서 제 종교의 분석이 행해지고 있지 않다는 사실을 알 수 있을 것이다.[25]

3. 역동적인 유형론과 종고 비교

『조직신학』 제1권 이후 틸리히는 타종교와의 대화에 기초한 보편주의적인 신학구축에 의해 여러 종교의 자기 이해를 그리스도의 계시와 관련시킬 필요성을 통감하여 종교사의 지원을 요청하게 된다. 이를 위해 틸리히는 엘리아데(M. Eliade)와 더불어 종교사에 대한 공동 연구를 2년에 걸쳐 갖게 된다. 그 결실인 '조직신학자에게 있어서의 종교사의 의의'(The Significance of the History of Religions for the Systematic Theologians, 1965)라는 강연은 그의 생애 최후의 강연으로서 신학의 새로운 기초와 미래상을 제시하고 있다.

틸리히는 이 강연에서 신학자가 종교사의 의의를 인정하기 위해서는 먼저 두 종류의 신학을 거부하지 않으면 안 된다고 역설하고 있다.[26] 첫 번째 신학은 신학자 자신의 종교 이외의 다른 모든 종교를 부정하는 신학, 다시 말해서 하나의 종교만이 '진정한 종교'(vera religio)이고 다른 종교는 '거짓된 종교'(religiones falsae)라고 하는 바르트의 신학이다. 그것은 현대적으로 말하자면 자신의 종교는 신의 계시를 받은 것이지만, 다른 종교는 신에게 도달하려고 하는 인간의 헛된 시도에 불과하다고 주장하는 신학이다. 따라서 이와 같은 입장에서는 다른 종교들을 연구한다는 것은 무의미한 일에 지나지 않게 된다. 두 번째 신학은 신이 존재하지 않는다는 소위 세속신학(a theology of the secular)이며 '신이라는 말을 사용하지 않는 신학'(theology-without-God language)이며 신이 죽었다고까지 말하는 사신신학(The Death-of-

---

25) *ST*, Vol. III, pp. 14-4, 152-5.
26) Jerald C. Bauer(ed.), *The Future of Religion* (New York: Harper & Row, 1966), p. 80.

God Theology)이며 동시에 '비종교적인 종교'(religionless religion)라는 역설에 근거하여 성스러움이 속된 것으로 흡수된다고 하면서 가장 속된 것을 강조하는 신학이다.

틸리히는 자신의 종교신학을 정확히 취급하기 위해 이 두 가지 신학을 거부하는 결단을 내려야만 했다. 왜냐하면 이 두 가지 신학 모두가 종교에 대해 부정적이었기 때문이었다. 틸리히는 이 두 가지 신학을 거부하기 위해서는 다섯 가지 전제를 받아들여야 한다고 주장한다.[27] 첫 번째 전제는 계시경험들이 모든 인간에게 보편적이라는 것이다. 따라서 모든 종교 속에는 계시능력과 구원능력이 있게 된다. 두 번째 전제는 계시수용이 인간의 유한한 상황 속에서 발생한다는 것이다. 따라서 종교가 목적을 위한 수단으로 사용된다면 계시수용은 항상 왜곡된 형식으로 나타난다. 세 번째 전제는 종교사 속에 독특한 계시경험들이 있으며, 그 계시과정에는 한계와 왜곡의 실패들이 비판받게 되어 있다는 것이다. 계시과정에 대한 그런 비판에는 신비주의적이고 예언자적이고 세속적인 비판이 있다. 네 번째 전제는 종교사적인 중심 사건에 대한 진정한 가능성을 긍정해야 한다는 것이다. 따라서 종교사에 대한 신학적인 이해에서 신학자는 반드시 계시경험이 그 속에서와 아래서 진행되고 있는 종교사 내에서의 비판 발달의 긍정적인 결과를 통합하는 종교사 내의 중심 사건을 가정하게 된다. 다섯 번째 전제는 종교는 문화사와 병존하지 않으며, 오히려 세속 문화의 창조적인 근거인 동시에 세속 문화에 대한 비판적인 심판이 된다는 것이다.

이리하여 틸리히에게 있어서 계시는 종교와 관련된 중심개념이 된다. 틸리히는 종교와 계시의 상호 관련성의 내적 역동성을 간파하고 있다. 틸리히의 이러한 접근방법을 '역동적인 유형론'(dynamic typology)이라고 명명할 수 있다. 틸리히의 종교론을 종교신학으로 전개하는 경우 전제되는 것이 계시론이라면, 그의 종교신학의 구체적인 내용의 중심은 역동적인 유형론에 있

---

27) Ibid., pp. 81-82.

다고 말할 수 있다.[28] 이 역동적인 유형론은 종교의 여러 유형들(types)과 그것들의 일반적인 특성 그리고 여러 종교 유형들 간의 관계 내에서의 그것들의 위치를 지시하는 도표를 세우는 것이다. 그런데 그 유형론의 내용이 모호하며 모순된 것처럼 보인다는 비판이 있는데, 이에 대해서는 두 가지 문맥에서 대응할 수 있다. 첫 번째 문맥은 1920년대를 전후해서 다양한 현실 문제들의 종교적이거나 정신사적인 상황을 설명하는 틀로서의 종교사이다. 그것은 신율-자율-타율이라는 개념 틀을 이용해서 전개되는 정신사의 약식도이다.[29] 이 약식도에서 성례적인 유형ㆍ예언자적 유형ㆍ신비주의적 유형ㆍ윤리적 유형이라는 일련의 유형이 취급되는 것은 쉽게 이해할 수 있을 것이다.[30] 이들 제 유형 중의 어느 것이 구체적인 유형론적인 토론 속에서 논해지는가는 취급되는 문제에 따라 다르다. 그러나 이 문맥에서의 종교 유형론의 직접적인 의도는 기독교와 자율적 이성 및 세속 문화와의 관계를 파악하려는 것이고, 이것이 기독교와 타종교들과의 비교문제에 적용되는 것은 꽤 이후의 일인 것이다.

두 번째 문맥은 『조직신학』 제1권(1951)의 신론 등에서 제시되는 유

---

28) *ST*, Vol. I(1951), pp. 21-35. *Dynamic of Faith* (1957), pp. 256-65, *Christianity and the Encounter of the World Religions* (1963), pp. 309ff. *The Significance of the History of Religions for the Systematic Theologian* (1965) in *The Future of Religion* (1966), pp. 80ff.

29) 芦名定道, ティリッヒと現代宗教論, p. 219. 1920년대 전반에서는 '의미의 형이상학'의 틀에 따라 형식과 내실의 관계에서 신율-자율-타율이 설명되고, 종교유형을 비롯하여 예술양식과 대중의 존재양식 등에 대해서도 동일한 유형론이 전개되었다. 그러나 1920년대 후반이 되자 프로테스탄티즘론에 있어서와 같은 비판과 형성 그리고 합리적이라거나 초합리적이라고 말하기보다 복잡한 변증법적인 틀에 있어서의 유형론 또는 인간의 존재 구성에 있어서의 이중성('사회주의적 결단'에서는 기원과 요청의 이중성)에서 기원신화와 요청 또는 정치적 낭만주의와 사회주의라는 정치ㆍ유형의 설명이 행해지게 된다. 그런데 이것은 1950년대에 와서 『신앙의 역동성』(1957)에서 성스러운 경험에 있어서의 존재의 신성성과 당위의 신성성이라는 유형으로 전개된다(ibid., pp. 220f.).

30) Tillich, Religionsphilosophie, in *Main Works Hauptwerke* (Berlin: New York, 1987), Vol. 4, p. 155f. 이것은 다음과 같다.
성례적인 요소
신화론
신비주의
신정적 비판

일신교(monotheism)·다신교(polytheism)·삼위일체 유일신교(trinitarian monotheism)라는 유형론이다.[31] 여기서의 문제는 기독교의 삼위일체론 성립을 종교사 안에서 구하는 것으로 신 관념에 있어서의 구체성의 극과 궁극성의 극의 긴장관계의 해결이 삼위일체론에서 어떻게 이루어져 있는지를 나타내는 것이다. 즉 주체성의 극(성스러운 것의 구체적인 형태)을 돌파하는 종교유형이 신비주의적인 유형이며 구체성의 극이 우위를 차지하는 종교유형이 다신교인 반면에, 궁극성의 극이 우위를 차지하는 종교유형은 유일신교이며 이 궁극성과 구체성의 양극적인 긴장을 해결하고 있는 종교유형이 삼위일체 유일신교인 것이다. 이런 관련에서 타종교와 기독교의 비교가 이루어진 것은 당연하지만 비교 자체는 틸리히의 중요한 관심사가 아닌 것이다.

틸리히의 이 종교 유형론은 『신앙의 역동성』(1957)에서 성스러운 경험에 있어서의 '존재의 신성성'(the holiness of being)과 '당위의 신성성'(the holiness of what ought to be)이라는 유형으로 전개되는데,[32] 이 경우에도 『조직신학』 제1권의 기초적인 존재론이 그 전제가 되고 있음이 명확하다. 이제 틸리히의 종교유형론을 1950년대의 기초적인 존재론으로 설명해 보면, 신앙 또는 그것에 상관하는 성스러운 것은 기본적으로 두 가지 요소의 긴장 관계에서 기술된다. 신앙은 성스러운 것에 궁극적으로 관계하는 것이므로, 우선 이 궁

---

31) Tillich, *ST*, Vol. I, pp. 218-30. 이것을 도표로 표시하면 다음과 같다.

다신교	보편주의적인 유형-마나, 누멘적 힘에 대한 신앙→범성례주의, 범신론 신화론적인 유형 이원론적인 유형
유일신교	군주적(monarchic) 유일신교 신비주의적(mystical) 유일신교 배타적(exclusive) 유일신교

32) Tillich, *Dynamic of Faith*, pp. 55-73. 이것을 도표로 표시하면 다음과 같다.

존재론적인 신앙 유형(존재의 신성성)	성례적인 유형 신비주의적인 유형 휴머니즘적인 신앙유형(성례적인 유형의 세속화)
도덕적인 신앙유형(당위의 신성성)	율법적 유형: 탈무드의 유대교, 이슬람교 관습적 유형: 유교적 신앙 윤리적 유형: 구약성서의 종교

극적인 것이 경험영역에서 일어나고 있다는 의식이 신앙의 구성요소로서 존재하지 않으면 안 된다. 이것은 성스러운 것의 경험에서의 존재의 신성성이라고 명명된다. 그러나 성스러운 것의 경험은 성스러운 것과 일상적인 경험사항과의 상이성의 경험 혹은 성스러운 것과 가져야 할 관계가 완전하게는 실현되어 있지 않다는 의식을 동반한다. 즉 성스러운 것의 경험은 있어야 할 존재의 존재방식을 실현시키라는 요구로서 당의의 신성성으로서 경험된다.

이 이중성은 틸리히의 신앙개념의 역동적인 구조를 이해하기 위한 열쇠가 된다. 『조직신학』 제1권에서 명확히 나타난 것과 같이 이 신앙의 이중성은 인간 존재의 개별성과 참여와의 양극 구조에서 설명할 수 있다. 자기-세계라는 기본 구조에서 규정된 인간 경험은 경험 대상과의 거리와 참여의 양극성을 가지며, 성스러운 것의 경험도 그것이 인간의 경험인 한 동일한 양극성에 의해 규정된다. 즉 인간은 성스러운 것의 현전 또는 무제약적인 것의 확실성을 자각함과 동시에, 성스러운 것과의 거리·무제약적인 것으로부터의 분리도 자각하지 않을 수 없다. 전자에서는 존재의 신성성이라는 요소가 후자에서는 당위의 신성성이라는 요소가 취급된다. 그리고 존재의 신성성이 지배적인 종교유형으로서는 성례적인 유형이 그리고 당위의 신성성이 지배적인 종교유형으로서는 예언자적인 유형과 윤리적인 유형이 열거된다.

그런데 이들 유형은 구체적인 종교를 구성하는 요소이며 모든 종교는 이들 요소들을 다양한 균형에 의해 유지하고 있다. 즉 기독교에 있어서는 성례적이고 예언자적이고 윤리적이고 신비주의적인 요소가 모두 내재하고 있으며, 그 요소의 균형을 맞추는 방식에 따라 기독교의 다양한 형태와 그 형태간의 역사적 변화가 출현한다. 더욱이 틸리히는 『종교신학자를 위한 종교사의 의의』(1965)에서 종교사의 학적 고찰에 기초하여 성스러운 것의 경험이 종교의 기초이지만 여러 유형의 종교가 있다는 것은 그 경험 중에 몇 가지 요소가 있으며 그 속에 어떤 요소가 우세하게 되는가에 따라서 특

정한 종교가 발생한다고 주장한다. 그는 그 요소로서 다음 세 가지를 들고 있다.[33]

첫째는 '성례적인 요소'(sacramental element)로서 이것은 모든 종교의 근저에 있다. 유한한 것 중에서 성스러운 것을 경험하는 것이 종교이지만, 그것은 모두 유한한 동시에 특정한 사물 가운데 성스러운 것이 특별하게 나타나는 것이다. 성스러운 것의 신비적인 성격에도 불구하고 여기서 지금 보이고 들리고 접촉되는 것이 바로 성례이지만, 이런 요소가 없다면 종교집단은 도덕단체가 되어 버린다. 무수한 개신교회가 이 같은 단체로 되어 버리는 것은 이런 성례적인 요소를 결여하고 있기 때문인 것이다.

둘째는 '신비적인 요소'(mystical element)로서 이것은 성례적인 것이 악마화될 때 결국 성례적인 것을 하나의 이용 대상으로 삼을 때 비판운동으로 발생한다. 왜냐하면 인간은 결코 성스러운 것이나 궁극적인 것의 구체적인 표현으로 만족하지 않기 때문이다. 궁극적인 것으로서의 성스러운 것은 그것을 구현하고 있는 어떤 것을 초월한다. 구현이라는 것은 정당한 것이지만 그러나 그것은 어디까지나 이차적인 것이며 궁극자와 지고자에 이르기 위해서는 그것을 초월하지 않으면 안 된다. 특정한 것이 궁극적인 것 앞에서는 부정된다. 구체적인 것도 여기에서는 평가되지 않는다. 그런 것들을 초월한 성스러운 것은 신비스러운 것이다.

셋째는 '윤리적이거나 예언자적인 요소'(ethical or prophetic element)이다. 여기에는 신성성이라는 이름으로 정의가 부정되는 것 같은 악마적인 사태를 끌어내어 성례적인 것이 비판된다. 이것은 구약 예언자들의 성례적인 종교와의 투쟁에서 보여지는데, 유대교에서는 결정적인 것이지만 기독교에서는 하나의 요소로 되고 있다. 그러나 이 윤리적인 요소를 강조함으로써 성례적인 요소와 신비적인 요소를 결여하고 있는 경우에 그것은 이미 종교가 아닌 것으로 되며 단지 도덕적인 것으로 그리고 결국에는 세속적인 것으로 되어 버린다.

---

33) Tillich, *The Future of Religion*, pp. 80ff.

틸리히는 이상의 세 요소들이 한 종교 속에 통일되어 있는 종교를 '구체적인 영의 종교'(The Religion of the Concrete Spirit)라고 부른다.[34] 그리고는 상수리나무의 목적(telos)이 나무인 것처럼 종교사의 내적인 목적은 '구체적인 영의 종교'가 되는 데 있다고 말한다.[35] 그러나 이 구체적인 영의 종교를 어떤 종교(기독교를 포함해서)와 동일시하는 것은 불가능한 일이다. 개신교 신학자로서 틸리히는 이들 세 요소의 종합을 가장 잘 표현하고 있는 것은 바울의 영의 교리라고 말한다. 왜냐하면 거기에는 두 가지 기본요소, 즉 무아지경적인(exstatic) 요소와 합리적인(rational) 요소가 통합되어 있기 때문이다.[36] 틸리히에 의하면 요소들이나 동기들의 긍정적이거나 부정적인 관계가 종교사에서 역동적인 성격을 부여하여 여러 유형을 만들어 내고 있지만 거기에는 역시 모든 것이 지향하고 있는 내적인 목적, 즉 구체적인 영의 종교가 있다. 그러나 그것은 단지 장래에 언젠가를 기대하는 것은 아니다. 그것은 성례적인 요소의 악마화에 대항하거나 성례적인 기반의 비판이 세속적인 왜곡으로 빠지는 것에 대항한 투쟁 중 어떤 것으로 나타나는 것이다. 무엇보다도 종교사 가운데는 어떤 때라고 말해도 그것은 단편적으로만 나타나지 않는다. 그러나 우리는 이들 제 요소의 뛰어난 종합이 비록 단편적이라도 현실로 되어 나타날 때 성립시키는 하나의 순수한 전통을 지니고 있다.

그 때문에 틸리히는 전 종교사를 '구체적인 영의 종고를 위한 투쟁'(a fight for the Religion of the Concrete Spirit), 혹은 '종교 가운데서 종교에 대항하는 신의 투쟁'(a fight of God against religion within religion)이라고 보는 것이 가능하다고 말한다.[37] 그리고 이 견해는 극도의 혼란이나 적지 않은 혼돈을 보였던 종교사를 이해하는 관건이 된다는 점을 암시하고 있다. 기독교 신자인 틸

---

34) Ibid., p. 87.
35) 틸리히에 의하면 종교사의 또 다른 목적은 신율(Theonomy)이다. 인간이 이 신율을 갖게 되는 때는 인간의 지식과 미학과 법률과 도덕의 자율적인 힘이 삶의 궁극적인 의미를 지시할 경우이다. 그런데 이 신율은 '구체적인 영의 종교' 속에 단편적으로 나타난다고 한다. 신율의 성취는 종말론적이며 그것의 목적은 시간을 넘어 영원으로 가고자 하는 기대이다. 성속의 관계 속에서 이 신율적인 요소는 '구체적인 영의 종교'의 구조 내의 한 요소이다(ibid., p. 90).
36) Ibid., p. 88.
37) Ibid.

리히는 이런 종교사에서의 결정적인 승리를 그리스도이신 예수의 출현으로 간주하고 있으며, 그리스도의 옛 상징인 '승리자 그리스도'(Christus Victor)를 자신의 종교사 이해에서 다시 사용하고 있다. 이 상징은 신약성서에서 악마적인 힘과 점성술적인 힘과 싸워 이긴 승리와 관련되며 어떤 악마적인 주장도 부정해 버린 십자가상의 승리를 지시하고 있다. 이런 방식으로 역사내의 비판적인 계기들[즉 구체적인 영의 종교가 단편적으로 실현되고 있는 '카이로스들'(Kairoi)의 계기들]의 지속은 여기저기서 발생할 수 있다.[38]

틸리히의 종교신학의 특징은 바로 이러한 종교사의 내적 목적을 파악하는 것이다. 1960년경 일본 방문 후에 행했던 강연, 즉 『기독교의 세계종교와의 만남』(1963)에서 틸리히는 특히 기독교의 내적 목적인 하나님 나라와 불교의 내적 목적인 열반을 논하면서 목적(telos)의 두 유형을 제시하고 있다. "하나님 나라"는 정의와 평화의 나라를 지배하는 인물에게서 유래하는 '사회적, 정치적, 인격주의적인 상징'(social, political and personalistic symbol)이며, 역사와 개인의 생활을 지배하는 악마적인 권력 구조와의 대결을 나타내고 있다. 한편 "열반"은 유한성, 분리, 오류, 고난 등의 경험을 극복하는 존재 자체에 대한 지복(至福)의 일치를 나타내는 '존재론적인 상징'(ontological symbol)이며 따라서 현실 세계와 대립하는 참된 세계에서 만물이 생성되며 다시 거기로 돌아가는 초월을 나타내고 있다.[39]

이처럼 두 상징은 다르긴 하지만 동시에 실존에 대한 부정적인 판단에 기초하고 있는 점에서 공통되고 있다. 요컨대 기독교는 세계를 신의 창조가 되는 선(善)이라 하여 본질로서의 세계를 긍정하는 반면에 현실의 타락하여 죄에 빠진 실존을 부정하고 있지만, 불교는 세계가 존재하는 그 자체를 존재론적인 타락의 결과로 생각한다. 양 종교는 함께 실존을 부정적으로 보고 있지만, 기독교는 실존의 곤경에서 구제하는 '무제약적인 것'을 인격적인 범주에서 상징하며 인간도 타락에 대한 죄의 책임을 물어야 한다고 보는 반면

---

[38] Ibid., pp. 88-89.
[39] Tillich, *Christianity and the Encounter of the World Religions*, p. 64.

에, 불교는 구제(救)를 절대무(絶對無)와 같은 초인격적인 범주로 상징하고 인간은 유한한 소여로서의 아집·무지·고뇌의 고리에 속박되고 있다고 하는 인간관을 취하고 있다.

그러나 틸리히는 이러한 양 종교에 나타나고 있는 차이를 '성스러운 것'의 본질에 본래적으로 속해 있는 결과라고 한다. '하나님 나라'의 상징은 '성스러운 것'의 윤리적인 성성(聖性)을 신비적 성성보다도 강조한 결과, 불교에 비해서 비판적 요소가 현저한 종교(예언자적 유대교 칼빈주의·자유주의적 프로테스탄티즘)를 형성한다. 그러나 기독교의 교파 전체를 볼 때 반드시 일원적이지는 않으며 기독교는 윤리적 요소만이 아니라 신비주의적·성례적인 요소 그리고 신과 인간에 대한 불교적인 개념까지도 포괄하고 있다. 기독교의 '존재 자체'로서의 신 개념도 초인격적인 범주에 속하여 불교가 말하는 '절대무'(궁극적으로 가치 있는 것의 무제약성·무한성)의 개념까지도 포함하고 있으며, 궁극적으로 가치 있는 것을 상대적인 존재자와 동일시 하는 사실의 불가능성까지도 제시하고 있다. 또한 바울은 '하나님 나라'를 '초시간적인 지복'의 상태로서의 '열반'의 개념과 통한다고 보지만 그 지복은 열반에서야 비로소 상징적으로 그 지복을 경험하고 있는 주체(신적 존재)를 전제하고 있다. 다른 한편으로 불교를 '성스러운 것'의 신비적 요소가 현저한 종교라고 하는데, 예를 들면 대승불교의 법신불(法身佛)은 다양한 인격적 특징을 갖고 현현함으로써 신적 존재에 대해 반드시 신비주의적이지는 않은 성격조차도 노골적으로 드러나고 있다.[40]

더군다나 틸리히는 윤리적인 문제에 관해서도 하나님 나라와 열반의 기반에는 각각 다른 존재론적인 원리(하나님 나라의 참여원리와 열반의 동일성 원리)가 보여진다고 한다. 기독교에서도 인간은 개별적인 존재로서 하나님 나라에 참여함과 동시에 자기의 존재 밑바탕에서 모든 존재자와의 가장 깊은 동일성을 지니고 있으며 불교의 그것과 모순된다고는 하지 않는다. 그러나 자연에 대한 참여가 의미를 상실할 때 자연을 기술적으로 지배하려고 하는

---

40) Ibid., pp. 66-67.

의지만이 남는다. 그래서 자연의 힘과 여러 사물은 동일성의 원리를 빼앗겨 인간의 목적에 봉사하는 수단이 된다. 이에 대해서 불교는 자연과의 정서적인 동일성을 그 예술에서도 표현하고 있고 무익한 살생을 금지하는데, 이 점에서 아담의 자연지배를 인정하는 기독교의 해석과 크게 다르다고 한다. 그러나 여기에서도 틸리히는 자연에 대한 양종교의 자세를 서로 배제한다고는 하지 않는다. 기독교의 자연 신비주의에서도 '참여의 원리'와 '동일성의 원리'는 구별할 수 없는 경우가 있다. 예를 들면 루터의 생각은 일종의 자연 신비주의이며, 이것은 프로테스탄트 신비주의만이 아니라 독일 낭만주의에도 영향을 끼치고 있다. 기독교에서 자연 신비주의와 불교적인 자연관을 대립시키고 있는 것은 굳이 말하자면 칼빈의 프로테스탄티즘 뿐이며 그것도 결정적으로 대립하고 있다고는 보지 않는다. 불교도 인도에서 중국을 거쳐 일본에 이르는 과정에서 자연에 대한 지배적인 자세를 강화하게 되었지만 그러나 동일성의 원리를 위협하기까지는 이르지 못했다.[41]

이처럼 양 종교의 차이점과 유사점을 고찰한 후, 틸리히는 불교가 개인윤리와 사회윤리에도 '동일성의 원리'(the principle of identity)를 채용하고 있는 점에서 기독교의 '참여의 원리'(the principle of participation)의 윤리와 다르다고 한다. 기독교는 아가페처럼 받아들이기 힘든 것을 받아들여 혁신하고 고양하는 윤리기반으로 하고 있다. 그리고 아가페는 노력의 결과 여하를 모두 초월하고 있으며, 단지 오로지 하나님 나라를 향해 사랑의 대상을 변혁시킨다. 이에 대해서 불교의 자비는 다른 사람의 고통과의 동일성으로 시종하고 있다. 이 점에서 불교는 기독교와 마찬가지임에도 불구하고 죄를 용서한다고 하는 자세로 다른 사람을 긍정하고 고양하려고는 하지 않으며, 오로지 다른 사람의 고통을 다른 사람과 연대함으로써 괴로워하는 데 머무르고 있다. 자비는 도덕주의적으로 왜곡된 기독교의 '사랑의 훈계'보다 순수하다고 말할 수 있을 것이라고 하면서도 틸리히는 불교 윤리에는 고난을 수반하는 개인적, 사회적 조건의 변혁에 의해 다른 사람을 고양하려고 하는 인격

---

41) Ibid., pp. 68-69.

관계에 대한 의지가 결여되어 있다고 한다. 즉 자비는 아가페의 이중적인 특성(즉 받아들일 수 없는 것을 받아들이는 것, 가장 높이 계신 분으로부터 가장 낮은 것에로의 하강 작용 그리고 동시에 사회구조와 아울러 개인의 구조도 변형시키려는 의지)을 결여하고 있다고 한다.[42]

이 점에서 그는 하나님 나라가 개인의 운명을 결정짓는 역사를 '새로운 것'과 신천지의 창조를 지향한 운동이라고 하는 해석에 대응하는 사상이 불교에는 발견되지 않는다고 한다. 불교는 역사의 목표를 현실의 변혁이 아닌 현실로부터의 구제로 간주하는 결과 금욕과 해탈보다 오히려 일상생활의 긍정으로 간주하고 있다고 보는 틸리히는 열반의 개념에서는 '새로운 존재'에의 신앙도 그리고 사회변혁의 동기도 추출될 수 없다고 결론짓고 있다.

4. 대화와 선교

우리들은 이제까지 틸리히의 종교신학을 그의 종교사 이해와 역동적인 유형론을 단서로 보아 왔지만, 이제 틸리히의 이러한 주장에 의해 종교 간의 대화나 기독교 선교가 어떤 의미를 부여받게 되는가를 검토해 보자. 그에 의하면 종교들 간의 '개인적-대화적'(personal-dialogical) 관계방식은 '객관적인 선교방식'(direct missionary way)이나 '간접적인 문화방식'(indirect cultural way)과는 다른 것이다.[43]

틸리히에 의하면 서로 다른 종교를 대표하는 사람들 간의 대화에는 네 가지 전제가 필요하다.[44] 첫째로 상대방 종교의 가치를 상호 승인해야 한다는 것이다. 이것은 종교 간의 의사소통을 위해서는 다원주의를 택할 필요가 있다는 것을 의미한다. 대화 상대에 대해서 고유의 진리성을 가진 대등한 파트너로서의 지위를 인정하지 않으면 바람직한 발언상황으로 이끌어질 수

---

42) Ibid., pp. 71-72.
43) Ibid., p. 62.
44) Ibid.

없다. 둘째로 대화 당사자는 각각 자신의 종교를 대표하고 있어야 한다는 것이다. 이 전제는 대화가 신중한 대결이 되지 않으면 안 된다는 것을 의미한다. 공통의 과제나 테마를 둘러싸고 각각의 종교가 그 진리 주장을 위해 철저하게 싸우도록 하기 위해서는 대화 당사자가 자신의 종교를 충분히 설득적으로 설명할 능력과 확신을 가지고 있지 않으면 안 된다. 셋째로 대화가 성립하기 위한 '공통의 기반'(common ground)이 존재해야 한다는 것이다. 가령 대화하고자 하는 종교들 사이에서 기본적인 여러 개념과 언어 표현의 해석이 성립되지 않는다고 하면 양자의 의사소통은 불가능하다. 토론에는 상호 언어 표현의 번역을 가능하게 하는 공통 언어가 필요하다. 이 공통 언어를 훌륭하게 마무리하는 것 자체는 종교학이나 종교철학의 과제이지만, 틸리히의 경우에는 종교현상학과 존재론적인 인간학에 기초한 유형론이 이 공통기반으로서 기능하고 있다. 이 기반에 서서 제 종교의 유사점과 차이점의 비교, 검토가 가능하게 된다. 넷째로 당사자는 자기입장에 대한 상대방으로부터의 비판에 개방되어 있어야 한다는 것이다.

이러한 전제들이 충분하게 이루어질 때 대화가 결실이 있을 것으로 기대되는 것이지만, 특히 네 번째 전제를 검토하면서 제 종교 간의 대화의 필요성에 대해 고찰해 보자. 종교 간의 대화가 상호비판의 승인을 전제로 하고 있다는 것은 종교 간의 대화가 종교의 자기 비판을 가능하게 하는 일을 내포한다. 왜냐하면 외부로부터의 비판을 받아들인다는 것은 그 비판을 자기비판으로 바꾸는 것을 의미하기 때문이다. 상대를 비판하고 또 상대에게 비판되고 더욱이 상대로부터의 비판을 자신의 입장에 대한 비판적인 반성으로 매개하는 과정이 성립하는 것, 종교 간의 대화에는 종교 내부의 대화 또는 신앙인의 내면에 있어서의 조용한 반성이 동반하고 있는 것 따라서 종교 간의 대화가 자신 속에 아직 실현되고 잇지 않은 가능성의 존재를 깨닫거나 자신이 빠져 있는 일탈과 왜곡의 의식화를 가능하게 하는 것 등이 제 종교 간의 대화가 필연적으로 요구되는 이유인 것이다. 합리적인 종교비판과 함께 다른 종교와의 상호 비판적인 대화는 신앙인의 자기 상대화를 가능하게 함으로써 기독교가 부당한 자기 절대화와 악마화에 빠지는 것에 대한 유효하고 불가결한 견제기구가 될 수 있을 것이다.

여기서 기독교와 타종교의 관계는 배타적인 것이 아니라 '수용과 거부의 변증법적인 결합'(dialectical union of acceptance and rejection)이라는 관계를 갖는다.[45] 즉 기독교는 자신의 보편주의적인 주장의 타당성을 보여 주는 한편 다른 종교들과의 진지한 만남에서 제기되는 교정요구를 받아들임으로써 철저하게 포용적이게 된다. 틸리히에 의하면 기독교와 타종교 사이의 대화적인 만남은 선교에 있어서 절대필수적인 부분이다. 그에 의하면 선교는 한 마디로 전 세계에 걸쳐서 교회의 잠재성을 자신의 현현으로 변형시키기 위한 교회의 활동이다.[46] 틸리히는 교회가 하나님 나라의 역사적인 대표자이기 때문에 선교를 특별히 하나님 나라와 관련시켜 다음과 같이 말한다.

> 하나님 나라는 역사의 어느 곳을 보더라도 전투적(fighting)이다. 그것은 불교도들의 엄청난 내적인 정신 경험과 원시인들의 생활 등을 보더라도 전투적이다. 그러나 기준이 결여되어 있다. 그래서 나는 '그리스도로서의 예수'(Jesus as the Christ)를 하나님 나라의 기준이라 부르고 싶다. 그런데 이러한 기준은 악마적인 힘에 대한 궁극적인 승리'(ultimate victory)이다. 나는 선교사업의 필요성이 바로 이러한 점을 이야기하는 데 있다고 생각한다.[47]

이리하여 틸리히는 교회는 자기 자신을 전 세계로 확신시켜야 하고, 잠재적인 교회가 현시적인 교회로 되어야 하며 선교는 지속적으로 기독교 주장의 보편성에 대한 실재적인 증거를 제공해야 한다고 말하고 있다.[48] 특정한

---

45) Ibid., pp. 29f.
46) Tillich, "Mission and World History," in Gerald. H. Anderson(ed.), *The Theology of the Christian Mission* (New York: McGraw Hill Book Company, Inc., 1961) p. 289.
47) Tillich, "Tillich Encounters Japan," Rovert W. Wood(ed.), *Japanese Religions* 2(May, 1961), p. 66. Glen Wenger Snowden, *The Relationship of Christianity to Non-Christian Religions in the Theologies of D. T. Niles & Paul Tillich* (Th. D. Dissertation in Boston Univ. School of Theology, 1969), p. 255에서 재인용.
48) Tillich, "Mission and World History", pp. 285-286.

문화형식들(그리스, 중세, 독일, 미국 등)에서의 기독교는 그 자체로는 결코 새로운 존재나 역사의 중심이 아니다. 그리고 비서구 문화에서의 토착교회의 설립은 이러한 사실을 비판적이고 지속적으로 상기시켜 준다. 기독교의 각 역사적인 형식들은 단지 몇몇 형식들 중의 하나일 뿐이므로 틸리히는 서구의 기독교를 단지 기독교의 예비적 표현으로서 간주하고 있다. 역사적인 실재로서의 기독교는 아무런 영원한 의미도 갖지 않는다.[49] 중요한 것은 기독교의 보편적인 활동 속에서 새로운 존재에게로 개방하고 그리고 기독교 바깥의 상이한 종교들과 문화들 속에 잠재적으로 주어져 있는 것으로 개방하려는 기독교 선교사들의 노력이다.[50] 그러므로 틸리히는 전통적인 개종 정책을 다음과 같이 단호하게 반대한다.

> 개종(conversion)이 아닌 대화(dialogue)이다. 만약 기독교가 이 사실을 받아들일 수 있다면 기독교는 커다란 발전을 이룩할 것이다. 이런 사실은 기독교가 세계종교들과의 현재의 만남에서 그것들을 판단할 때 동시에 자신까지 판단하고 있다는 사실을 의미한다…그 점[자아-판단(self-judgement)의 기준]은… 인간 역사 속에서의 모든 존재의 원천과 목적의 결정적인 '자아 현현'(self-manifestation)을 의미하는 상징인 그리스도로서의 나사렛 예수의 출현과 수용이다.[51]

따라서 개종 정책은 자아-비판의 능력을 결여하고 있는 기독교와 연관이 있다. 그러한 태도는 다른 종교들에서의 궁극성의 표현을 부정하는 동시에 그것들을 전적으로 거짓 종교라고 정죄한다. 더욱이 전통적인 개종정책은 신앙의 궁극성을 교류하는 능력에 관심을 갖기보다는 외부적인 신앙유형의 단순한 교환을 너무 지나치게 강조하고 있다. 물론 틸리히는 원시종교들

---

49) Ibid., p. 289.
50) Ibid., p. 286.
51) Tillich, *Christianity and the Encounter of World Religions*, p. 95, 79; Tillich, *My Search for Absolutes*, pp. 140-141.

과의 기독교의 관계를 다룰 때에는 개종정책을 우선적인 것으로 생각하고 있다. 이러한 생각은 궁극성에 대한 인식이 미신적이고 주술적인 관념에 의해 총체적으로 왜곡된 원시종교는 의미 있는 대화관계의 수립에 긴요한 종교적인 필수조건을 갖추고 있지 못하다는 근거에서 옹호되고 있다. 물론 고등종교들도 신화적인 요소들을 다소간 지니고 있지만, 그 함축은 대화관계의 수립을 위한 충분한 토대(즉 궁극성에 대한 적절한 인식)를 갖추고 있다.

틸리히에 의하면 이러한 개종은 기독교와 고등종교들 사이에서[52] 그리고 기독교와 세속주의 사이에서[53] 완전한 효력을 발휘하지 못하고 있다. 개종이 신앙의 진정한 변화를 의미하고 또 개종을 통해서 궁극적인 것의 궁극성이 보다 적합하게 표현된다면 그러한 사건은 확실히 타당하다. 이러한 상황과 관련된 기독교와 타종교들 사이의 논쟁은 독자적이지만 상호 관련된 두 가지 차원에서 연관되어져야 한다.[54] 첫 번째 차원은 인식적인 차원으로서 이것은 인간의 궁극적인 관심에 대한 어떠한 논의에서도 합리적으로 접근될 수 있는 요소들이다. 따라서 신앙들 사이의 일치·차이·구조적 유추에 관한 지적인 연구가 반드시 이루어져야 한다. 두 번째 차원은 개인적인 증언의 차원인데, 이것은 결정적이며 개종으로 이끌어지는 요소이다. 궁극적인 관심은 개인적인 헌신의 경험이며, 진정한 개종은 개인적인 증언에 고유한 것이다. 그것은 광신이나 논쟁의 권고를 필요로 하지 않는다. 따라서 신앙이 신앙과 만날 때 두 가지 차원(즉 객관적인 상황을 확인하는 인식적인 차원과 인간의 궁극적인 관심의 내적 의미를 전달하는 개인적인 차원)이 요구되는 것이다.

따라서 기독교 선교의 목적은 기독교를 포함한 모든 문화와 종교의 기준으로서 새로운 존재를 주장하는 것이다. 기독교의 역사적인 형태들은 결코 모든 역사의 변형 중심이 못된다. 기독교의 상징, 의례, 제도 등을 택하도록 하는 개종정책은 기독교와 다른 종교들의 만남을 특징 짓는 것이었지만, 틸리히는 더 이상 이것은 선교사들에게 적합한 정책으로 여기고 있지 않다.

---

52) Tillich, "Mission and World History", p. 288.
53) Tillich, *Dynamics of Faith*, pp. 124-125.
54) Snowden, op. cit., p. 259.

그러면 지상에서의 하나님 나라의 본성과 수평적인 차원(즉 역사적인 미래)의 본질은 무엇인지, 그러한 하나의 세계 공동체는 기독교의 역사적인 표현에서의 상징, 의례, 제도 등의 견지에서 배타적으로 상정되어야 하는지 그리고 모든 문화와 종교의 기준인 예수 그리스도 안의 새로운 존재가 기독교의 특수한 역사적 형식을 통해 배타적으로 수용되어야 하는지 또한 기독교는 하나님 나라의 지상적인 현현과 동등하고 또 그것에 인접해 있는지 하는 물음이 제기될 수 있다. 틸리히에 의하면 모든 문화와 종교의 기준은 기독교가 모든 문화와 종교를 초월하여 어떤 역사적 형식을 취하더라도 결코 그 기준과 동등한 것이 아니며 새로운 존재의 힘은 기독교의 힘과 독립해서 기능한다는 것이다.

그렇다고 예수 그리스도 안의 새로운 존재라는 기준이 기독교의 확장이 없이 세계로 전달될 수 있는 것은 아니다. 틸리히에 의하면 종교 진리의 기준인 새로운 존재는 기독교의 확장 없이는 세계로 효과적으로 전달될 수 없다. 그러면 기독교 선교는 어떻게 수행될 것인가? 틸리히는 다음과 같이 주장한다.

> 선교는 '개인 영혼들'(individual souls)을 구원하려는 시도도 아니고 '문화적인 교잡수정'(cultural cross-fertilization)의 시도도 아니며 또 세계종교들을 통합(unite)하려는 시도도 아니다…오히려 그것은 세계종교들 즉 이교, 유대교, 휴머니즘 속에 현존하고 있는 '잠재적인 교회'(latent church)를 어떤 새로운 것, 즉 그리스도로서의 예수 안의 새로운 실재로 변형시키려는 시도이다. 이런 변형이 선교의 의미이다. 이리하여 선교는 교회 그 자체에 속한 기능이며, 교회의 생명에서의 기본 요소인 것이다.[55]

그런데 이러한 변형은 대화를 통해서 이루어질 수 있다. 대화를 통해서 대화에 참여하는 종교들은 우상숭배에로의 경향 및 종교의 차원을 발견하

---

55) Tillich, "Mission and World History", p. 284.

려는 욕구와 관련된 자아-비판을 경험할 것이다. 틸리히는 이와 관련해서 다음과 같이 주장한다.

> 모든 종교는 기독교와 마찬가지로 영원히 숨겨져 있는 '하나의 깊이'(a depth)를 갖고 있으며 이것은 종교의 특수성이다. 대부분의 종교들에서는 특수한 종교에 의한 '절대자의 왜곡'(the distortion of the Absolute)에 반대하는 투쟁이 진행되었으며 현재도 진행되고 있다…이러한 만남의 목적은 성스러움 자체에 대한 전망이 우리를 '성스러움의 특별한 현현'(the particular manifestation of the holy)의 속박으로부터 해방시키는 지점에로 상호 돌파해 들어가는 것이다.[56]

따라서 대화에 의해서 기독교와 타종교 사이의 변증법적인 관계는 실현되며, 대화의 양 주체는 상호 비판에서 더욱 풍부하게 된다. 이렇게 되면 기독교보다 열등한 타종교도 의미 있는 변형을 경험할 것이다. 물론 틸리히는 이러한 변형의 실제적인 본질에 대한 선험적인 구도를 제시한 바가 없다. 오히려 변형 자체는 활동이며 새로운 창조로 될 것이다. 오직 역사만이 이러한 것들을 이야기해 줄 것이다. 틸리히에 의하면 기독교에서의 종교 간의 대화는 다른 종교들 속에 있는 영적 임재에 대한 자각은 물론 모든 종교들 속에 위장되어 있는 '깊이 가능성'(depth possibility)에 대한 전망과 직접적으로 관련되어 있다.[57] 결국 틸리히는 기독교가 반드시 지배적인 종교로 되는 것은 아니지만 기독교의 주장이 대화적이고 변증법적인 만남을 통해서 다른 종교들의 상대적인 진리 주장을 변형시키는 데 효과적이게 되는 미래를 예기할 수 있게 된다. 그런데 미래에 대한 틸리히의 전망에서는 종교로서의 기독교가 비판적으로 부정되고 있으며 이러한 부정되는 요소는 세속주의 실재를 다루는 데 가장 중요한 것이다. 그는 다음과 같이 말한다.

---

56) Tillich, *My Search for Absolutes*, pp. 140-141.
57) Tillich, *Christianity and the Encounter of World Religions*, p. 97.

그것은 세속주의(secularism)를 새롭게 평가할 것이다. 현재의 모든 종교들에 대한 세속주의의 공격이 단지 부정적인 것으로 나타나고 있는 것만은 아니다. 만약 기독교가 하나의 종교로서 자기 자신을 부정한다면 세속적인 발전은 새로운 의미에서(즉 역사적인 운명이 인류를 종교적으로 통일시키기 위해 택하는 간접적인 방식으로) 이해될 수 있을 것이며 또 만약 우리가 유사종교(quasi-religion)를 포함시킨다면 이것은 정치적으로 의미있을 것이다.[58]

그런데 대화 참여자들 사이의 공통적인 이해를 위해서는 광범위하게 규정된 규칙을 명확히 하고 이것에 동의할 필요가 있다. 우선적으로 말해서 대화에서의 모든 상대는 '만찬하는 참여자'(observing participant)로서의 자신의 상황을 인정해야 할 것이다.[59] 물론 대화에 임하는 모든 사람은 부분적으로 관험적인 태도와 개인적인 가치 선호의 표현에 의해서 특징지워진다. 그러나 과학적인 태도는 초현한 관찰과 감정이입적인 이해에 의해 실현된다. 오직 이러한 조건하에서만 특히 기독교와 불교 사이를 분리시키는 문화적이고 종교적인 간격을 메꿀 수 있는 가능성이 존재하게 된다. 현상학적인 관점도 대화에 참여하는 모든 사람이 다른 종교와 자신의 종교를 다룰 때 가치선택을 하는 개인적인 헌신의 요소에 의해 보완된다.[60]

관찰하는 참여자들의 원리 외에도 일련의 추가적인 전제들이 존재한다. 대화의 상대들은 다른 신앙의 가치와 타당성을 존중해야 한다. 또한 대화 속에서 양자는 상대방을 각 전통의 대표자로 인정해야 한다. 양자는 자신들의 신을 보편적인 계시 토대와 인간의 종교적 상황의 보편성 같은 공통된 근거를 전제해야 하며 상대방의 비판을 겸허하게 받아들여야 한다. 양자는 대화의 비판적인 논점에로의 명확한 초점을 유지시키는 중요한 수단으로서 유사종교(즉 공산주의와 같은 세속화된 종교)들의 충격에 개방적으로 되어

---

[58] Ibid., pp. 95-96.
[59] Snowden, op. cit., pp. 263-264.
[60] Tillich, *Christianity and the Encounter of World Religions*, p. 3. *ST*. Vol. III, p. 141.

야 한다.[61] 대화적인 상황에서의 또 다른 관심사는 절대주의와 상대주의의 논점이다. 그리스도로서의 예수 안의 새로운 존재에 관한 기독교의 주장은 절대성과 보편성의 주장이다. 이것을 부정하는 것은 기독교의 증언을 손상시키는 것이다. 동시에 새로운 존재에 대한 인간의 수용(즉 기독교)은 새로운 존재에 대한 유한한 증언이며 따라서 자아-비판과 외적인 비판에 종속된다. 따라서 기독교인은 자신의 궁극적인 관심의 궁극성에서 나타나는 확신과, 자신의 역사적 유한성의 상대성에서 나타나는 관용을 갖고 대화에 임하게 된다.[62] 절대성과 상대성의 이와 같은 공개적인 수용의 유형은 대화에 참여하는 데 있어서 유일한 창조적인 방법이다. 자신들의 특수한 신학 전통의 함축적인 절대주의를 인정하는 동시에 공공연하게 자신들의 인간적인 참여와 이해의 상대성을 인식하는 것은 대화 참여자들의 과제인 것이다.

틸리히에 있어서 기독교가 공산주의나 세속주의 같은 유사종교를 포함한 종교들 사이의 만남이라는 현재 상황에서 자아-부정의 가능성을 발견하고 있다는 것은 대단히 중요한 사실이다. 기독교의 자아-부정은 기독교가 역사적인 종교 전통으로서의 자신이 지는 특수성이나 특수주의와 배타주의를 초월할 수 있다는 것을 의미한다. 또한 기독교의 자아-부정은 세속화의 과정에 대한 개방을 의미한다. 즉 기독교는 더 이상 자기 자신의 상징, 의례, 제도의 견지에서만 배타적으로 세계공동체에 관해 생각할 필요는 더 이상 없다.

틸리히가 제시한 기독교의 초월성은 철저한 정신적 자유(즉 어느 한 종교와 항상 관련맺고 있는 그 종교의 특수성으로부터 자유) 그리고 다른 역사적인 전통 속에 있는 영적 임재의 깊이를 감지할 수 있는 자유를 의미한다. 철저한 자유의 광활한 경지에서의 실존은 '구체적인 영의 종교'라는 규범하에서의 실존을 의미한다. 구체적인 영의 종교라는 개념하에서는 기독교는 물론 어떤 특정한 역사종교도 스스로의 특수한 전통에 따라 상징되고 제도화 되는 미

---

61) Ibid., pp. 62-62.
62) Tillich, *Dynamic of Faith*, pp. 57, 123.

래의 세계 공동체를 예견하지 못한다. '구체적인 영의 종교'에 대한 전망은 기독교 주장의 측면에 입각한 상대주의를 의미하지 않는다. 모든 종교적인 주장은 진리가 아닐 뿐더러 진리로부터도 떨어져 있지도 않으므로 종교들 사이에는 어떠한 경쟁도 존재하지 않는다. 기독교의 선교는 '잠재적인 교회'(latent church)를 '현시적인 영적 공동체'(manifest Spiritual Community)로 변형시키려고 모색하면서 논쟁없이 지속되고 있다.[63]

기독교 선교의 필수적인 도구로서의 개종 정책은 이제는 더 이상 유효하지 않다. 새로운 존재와 전 세계를 연결시키라는 명령은 대화적이고 변증법적인 만남의 견지에서 수행되고 있다. 인식적이고 개인적인 요소들로 이루어진 이런 대화적인 만남에서 참여자들은 자신들의 이중 주장(즉 자기들의 규범에 대한 절대주의적인 주장과 자신들의 종교 진리에 대한 상대주의적인 주장)을 인식하게 된다. 이러한 만남 속에서 주제들은 궁극자에 대한 자신들의 상징적인 해석에 순응하는 자아-비판과 자아-수정의 과정에 참여하고 있다. 틸리히는 다음과 같이 말한다.

> 선교는 결코 일방적이 아니다. 기독교 선교의 대상이 되는 비기독교 종교들에 대한 선교도 있다. 기독교 선교가 제공하지 않으면 안 되는 것은 물론 미국이나 화란 그리고 영국의 기독교가 아니라 그리스도로서의 예수 즉 '새로운 존재'의 메시지인 것이다. 그것은 날마다 선교에 의해 증거되는 '역사의 중심'(the center of history)으로서의 예수에 관한 메시지인 것이다. 그러나 이 역사의 중심은 '하나의 역사적 실재'(a historical reality)로서의 기독교가 아니다. 선교의 목표는 모든 인간 역사에 대한 기준인 하나의 실재를 중재하는 것이다. 이 기준은 그곳이 어디이든 간에 이교, 유대교, 휴머니즘을 비판할 뿐만 아니라, 기독교계 안팎의 기독교까지 비판하는 것이다. 전 인류는 그리스도 안에 있는 '새로운 존재'(New Being)의 심판 아래 있다.[64]

---

[63] Snowden, op. cit., pp. 272-273.
[64] Tillich, "Mission and World History", p. 228.

5. 결론

우리는 이제까지 틸리히의 종교론에 대해 다양한 관점에서 분석해 왔지만 결론적으로 틸리히가 기독교나 종교의 미래에 대해 무엇을 이야기하고 있는지를 정리함으로써 본 연구를 매듭짓고 싶다. 여기서 문제되는 점은 그가 종교사를 초자연적인 것(상대적인 것의 절대화)을 극복하려는 신적인 것의 투쟁과정이라고 생각하고 있다는 사실이다. 그에 의하면 종교사(특히 위대한 제 종교의 역사)는 성스러운 것 자체를 위한 종교에 반대하는 내적인 종교 투쟁의 연속으로서 간파할 수 있으며, 종교 내에서의 종교에 대한 신의 투쟁이야말로 종교사를 이해하는 열쇠인 것이다. 즉 종교에는 그 특정한 구체적 형태의 절대화(악마화·불경화)로 향하는 경향성과 그것에 대한 비판성이라는 두 가지 대립 계기가 내재하고 있으며 따라서 종교사는 악마화와 그 비판이라는 양 측면에 의해 규정되고 있다고 생각할 수 있다.

이 사태는 역사적 삶과 일반의 현실성에 기인하고 있고 틸리히가 삶의 모호성(양의성)이라고 부르는 것 중 하나의 표현이다. 종교는 역사적 현실인 한 이 모호성을 벗어날 수는 없다. 종교는 악마화의 위험뿐만 아니라, 그것들에 대한 비판을 동시에 포함하고 있어서 종교를 어느 한쪽으로 완전히 몰아갈 수는 없다. 이 역사적 양의성이 완전히 극복되는 것은 종말에서만 기대가 가능한 것이다. 즉 종말의 때에 역사의 양의성은 해결되고 초자연적인 것과 싸우는 종교도 역시 존재하지 않는다. 그러나 역사 안에서는 종말적 현실을 선취적으로나 단편적으로 경험할 뿐이다. 따라서 인류의 역사가 종말에 이르기까지 종교는 그 형태를 계속 변화시키고 초자연적인 것에 대한 투쟁의 담당자로서 계속 존재한다.

그러면 미래의 종교는 어떠한 형태로 존재하며 또 종교사는 무엇을 향해 전진해 가는가를 묻는 것이 다음 과제가 된다. 종교 일반과 기독교로 나누어 생각해 보자. 틸리히가 종교 일반의 미래에 대해 구체적으로 어떻게 생

각하고 있는가에 대해서는 종교의 역동적 유형론을 단서로 논할 수 있다.[65]
앞에서 지적했듯이 틸리히는 성스러운 것의 경험을 구성하는 제 요소(모든
종교의 성례적인 기초와 그것에 대한 신비적인 비판 그리고 윤리적이거나 예언자적인
비판)의 결합에서 개개의 구체적인 종교현상학이나 종교경험이 성립하는

---

[65] 틸리히의 역동적 유형론은 종교사에서의 다양한 현상을 정리하기 위한 방법론의 하나로서 도입된 것이지만 이것에 대해서는 여러 비판이 있다. 그 중에서도 가장 중요한 것은 판넨베르그의 비판일 것이다. 판넨베르그에 의하면 틸리히의 유형론은 종교현상학에 기초하고 있고 종교경험과 종교적인 행위구조와의 기본적인 동일성을 전제로 하고 있다. 그 때문에 개개의 종교현상들 간의 상이성과 그것들의 특수성을 경시한다는 결점을 갖게 되는 것에 따라서 한계가 있다. 물론 판넨베르그는 종교 경험의 인간학에 대한 종교현상학의 의의를 높이 평가하지만 종교의 특수성을 정당하게 취급하기 위해서는 종교사학에서 사용된 역사적인 방법이 필요하다고 역설한다[W. Pannenberg, "Erwägungen zu einer Theologie der Religionsgeschichte"(1962), pp. 260-4]. 그러나 판네베르크의 이러한 비판과 관련해서 종교현상의 유형론과 역사적 방법이 종교연구의 방법론으로서 상호배제적인 것이라고 생각할 필요는 없다. 오히려 넓은 의미에서 유형의 형성과 역사적 이해는 본질적으로 상호적인 관계에 있는 것은 아닐까라는 의문이 제기되지 않으면 안 된다. 그러나 종교연구에서의 종교현상학과 종교사의 방법론의 대립을 둘러싼 복잡한 논쟁은 별도로 해도 판넨베르그의 틸리히 비판에는 중요한 문제가 내재되어 있다. 그것은 종교사의 기본적인 이해에 관한 문제이다. 종교사를 생각할 때 제 종교 간의 상호 교류의 존재를 논거로 함으로 종교사를 단일한 통일적인 의미 관련으로서 〈즉 종교사의 여러 현상을 하나의 종교사로서〉 현실에 구성하는 것이 가능하고 필요로까지 하는 입장(W. C. Smith, W. Pannenberg)과 그것에 반해서 인류 역사에 출현한 다양한 종교현상들 사이에는 확실히 일정한 상호 교류가 존재하는데, 거기에서 하나의 의미의 통일적인 관련으로서 종교사를 정리하는 것이 불가능하고 가능한 것은 제 종교의 무수한 역사에 지나지 않는다는 입장(E. Troeltsch, P. Tillich)이 존재한다. 전자의 입장에 서면 제 종교를 구체적인 하나의 의미연관 안에서 역사적인 인간관계에 기초해 상호 비교, 검토하고 상호 영향사를 분석하는 것이 종교사 연구의 주요 과제가 될 것이다. '의미관련의 전체로서의 역사'(보편사)가 기독교적 신 관념에 의해 선취로라도 요청될 입장에 있는 판넨베르그에게 있어서는 당연히 토론은 이와 같은 방법으로 전개될 수 있다. 그러나 종교사의 상호교류가 현실적으로는 하나의 통일체로서의 종교사를 형성하는 데는 아직 이르지 않았다는 역사 이해에 선 틸리히에게 있어서는 판넨베르그와 같은 제 종교 전체를 포괄하는 종교사의 구성은 불가능하다고 판단되지 않을 수 없다. 그 뿐만 아니라 틸리히는 세계 여러 민족과 여러 국가의 역사적인 발전을 하나의 의미 연관으로서 통합하는 것과 같은 상호교류가 현실적인 의미를 갖게 된 것은 겨우 금세기에 이르러서의 일이라고 생각한다. 이와 같이 틸리히가 판넨베르그 등이 말하는 종교사의 역사적 방법론이 아니라 역동적 유형론을 채용하는 것은 역사 이해의 기본적인 시점에 관계하고 있는 것이다. 통일적인 의미연관이나 작용연관이 존재하지 않는 경우에 제 종교를 비교하거나 종교사의 다양한 현상을 정리하는 방법으로서 우선 생각되는 것은 아마 종교유형론일 것이다. 틸리히의 주장은 종교사 이해는 우선 유형론의 구성에서부터(더욱이 제 종교의 역사적 변화의 문제로 전개 가능한 역동적인 유형론에서부터) 시작하지 않으면 안 된다는 것이다.

것인데, 그것들은 이 결합의 존재방식 변화에 대응한 종교사 내부의 다양한 현상이 되어 나타난다. 여기에서 문제되는 것은 틸리히가 종교사의 내적 목표로서 들고 있는 것, 즉 위에서의 제 요소가 통합된 종교형태로서의 '구체적인 영의 종교'(The Religion of the Concrete Spirit)이다. 미래의 종교 상황에서 그 현실이 지향하는 목표 및 종교사 과정을 관철해서 움직이고 있는 목표로서 취해진 이 '구체적인 영의 종교'야말로 틸리히가 종교의 미래에 대해 적극적으로 의미 있는 것으로서 주장한 것이다. 그것은 어떠한 것이고 또 기독교와 어떤 관계가 있는 것일까?

우선 틸리히의 '구체적인 영의 종교'의 내용에 대해 생각해 보자. 이 표현에서 곧 생각되어지는 것은 틸리히의 초기 쉘링 연구에서 등장하는 쉘링의 '영과 자유의 종교'라는 개념이다. 이것은 틸리히에 의해 재구성된 쉘링 종교사의 최종 단계에 나타나는 종교 형태이고, 신비주의와 죄책감과 대립을 극복하는 종교이며 당연히 후기 또는 만년기의 틸리히가 주장하는 '구체적인 영의 종교'에 상응하는 것이다. 틸리히는 이 목표를 구체적으로 표현하는 것으로서 바울의 성령론을 지적한다. 틸리히가 바울의 성령론을 '구체적인 영의 종교'의 실례로서 드는 것은 바울이 말한 아가페 사랑과 영으로서의 신 의식 속에 탈자적인 요소와 합리적인 요소가 통합되어 있다는 이유에서이다.

틸리히가 종교사의 내적 목표인 '구체적인 영의 종교'로서 구체적으로 어떤 이미지를 그리고 있는가에 대해서는 어느 정도 명확하게 되었다고 생각하지만, 문제는 이것과 기독교 이외의 제 종교와의 관계이다. 확실히 틸리히가 그리는 이미지는 기독교의 성령론에 의거한 것이지만 '구체적인 영의 종교'와 기독교는 동일하지 않다. 그렇지 않으면 틸리히의 토론은 헤겔적인 "기독교=절대종교'이론과 같은 것이 되어 버린다. '구체적인 영의 종교'는 제 종교사의 많은 시점에서 단편적으로 나타나며, 개개의 구체적인 제 종교가 그 한계를 돌파하고 다른 종교와 함께 초자연적인 것과의 투쟁이 점증할 때 종교들의 공통적인 내실로서 그때마다 생성된다. 틸리히의 종말론적인 전망 속에서는 협의의 종교와 자율적인 문화와의 구별이 해소되는 동시에 제 종교의 대립도 지양되고 있다. 그러나 이 역사의 실현에서는 제 종교 안팎의 대립의 극복은 단편적인 것으로 그칠 뿐인 것이다. 따라서 우리들의 분석이 요구하는 것은 제 종교의 융합이나 한 종교의 승리도 아니고 종교적인 시대의 종언도 아니다. 역사의 양의성에서 인류의 종교는 다원적인 것에 그친다. 역사 안에서 기대할 수 있는 것은 개개의 종교가 영의 자유에서 가능하게 되는 상호 의사소통 속에서 그 특수성을 돌파하고 모든 삶 속에 현전하는 신적인 것의 비전에 도달하는 것인 것이다.

이리하여 틸리히는 교회의 선교를 신의 영적인 임재 아래서 역사의 궁극적 목표를 향해 하나님 나라 실현을 위해 투쟁하는 준비, 요컨대 개인과 집단의 자기 이해를 새로운 존재와의 관계에서 잠재적인 상황으로부터 현시화시켜 그리스도를 수용하게 하는 준비로 개념화하고 있다. 틸리히에게 있어서 선교는 개종 정책이나 '문화적인 교차수정'(cultural cross fertilization) 프로그램 혹은 세계종교들을 통합하려는 노력으로 이루어지는 것이 아니다. 오히려 그것은 잠재적인 교회(세계종교들·유대교·휴머니즘) 속에 현존하는 잠재적인 공동체를 그리스도이신 예수 안의 새로운 실재로 변형시키려는 노력이다. 이러한 변형은 공통의 진리를 추구하는 타종교인과 상호 수용의 대화를 통해서 이루어질 수 있다. 대화를 통해서 종교들은 자기들의 우상숭배의 경향 및 종교의 깊이 차원을 발견하려는 욕구와 관련된 자아-심판을 경험할 것이다. 대화에 의해서 기독교와 타종교들 사이의 수용·거부·변형의 변증법적 관계는 실현되며, 대화의 양 주체는 상호 비판 속에서 더욱 풍요롭게 된다.

그러면 미래에 존재하는 기독교의 존재방식에 대해서 틸리히는 무엇이라고 이야기하고 있을까? 그는 미래에서의 기독교의 존재방식에 대해 언급하면서 프로테스탄트 시대의 종언을 말하고 있다. 여기서 종말을 고해야 할 역사시대로서의 프로테스탄트 시대란 '프로테스탄트 휴머니즘 시대'(즉 산업자본주의의 성립 또는 계몽주의 이후의 근대 시민사회에서의 기독교)이다. 틸리히에 의하면 기독교가 예언자적 비판과 프로테스탄트 원리를 계승하고자 한다면 이 프로테스탄트 시대의 기독교로부터의 탈각 또는 그 변혁이 요구되지 않으면 안 된다. 즉 역사적 프로테스탄티즘의 변혁은 프로테스탄트 원리 자체로부터 요구된 것이다. 원리는 존속하지만 그 낡은 형태는 새로워지지 않으면 안 된다. 즉 종교개혁이 계속되지 않으면 안 된다. 이 프로테스탄트 시대의 종언과 '포스트-프로테스탄트'(post-protestant) 시대의 도래를 위한 준비야말로 틸리히 자신의 사상적인 과제인 것이다.

틸리히에 의하면 대중을 위한 교회로서의 '포스트-프로테스탄티즘'이 존속하기 위해서는 그 성례적인 기반에 대한 새로운 이해가 필요하다고 생각한다. 이것은 전통적인 종교 상징이나 종교 언어를 재활성화하는 문제이다. 더욱이 교회는 예언자적인 비판 정신에 의해 초자연적인 것(상대적인 것의 절대화)과 싸우지만 이 투쟁이 유효성을 발휘하려면 세속적인 합리적 비판과 결부되어야 한다. 그러나 투쟁의 주체로서의 교회가 세워지는 것은 비판 원리 위에서가 아니고 성례적인 기반 위에서인 것이다. 따라서 프로테스탄트 원리의 새로운 현실화는 이들 세 요소를 재통합하는 것에 의하지 않으면 안 된다. 이 통합의 기반이 되는 성례적인 요소의 담당자는 가톨릭(즉 Catholic substance)이므로 결국 문제는 개신교 원리를 가톨릭의 성례적인 기반 위에서 어떻게 형성하는가 하는 것이다. 여기서 틸리히는 현대의 에큐메니칼 운동에 있어서의 로마 가톨릭교회와 프로테스탄트 제 교파 간의 대화를 높이 평가한다.

참고문헌

I. 제1차 자료

Otto, Rudolf. *Aufsaetze das Numinose betreffend*. Stuttgart Gotha: Verlag Friedrich Andreas Perthes, 1923.
_____. *Das Gefuehl des Ueber-Weltlichen*. Muenchen: C. H. Beck'sche Verlagsbuchhandlung, 1932.
_____. *Die Gnadenreligion Indiens und das Christentum*. Gotha: Leopold Klotz Verlag, 1930.
_____. *Das Heilige*: Ueber das Irrationale in der Idee des Goettlichen und sein Verhaeltnis zum Rationalen. Muenchen: Biederstein Verlag, 1947. E.T. The Idea of the Holy. John W. Harvey (New York: Oxford University Press, 1977.
_____. *Kantische-Fries'sche Religionsphilosophie und ihre Anwendung auf die Theologie*. Tuebingen: Verlag von J.E.B. Mohr, 1921.
_____. *Naturalistische und religioese Weltansicht*. Tuebingen: Verlag von J. E. B. Mohr, 1904.
_____. *Reich Gottes und Menschensohn*. Muenchen: C. H. Beck'sche Verlagsbuchhandlung, 1934.
_____. *Religious Essays*. tr. by B. Lunn. London: Oxford University Press, 1931.
_____. *Suende und Urschuld. Muenchen*: C. H. Beck'sche Verlagsbuchhandlung, 1932.

_____. *Vischnu-Narayana*. Texte zur Indischen Gottesmytik. Jena: Eugen Diederichs, 1923.

_____. *West-Oestliche Mystik*. Gotha: Leopold Klotz Verlag, 1926. E. T.

_____. *Mysticism East and West*. Bertha L. Bracey and Richenda C. Payne. New York: Macmillan, 1970.

_____. "In the Sphere of the Holy." *The Hibbert Journal* 31 (1932-33).

_____. "Mythus und Religion in Wundt's Voelkspsychologie." *Theologische Rundschau* 13 (1910).

Schleiermacher, Friedrich Ernst Daniel. *Der Christliche Glaube*. (ed.) Herman Peiter. Berlin: Walter de Gruyter, 1980.

_____. *Der Christliche Glaube*. (ed.) Martin Redeker. Berlin: Walter de Gruyter, 1960. E. T. The Christian Faith. H. R. Mackintosh and J. S. Stewart. Edinburgh: T. & T. Clark, 1956. E. T. The Christian Faith, R. R. Niebuhr. New York: Harper & Row, 1963.

_____. *Reden ueber die Religion*. (ed.) Rudolf Otto. Goettingen: Vandenhoeck und Ruprecht, 1967. E. T. On Religion: Speeches to its Cultured Despisers. John Oman. New York: Harper Torchbook, 1958.

Tillich, Paul. *Biblical Religion and the Search for Ultimate Reality*. Chicago: University of Chicago Press, 1955.

_____. *Christianity and the Encounter of the World Religion*. New York: Columbia University Press, 1963.

_____. *The Courage to Be*. New Haven: Yale University Press, 1952.

_____. *Dynamics of Faith*. New York: Harper and Row, 1957.

_____. *The Future of Religion*. (ed.) Jerald C. Bauer (New york: Harper and Row, 1966.

_____. *Gesammelte Werke*. (ed.) Renate Albrecht. Stuttgart: Evang-elisches Verlagswerk, 1959-69

_____. *Morality and Beyond*. New York: Harper and Row, 1963.

_____. *My Search For Absolutes*. New york: Harper & Row, 1969.

_____. *The New Being*. New York: Charles Scribner's Sons, 1955.

_____. *The Protestant Era*. Chicago: University of Chicago Press, 1948.

_____. *The Shaking of the Foundations*. New York: Charles Scribner's Sons, 1948.

_____. *Systematic Theology*. 3 Vols. Chicago: University of Chicago Press, 1951-

63.

_____. *Theology of Culture*. (ed.) Robert C. Kimball. New York: Oxford University Press, 1959.

_____. *Ultimate Concern*. (ed.) Brown D. Mackenzie. New York: Harper and Row, 1965.

_____. *What Is Religion?* New York: Harper and Row, 1969.

II. 제2차 자료

Almond, Philip. *Rudolf Otto. An Introduction to His Philosophical Theology*. Chapel Hill: The Univ. of North Carolina Press, 1984.

Anderson, Gerald H. & Stransky, Thomas F. eds. *Christ's Lordship and Religious Pluralism*. New York: Orbis Books, 1981.

_____. *Mission Trends* No. 5: Faith Meets Faith. Grand Rapids: Eerdmans, 1981.

Barth, Karl. *Die Kirchliche Dogmatik*. E. T. Church Dogmatics. G. T. Thomson & Harold Knight. Edinburgh: T.& T. Clark, 1978.

_____. *The Theology of Schleiermacher*. ed. D. Ritschl tr. G. W. Aromiley. Grand Rapids: William B. Erdmans Publishing Co., 1982.

Bastow, David. "Otto and Numinous Experience." *Religious Studies* 12(1976).

Benz, Ernst(ed.). *Rudolf Otto's Bedeutung fuer die Religionswissenschaft und die Theologie*. Leiden: E. J. Brill, 1971.

Brunner, Emil. *Die Mystik und das Wort*. Tuebingen; J. C. B Mohr, 1924.

Crosby, Donald A. *Interpretative Theories of Religion*. The Hague: Mouton Publishers, 1981.

Chun, Young Ho. *A Conceptual Analysis of Religion in Paul Tillich* (1886-1965). Drew Univ. PH. D. Dissertation, 1981.

Cobb, John B. Jr. *Christ in a Pluralistic Age*. Philadelphia: Westminster Press, 1975.

_____. *Beyond Dialogue*. Philadelphia: Fortress Press, 1982.

Coward, Harold. *Pluralism: Challenge to World Religions*. New York: Orbis Books, 1985.

Davidson, R. F. *Rudolf Otto's Interpretation of Religion*. New Jersey: Princeton Univ. Press, 1947.

Dawe, Donald G. & Carman, John B. eds. *Christian Faith in a Religiously Pluralistic*

World. New York: Orbis Book, 1978.
Dilthey, Wilhelm. *Leben Schleiermachers*. ed. Martin Redeker. Berlin: Walter de Gruyter & Co., 1870.
Fox, Charles Wayne *The Logic of Schleiermacher's Interpretation of Religion*. Havard Univ. PH. D. Dissertation, 1978.
Hick, John. ed. *Truth and Dialogue in Religions*: Confcicting Turth-claims, Philadelphia: Westminster Press, 1974.
Kegley, Charles W. and Bretall Robert W. eds. *The Theology of Paul Tillich*. New York: Macmilan 1952.
Kraemer, Hendrik. *The Christian Message in a Non-Christian World*. New York: Harper & Row, 1938.
_____. *Religion and the Christian Faith*, Philadelphia: Westminster Press, 1956.
Kueng Hans & Moltmann Juergen. eds. *Christianity among World Religions*. Edinburgh: T. & T. Clark Ltd., 1986.
Leibrecht, Walter. ed *Religion and Culture*: Essays in Honor of Paul Tillich New York: Harper and Row, 1959.
Mok, Chang Gyun. *The Development of Schleiermacher's Doctrine of God*. Drew Univ. PH. D. Dissertation, 1986.
Moore, J. M. *Theories of Religious Experience with Special Reference to James, Otto and Bergson*. New York: Round Table Press, 1938.
Murray, Stephen Beasley. *Development of the Concept of the Holy since R. Otto*. The Southern Baptist Theological Seminary PH. D. Dissertation, 1980.
Niebuhr, H. Richard. "Theological Unitarianism." *Theology Today* (July, 1983.)
Niebuhr, Richard R *Schleiermacher on Christ and Religion*. New York: Charles Scribner's Son, 1964.
Redeker, Martin. *Friedrich Schleiermacher*. Berlin: Walter de Gruyter & Co., 1968.
Samartha, Stanley. *Courage for Dialogue*. New York: Orbis Books, 1981.
_____. "The Frogress and Promise of Inter-Religious Dialogues." *Journal of Ecumenical Studies* 9 (1972).
_____. *Dialogue between Men of Living Faiths*. Geneva: World Council of Churches, 1971.
Samartha, Stanley. ed. *Living Faiths and the Ecumenical Movement*. Geneva: World Council of Churches, 1971.
Seifert, Paul. *Die Theologie des Jungen Schleiermacher*. Berlin: Guetersloner

Verlagshaus, 1960.

Smart, Ninian. *Philosophers and Religious Truth*. London: S.C.M. Press Ltd., 1964.

Snowden, Glen Wenger. *The Relationship of Christianity to Non-Christian Religions in the Theologies of D. T. Niles and P. Tillich*. BostonUniversity PH. D. Dissertation, 1969.

Song, Choan Seng. *The Relation of Divine Revelation and Man's Religion in the Theologies of Karl Barth & Paul Tillich*. Union Theological Seminary. PH. D. Dissertation, 1969.

Whaling, Frank. ed. *The World's Religious Traditions*. Edinburgh: T. & T. Clark, 1984.

Williams, R. R. *Schleiermacher The Theologian*. Philadelphia: Fortress Press, 1978.

Wobbermin, George. *Das Wesen der Religion*. Leipzig: J. C. Hinrichs'sche Buchhandlung, 1925.

III. 기타

Abernethy, G. L. and Langford, T. A. eds. *Philosophy of Religion*. New York: Macmillan, 1968.

Anderson, Norman. *Christianity and World Religions*: The Challenge of Pluralism. Downers Grove: Inter-Varsity Press, 1984.

Brunner, Emil. *The Mediator*. Phladelphia: Westminster Press, 1957.

Drummond, Richard Henry. *Toward a New Age in Christian Theology*. New York: Orbis Books, 1985.

Eliade, Mircea & Kitagawa, Joseph M. eds. *The History of Religions*. Essays in Methodology. Chicago: The Univ. of Chicago Press, 1959.

Eliade, Mircea & Tracy, Davids. eds. *What Is Religion*? An Enquiry for Christian Theology. New York: Seabury Press, 1980.

Hallencreutz, Carl F. *New Approach to Men of Other Faiths*: 1938-1968. A Theological Discussion. Geneva: W.C.C., 1970.

Hick, John. *God has Many Names*. Philadelphia: Westminster Press, 1982.

_____. *Theology of Religious Pluralism*. London: Macmillan, 1985.

Hick, John & Hebblethwaite, Brian. eds. *Christianity and Other Religions*. Philadelphia: Fortress Press, 1980.

Knitter, Paul. *No Other Name*? A Critical Survey of Christian Attitudes Toward the

World Religions, New York: Orbis Books, 1985.

Macquarrie, John. *The Twentieth Century Religious Thought*. London: SCM Press, 1981.

Moltmann, Juergen. *Kirche in der Kraft des Geistes*. ET. The Church in the Power of the Spirit. New York: Harper & Row, 1977.

Neill, Stephen Charles. *Christian Faith and Other Faiths*. London: Oxford University Press, 1961.

Newbigin, Lesslie. "The Basis, Purpose and Manner of Inter-Faith Dialogue." *Scottish Journal of Theology* 30, Vol. 3, (1977).

_____. *The Open Secret*. Michigan: William B. Eerdmans Publishing Company, 1978.

_____. *Trinitarian Faith and Today's Mission*, Richmond: John Knox Press, 1963.

Panikkar, Raimundo. *The Intra-Religious Dialogue*, New York: Paulist Press, 1978.

_____. *The Unknown Christ of Hinduism*. London: Darton, Longman & Todd, 1964.

_____. *The Trinity and the Religious Experience of Man*. New York: Orbis Books, 1973.

Pannenberg, Wolfhart. *Basic Questions in Theology*, 2 Vols., tr. by George H. Kehm. Philadelphia: Fortress Press, 1971.

Race, Alan. *Christians and Religious Pluralism*, Patterns in the Christian Theology of Religions. New York: Orbis Books, 1982.

Rust, E. C. *Positive Religion in a Revolutionary Time*. Philadelphia: Westminster Press, 1978.

Sharpe, Eric J. *Comparative Religion*. New York: Charles Scribner's Sons, 1975

Smith, Wilfred, Cantwell. *The Faith of Other Men*. New York: Harper & Row, 1962.

_____. *The Meaning and End of Religion*: A Revolutionary Approach to the Great Religious Traditions. New York: Harper and Row, 1978.

_____. *Towards a World Theology*. Philadelphia: Westminster Press, 1981.

Thomas, Owen C. ed. *Attitudes Toward Other Religions*: Some Christian Interpretations. New York: Harper and Row, 1969.

Whaling, Frank. ed. *Contemporary Approaches to the Study of Religion*. Vol. I. New York: Mouton Publishers, 1983.

기독교와 종교사
Christianity and A History of Religion

2011년 3월 31일 초판 발행

지은이 | 위 거 찬

펴낸곳 | 사)기독교문서선교회
등록 | 제16-25호(1980. 1. 18)
주소 | 서울시 서초구 방배동 983-2
전화 | 02) 586-8761~3(본사) 031) 923-8762~3(영업부)
팩스 | 02) 523-0131(본사) 031) 923-8761(영업부)
홈페이지 | www.clcbook.com
이메일 | clckor@gmail.com
온라인 | 국민은행 043-01-0379-646, 기업은행 073-000308-04-020
　　　　　예금주: 사)기독교문서선교회

ISBN 978-89-341-0845-0 (93230)

* 낙장·파본은 교환해 드립니다.